The
Oxford Book of
Welsh Verse

The Oxford Book of Welsh Verse

Edited by

Thomas Parry

Oxford New York

OXFORD UNIVERSITY PRESS

Oxford University Press, Walton Street, Oxford OX2 6DP
Oxford New York Toronto
Delhi Bombay Calcutta Madras Karachi
Kuala Lumpur Singapore Hong Kong Tokyo
Nairobi Dar es Salaam Cape Town
Melbourne Auckland Madrid
and associated companies in
Berlin Ibadan

Oxford is a trade mark of Oxford University Press

First published 1962

Reprinted 1994 with the assistance of
the Welsh Books Council

ISBN 0–19–812129–6

11 13 15 17 19 20 18 16 14 12

Printed in Great Britain
on acid-free paper by
Bookcraft (Bath) Ltd
Midsomer Norton
Avon

ER COF AM

ROBERT WILLIAMS PARRY

INTRODUCTION

THAT a sixth-century Welsh poem can, with a little annotation, be made intelligible to an educated modern speaker of the language, may be just an intriguing fact or a mere indication of the static nature of the medium. Pondered upon, however, the fact gives a partial explanation of the traditional nature of Welsh poetry, for at no time during the long history of that poetry was any generation of writers precluded by linguistic difficulties from knowing what all past generations had been saying. Conversely it is equally true to say that the status of the poet in Welsh society, from the very beginning of recorded history until the sixteenth century, and the importance attached to his product, ensured the preservation of linguistic stability, and imposed upon the language a durable standard of accuracy. Under such conditions it was easy, given the impetus, for a tradition to develop.

Every writer on the history of Welsh poetry has rightly stressed the importance of this tradition and all its consequences. It hinges on the relationship between the poet and the society in which he lived and the conception of the poet's function as the supporter of authority and of an ordered state of existence. But it was never the stifling and cramping influence that it is sometimes thought to have been. Indeed, it has always been modified and adapted to changing circumstances. It probably has its origin in primitive times when the tribe's well-being, and indeed its very existence, often depended upon the skill and personal bravery of the chieftain, and when the poet's eulogy was the whole community's tribute, a genuine expression of gratitude and an incentive to further deeds of valour and deliverance. It is not unreasonable to assume that the aristocratic warrior class in the British society that existed in these islands before the coming of the Romans had its poets, and that a tradition of eulogy was fully established. This had developed, even in the sixth century when Taliesin sang the praises of Urien according to strict metrical rules, into something more conventional, but no less genuine. It persisted during the Dark Ages, though actual examples are few, and when it emerges again in the twelfth century, it appears in new and complicated forms and with abundant vigour. The fall of the last independent Welsh ruler in 1282 and the political changes that ensued only caused the poets to direct their attention to members of the aristocracy and the rulers of religious houses, and to evolve a simpler poetic technique, and as long as there was a social fabric which allowed of a fairly wealthy and influential class, thoroughly Welsh in background and sentiment, the poet's place in society was assured, and he had no difficulty in adapting his craft to circumstances as he found them. It is interesting to find Tudur Aled, at the beginning of the sixteenth century, adopting with equanimity and complete assurance the typical Renaissance gentleman of the age as an entirely worthy object of eulogy in the traditional manner. All these various phases of the tradition with their changing emphases prove its flexibility.

The tradition, however, would not permit a revolution, though rebellions were tolerated because they either petered out harmlessly or left but superficial traces of their deviation. The genius of Dafydd ap Gwilym introduced into Welsh poetry new topics and attitudes which were favoured by his contemporaries and a few of his successors, but they never became part of the Welsh theory of poetry. Furthermore his innovations emphasized, and indeed enriched, one aspect of the poet's function, namely, the value of his work as a medium of polite entertainment. Dafydd never challenged the social significance of poetry. When Siôn Cènt in the fifteenth century propounded a theory which ran directly contrary to the traditional one, maintaining that the bardic appreciation of the good things of this world was sinful, he seems to have had a certain vogue and some followers, but he had no lasting effect on what the poets took to be their business. And it is worth noting with regard to the language and craft of poetry that Dafydd ap Gwilym was a magnificent exponent of these at their most intricate, and that, although Siôn Cent permitted himself a certain degree of simplification, his poems are firmly based on customary practice.

Though bardic schools no doubt existed, and by their very nature tended to the preservation of old ideas rather than the evolution and propagation of new ones, it must not be thought that the various codes of regulations relating to the bardic orders and the metrical treatises, ranging from the time of Hywel Dda in the tenth century to that of Simwnt

Fychan in the sixteenth, were ever meant to be decrees or enactments imposed upon the bards. (The rules drawn up at the Caerwys eisteddfodau of 1523 and 1567 [or 1568] were supposed to be legally binding, but that was because itinerant bards were multiplying inordinately and getting out of hand, and it cannot be certain that the rules were ever enforced.) These codes and treatises are really accounts by various individuals of bardic practices as they saw them, or as they thought they should be. Even so, they rarely give a true account of the facts. The famous treatise compiled by Einion Offeiriad in the fourteenth century is palpably amateurish, arbitrary, and defective, and often disagrees with the practice of his time; it is certainly not a set of rules which the poets should obey.

This is sufficient proof that we should not regard the Welsh poetic tradition as something imposed from outside, which the poets had to accept and comply with whether they liked it or not. Limits were prescribed, it is true, and a certain technical formalism was demanded, but more by custom than by edict, and the individual poet was given considerable freedom to develop his own predilection. Iolo Goch's praise of the ploughman, Llywelyn Goch's elegy on Lleucu Llwyd, Gruffudd ab Adda's poem to the birch tree cut for a maypole, Lewis Glyn Cothi's grief at the death of his son, and Guto'r Glyn's feelings of loneliness in old age were all written by men who subjected themselves to the rigorous discipline of the poetic tradition, but were in no way hampered in the expression of highly personal experiences.

Indeed, one should be more positive. It was a case of drawing inspiration from art—poetry being induced by poetry. In the words of Mr. David Jones, 'The artist, no matter of what sort or what his medium, must be moved by the nature of whatever art he practises. . . . The artist is not, necessarily, a person vastly more aware than his friends and relations of the beauties of nature, but rather he is the person most aware of the nature of an art. The inception or renewal or deepening of some artistic vitality comes to the artist via some other artist or some existing art-form, not via nature.'[1] The Welsh poet's respect for all the poetry that had gone before and his emulation of the masters of the craft were the conditions of the perfection of his own art.

As long as there existed a system of intelligent patronage to professional bards and the practice of poetry was sufficiently dignified for members of the aristocracy themselves to take it up, the man who was poet by inclination as well as by formal training was always free to practise his art in his own way. When, however, the social fabric showed signs of crumbling towards the beginning of the seventeenth century, and members of the aristocratic class began to give up patronizing and practising the art of poetry, it was time to abandon traditional customs. Eulogistic verse waned and finally disappeared, but not without deteriorating into meaningless flattery of ignoble men, a tendency which was bitingly satirized by Siôn Tudur. On the other hand, various forms of song were employed to express thanks for minor

[1] *Epoch and Artist* (London, 1959), p. 29.

favours or admiration of homely virtue down to the eighteenth century. This, the shrivelled remnant of the once thriving noble tradition, was as innocuous as it was inartistic.

One prominent feature of traditional verse remained. *Cynghanedd*, together with all the metrical rules associated with it, could only have developed in the peculiar literary circumstances of medieval Wales, when, the subject-matter being prescribed, excellence to a large extent depended on the perfection of embellishment. This ornamentation, which, in spite of its apparent artificiality, was capable of high artistic achievements, should logically have come to an end with the disappearance of patronized eulogistic poetry. The emergence of free-metre poetry in the sixteenth century suggests that the need for a new medium was realized, and the songs of Richard Hughes and others promised a new outlook on the nature of poetic expression. This, however, did not develop. *Cynghanedd*, having been a prominent and indispensable factor in all the best poetry for hundreds of years, was not easily forgotten, and it was sometimes introduced into contexts where it was patently unsuitable. The attempts of William Midleton and Siôn Tudur to translate the Psalms into Welsh strict metres show how *cynghanedd* tyrannized over the minds of men, even men who appreciated the new learning. Edmwnd Prys's great success in the same venture was largely due to his employment of accentual metres, in spite of the suggestive lack of metrical variety in his work. Even as late as the eighteenth century the proper function of *cynghanedd* was not realized, owing partly to the revival of interest in everything pertaining to Welsh antiquity, including the rules of prosody. Goronwy Owen, whose knowledge of contemporary English theories of criticism and of the works of English poets was quite extensive, found great difficulty in making up his mind as to what sort of metre to use in his projected Welsh epic poem, and in almost all the poems which he actually wrote he employed the traditional *cywydd* metre. His contemporary, Williams of Pantycelyn, who was cast in a very different mould, and who was not encumbered by any antiquarian propensities, composed his numerous hymns and his long religious epics in free metres, and is the first Welsh poet to show an interest in a variety of such metres and a remarkable facility in their manipulation, though even he, in his early works, introduced touches of *cynghanedd*. Under the strong influence of Goronwy Owen's writings the poetry produced by the eisteddfodau of the nineteenth century re-introduced all the *awdl* metres and gave them a status and pre-eminence which were only undermined after bitter controversy in the middle years of the century. That such a controversy could happen at so late a period proves that adherence to obsolete traditional forms tends to magnify unessentials and retard appreciation of the things that count. It was only at the end of the century and the beginning of the present one that a proper understanding of the true poetic tradition by such men as Morris-Jones and Gwynn Jones made *cynghanedd* once more a precious ingredient of great poetry.

The developed system of *cynghanedd*, congenial as it is to the genius of the Welsh language, is capable of some useful and ingenious applications. In the middle of the seventeenth century it became a common practice to set words to tunes, and poetry came to be regarded as essentially something to be sung. *Cynghanedd* and rhyme were used to mark off each section of the tune, and the tunes themselves being rather complicated, the stanza form appears somewhat irregular on paper. Much the cleverest exponent of this new technique was Huw Morus (see the note on his poems, Nos. 124–5), and his works provide brilliant examples of words and music being combined in such a way as to enhance the beauty of both. The literary embellishments, however extravagant they may appear when merely read, are taken up by the music as a corollary of its own melodiousness, and both together give an aesthetic satisfaction unrelated to the logical meaning of the words by themselves.

This is a perpetuation of the medieval conception of poetry as a means of polite entertainment, but at a lower social level than was the case three hundred years before. Huw Morus's topics are still of social import—a request for a gift, elegies on the poet's friends and the men he admired (including King Charles I), carols for special Christmas services, moral and religious exhortations—or sophisticated love songs. The particular way in which *cynghanedd* was employed was, however, novel—one might almost say revolutionary. In the traditional metres it was the type of *cynghanedd* used in each line that determined the rhythm of the line, and the charm of this kind of poetry is due, in no small measure, to the almost infinite variety of rhythms that *cynghanedd* makes possible. In the Huw Morus type of verse the rhythm of the line is, of course, determined by the tune, and the result is accentuated *cynghanedd*, which, as an exercise in versification, is perhaps more difficult than the original system.

The preoccupation of Welsh poets with *cynghanedd*, which persisted throughout the eighteenth century and has recurred in the present century in lyrics and even in *vers libre*, is only one aspect of that love of form which is the predominant feature of the Welsh poetic tradition. It expresses itself in the early period in the poems of Taliesin, each of which has unity and symmetry. It is particularly evident in the *awdlau* of the fifteenth century, which achieve an unusually high degree of formal perfection (see the note on No. 68). The *cywydd*, being a series of couplets, did not lend itself to the same technical treatment, but in several of the poems of the best writers, such as Dafydd ap Gwilym, Dafydd Nanmor, and Guto'r Glyn, we find a logical arrangement of ideas which makes for an ordered development and a unity of content. This effect of unity has been sought in modern times by the writers of art lyrics, which have had an excessive vogue, and at one time tended to become merely nicely balanced statements of superficial fancies. The best results of the enduring passion for structural perfection are to be found in the shorter poetic forms. In the fifteenth century the *cywydd* couplet was ground and polished into a glowing epigram, and for the last five centuries the *englyn* has maintained a crisp terseness and precision only surpassed by the epigrams of ancient Greece. Indeed, the *englyn* affords a striking link, not by any means fortuitous, between our own time and a millennium ago, for the modern *englyn* at its best has its exact counterpart for pregnant brevity, pointed communication, and exquisite diction, in a similar stanza from among those composed in the ninth century and associated with the names of Llywarch Hen and Heledd.

The permanence of the Welsh poetic tradition, and the violent breaks which it suffered, will doubtless be shown by this anthology. But it was not the compiler's intention to choose such extracts as would demonstrate the nature of Welsh poetry at any given time. Indeed, those who are fairly familiar with the field will immediately detect the absence of entire categories, such as the vaticinatory poems of the fifteenth century, and nineteenth-century *pryddestau*. The reason for this is, of course, that they did not appear to possess any poetic merit.

Poems of all periods have been transcribed according to the modern standard orthography, in the belief that the interest of readers of this anthology will be more literary than linguistic.

ACKNOWLEDGEMENTS

BOTH the Editor and the Publishers wish to express their warm thanks to Sir H. I. Bell and Dr. T. Ifor Rees for their active interest in and encouragement of this book, and also to Mr. J. Alban Davies for a generous subvention towards the cost of producing it.

Grateful acknowledgements for permission to reproduce copyright poems are due to the following authors and relatives of authors:

The Rev. Eirian Davies; Mrs. Kitchener Davies; the Rev. William Evans; Mr. Mathonwy Hughes; the Rev. A. E. Jones (Cynan); the Rev. William Jones; Mrs. A. D. Lewis; Mrs. Elvet Lewis; Mrs. Dyfnallt Owen; Mr. A. Llywelyn-Williams; the Misses Morris-Jones; Dr. I. C. Peate; Mrs. M Silyn Roberts; Professor G. J. Williams; Mr. Peredur Williams; Professor R. Nantlais Williams; Mr. W. D. Williams;

and the following publishers:

Messrs. Hughes & Son, Wrexham. Crwys: 'San Malo', 'Dysgub y Dail', and 'Tut-ankh-amen'; W. J. Gruffydd: 'Cerdd yr Hen Chwarelwr', 'Y Tlawd Hwn', 'Ywen Llandeiniolen', 'Gwladys Rhys', and 'Cefn Mabli'; T. Gwynn Jones: 'Anatiomaros', 'Y Breuddwyd', 'Atro Arthur', 'Madog', 'Ymadawiad Arthur', and 'Ystrad Fflur'; John Eilian: 'Abdwl ym mro'r Cocain'; Sarnicol: 'Ar Ben y Lôn'; J. J. Williams: 'Clychau Cantre'r Gwaelod'; Hedd Wyn: 'Rhyfel' and 'Y Blotyn Du'.

Bala Printers, Bala. H. Emyr Davies: 'Deilen Ola'r Ha''; R. W. Parry: 'Diddanwch', 'Gwanwyn', 'Englynion Coffa Hedd Wyn', and 'I'r addfwyn rhowch orweddfa'.

Gwasg Gee, Denbigh. Pennar Davies: 'I Dri Brenin Cwlen'; I. D. Hooson: 'Tanau', 'Y Rhosyn', 'Y Blodau Melyn', and 'Y Pabi Coch'; T. Rowland Hughes: 'Y Grib Goch'; Gwilym R. Jones: 'Cwm Tawelwch' and 'Salm i'r Creaduriaid'; Alun Llywelyn-Williams: 'Gwyn fyd y griafolen' and 'Ar Ymweliad'; R. W. Parry: 'Clychau'r Gog', 'Y Gwyddau', 'Gorchestion Beirdd Cymru', 'Cymru 1937', 'Hen Gychwr Afon Angau', and 'Neuadd Mynytho'; Caradog Prichard: 'Tantalus'; Prosser Rhys: 'Y Dewin'; R. Meirion Roberts: 'Dwy Wyl'.

Hugh Evans & Sons, Liverpool. Euros Bowen: 'Clywais Anadl', 'Danadl ym Mai', and 'Yr Eos'; J. Glyn Davies: 'Dygwyl Dewi'; Gwilym Deudraeth: 'Hydref 1923', 'Beddargraff Geneth Ieuanc', and 'Mawredd Mwy'.

Gwasg Aberystwyth, Aberystwyth. J. M. Edwards: 'Y Llanw', 'Y Gweddill', and 'Dau Ganiad i Amser'; J. Gwyn Griffiths: 'Ffynnon Fair, Penrhys'; Bobi Jones: 'Portread o Yrrwr Trên', 'Cân Ionawr', and 'Gwanwyn Nant Dywelan'; Gwenallt Jones: 'Pechod', 'Cymru', 'Yr Anghrist a'r Crist', 'Y Pensaer', and 'Cymru'; William Morris: 'Môn'; T. E. Nicholas: 'I Aderyn y To'; T. H. Parry-Williams: 'Tŷ'r Ysgol', 'Dychwelyd', 'Bro', 'Gwynt y Dwyrain', 'Dic Aberdaron', and 'Hon'; Edgar Phillips: 'Aberffraw'; Waldo Williams: 'Cofio', 'Rhwng Dau Gae', 'Yr Heniaith', 'Plentyn y Ddaear', and 'Gŵyl Ddewi'

Llyfrau'r Dryw, Llandybie. Saunders Lewis: 'Difiau Dyrchafael', 'Y Pîn', and 'Marwnad Syr John Edward Lloyd'.

The Editor wishes to record his personal appreciation of advice on selection given by Sir Thomas Parry-Williams, Mr. Saunders Lewis, and Mr. J. Gwilym Jones, but accepts full responsibility for the ultimate decision in every case. He also wishes to thank Miss M. Beatrice Davies and Mr. D. H. Jenkins for help in preparing the copy for the press.

ANEIRIN

6th cent.

1 *Y Gododdin*

(*Extracts*)

GWŶR a aeth Gatraeth oedd ffraeth eu llu;
Glasfedd eu hancwyn, a gwenwyn fu.
Trichant trwy beiriant yn catäu —
A gwedi elwch tawelwch fu.
Cyd elwynt lannau i benydu,
Dadl diau angau i eu treiddu.

Gŵr a aeth Gatraeth gan ddydd,
Neu lewes ef feddgwyn feinoethydd.
Bu druan, gyfatgan gyfluydd,
Ei neges, ordrachwres drenghidydd.
    Ni chrysiws Gatraeth
    Mawr mor ehelaeth
        Ei arfaeth odd uch medd.
    Ni bu mor gyfor
    O Eiddyn ysgor
        A ysgarai oswydd.
Tudfwlch Hir, ech ei dir a'i drefydd
Ef lladdai Saeson seithfed dydd.
Perheyd ei wryd yn wrfydd
A'i gofain gan ei gain gyweithydd.
Pan ddyfu Dudfwlch dud nerthydd,
Oedd gwaedlan gwyalfan Fab Cilydd.

O freithiell Gatraeth pan adroddir,
Maon dychiorant; eu hoed bu hir.
Edyrn diedyrn amygyn' dir
Â meibion Godebog, gwerin enwir.
Dyfforthynt lynwysawr gelorawr hir.
Bu tru o dynghedfen, angen gywir,
A dyngwyd i Dudfwlch a Chyfwlch Hir.
Cyd yfem fedd gloyw wrth leu babir,
Cyd fai da ei flas, ei gas bu hir.

O winfaith a meddfaith yd grysiasant
Gwŷr yn rhaid molaid, enaid ddichwant;
Gloyw ddull i am drull yd gydfaethant;
Gwin a medd a mall a amugsant;
O osgordd Fynyddawg andwyf adfant fy mryd,
A rhwy rhy gollais o'm gwir garant.
O drychant rhiallu yd grysiasant Gatraeth,
Tru, namyn un gŵr nid atgorsant.

TALIESIN

6th cent.

2 *Gwaith Argoed Llwyfain*

Bore duw Sadwrn cad fawr a fu
O'r pan ddwyre haul hyd pan gynnu.
Dygryswys Fflamddwyn yn bedwar llu;
Goddau a Rheged i ymddullu,
Dyfyn o Argoed hyd Arfynydd,
Ni cheffynt eirios hyd yr un dydd.

Atorelwis Fflamddwyn fawr drebystawd,
'A ddodynt yng ngwystlon? A ŷnt parawd?'
Ys atebwys Owain, dwyrain ffosawd,
'Nis dodynt, nid oeddynt, nid ŷnt parawd;
A chenau Coel byddai cymwyawg
Lew, cyn as talai o wystl nebawd'.
Atorelwis Urien, udd Erechwydd,
'O bydd ymgyfarfod am gerennydd,
Dyrchafwn eidoedd odd uch mynydd,
Ac amborthwn wyneb odd uch ymyl,
A dyrchafwn beleidr odd uch pen, wŷr,
A chyrchwn Fflamddwyn yn ei luydd,
A lladdwn ac ef a'i gyweithydd'.
Rhag Argoed Llwyfain bu llawer celain;
Rhuddai frain rhag rhyfelwyr.
A gwerin a gryswys gan hynefydd,
Armaaf flwyddyn nad wy cynnydd.

3 *Marwnad Owain ab Urien*

ENAID Owain ab Urien,
Gobwyllid Rheen o'i raid.
Rheged udd ae cudd tromlas,
Nid oedd fas ei gywyddaid.
Isgell gŵr cerddglyd clodfawr,
Esgyll gwawr gwaywawr llifaid,
Cany cheffir cystedlydd
I udd Llwyfenydd llathraid.
Medel galon, gefeilad,
Eisylud ei dad a'i daid.

Pan laddawdd Owain Fflamddwyn
  Nid oedd fwy nogyd cysgaid.
Cysgid Lloegr llydan nifer
  Â lleufer yn eu llygaid;
A rhai ni ffoynt haeach
  A oeddynt hyach no rhaid.
Owain a'u cosbes yn ddrud,
  Mal cnud yn dylud defaid.
Gŵr gwiw uch ei amliw seirch
  A roddai feirch i eirchiaid.
Cyd as cronnai mal caled,
  Rhy ranned rhag ei enaid.
Enaid Owain ab Urien,
  Gobwyllid Rheen o'i raid.

ANONYMOUS

7th cent.

4 *Lladd Dyfnwal Brych*

GWELAIS ddull o Bentir a ddoyn',
A berth am goelcerth a ymddygyn';
Gwelais ddau, og eu tre rhe rhy gwyddyn',
Ac ŵyr Nwython rhy goddesyn'.
Gwelais wŷr dulliawr gan awr a ddoyn',
A phen Dyfnwal Brych, brain a'i cnoyn'

ANONYMOUS

7th cent.

5 *Marwnad Cynddylan*

Dyhedd deon diechyr . . .
Rhiau a Rhirid a Rhiosedd,
A Rhygyfarch lary, lyw eiriasedd.
Ef cwynif oni fwyf i'm derwin fedd
O leas Cynddylan yn ei fawredd.

Mawredd gyminedd a feddyliais
Myned i Fenai, cyn ni'm bai fais.
Caraf a'm ennairch o dir Cemais,
Gwerling Dogfeiling, Cadelling drais.
Ef cwynif oni fwyf i'm derw llednais
O leas Cynddylan, colled anofais.

Mawredd gyminedd, i feddyliaw
Myned i Fenai, cyn ni'm bai naw.
Caraf a'm ennairch o Aberffraw,
Gwerling Dogfeiling, Cadelling ffaw.
Ef cwynif oni fwyf i'm derwin taw
O leas Cynddylan, a'i luyddaw.

Mawredd gyminedd, gwin waredawg,
Wyf colledig wên, hen, hiraethawg.
Collais pan amwyth alaf Pennawg
Gŵr dewr, diachar, diarbedawg.
Cyrchai drais tra Thren, tir trahaawg.
Ef cwynif oni fwyf yn ddaear fodawg
O leas Cynddylan, clod Caradawg.

ANONYMOUS

Mawredd gyminedd, mor fu daffawd
A gafas Cynddylan, cynran cyffrawd;
Saith gant rhiallu yn ei ysbyddawd;
Pan fynnwys mab pyd, mor fu barawd!
Ni ddarfu yn neithiawr, ni bu priawd.
Gan Dduw py amgen plwyf, py du daerawd?
Ef cwynif oni fwyf yn erwydd rawd
O leas Cynddylan, clod addwyndawd.

Mawredd gyminedd, mor wyf gnotaf,
Pob pysg a milyn yd fydd tecaf.
I drais a gollais, gwŷr achasaf,
Rhiau a Rhirid a Rhiadaf,
A Rhygyfarch lary, iôr pob eithaf.
Dyrrynt eu preiddiau o ddolau Taf;
Caith cwynynt; brefynt, grydynt alaf.
Ef cwynif oni fwyf yn erw penylaf
O leas Cynddylan, clod pob eithaf.

Mawredd gyminedd, a weli di hyn?
Yd lysg fy nghalon fel etewyn.
Hoffais feuedd eu gwŷr a'u gwragedd,
Fy ngomedd ni ellyn'.
Brodyr a'm bwyad, oedd gwell ban fythyn',
Canawon Arthur fras, dinas dengyn,
Y rhag Caer Lwytgoed neus digonsyn'.
Oedd crau y dan frain, a chrai gychwyn.
Briwynt calch ar drwyn feibion Cyndrwynyn.
Ef cwynif oni fwyf yn nhir gwelyddyn
O leas Cynddylan, clodlawn unbyn.

Mawredd gyminedd, mawr ysgafael
Y rhag Caer Lwytgoed, neus dug Morfael—
Pymthecant muhyn, a phum gwriael,
Pedwar ugain meirch, a seirch cychafael.
Pob esgob hunob ym mhedeirael
Nis noddes, na mynaich llyfr afael.
A gwyddwys yn eu creulan o gynran claer
Nid engis o'r ffosawd brawd ar ei chwaer.
Dihengynt â'u herchyll trewyll yn nhaer.
Ef cwynif oni fwyf yn erw trafael
O leas Cynddylan, clodrydd pob hael.

Mawredd gyminedd, mor oedd eiddun
Gan fy mryd, pan athreiddwn Pwll ac Alun!
Irfrwyn y dan fy nhraed hyd bryd cyntun;
Pludde y danaf hyd ym mhen fy nghlun.
A chyd ethwyf yno i'm bro fy hun,
Nid oes un câr; neud adar i'w warafun.
A chyn ni'm dycai Dduw i'r digfryn,
Ni ddigones neb bechawd cyhafal fy hun.

7th cent.

6 *Hwiangerdd*

PAIS Dinogad, fraith fraith,
O grwyn balaod ban wraith:
Chwid, chwid, chwidogaith,
Gochanwn, gochenyn' wythgaith.
Pan elai dy dad di i heliaw,
Llath ar ei ysgwydd, llory yn ei law,

Ef gelwi gŵn gogyhwg—
'Giff, gaff; daly, daly, dwg, dwg.'
Ef lleddi bysg yng nghorwg
Mal ban lladd llew llywiwg.
Pan elai dy dad di i fynydd,
Dyddygai ef pen iwrch, pen gwythwch, pen hydd,
Pen grugiar fraith o fynydd,
Pen pysg o Raeadr Derwennydd.
O'r sawl yd gyrhaeddai dy dad di â'i gigwain
O wythwch a llewyn a llwynain
Nid angai oll ni fai oradain.

9th cent

7 *Moliant Dinbych Penfro*

ARCHAF wên i Dduw, plwyf esgori,
Perchen nef a llawr, pwyllfawr wofri.

Addwyn gaer y sydd ar glawr gweilgi,
Bid lawen yng Nghalan eirian yri;
Ac amser pan wna môr mawr wrhydri,
Ys gnawd gorun beirdd uch medd lestri.
Dyddyfydd gwaneg ddyfrys iddi.
Adawynt y werlas o glas Ffichti.
Ac a'm bwy, O Ddews, dros fy ngweddi,
Pan gatwyf amod, cymod â Thi.

Addwyn gaer y sydd ar lydan lyn,
Dinas diachor, môr o'i chylchyn.
Gogyfarch, Brydain, cwdd gyngain hyn;

ANONYMOUS

Blaen llin ab Erbin, boed tau foyn'.
Bu cosgor a bu cerdd yn ail mehyn,
Ac eryr uch wybr ar lwybr granwyn.
Rhag udd ffelyg, rhag esgar gychwyn,
Clod wasgar a gwanar ydd ymddullyn'.

Addwyn gaer y sydd ar don nawfed;
Addwyn ei gwerin yn ymwared.
Ni wnânt eu dwynfyd drwy feflhaed,
Nid ef eu defawd bod yn galed.
Ni lafaraf au ar fy nhrwydded—
Nog eillon Deudraeth gwell caeth Dyfed.
Cyweithydd o'i rhydd, wledd waredred,
Cynnwys, rhwng pob dau, gorau ciwed.

Addwyn gaer y sydd a'i gwna cyman
Meddud a molud, ac adar ban.
Llewyn ei cherddau yn ei Chalan
Aṁ arglwydd hywydd, hewr eirian.
Cyn ei fyned yn nerwin lan
A'm rhoddes medd a gwin o wydrin ban.

Addwyn gaer y sydd yn yr eglan,
Addwyn yd roddir i bawb ei ran.
Adwen yn Ninbych—gorwen gwylan—
Cyweithydd Fleiddudd, udd erllysan.
Oedd ef fy nefawd i nos Galan
Lleddfdawd i gan ri, rhyfel eirian,
A llen lliw ehöeg, a meddu prain,
Yny fwyf tafawd ar feirdd Prydain.

Addwyn gaer y sydd a'i cyffrwy cerddau.
Oedd mau y rhydau a ddewiswn.

Ni lafaraf daith, rhaith rhys cadŵn,
Ni ddly celennig ni wypo hwn.
Ysgrifen Brydain bryder bryffwn,
Yn yd wna tonnau eu hamgyffrwn,
Perheid hyd bell y gell a dreiddiwn.

Addwyn gaer y sydd yn arddwyrain,
Gochawn ei meddud, ei molud gofrain.
Addwyn ar ei hôr, esgor gynfrain,
Goddef gwrych, dymbi hir ei adain.
Dychyrch bar carreg gryg fôr ednain.
Llid, i mewn tynged, treidded tra thrumain,
A Bleiddudd gorllwydd gorau a fain,
Dimbyner odd uch llad pwyllad cofain.
Bendith Culwydd nef gydlef a fain,
Ar ni'n gwnêl yn frowyr gorwyr Owain.

9th cent.

8 *Henaint*

Y DDEILEN hon, neus cynired gwynt,
Gwae hi o'i thynged!
Hi hen; eleni ganed.

Wyf hen; wyf unig, wyf annelwig oer,
Gwedi gwely ceinmyg,
Wyf truan, wyf tri dyblyg.

Ni'm câr rhianedd, ni'm cynired neb;
Ni allaf ddarymred.
Wia angau na'm dygred.

ANONYMOUS

Truan o dynged a dynged i Lywarch
Er y nos y'i ganed:
Hir nif heb esgor lludded.

9th cent.

9 *Pen Urien*

PEN a borthaf ar fy nhu,
Bu cyrchynad rhwng deulu;
Mab Cynfarch balch bieifu.

Pen a borthaf ar fy nhu,
Pen Urien llary, llywiai llu,
Ac ar ei fron wen frân ddu.

Pen a borthaf ar fy nghledd,
Gwell ei fyw nogyd ei fedd;
Oedd ddinas i henwredd.

Pen a borthaf ar fy ysgwydd.
Ni'm arfollai waradwydd,
Gwae fy llaw lladd fy arglwydd.

Pen a borthaf a'm porthes.
Neud adwen nad er fy lles.
Gwae fy llaw, llym ddigones.

Pen a borthaf o du rhiw.
Ar ei enau ewynfriw
Gwaed; gwae Reged o heddiw.

ANONYMOUS

9th cent.

10 *Stafell Gynddylan*

STAFELL Gynddylan ys tywyll heno,
Heb dân, heb wely;
Wylaf wers, tawaf wedy.

Stafell Gynddylan ys tywyll heno,
Heb dân, heb gannwyll;
Namyn Duw pwy a'm dyry pwyll?

Stafell Gynddylan, neud athwyd heb wedd,
Mae ym medd dy ysgwyd;
Hyd tra fu ni bu dollglwyd.

Stafell Gynddylan ys tywyll heno,
Heb dân, heb gerddau;
Dygystudd deurudd dagrau.

Stafell Gynddylan, a'm gwân ei gweled
Heb döed, heb dân;
Marw fy nglyw, byw fy hunan.

Stafell Gynddylan, a'm erwan pob awr
Gwedi mawr ymgyfrdan
A welais ar dy bentan.

9th cent.

11 *Eryr Pengwern*

ERYR Pengwern pengarn llwyd, heno
Aruchel ei adlais,
Eiddig am gig a gerais.

Eryr Pengwern pengarn llwyd, heno
Aruchel ei eban,
Eiddig am gig Cynddylan.

Eryr Pengwern pengarn llwyd, heno
Aruchel ei adaf,
Eiddig am gig a garaf.

Eryr Pengwern, pell galwawd heno,
Ar waed gwŷr gwylawd;
Rhy elwir Tren tref ddiffawd.

Eryr Pengwern, pell gelwid heno,
Ar waed gwŷr gwylid;
Rhy elwir Tren tref lethrid.

9th cent.

12 *Y Dref Wen*

Y DREF wen ym mron y coed,
Ysef ei hefras erioed,
Ar wyneb ei gwellt y gwoed.

Y dref wen yn ei thymyr,
Ei hefras, y glas fyfyr,
Y gwoed o dan droed ei gwŷr.

Y dref wen yn y dyffrynt,
Llawen ei buddair wrth gyfamrudd cad,
Ei gwerin neur dderynt.

Y dref wen rhwng Tren a Throdwydd,
Oedd gnodach ysgwyd don yn dyfod o gad
Nogyd ych i echwydd.

Y dref wen rhwng Tren a Thrafal,
Oedd gnodach y gwoed ar wyneb ei gwellt
Nog eredig brynar.

14th-cent. MS.

13 *Claf Abercuawg*

GOREISTE ar fryn a erfyn fy mryd,
A hefyd ni'm cychwyn;
Byr fy nhaith; diffaith fy nhyddyn.

Nid wyf anhyed; miled ni chadwaf;
Ni allaf ddarymred;
Tra fo da gan gog, caned.

Cog lafar a gân gan ddydd—
Cyfrau eichiawg yn nolydd Cuawg;
Gwell corrawg na chybydd.

Yn Abercuawg yd ganant gogau
Ar gangau blodeuawg;
Cog lafar, caned y rhawg.

Yn Abercuawg yd ganant gogau
Ar gangau blodeuawg;
Gwae glaf a'u clyw yn fodawg!

ANONYMOUS

Yn Abercuawg cogau a ganant;
Ys adfant gan fy mryd
A'u ciglau nas clyw hefyd.

Neur endewais gog ar eiddorwg bren;
Neur laeswys fy nghylchwy;
Edlid a gerais neud mwy.

Yn y fan odduwch llon ddâr
Yd endewais lais adar,
Cog fan; cof gan bawb a gâr.

Cethlydd cathl fodawg, hiraethawg ei llef,
Taith oddef, tuth hebawg;
Cog freuer yn Abercuawg.

13th-cent. MS.

14 *Boddi Maes Gwyddno*

SEITHENNIN, saf di allan
Ac edrychwyr di faranres môr;
Maes Gwyddneu rhy döes.

Boed emendigaid y forwyn
A'i hellyngodd gwedi cwyn,
Ffynnon fenestr môr terrwyn.

Boed emendigaid y fachdaith
A'i gollyngodd gwedi gwaith,
Ffynnon fenestr môr diffaith.

ANONYMOUS

Diasbad Fererid i ar fan caer,
    Hyd ar Dduw y'i dodir—
  Gnawd gwedi traha tranc hir.

Diasbad Fererid i ar fan caer heddiw,
    Hyd ar Dduw ei dadolwch—
  Gnawd gwedi traha atregwch.

Diasbad Fererid a'm gorchwydd heno,
    Ac ni'm hawdd gorllwydd—
  Gnawd gwedi traha tramgwydd.

Diasbad Fererid i ar winau cadr
    Cedawl Dduw a'i gorau—
  Gnawd gwedi gormodd eisiau.

Diasbad Fererid a'm cymell heno
    I wrth fy ystafell—
  Gnawd gwedi traha tranc pell.

13th-cent. MS.

15

Tristwch yn y Gwanwyn

  CYNTEFIN ceinaf amser,
  Dyar adar, glas calledd,
  Ereidr yn rhych, ych yng ngwedd,
  Gwyrdd môr, brithotor tiredd.

Ban ganont gogau ar flaen gwŷdd gwiw,
    Handid mwy fy llawfrydedd,
  Tost mwg, amlwg anhunedd,
  Can ethynt fy ngheraint yn adwedd.

Ym mryn, yn nhyno, yn ynysedd môr,
Ymhob ffordd ydd eler
Rhag Crist gwyn nid oes ynialedd.

13th-cent. MS.

16

Y Gaeaf

LLYM awel, llwm bryn, anodd caffael clyd,
Llygrid rhyd, rhewid llyn,
Rhy saif gŵr ar un conyn.

Ton tra thon toid tu tir;
Goruchel gwaeddau rhag bron bannau bre;
Braidd allan orsefir.

Oer lle llwch rhag brythwch gaeaf;
Crin cawn, calaf trwch,
Cedig awel, coed ym mlwch.

Oer gwely pysgawd yng nghysgawd iäen;
Cul hydd, cawn barfawd;
Byr diwedydd, gwŷdd gwyrawd.

Otid eiry, gwyn y cnes;
Nid â cedwyr i'w neges;
Oer llynnau, eu lliw heb des.

Otid eiry, gwyn arien;
Segur ysgwyd ar ysgwydd hen;
Rhyfawr gwynt, rhewid dien.

Otid eiry ar warthaf rhew;
Gosgubid gwynt flaen gwŷdd tew;
Cadr ysgwyd ar ysgwydd glew.

Otid eiry, toid ystrad;
Dyfrysynt cedwyr i gad;
Mi nid af, anaf ni'm gad.

Otid eiry o du rhiw;
Carcharor gorwydd, cul biw;
Nid annwyd hafddydd heddiw.

Otid eiry, gwyn goror mynydd;
Llwm gwŷdd llong ar fôr;
Mecid llwfr llawer cyngor.

13th-cent. MS.

17 *Gogonedawg Arglwydd*

Gogonedawg Arglwydd, hanpych gwell;
A'th fendico di eglwys a changell,
A'th fendico di cangell ac eglwys,
A'th fendico di wastad a diffwys,
A'th fendico di tair ffynnon y sydd,
Dwy uch gwynt ac un uch elfydd;
A'th fendico di yr ysgawd a'r dydd,
A'th fendico di sirig a pherwydd,
A'th fendigwys di Afraham pen ffydd,
A'th fendico di fuchedd dragywydd,
A'th fendico di adar a gwenen,

A'th fendico di atbawr a dien,
A'th fendigwys di Aron a Moesen,
A'th fendico di fasgul a ffemen,
A'th fendico di seithniau a sêr,
A'th fendico di awyr ac ether,
A'th fendico di llyfrau a llyther,
A'th fendico di pysgawd yn hydrfer,
A'th fendico di cywyd a gweithred,
A'th fendico di tywod a thydwed,
A'th fendico di y sawl da digoned,
A'th fendigaf di, Arglwydd gogoned.
Gogonedawg Arglwydd, hanpych gwell.

14th-cent. MS.

18 *Gwirebau*

EIRY mynydd, hydd ym mro;
Gochwiban gwynt uwch blaen to;
Nid ymgel drwg yn lle y bo.

Eiry mynydd, hydd ar draeth;
Collid hen ei fabolaeth;
Drycdrem a wna ddyn yn gaeth.

Eiry mynydd, hydd yn llwyn;
Purddu brân, buan iyrchwyn;
Iach rydd, rhyfeddod pa gŵyn.

Eiry mynydd, hydd mewn brwyn;
Oer mignedd, medd yng ngherwyn;
Gnawd gan bob anafus gŵyn.

ANONYMOUS

Eiry mynydd, brith bron tŵr;
Cyrchid anifail glydwr;
Gwae wraig a gaffo ddrygwr.

Eiry mynydd, brith bron craig;
Crin calaf, alaf dichlaig;
Gwae ŵr a gaffo ddrygwraig.

Eiry mynydd, hydd yn ffos;
Cysgid gwenyn yn ddiddos;
Cydfydd lleidr â hir nos.

13th-cent. MS.

19 *Darogan Myrddin*

(*Extracts*)

AFALLEN beren a phren melyn
A dyf yn halar heb âr yn ei chylchyn;
A mi ddysgoganaf gad ym Mhrydyn
Yn amwyn eu terfyn â gwŷr Dulyn.
Seithlong y deuant dros lydan lyn,
A saith cant dros fôr i oresgyn.
O'r sawl y deuant nid ânt i gennyn
Namyn saith lledwag gwedi eu lletgyn.

Afallen beren a dyf tra Rhun,
Cywaethlyswn yn ei bôn er bodd i fun,
A'm ysgwyd ar fy ysgwydd a'm cledd ar fy nghlun,
Ac yng Nghoed Celyddon y cysgais fy hun.

Oian a barchellan, pyr bwyllud hun?
Andaw di adar dyfr yn ymeiddun.
Tëyrnedd dros fôr a ddaw ddyw Llun.
Gwyn eu byd hwy Gymry o'r arofun.

Afallen beren a dyf yn llannerch,
Ei hangerdd a'i hargel rhag rhiau Rhydderch.
Amsathr yn ei bôn, maon yn ei chylch.
Oedd aelaw uddudd, dulloedd dihefeirch.
Nw ni'm câr Gwenddydd ac ni'm henneirch,
Rhy rewiniais ei mab a'i merch.
Wyf cas gan Wasawg, gwaesaf Rhydderch.
Angau a ddwg pawb; pa rag na'm cyfeirch?
A gwedi Gwenddolau neb rhiau ni'm peirch.
Ni'm gogawn gwarwy, ni'm gofwy gordderch.
Ac yng ngwaith Arfderydd oedd aur fy ngorthorch,
Cyn ni bwyf aelaw heddiw gan eiliw eleirch.

Oian a barchellan, ni hawdd gysgaf
Rhag godwrdd y galar y sydd arnaf.
Deng mlynedd a dau ugain yd borthais boen;
Ys drwg o oroen y sydd arnaf.
Oes imi gan Iesu gaffu gwaesaf
Brenhinoedd nefoedd achoedd uchaf?
Ni mad ry aned o blant Addaf
Ar ni greto i Ddofydd yn nydd diwethaf.
Yd welais Wenddolau ym Mherthig rhiau
Yn cynnull preiddiau o bob eithaf.
I dan weryd rhudd nw neud araf
Pen tëyrnedd Gogledd llaredd mwyaf.

ANONYMOUS

Oian a barchellan, oedd rhaid gweddi
Rhag ofn pum pennaeth o Norddmandi;
A'r pumed yn myned dros fôr heli
I oresgyn Iwerddon dirion drefi.
Ef gwnahawd ryfel a dyfysgi
Ac arfau coch ac och ynddi.
Ac wyntwy yn ddiau a ddoant oheni
Ac a wnânt enrhydedd ar fedd Dewi.
A mi ddysgoganaf fyd dyfysgi
O ymladd mab a thad; gwlad a'i gwybi.
A myned i Loegrwys ddiffwys drefi,
Ac na bo gwared byth i Norddmandi.

Oian a barchellan llym ei ewinedd,
Cywely anfynud pan elud i orwedd,
Bychan a ŵyr Rhydderch Hael heno i ar ei wledd
A borthais i neithiwyr o anhunedd:
Eiry hyd ym mhen clun gan gun calledd,
Pibonwy i'm blew, blin fy rhysedd.
Rhy ddybydd dyw Mawrth, dydd gwythlonedd
Cyfrwng glyw Powys a chlas Gwynedd,
A chyfod Hiriell o'i hir orwedd
I amwyn â'i elyn derfyn Gwynedd.
Ac oni'm bydd gan fy rhi ran trugaredd,
Gwae fi, ban ym bu tru fy niwedd.

MEILYR

fl. 1100–1137

20 *Marwysgafn Feilyr Brydydd*

REX REGUM, rhyfydd rhwydd ei foli.
I'm arglwydd uchaf archaf weddi.
Gwledig gwlad orfod, goruchel wenrod,
Gwrda, gwna gymod rhyngod a mi.
Adfrau adfant cof dy rygoddi
Erof, ac edifar ei ddigoni.
Digonais gerydd yng ngŵydd Duw ddofydd,
Fy iawn grefydd heb ei weini.
Gweinif hagen i'm rhëen ri
Cyn bwyf deyerin diwenynni.
Diau ddarogant i Addaf a'i blant
A rydraethasant y proffwydi:
Bod Iesu ym mru merthyri
Mair, mad ymborthes ei beichiogi.
Baich rygynullais o bechod anofais,
Rhy ddyergrynais o'i gymhelri.
Rhwyf pob fa, mor wyd dda wrth dy ioli.
A'th iolwyf, rhy burwyf cyn no'm poeni.
Brenin holl riedd a'm gŵyr, na'm gomedd
Am y drugaredd o'm drygioni.

Cefais i liaws awr aur a phali
Gan freuawl riau er eu hoffi.
Ac wedi dawn awen, amgen ynni,
Amdlawd fy nhafawd ar fy nhewi.

Mi Feilyr Brydydd, bererin i Bedr,
  Porthawr a gymedr gymes deithi,
  Pryd y bo cyfnod ein cyfodi,
  Y sawl sy ym medd, armaa fi.
As bwyf yn addef yn aros y llef,
  Y llog a achef aches wrthi,
  Ac y sy didryf, didraul ei bri,
  Ac am ei mynwent mynwes heli—
Ynys Fair firain, ynys lân y glain,
  Gwrthrych dadwyrain, ys cain ynddi.
Crist croes ddarogan, a'm gŵyr, a'm gwarchan
  Rhag uffern affan, wahan westi.
  Creawdr a'm crewys a'm cynnwys i
  Ymhlith plwyf gwirin gwerin Enlli.

GWALCHMAI AP MEILYR

fl. 1130–1180

21 *I Owain Gwynedd*

Arddwyreaf hael o hil Rodri,
  Arddwyad gorwlad, gwerlin deithi,
Teithïawg Prydain, twyth afrdwyth Owain,
  Tëyrnain ni grain, ni grawn rëi.
  Tair lleng y daethant liant lestri,
  Tair praff prif lynges i'w bres brofi:
Un o Iwerddon, arall arfogion
  O'r Llychlynigion, llwrw hirion lli,
  A'r drydedd dros fôr o Norddmandi,
  A'r drafferth anferth anfad iddi.

A draig Môn mor ddrud ei eisylud yn aer
  A bu terfysg taer eu haer holi;
  A rhagddaw rhewys dwys dyfysgi,
  A rhewin a thrin a thranc cymri—
Ar gad gad greudde, ar gryd gryd graendde,
  Ac am Dâl Moelfre mil fanieri;
  Ar lath lath lachar, ar bâr beri,
  Ar ffwyr ffwyr ffyrfgawdd, ar fawdd foddi;
A Menai heb drai o drallanw gwaedryar,
  A lliw gwyar gwŷr yn heli.
  A llurugawr glas a gloes trychni,
  A thrychion yn dudd rhag rheiddrudd ri.
A dygyfor Lloegr a dygyfrang â hi
  Ac eu dygyfwrw yn astrusi.
  A dygyfod clod cleddyf difri
  Yn saith ugain iaith i'w faith foli.

HYWEL AB OWAIN GWYNEDD

d. 1170

22 *Gorhoffedd Hywel ab Owain*

  TON wen orewyn a orwlych bedd,
  Gwyddfa Rhufawn Befr, ben tëyrnedd.
Caraf, drachas Lloegr, lleudir gogledd heddiw,
  Ac yn amgant Lliw lliaws calledd.
  Caraf a'm rhoddes rybuched medd
  Myn y dyhaedd mŷr, maith gyfrysedd.
Caraf ei theulu a'i thew annedd ynddi,
  Ac wrth fodd ei rhi rhwyfaw dyhedd.

Caraf ei morfa a'i mynyddedd
A'i chaer ger ei choed a'i chain diredd,
A dolydd ei dwfr a'i dyffrynnedd,
A'i gwylain gwynion a'i gwymp wragedd.
Caraf ei milwyr a'i meirch hywedd,
A'i choed a'i chedyrn a'i chyfannedd.
Caraf ei meysydd a'i mân feillion anaw
Myn yd gafas ffaw ffyrf orfoledd.
Caraf ei brooedd, braint hyẅredd,
A'i diffaith mawrfaith a'i marannedd . . .
Cyfarchaf ddewin gwerthefin,
Gwerthfawr wrth ei fod yn frenin.
Cysylltu canu cysefin,
Cerdd foliant fal y cant Myrddin
I'r gwragedd a'i medd fy marddrin,
Mor hir hwyrweddog ŷnt am rin
Pennaf oll yn y gollewin
O byrth Caer hyd Borth Ysgewin.
Un yw'r fun a fydd gysefin foliant,
Gwenlliant lliw hafin.
Ail yw'r llall o'r pall, pell fy min
I wrthi, i am orthorch eurin,
Gweirful deg, fy rheg, fy rhin, ni gefais,
Ni gafas neb o'm llin;
Er fy lladd â llafnau deufin
Rhy'm gwalaeth gwraig brawdfaeth brenin.
A Gwladus weddus, ŵyl febin fabwraig,
Gofynaig ei gwerin
A chenaf uchenaid gyfrin,
Mi a'i mawl, a melyn eithin.
Moch welwyf am nwyf yn eddëin i wrthaw
(Ac i'm llaw fy lläin)

Lleucu glaer, fy chwaer, yn chwerthin;
Ac ni chwardd ei gŵr rhag gorddin.
Gorddin mawr a'm dawr, a'm daerawd,
A hiraeth ysywaeth y sy nawd
Am Nest deg debyg afallflawd,
Am Berweur, berfedd fy mhechawd;
Am Enerys wyry, ni warawd im hoen,
Ni orpo ddiweirdawd;
Am Hunydd, ddefnydd hyd ddyddbrawd;
Am Hawis, fy newis ddefawd.
Cefais fun dduun ddiwrnawd;
Cefais ddwy, handid mwy eu molawd;
Cefais dair a phedair â ffawd;
Cefais bump o rai gwymp eu gwyngnawd;
Cefais chwech heb odech pechawd;
Gwenglaer uwch gwengaer ydd y'm daerawd;
Cefais saith, ac ef gwaith gorddygnawd;
Cefais wyth yn nhâl pwyth; peth o'r wawd yr gaint;
Ys da daint rhag tafawd.

23 *Fy Newis i*

FY newis i, rhiain firain feindeg,
Hirwen, yn ei llen lliw ehöeg.
A'm dewis synnwyr, synio ar wreigiaidd,
Pan ddywaid o fraidd weddaidd wofeg.
A'm dewis gydran, gyhydreg â bun,
A bod yn gyfrin am rin, am reg.
Dewis yw gennyf i, harddliw gwaneg,
Y ddoeth i'th gyfoeth, dy goeth Gymräeg.

Dewis gennyf i di; beth yw gennyd di fi?
  Beth a dewi di, deg ei gosteg?
Dewisais i fun fal nad atreg gennyf;
  Iawn yw dewisaw dewisdyn teg.

24 *I Ferch*

  CARAF amser haf, amsathr gorwydd;
  Gorawenus glyw rhag glew arglwydd.
  Gorewynnawg ton, tynhegl ebrwydd;
  Gorwisgwys afall arall arwydd.
Gorwen fy ysgwyd ar fy ysgwydd i drais;
  Cerais ni gefais, gyfai awydd—
  Cegiden hirwen, hwyrwan ogwydd,
  Cyfeiliw gwen wawr yn awr echwydd,
  Claer-wanllun wenlleddf wynlliw cywydd.
  Wrth gamu brwynen braidd na ddigwydd.
  Bechanigen wen, wan ei gogwydd,
  Bychan y mae hŷn na dyn dengmlwydd.
  Mabinaidd, luniaidd, lawn gweddeiddrwydd,
  Mabddysg oedd iddi rhoddi yn rhwydd.
Mabwraig, mwy yd ffaig ffenedigrwydd ar wen
  Na pharabl o'i phen anghymhenrwydd.
  Peddestrig iolydd a'm bydd eilwydd,
  Pa hyd y'th iolaf? Saf rhag dy swydd.
Addwyf yn anfedredd o ynfydrwydd caru,
  Ni'm cerydd Iesu, y cyfarwydd.

PERYF AP CEDIFOR

c. 1170

25 *Lladd Brodyr Maeth Hywel ab Owain*

TRA fuam yn saith trisaith ni'n beiddiai,
Ni'n ciliai cyn ein llaith;
Nid oes, ysywaeth, o'r saith
Namyn tri, trin ddiolaith.

Seithwyr y buam dinam, digythrudd,
Digyfludd eu cyflam,
Seithwyr ffyrf, ffo ddiadlam,
Saith gynt ni gymerynt gam.

Can eddyw Hywel hwyl ddioddef cad,
Cyd fuam gydag ef,
Handym oll goll gyfaddef,
Handid tegach teulu nef.

Meibion Cedifor, cyd ehelaeth blant,
Yn y pant uwch Pentraeth,
Buant brwysgion, braisg arfaeth,
Buant briw ger eu brawd faeth.

Yny berwid brad, Brython anghristiawn,
O Gristin a'i meibion,
Ni bo dyn ym myw ym Môn
O'r Brochfaeliaid brychfoelion.

Er a ddêl o dda o ddala tir, present
Preswylfod anghywir;
Â gwayw, gwae Ddafydd enwir,
Gwân gwalch rhyfel, Hywel hir.

Caradawg fab Cedifor,
Gwalch byddin gwerin goror,
Hebawg teulu cu ceinmyn,
Anawdd gennyn dy hepgor.

OWAIN CYFEILIOG

d. 1197

26 *Hirlas Owain*

GWAWR pan ddwyreai, gawr a ddoded —
Galon yn anfon anfud dynged.
Geleurudd ein gwŷr gwedi lludded — trwm
Tremid gofwy mur Maelawr drefred.
Deon a yrrais dygyhused,
Diarswyd ar frwydr, arfau goched.
A rygoddwy glew, gogeled — rhagddaw;
Gnawd yw o'i ddygnaw ddefnydd codded.

Dywallaw di, fenestr, gan foddhäed
Y corn yn llaw Rys yn llys llyw ced —
Llys Owain ar brain yd ry borthed,
Porth mil a glywy, pyrth egored.
Menestr a'm gorthaw, na'm adawed,
As deuy â'r corn, er cydyfed,

Hiraethlawn, amliw, lliw ton nawfed,
Hirlas ei arwydd, aur ei dudded.
A dyddwg o fragawd wirawd worgred
Ar llaw Wgawn draws dros ei weithred.
Canawon Goronwy gwrdd gynired — gwyth,
Canawon hydwyth, hydr eu gweithred,
Gwŷr a obryn tâl ym mhob caled;
Gwŷr yng ngawr gwerthfawr, gwrdd ymwared,
Bugelydd Hafren, balch eu clywed,
Bugunad cyrn medd, mawr afneued.

Dywallaw di'r corn ar Gynfelyn
Anrhydeddus feddw o fedd gorewyn;
Ac or mynny hoedl hyd un flwyddyn,
Na ddidawl ei barch, can yd berthyn.
A dyddwg i Ruffudd, waywrudd elyn,
Gwin â gwydr golau yn ei gylchyn;
Dragon Arwystli, arwystl terfyn,
Dragon Owain hael o hil Cynfyn,
Dragon a'i dechrau, ac niw dychryn — cad,
Cyflafan argrad, cymwy erlyn.
Cydwyr ydd aethant er clod obryn,
Cyfoedon arfawg arfau edwyn.
Talasant eu medd mal gwŷr Belyn — gynt
Teg eu hydrefynt tra fo undyn . . .

Dywallaw di'r corn, can y'm puchant,
Hirlas yn llawen yn llaw Forgant,
Gŵr a ddyly gwawd, gwahan foliant,
Gwenwyn ei adwyn, gwân edrywant,
Areglydd defnydd dioddeifiant,
Llafn llyfn ei ddeutu, llym ei amgant.

Dywallaw di, fenestr, o lestr ariant
Celennig edmig can ardduniant;
Ar llawr Gwestun Fawr gwelais irdant;
Ardwy Goronwy oedd gwaith i gant.
Cedwyr cyfarfaeth ydd ymwnaethant;
Cad ymerbyniaid, enaid ddichwant.
Cyfarfu ysgwn ac ysgarant — aer,
Llas maer, llosged caer cer môr lliant.
Mwynfawr garcharawr a gyrchasant —
Meurig fab Gruffudd, grym darogant.
Neud oedd gochwys pawb pan atgorsant;
Neud oedd lawn o haul hirfryn a phant.

Dywallaw di'r corn i'r cynifiaid,
Canawon Owain, cyngrain cydnaid.
Wynt a ddyrllyddant, yn lle honnaid,
Glud, men ydd ânt, gloyw hëyrn ar naid.
Madawg a Meilyr, gwŷr gorddyfnaid
Trais, tros gyferwyr gyferbyniaid;
Taranogion torf, terfysg ddysgaid;
Trinheion faon, traws arddwyaid.
Ciglau am dâl medd myned haid — Gatraeth,
Cywir eu harfaeth, arfau llifaid.
Cosgordd Fynyddawg, am eu cysgaid
Cawsant eu hadrawdd, casflawdd flaeniaid.
Ni waeth wnaeth fy nghydwyr yng ngraid — Faelawr
Ddillwng carcharawr, ddyllest folaid.

Dywallaw di, fenestr, fedd hidlaid — melys,
O gyrn buelin balch oreuraid.
Ergyrwayw gwrys gochwys yn rhaid,
Er gobryn gobrwy gwerth eu henaid.

A'r gnifer anun a borth cuniaid
Nis gŵyr namyn Duw, ac a'i dywaid.
Gŵr ni dwng, ni dâl, ni bydd wrthwir,
Daniel, draig cannerth, mor ferth hywir.
Menestr, mawr o waith ydd oleithir
Gwŷr ni olaith llaith oni llochir.
Menestr, medd ancwyn a'm cydroddir,
Gwrdd dân gloyw golau, gwrddleu babir.
Menestr, gwelud gwaith yn Llidwm dir;
Y gwŷr a barchaf, wynt a berchir.
Menestr, gwelud galchdöed—gyngrain,
Yng nghylchyn Owain gylchwy enwir.
Pan breiddwyd Cawres, taerwres trwy ddir,
Praidd ostwng orflwng a orfolir.
Menestr, na'm diddawl, ni'm diddolir;
Poed ym mharadwys y'n cynhwysir.
Gan ben tëyrnedd boed hir—ein trwydded,
Yn y mae gweled gwaradred gwir.

GWYNFARDD BRYCHEINIOG

fl. *c.* 1180

27 *I Ddewi Sant*

(*Extracts*)

A'M rhoddo Dofydd ddedwydd ddewaint
Awen gan awel pan ddêl pylgaint.
Awydd boed cyfrwydd, cyfraith barddoni,
Cynnelw o Ddewi y deucymaint.

Ni ddyly corn medd, ceinon meddwaint,
Bardd ni wypo hwn; hynny dygaint.
Nid ef y canaf can ddigofaint — fy mryd,
Namwyn mi a'i pryd cywyd cywraint.
Ys mwy y canaf cyn no henaint
Canu Dewi mawr a moli saint.
Mab Sant syw, gormant, gormes haint — ni ad,
Na lledrad yn rhad, rhwyd ysgeraint.
Ysid rhad yn ei wlad a mad a maint,
Yng nghyfoeth Dewi difefl geraint,
Rhydid heb ofid heb ofyn amgen,
Heb ofal cynnen cylch ei benaint,
Onid blaidd a draidd drwy ei wythaint,
Neu hydd gorfynydd rhewydd rhedaint.
Ef cymerth er Duw dioddeifaint — yn deg
Ar don a charreg a chadw ei fraint,
A chyrchu Rhufain, rhan gyreifaint,
A gwest yn Efrai, gwst diamraint,
A goddef palfawd, dyrnawd tramaint,
I gan forwyn ddifwyn, ddiwyl ei daint.
Dialwys peirglwys, perging Dyfnaint;
Ar ni las llosged, lluoedd llesaint.
Dyrchafwys bryn gwyn breiniawl ei fraint
Yng ngŵydd seithmil mawr a seithugaint,
Archafael, caffael gan westeifaint.
Dyrchafwys Dewi Brefi a'i braint . . .

Breiniawl fyth fyddaf ban ddelwyf — yno;
Ni bydd yn eu bro a bryderwyf.
Gwelaf offeiriaid, coethaid cannwyf.
Canaf eu moliant men y delwyf.

Gwelaf wir yn llwyr a llewenydd mawr.
  A llen uch allawr heb allu clwyf.
  Gwelais am ucher uchel eu rhwyf,
  A gwragedd, rhianedd, rhai a garwyf.
Gwelais glas ac urddas, urddedig haelion,
  Ymhlith dedwyddion doethion dothwyf.
  Ym mhlwyf Llanddewi, lle a folwyf,
  Yd gaffwyf i barch cyn nis archwyf.
  Ac o blaid Dofydd, dihcufardd wyf,
  Ac ar nawdd Dewi y dihangwyf.
A ddigonais o gam o gynghlwyf difri.
  I Dduw a Dewi y'i diwycwyf.
  Canys dichawn Dewi nis dichonwyf.
  Gwnäed eirioled im am a archwyf.

Archaf reg yn deg, a digerydd — wyf
  I erchi i'm rhwyf rwydd gerennydd,
  I Dduw gysefin, dewin Dofydd,
  Ac i Ddewi wyn wedy Dofydd,
  Dewi mawr Mynyw, syw sywedydd,
  A Dewi Brefi ger y broydd;
A Dewi biau balch Langyfelach,
  Lle y mae morach a mawr grefydd.
  A Dewi biau bangeibr y sydd,
  Meidrym, a'i mynwent i luosydd,
A Bangor esgor a bangeibr. Henllan
  Y sydd i'r clodfan, i'r clydwywydd,
  A Maenor Deifi diorfynydd,
  Ac Abergwyli biau gwylwlydd,
A Henfynyw deg o du glennydd — Aeron,
  Hyfaes ei meillion, hyfes goedydd;

Llannarth, Llanadnau, llannau llywydd,
Llangadawg, lle breiniawg, rhannawg rhiydd.
Nis arfaidd rhyfel Llan-faes, lle uchel,
Na'r llan yn Llywel gan neb lluydd.
Garth Bryngi, Bryn Dewi digywilydd,
A Thrallwng Cynfyn cer y dolydd,
A Llanddewi y Crwys, llogawd newydd,
A Glasgwm a'i glwys ger glas fynydd.
Gwyddelfodd aruchel, nawdd ni echwydd,
Craig Fruna yma, teg ei mynydd,
Ac Ystrad Nynnid a'i rhydid rhydd . . .

A Dewi a'n differ, a'n diffyn fydd,
A'i wyrth a'n diffyrth rhag pob diffydd.
A Dewi a'n gweryd rhag cryd cerydd—pechawd,
Ym maes maestawd dyddbrawd dybydd.
A Dewi a'i gorug, gŵr bieifydd,
Magna fab yn fyw, a'i farw ddeuddydd.
A Dewi ryweled yn ei rihydd
Fal cyfliw â haul hwyl ysblennydd.
Ysid i Ddewi dda gyweithydd
Wrth wan a chadarn, a chadw y prydydd;
Ac iddaw y mae, mal i ddedwydd,
Dedwyddion Brefi yn y broydd . . .

CYNDDELW BRYDYDD MAWR

fl. 1155–1200

28 *Rhieingerdd Efa ferch Madog ap Maredudd*

(*Extracts*)

GORFYNAWG drythyll, gorfynt — a ddygaf
Wrth ar a folaf, a folais gynt,
Cymrawd ewyn dwfr ae dyfriw gwynt,
Cymräeg laesteg o lys dyffrynt,
Cyfleuer gwawr ddydd pan ddwyre hynt,
Cyfliw eiry gorwyn Gorwydd Epynt,
Rhin olaith, oleddf, olau dremynt,
Rhiain ni'm rhifai, cyd a'm rhifynt.
Rhianedd iddi a ddywedynt
Rhieingerdd Efa a fawrhëynt.
Tremyn y treiddiwn (trefn a gedwynt)
Treiddle glyw Powys, pei am getynt.
Pan dreiddiais yno yn ydd oeddynt,
Trwy ffenestri gwydr ydd ym gwelynt.
Trybelid wylain a wylynt — arnaf,
Traul ateb ataf a ddanfonynt.
Llawen y'u carwn, cyny'm cerynt,
Llawforynion gwyry gwirion oeddynt.
Amgall o bwyllad a bell bwyllynt,
Am Gynddelw brydydd yd bryderynt.

Gorfynawg drythyll gorwych iolwyf,
Gorddawg, pall eurawg, pell nas gwelwyf,
Gorfelyn called, colledig wyf,

Collais gall ateb y neb a'm nwyf.
Ym mhwyllad newid neud addwyf — am fun
Yn anhun anhedd, cyd rys porthwyf.
Gorthewis wrthyf, gwerth fy hirglwyf.
Nid gorthaw a wnaf wrth a garwyf.
Celadwy lywy, liw ton am rwyf,
Rhwy gennyf, gennyd er nad ydwyf.
Cadr amnaid gannaid, gyd ath iolwyf,
Cany wnëy erof, er a ganwyf,
Na wna fi, feinwen, fal na hunwyf.
Ni'th wnaf ernywed, er na'th gaffwyf.
Nid er chwedl amgen ydd amgyrwyf,
Namyn am garu ni geryddwyf.
Ni'm dawr, ferch pennaeth, pryd na'th welwyf,
Nid er ceisio tâl dros a ganwyf.

29 *I Ririd Flaidd*

MAE im flaidd a'm câr o'm caffael — wrthaw,
Yn wrtheb archafael;
Nid blaidd coed coll ei afael,
Namyn blaidd maes moesawg hael.

Cleddyf clod wasgar a wisgaf — ar glun
Rhwng fy llun a'm llasar;
Cleddyf cloynnau hygar,
Cleddyf Rhirid Flaidd flaengar.

Priodawr Pennant, pennaf — uchelwr,
Uchelwyr fodrydaf;
Nid i flaidd praidd y prydaf,
Namyn i flaidd glyw y glewaf.

30 *Marwnad Madog ap Maredudd*

CYFARCHAF i'm rhi rhad obaith,
Cyfarchaf, cyferchais ganwaith,
I brofi prydu o'm prifiaith — eurgerdd
I'm harglwydd gydymdaith;
I gwynaw Madawg meddfaith — ei alar,
A'i alon ym mhob iaith.
Dôr ysgor, ysgwyd ganhymdaith;
Tarian yn aerwan, yn eurwaith;
Twrf grug, yng ngoddug, yng ngoddaith;
Tarf esgar, ysgwyd yn nylaith;
Rhwyf myrdd cyrdd, cerddorion obaith;
Rhudd, ddiludd, ddileddf gydymdaith.
Rhy elwid Madog cyn no'i laith
Rhwyd galon difogion, diffaith.
Rhwydd ataf ateb fy ngobaith,
Rhydd wisgoedd, wesgwyn ganhymdaith,
Rhudd ongyr Brân fab Llŷr Llediaith.
Rhwydd ei glod o gludaw anrhaith,
Rhuddfoawg faon ni olaith,
Rhad wastad, gwystlon ganhymdaith,
Llafn argrad yng nghad yng nghunllaith,
Llafn gwyar a gâr o gydwaith,
Llaw esgud dan ysgwyd galchfraith,
Llyw Powys, peues ddiobaith,
Hawl ofyn, gŵr ni myn mabwaith,
Hwyl ysgwn, ysgwyd pedeiriaith,
Hil tëyrn yn hëyrn henwaith,
Hael Fadawg, feuder anhywaith,
Can deryw, darfuam o'i laith;
Can daerawd, darfu cedymdaith.

Oedd beirddgar, barddglwm diledіaith.
Oedd cadarn, angor dyfnfor diffaith.
Oedd hir ei drwydded, oedd hyged, — hygar.
Oedd llafar gwyar o'i gyfarwaith.
Oedd buelin blas, gwanas gwaedraith.
Oedd eurllew o aerllin Gadiaith.
Oedd difarn gadarn gedymdaith — unbyn
Oedd dyrn yn hëyrn, haearn dalaith.
A'i ddiwedd ys bo, can bu ei laith,
I ddiwyn cam cymaint ei affaith,
Yng ngoleuder saint, yng ngoleudaith,
Yng ngoleuad rhad rhydid perffaith.

31 *I Ferch*

GWELAIS ar forwyn fwyn fawrfrydig
Golwg diserchawg, syberw, ceinmyg,
Lliw golau tonnau, taenferw gwenyg,
Llanw ebyr ar llyr lle ni mawrdrig.
Mynych ym anfon dygn gofion dig — erof,
Arien gannwyll rhyfyg,
Mal ydd wyf yn celu calon ysig,
Ni mad gyrchawdd gwen gwely Eiddig.

32 *I Ddygynnelw, ei Fab*

YNG nghynosod, clod claer ddylaith, — byddin
Ni byddud wrth gyfraith;
Oedd anawdd, llafn adrawdd llaith,
Dygynnelw dy ganhymdaith.

Trig yn harddfraint saint, senedd gyd — eurglawr,
Arglwydd nef a'th weryd,
Dygen yw hebod bod byd,
Dygynnelw, a Duw gennyd.

Gŵr a'i gwnaeth yn ddyn, yn ddelw — boenedig,
Ban adug Ddygynnelw,
Can Dduw ni bo cwyn ddielw,
Cuddfedd ceinddiwedd Cynddelw.

EINION AP GWALCHMAI

fl. 1203–1223

33 *Marwnad Nest ferch Hywel*

AMSER Mai maith dydd, neud rhydd rhoddi,
Neud coed nad ceithiw, ceinlliw celli,
Neud llafar adar, neud gwâr gweilgi,
Neud gwaeddgreg gwaneg, gwynt yn edwi,
Neud arfau doniau, goddau gweddi,
Neud argel dawel, nid mau dewi.
Endewais wenyg a wynofi — dir
I am derfyn mawr meibion Beli.
Oedd hydraidd wychyr llyr yn llenwi,
Oedd hydr am Ddylan gwynfan genthi.
Hyll nid oedd ei deddf, hwyreddf holi,
Hallt oer ei dagrau, digrawn heli.
Ar helw bun araf uwch banieri — ton
Tynhegl a gerddais gorddwfr Deifi.
Ceintum gerdd i Nest cyn no'i threngi,

Cant cant ei moliant mal Elifri.
Canaf, can feddwl afrddwl erddi,
Caniad ei marwnad, mawr drueni.
Cannwyll Cadfan Lan o len bali,
Cannaid ei syniaid ger Disynni,
Gwan wargan wyry gall ddyall ddogni,
Gwraig nid oeddwn frad gariad genthi—
Gweryd rhudd a'i tudd wedi tewi,
Gwael neuedd, maenfedd mynwent iddi,
Golo Nest goḷau ddireidi.
Golwg gwalch dwythfalch o brif deithi,
Gwenned gwawn, a'i dawn o'i daioni.
Gwynedd anrhydedd, oedd rhaid wrthi,
Nid oedd ffawd rygnawd rin i genthi.
Gnawd oedd dâl aur mâl er ei moli.
Ni ryfu ddognach i ryddogni—poen
Penyd a fo mwy no'r mau hebddi.
Neu'm gorau angau anghyfnerthi.
Nid ymglyw dyn byw o'r byd fal mi.
Ni chyfairch angen, iawlwen ioli,
I'r neb ry barther ei ryborthi.
Nest yn ei haddawd wenwawd weini,
Ydd wyf pryderus fal Pryderi—
Pryder nawd ceudawd, kyfnerthi—ni wn;
Nid parabl yw hwn ni fo peri.
Llen argel isel y sy'm poeni,
Lludd gwen lliw arien ar Eryri.
Archaf i'm arglwydd, culwydd celi,
Nid ef a archaf arch egregi;
Arch ydd wyf yn arch yn ei erchi
Am archfain riain, rhaid ei meni,
Trwy ddiwyd eiriol deddfol Ddewi

A deg cymaint saint senedd Frefi,
Am fun a fudydd ei hamnoddi,
Ar gystlwn pryffwn y proffwydi,
Ar gyfoeth Duw doeth ei detholi,
Ar anghyfair Mair a'r merthyri.
Ac yn ei goddau gweddi—a ddodaf
Im a ddodes nwyf i'm addoedi.
Ni bu dyn mor gu gennyf â hi;
Ni bo poen oddef, Pedr i'w noddi!
Ni bydd da gan Dduw ei diddoli;
Ni bo diddawl Nest; nef boed eiddi.

MADOG AP GWALLTER

fl. *c.* 1250

34 *Geni Crist*

MAB a'n rhodded,
Mab mad aned dan ei freiniau,
Mab gogoned,
Mab i'n gwared, y mab gorau,
Mab fam forwyn
Grefydd addfwyn, aeddfed eiriau,
Heb gnawdol Dad
Hwn yw'r Mab rhad, rhoddiad rhadau . . .
Cawr mawr bychan,
Cryf, cadarn, gwan, gwynion ruddiau;
Cyfoethog, tlawd,
A'n Tad a'n Brawd, awdur brodiau.

Iesu yw hwn
A erbyniwn yn ben rhiau.
Uchel, isel,
Emanuel mêl meddyliau . . .
Pali ni fyn,
Nid urael gwyn ei gynhiniau.
Yn lle syndal
Ynghylch ei wâl gwelid carpiau . . .
Ei leferydd
Wrth fugelydd, gwylwyr ffaldau.
Engyl yd fydd,
A nos fal dydd dyfu'n olau.
Yna y traethwyd
Ac y coeliwyd coelfain chwedlau,
Geni Dofydd
Yng nghaer Ddafydd yn ddiamau . . .
Nos Nadolig,
Nos annhebyg i ddrygnosau,
Nos lawenydd
I lu bedydd, byddwn ninnau.
Bendigaid fyg
Yw'r Nadolig deilwng wleddau,
Pan aned Mab,
Arglwydd pob Pab, pob peth piau,
O Arglwyddes
A wna in lles, a'n lludd poenau,
Ac a'n gwna lle
Yn nhecaf bre yng ngobrwyau.

LLYGAD GŴR

fl. *c.* 1268

35 *I Lywelyn ap Gruffudd*

TERFYSG aerllew glew glod ganymddaith,
Twrf toredwynt mawr uch môr diffaith,
Taleithawg deifnawg dyfniaith — Aberffraw,
Terrwyn anrheithiaw, rhuthr anolaith.
Tylwyth ffrwyth, ffraethlym eu mawrwaith,
Teilwng blwng blaengar fal goddaith.
Taleithawg arfawg aerfaith — Dinefwr,
Teulu hwysgwr ysgyfyl anrhaith,
Telediw gad gywiw gyfiaith,
Telaid balch a bylchlafn eurwaith.
Taleithawg Mathrafal, maith — dy derfyn,
Arglwydd Lywelyn, lyw pedeiriaith.
Sefis yn rhyfel, diymgel daith,
Rhag estrawn genedl, gŵyn anghyfiaith;
Sefid Brenin Nef, breiniawl gyfraith,
Gan eurwawr aerbair y tair talaith.

GRUFFUDD AB YR YNAD COCH

fl. *c.* 1280

36 *Marwnad Llywelyn ap Gruffudd*

OER calon dan fron o fraw — allwynin
Am frenin, dderwin ddôr, Aberffraw.
Aur dilyfn a dalai o'i law,
Aur dalaith oedd deilwng iddaw.

Eurgyrn eurdëyrn ni'm daw, — llewenydd
  Llywelyn; nid rhydd im rwydd wisgaw.
Gwae fi am arglwydd, gwalch diwaradwydd;
  Gwae fi o'r aflwydd ei dramgwyddaw.
Gwae fi o'r golled, gwae fi o'r dynged,
  Gwae fi o'r clywed fod clwyf arnaw.
Gwersyll Cadwaladr, gwaesaf llif daradr,
  Gwas rhudd ei baladr, balawg eurllaw.
Gwasgarawdd alaf, gwisgawdd bob gaeaf
  Gwisgoedd amdanaf i amdanaw.
  Bucheslawn arglwydd ni'n llwydd yn llaw,
  Buchedd dragywydd a drig iddaw.
  Ys mau lid wrth Sais am fy nhreisiaw,
  Ys mau rhag angau angen gwynaw.
Ys mau gan ddefnydd ymddifanw — â Duw,
    A'm edewis hebddaw.
  Ys mau ei ganmawl heb dawl, heb daw,
  Ys mau fyth bellach ei faith bwyllaw.
Ys mau i'm dynoedl amdanaw — afar;
  Canys mau alar, ys mau wylaw.
  Arglwydd a gollais, gallaf hirfraw;
  Arglwydd tëyrnblas a las o law.
Arglwydd cywir gwir, gwarandaw — arnaf
  Uched y cwynaf; och o'r cwynaw!
    Arglwydd llwydd cyn lladd y deunaw,
    Arglwydd llary, neud llawr ei ystaw.
Arglwydd glew fal llew yn llywiaw — elfydd,
  Arglwydd aflonydd i afluniaw.
Arglwydd canadlwydd, cyn adaw — Emrais
  Ni lyfasai Sais ei ogleisiaw.
Arglwydd, neud maendo ymandaw — Cymry,
  O'r llin a ddyly ddaly Aberffraw.

Arglwydd Grist, mor wyf drist drostaw,
Arglwydd gwir gwared i ganthaw:
O gleddyfawd trwm tramgwydd arnaw,
O gleddyfau hir yn ei ddiriaw,
O glwyf am fy rhwyf y sy'm rhwyfaw,
O glywed lludded llyw Bodfaeaw,
Cwbl o was a las o law — ysgeraint,
Cwbl fraint ei hynaint oedd ohonaw.
Cannwyll tëyrnedd, cadarnllew Gwynedd,
Cadair anrhydedd, rhaid oedd wrthaw.
O laith Prydain faith, Gynllaith ganllaw,
O ladd llew Nancoel, llurig Nancaw,
Llawer deigr hylithr yn hwyliaw — ar rudd,
Llawer ystlys rhudd â rhwyg arnaw;
Llawer gwaed am draed wedi ymdreiddiaw;
Llawer gweddw â gwaedd i amdanaw;
Llawer meddwl trwm yn tonwyaw;
Llawer mab heb dad gwedi'i adaw;
Llawer hendref fraith gwedi llwybr goddaith,
A llawer diffaith drwy anrhaith draw.
Llawer llef druan fal ban fu Gamlan,
Llawer deigr dros ran gwedi r'greiniaw.
O leas gwanas, gwanar eurllaw,
O laith Llywelyn cof dyn ni'm daw.
Oerfelawg calon dan fron o fraw,
Rhewydd fal crinwydd y sy'n crinaw.
Poni welwch-chwi hynt y gwynt a'r glaw?
Poni welwch-chwi'r deri'n ymdaraw?
Poni welwch-chwi'r môr yn merwinaw — 'r tir?
Poni welwch-chwi'r gwir yn ymgweiriaw?
Poni welwch-chwi'r haul yn hwylaw — 'r awyr?
Poni welwch-chwi'r sŷr wedi r'syrthiaw?

GRUFFUDD AB YR YNAD COCH

Poni chredwch-chwi i Dduw, ddyniadon ynfyd?
  Poni welwch-chwi'r byd wedi r'bydiaw.
Och hyd atat-ti, Dduw, na ddaw — môr dros dir!
  Pa beth y'n gedir i ohiriaw?
  Nid oes le y cyrcher rhag carchar braw;
  Nid oes le y triger; och o'r trigaw!
Nid oes na chyngor na chlo nac agor,
  Unffordd i esgor brwyn gyngor braw.
    Pob teulu, teilwng oedd iddaw;
    Pob cedwyr, cedwynt adanaw;
    Pob dengyn a dyngynt o'i law;
    Pob gwledig, pob gwlad oedd eiddaw.
  Pob cantref, pob tref ŷnt yn treiddiaw;
  Pob tylwyth, pob llwyth y sy'n llithraw;
  Pob gwan, pob cadarn cadwed o'i law;
  Pob mab yn ei grud y sy'n udaw.
  Bychan lles oedd im, am fy nhwyllaw,
  Gadael pen arnaf heb ben arnaw.
    Pen pan las, ni bu gas gymraw;
    Pen pan las, oedd lesach peidiaw.
    Pen milwr, pen moliant rhag llaw,
    Pen dragon, pen draig oedd arnaw.
Pen Llywelyn deg, dygn o fraw — i'r byd
      Bod pawl haearn trwyddaw.
    Pen f'arglwydd, poen dygngwydd a'm daw;
    Pen f'enaid heb fanag arnaw.
Pen a fu berchen ar barch naw — canwlad,
      A naw canwledd iddaw.
  Pen tëyrn, hëyrn heaid o'i law,
  Pen tëyrnwalch balch, bwlch ei ddeifnaw.
  Pen tëyrnaidd flaidd flaengar ganthaw.
  Pen tëyrnedd nef, Ei nawdd arnaw.

Gwyndëyrn orthyrn wrthaw, — gwendorf gorf,
  Gorfynt hynt hyd Lydaw.
 Gwir freiniawl frenin Aberffraw,
 Gwenwlad nef boed addef iddaw.

DAFYDD BACH AP MADOG WLADAIDD

fl. 1340–1390

37 *Croeso mewn Llys*

MI a welais lys, a dwy a deg llys,
 Ac ni welais lys mor lwys edmig
Â'r llys a hoffaf er lles i'w phennaf,
 Nid llaes y'i molaf, mal Celliwig;
Yn llwyr degwch nef, yn llawr Bachelldref,
 Y lle y bydd dolef bob Nadolig;
A llu o geraint, a llyn tra meddwaint,
 A llewychu braint bro hil Meurig;
A llawer cerddawr, a llawen grythawr,
 A llawenydd mawr uwch llawr llithrig;
A llef gan dannau, a llif gwirodau,
 A llafar gerddau gorddyfnedig;
A lliwgoch baladr gan llin Cadwaladr,
 A llafn gwaedraeadr, coelfeingadr cig;
A thro cerddorion, a thrydar meibion,
 A thrabludd gweision gosymddeithig;
A thrulliad trablin, a thrallawd cegin,
 A thrilliw ar win i wan blysig.
Tair cynneddf y sydd, tirion lawenydd,

Ar briflys Dafydd, difefl ryfyg:
Ba ddyn bynnag fych, ba gerdd a fetrych
Gydag a nodych yn enwedig,
Dyred pan fynnych, cymer a welych,
A gwedi delych, tra fynnych trig.

GRUFFUDD AP MAREDUDD

fl. 1350–1380

38 *Marwnad Gwenhwyfar*

(*Extract*)

HAUL Wynedd, neud bedd, nid byw — unbennes
Heb ennill ei chyfryw;
Henw gorhoffter a dderyw,
Hoen lloer, hun oer heno yw.

Dygn ymyrraedd gwaedd, bu gwael — ym mylchlawr
Roi mwyalchliw ddwyael
Dyn aur a fu'n dwyn urael,
Deune haul wedd, heilfedd, hael.

Gwisgawdd llun cain main maendo;
Gwasgrwym llawr ar ôl gweisgra;
Gwâr ddeurudd hoen gwawr ddwyre,
Gwydn oedd im hirfyw gwedy.

Adeiliwyd bedd, gwedd gwiwder,
F'enaid, i'th gylch o fynor:
Adeiliawdd cof dy alar
I'm calon ddilon ddolur.

Treigl i'r galon hon, hoen geirw creignaint — glwys,
Gloes alar ofeiliaint,
Tros orwyr deg traws Eraint,
Tristyd bryd brwyn, mwy no maint.

Gwaith blwng oedd echwng, och Wenhwyfar — deg,
Dygn ynof dy alar,
Glwysaf corff, dan bridd glasar,
Gloes fawr, llawr llan, dwf gwan gwâr.

Gwn feinwas a las o loes hiraeth, — Fair,
Farw eurgannwyll Bentraeth,
Gwan yn ôl, gwenwyn alaeth,
Gwawn wedd, gwin a medd a'i maeth.

Ni roed ym myd, bryd bronllech,
Oerllawr dygn, eurlloer degwch,
Arail cwyn ar ôl cannoch,
Erddrym deigr, arddrem degach.

Tristyd a'm cyfyd cofion, llef — a deigr
Am degwch trychantref,
Can aeth i wlad tad tangnef,
A'm curiawdd, ar nawdd Iôr nef.

Echwng gwenlloer oedd oer ddoe
Ym maengist fawrdrist farwdrai;
Aml gwedd yn ymylau gwae
Am ddyn doeth, em Ddindaethwy.

Llawer dyn, hydr elyn hoed,
Lliw bas ewynblas wenblaid,

Am fun dawel uchelwaed,
O drais Duw, a dristawyd.

Lle bu ra a gwyrdd, lle bu rudd — a glas,
Neud gloes angau gystudd,
Lle bu aur am ei deurudd,
Lle bu borffor, côr a'i cudd.

Gwisgwyd haul gwindraul ger gwyndraeth — Cyrchell
Mewn carchar glasfedd caeth;
Gwae ef, i gain nef gan aeth,
A'i carawdd rhag dig hiraeth.

Gwae fi, lwysgrair Mair, mawr y'm cyffry — deigr
Am eurdegwch Cymry,
Myned mewn argel wely
Meinir dwf is mynor dŷ.

39 *Englynion Duwiol*

GWYNT, tân, awyr llwyr, llawr daearfa — mwyn,
Gwnaeth Un Mab Maria,
Lleuad, dwfr, haul ni threulia,
Gwyllt, gwâr, gwellt, gwŷdd, nos, dydd da.

Rhy fychan, Grist loywlan lyw,
Dros gur hoelion loesion liw,
A brath brongnaif â glaif glew,
Nêr eurddoeth a wneir erddaw.

Erddaw y dylem, ddrem ddrud,
Oddef, Mab Duw a wyddiad,
Efô a'n prynawdd, nawdd nod,
O uffern rew fignwern rwd,
Ac a'n gwnaeth, ffraeth ffrwythlawnged,
O gaith yn rhyddion i gyd.

I gyd, bobl y byd, anwybodus — ŷm
Am na charwn Iesus,
A theg urddas y grasus
A Thad aur a myrr a thus.

DAFYDD AP GWILYM

fl. 1340–1370

40 *Y Bardd a'r Brawd Llwyd*

GWAE fi na ŵyr y forwyn
Glodfrys, â'i llys yn y llwyn,
Ymddiddan y brawd llygliw
Amdani y dydd heddiw.

Mi a euthum at y Brawd
I gyffesu fy mhechawd;
Iddo'dd addefais, od gwn,
Mai eilun prydydd oeddwn;
A'm bod erioed yn caru
Rhiain wynebwen aelddu;
Ac na bu ym o'm llofrudd
Les am unbennes na budd;

Ond ei charu'n hir wastad,
A churio'n fawr o'i chariad,
A dwyn ei chlod drwy Gymry,
A bod hebddi er hynny,
A dymuno ei chlywed
I'm gwely rhof a'r pared.

Ebr y Brawd wrthyf yna,
'Mi a rown yt gyngor da,
O cheraist eiliw ewyn,
Lliw papir, oed hir hyd hyn.
Llaesa boen y dydd a ddaw,
Lles yw i'th enaid beidiaw,
A thewi â'r cywyddau
Ac arfer o'th baderau.
Nid er cywydd nac englyn
Y prynodd Duw enaid dyn.
Nid oes o'ch cerdd chwi, y glêr,
Ond truth a lleisiau ofer,
Ac annog gwŷr a gwragedd
I bechod ac anwiredd.
Nid da'r moliant corfforawl
A ddyco'r enaid i ddiawl.'

Minnau atebais i'r Brawd
Am bob gair ar a ddywawd:
'Nid ydyw Duw mor greulon
Ag y dywaid hen ddynion.
Ni chyll Duw enaid gŵr mwyn
Er caru gwraig na morwyn.
Tripheth a gerir drwy'r byd:
Gwraig a hinon ac iechyd.

'Merch sydd decaf blodeuyn
Yn y nef ond Duw ei hun.
O wraig y ganed pob dyn
O'r holl bobloedd ond tridyn.
Ac am hynny nid rhyfedd
Caru merched a gwragedd.
O'r nef y cad digrifwch
Ac o uffern bob tristwch.

'Cerdd a bair yn llawenach
Hen ac ieuanc, claf ac iach.
Cyn rheitied i mi brydu
Ag i tithau bregethu,
A chyn iawned ym glera
Ag i tithau gardota.
Pand englynion ac odlau
Yw'r hymnau a'r segwensiau?
A chywyddau i Dduw lwyd
Yw sallwyr Dafydd Broffwyd.

'Nid ar un bwyd ac enllyn
Y mae Duw yn porthi dyn.
Amser a rodded i fwyd
Ac amser i olochwyd,
Ac amser i bregethu,
Ac amser i gyfanheddu.
Cerdd a genir ymhob gwledd
I ddiddanu rhianedd,
A phader yn yr eglwys
I geisio tir Paradwys.

'Gwir a ddywad Ystudfach
Gyda'i feirdd yn cyfeddach:
"Wyneb llawen llawn ei dŷ,
Wyneb trist drwg a ery."
Cyd caro rhai santeiddrwydd,
Eraill a gâr gyfanheddrwydd.
Anaml a ŵyr gywydd pêr
A phawb a ŵyr ei bader,
Ac am hynny'r deddfol Frawd,
Nid cerdd sydd fwyaf pechawd.

'Pan fo cystal gan bob dyn
Glywed pader gan delyn
Â chan forynion Gwynedd
Glywed cywydd o faswedd,
Mi a ganaf, myn fy llaw,
Y pader fyth heb beidiaw.
Hyd hynny mefl i Ddafydd
O chân bader, ond cywydd.'

41 *Ei Gysgod*

DOE'R oeddwn dan oreuddail
Yn aros gwen, Elen ail,
A gochel glaw dan gochl glas
Y fedwen, fal ynfydwas.
Nachaf gwelwn ryw eilun
Yn sefyll yn hyll ei hun.
Ysgodigaw draw ar draws
Ohonof, fal gŵr hynaws,
A chroesi rhag echrysaint
Y corff mau â swynau saint.

'Dywed, a phaid â'th dewi,
Yma wyt ŵr, pwy wyt ti.'

'Myfy wyf, gad d'ymofyn,
Dy gysgod hynod dy hun.
Taw, er Mair, na lestair les,
Ym fynegi fy neges.
Dyfod ydd wyf, defod dda,
I'th ymyl yn noeth yma,
I ddangos, em addwyn-gwyn,
Rhyw beth wyd; mae rhaib i'th ddwyn.'

'Nage, ŵr hael, anwr hyll,
Nid wyf felly, dwf ellyll.
Godrum gafr o'r un gyfrith,
Tebygach wyd, tebyg chwith,
I ddrychiolaeth hiraethlawn
Nog i ddyn mewn agwedd iawn.
Heusor mewn secr yn cecru,
Llorpau gwrach ar dudfach du.
Bugail ellyllon bawgoel,
Bwbach ar lun mynach moel.
Grëwr yn chwarae griors,
Grŷr llawn yn pori cawn cors.
Garan yn bwrw ei gwryd,
Gaerau'r ŵyll, ar gwr yr ŷd.
Wyneb palmer o hurthgen,
Brawd du o ŵr mewn brat hen.
Drum corff wedi'i droi mewn carth;
Ble buost, hen bawl buarth?'

'Llawer dydd, yt pes lliwiwn,
Gyda thi; gwae di o'th wn.'

'Pa anaf arnaf amgen
A wyddost ti, wddw ystên,
Ond a ŵyr pob synhwyrawl
O'r byd oll? Yty baw diawl!
Ni chatgenais fy nghwmwd,
Ni leddais, gwn, leddf ysgŵd,
Ni theflais ieir â thafl fain,
Ni fwbechais rai bychain.
Ni wnaf yn erbyn fy nawn,
Ni rwystrais wraig gŵr estrawn.'

'Myn fy nghred, pei managwn
I rai na ŵyr hyn a wn,
Dir ennyd cyn torri annog,
'Y nghred y byddud ynghrog.'

'Ymogel, tau y magl tost,
Rhag addef rhawg a wyddost,
Mwy no phe bai, tra fai'n fau,
Gowni ar gwr y genau.'

42 *Mis Mai*

DUW gwyddiad mai da y gweddai
Dechreuad mwyn dyfiad Mai.
Difeth irgyrs a dyfai
Dyw Calan mis mwynlan Mai.

Digrinflaen goed a'm oedai,
Duw mawr a roes doe y Mai.
Dillyn beirdd ni'm rhydwyllai,
Da fyd ym oedd dyfod Mai.

Harddwas teg a'm anrhegai,
Hylaw ŵr mawr hael yw'r Mai.
Anfones ym iawn fwnai,
Glas defyll glân mwyngyll Mai.
Ffloringod brig ni'm digiai,
Fflŵr-dy-lis gyfoeth mis Mai.
Diongl rhag brad y'm cadwai,
Dan esgyll dail mentyll Mai.
Llawn wyf o ddig na thrigai
(Beth yw i mi?) byth y Mai.

Dofais ferch a'm anerchai,
Dyn gwiwryw mwyn dan gôr Mai.
Tadmaeth beirdd heirdd, a'm hurddai,
Serchogion mwynion, yw Mai.
Mab bedydd Dofydd difai,
Mygrlas, mawr yw urddas Mai.
O'r nef y doeth a'm coethai
I'r byd, fy mywyd yw Mai.

Neud glas gofron, llon llatai,
Neud hir dydd mewn irwydd Mai.
Neud golas, nid ymgelai,
Bronnydd a brig manwydd Mai.
Neud ber nos, nid bwrn siwrnai,
Neud heirdd gweilch a mwyeilch Mai.

Neud llon eos lle trosai,
Neud llafar mân adar Mai.
Neud esgud nwyf a'm dysgai,
Nid mawr ogoniant ond Mai.

Paun asgellas dinastai,
Pa un o'r mil? Penna'r Mai.
Pwy o ddail a'i hadeilai
Yn oed y mis onid Mai?
Magwyr laswyrdd a'i magai,
Mygr irgyll mân defyll Mai.
Pyllog, gorau pe pallai,
Y gaeaf, mwynaf yw Mai.

Deryw'r gwanwyn, ni'm dorai,
Eurgoeth mwyn aur gywoeth Mai;
Dechrau haf llathr a'i sathrai,
Deigr a'i mag, diagr yw Mai.
Deilgyll gwyrddrisg a'm gwisgai,
Da fyd ym yw dyfod Mai.
Duw ddoeth gadarn a farnai
A Mair i gynnal y Mai.

43 *Trafferth mewn Tafarn*

DEUTHUM i ddinas dethol,
A'm hardd wreangyn i'm hôl.
Cain hoywdraul, lle cwyn hydrum,
Cymryd, balch o febyd fûm,
Llety urddedig ddigawn
Cyffredin, a gwin a gawn.

Canfod rhiain addfeindeg
Yn y tŷ, mau enaid teg.
Bwrw yn llwyr, liw haul dwyrain,
Fy mryd ar wyn fy myd main.
Prynu rhost, nid er bostiaw,
A gwin drud, mi a gwen draw.
Gwarwy a gâr gwŷr ieuainc —
Galw ar fun, ddyn gŵyl, i'r fainc.
Hustyng, bûm ŵr hy astud,
Dioer yw hyn, deuair o hud;
Gwneuthur, ni bu segur serch,
Amod dyfod at hoywferch
Pan elai y minteioedd
I gysgu; bun aelddu oedd.

Wedi cysgu, tru tremyn,
O bawb eithr myfi a bun,
Profais yn hyfedr fedru
Ar wely'r ferch; alar fu.
Cefais, pan soniais yna,
Gwymp dig, nid oedd gampau da;
Haws codi, drygioni drud,
Yn drwsgl nog yn dra esgud.
Trewais, ni neidiais yn iach,
Y grimog, a gwae'r omach,
Wrth ystlys, ar waith ostler,
Ystôl groch ffôl, goruwch ffêr.
Dyfod, bu chwedl edifar,
I fyny, Cymry a'm câr,
Trewais, drwg fydd tra awydd,
Lle y'm rhoed, heb un llam rhwydd,

Mynych dwyll amwyll ymwrdd,
Fy nhalcen wrth ben y bwrdd,
Lle'dd oedd gawg yrhawg yn rhydd
A llafar badell efydd.
Syrthio o'r bwrdd, dragwrdd drefn,
A'r ddeudrestl a'r holl ddodrefn;
Rhoi diasbad o'r badell
I'm hôl, fo'i clywid ymhell;
Gweiddi, gŵr gorwag oeddwn,
O'r cawg, a'm cyfarth o'r cŵn.

Yr oedd gerllaw muroedd mawr
Drisais mewn gwely drewsawr,
Yn trafferth am eu triphac —
Hicin a Siencin a Siac.
Syganai'r gwas soeg enau,
Araith oedd ddig, wrth y ddau:

'Mae Cymro, taer gyffro twyll,
Yn rhodio yma'n rhydwyll;
Lleidr yw ef, os goddefwn,
'Mogelwch, cedwch rhag hwn.'

Codi o'r ostler niferoedd
I gyd, a chwedl dybryd oedd.
Gygus oeddynt i'm gogylch
Yn chwilio i'm ceisio i'm cylch;
A minnau, hagr wyniau hyll,
Yn tewi yn y tywyll.
Gweddïais, nid gwedd eofn,
Dan gêl, megis dyn ag ofn;
Ac o nerth gweddi gerth gu,
Ac o ras y gwir Iesu,

Cael i minnau, cwlm anhun,
Heb sâl, fy henwal fy hun.
Dihengais i, da wng saint,
I Dduw'r archaf faddeuaint.

44 *Cyngor y Biogen*

A MI'N glaf er mwyn gloywferch,
Mewn llwyn yn prydu swyn serch,
Ddiwrnawd, pybyrwawd pill,
Ddichwerw wybr, ddechrau Ebrill,
A'r eos ar ir wiail,
A'r fwyalch deg ar fwlch dail—
Bardd coed mewn trefngoed y trig—
A bronfraith ar ir brenfrig
Cyn y glaw yn canu'n glau
Ar las bancr eurlais byncìau;
A'r ehedydd, lonydd lais,
Cwcyllwyd edn cu callais,
Yn myned mewn lludded llwyr
Â chywydd i entrych awyr,
(O'r noethfaes, edlaes edling,
Yn wysg ei gefn drefn y dring);
Minnau, fardd rhiain feinir,
Yn llawen iawn mewn llwyn ir,
A'r galon fradw yn cadw cof,
A'r enaid yn ir ynof
Gan addwyned gweled gwŷdd,
Gwaisg nwyf, yn dwyn gwisg newydd,
Ac egin gwin a gwenith
Ar ôl glaw araul a gwlith,

A dail glas ar dâl y glyn,
A'r draenwydd yn ir drwynwyn;
Myn y Nef, yr oedd hefyd
Y bi, ffelaf edn o'r byd,
Yn adeilad, brad brydferth,
Yn nhalgrychedd perfedd perth,
O ddail a phriddgalch, balch borth,
A'i chymar yn ei chymorth.

Syganai'r bi, cyni cwyn,
Drwynllem falch ar y draenllwyn:

'Mawr yw dy ferw, goeg chwerw gân,
Henwr, wrthyd dy hunan.
Gwell yt, myn Mair air aren,
Garllaw tân, y gŵr llwyd hen,
Nog yma 'mhlith gwlith a glaw
Yn yr irlwyn ar oerlaw.'

'Taw â'th sôn, gad fi'n llonydd
Ennyd awr oni fo dydd.
Mawrserch ar ddiweirferch dda
A bair ym y berw yma.'

'Ofer i ti, gweini gwŷd,
Llwyd anfalch gleirch lled ynfyd,
Ys mul arwydd am swydd serch,
Ymleferydd am loywferch.'

'Dydi, bi, du yw dy big,
Uffernol edn tra ffyrnig,
Mae i tithau, gau gofwy,
Swydd faith a llafur sydd fwy —

Tau nyth megis twyn eithin,
Tew fydd, cryw o frwydwydd crin.
Mae't blu brithu, cu cyfan,
Affan o bryd, a phen brân,
Mwtlai wyd di, mae't liw tyg,
Mae't lys hagr, mae't lais hygryg.
A phob iaith bybyriaith bell
A ddysgud, freith-ddu asgell.
Dydi, bi, du yw dy ben,
Cymorth fi, od wyd cymen.
Dyro ym gyngor gorau
A wypych i'r mawrnych mau.'

'Gwyddwn yt gyngor gwiwdda,
Cyn dêl Mai, ac o gwnai, gwna.
Ni ddylyy, fardd, harddfun,
Nid oes yt gyngor ond un:
Dwys iawn fydr, dos yn feudwy,
Och ŵr mul! ac na châr mwy.'

Llyma 'nghred, gwylied Geli,
O gwelaf nyth byth i'r bi,
Na bydd iddi hi o hyn
Nac wy, dioer, nac ederyn.

45 *Morfudd fel yr Haul*

GORLLWYN ydd wyf ddyn geirllaes,
Gorlliw eiry mân marian maes;
Gwŷl Duw y mae golau dyn,
Goleuach nog ael ewyn.

Goleudon lafarfron liw,
Goleuder haul, gŵyl ydyw.
Gŵyr obryn serchgerdd o'm pen,
Goreubryd haul ger wybren.
Gwawr y bobl, gwiwra bebyll,
Gŵyr hi gwatwaru gŵr hyll.
Gwiw Forfudd, gwae oferfardd
Gwan a'i câr, gwen hwyrwar hardd.
Gwe o aur, llun dyn, gwae ef
Gwiw ei ddelw yn gwaeddolef.

Mawr yw ei thwyll a'i hystryw,
Mwy no dim, a'm enaid yw.
Y naill wers yr ymddengys
Fy nyn gan mewn llan a llys,
A'r llall, ddyn galch falch fylchgaer,
Yr achludd gloyw Forfudd glaer,
Mal haul ymylau hoywles,
Mamaeth tywysogaeth tes.
Moliannus yw ei syw swydd,
Maelieres Mai oleurwydd.
Mawr ddisgwyl Morfudd ddisglair,
Mygrglaer ddrych mireinwych Mair.

Hyd y llawr dirfawr derfyn
Haul a ddaw mal hoywliw ddyn
Yn deg o uncorff y dydd,
Bugeiles wybr bwygilydd.
Gwedy dêl, prif ryfel praff,
Dros ei phen wybren obraff,
Pan fo, poen fawr a wyddem,
Raid wrth yr haul a draul drem,

Y diainc ymron duaw,
Naws poen ddig, y nos pan ddaw.
Dylawn fydd yr wybr dulas,
Delw eilywed, blaned blas.
Pell i neb wybod yna,
Pêl yw i Dduw, pa le'dd â.
Ni chaiff llaw yrthiaw wrthi,
Nac ymafael â'i hael hi.
Trannoeth y drychaif hefyd,
Ennyn o bell o nen byd.

Nid annhebyg, ddig ddogni,
Ymachludd Morfudd â mi;
Gwedy dêl o'r awyr fry,
Dan haul wybr dwyn hwyl obry,
Yr ymachludd teg ei gwg
Dan orddrws y dyn oerddrwg.

Erlynais nwyf ar lannerch
Y Penrhyn, esyddyn serch.
Peunydd y gwelir yno
Pefrddyn goeth, a pheunoeth ffo.
Nid nes cael ar lawr neuadd
Daro llaw, deryw fy lladd,
Nog fydd, ddyn gwawdrydd gwiwdraul,
I ddwylo rhai ddaly yr haul.
Nid oes rhagorbryd pefrlon
Gan yr haul gynne ar hon.
Os tecaf un eleni,
Tecaf, hil naf, ein haul ni.

Paham, eiddungam ddangos,
Na ddeaill y naill y nos,

A'r llall yn des ysblennydd,
Olau da, i liwio dydd?
Ped ymddangosai'r ddeubryd
Ar gylch i bedwar bylch byd,
Rhyfeddod llyfr dalensyth
Yn oes bun ddyfod nos byth.

46

Y Gwynt

YR wybrwynt helynt hylaw
Agwrdd drwst a gerdda draw,
Gŵr eres wyd garw ei sain,
Drud byd heb droed heb adain.
Uthr yw mor aruthr y'th roed
O bantri wybr heb untroed,
A buaned y rhedy
Yr awron dros y fron fry.
Nid rhaid march buan danad,
Neu bont ar aber, na bad.
Ni boddy, neu'th rybuddiwyd,
Nid ei ynglŷn, diongl wyd.
Nythod ddwyn, cyd nithud ddail,
Ni'th dditia neb, ni'th etail
Na llu rhugl, na llaw rhaglaw,
Na llafn glas na llif na glaw.
Ni'th ddeil swyddog na theulu
I'th ddydd, nithydd blaenwydd blu.
Ni'th ladd mab mam, gam gymwyll,
Ni'th lysg tân, ni'th lesga twyll.

Ni'th wŷl drem, noethwal dramawr,
Neu'th glyw mil, nyth y glaw mawr;
Noter wybr natur ebrwydd,
Neitiwr gwiw dros ṇawtir gŵydd.

Rhad Duw wyd ar hyd daear,
Rhuad blin doriad blaen dâr.
Sych natur, creadur craff,
Seirniawg wybr, siwrnai gobraff.
Saethydd ar froydd eiry fry
Seithug eisingrug songry.
Dywed ym, diwyd emyn,
Dy hynt, di ogleddwynt glyn.
Drycin yn ymefin môr,
Drythyllfab ar draethellfor.
Huawdl awdr, hudol ydwyd,
Hëwr, dyludwr dail wyd.
Hyrddiwr, breiniol chwarddwr bryn,
Hwylbrenwyllt heli bronwyn.

Hydoedd y byd a hedy,
Hin y fron, bydd heno fry,
Och ŵr, a dos Uwch Aeron
Yn glaer deg, yn eglur dôn.
Nac aro di, nac eiriach,
Nac ofna er Bwa Bach
Cyhuddgwyn wenwyn weini;
Caeth yw'r wlad a'i maeth i mi.
Gwae fi pan roddais i serch
Gobrudd ar Forfudd, f'eurferch;
Rhiain a'm gwnaeth yn gaethwlad,
Rhed fry rhod a thŷ ei thad.

Cur y ddôr, par egori
Cyn y dydd i'm cennad i.
A chais ffordd ati, o chaid,
A chŵyn lais fy uchenaid.
Deuy o'r sygnau diwael,
Dywed hyn i'm diwyd hael:
Er hyd yn y byd y bwyf,
Corodyn cywir ydwyf.
Ys gwae fy wyneb hebddi,
Os gwir nad anghywir hi.
Dos fry, ti a wely wen,
Dos obry, dewis wybren.
Dos at feinwen felenllwyd,
Debre'n iach, da wybren wyd.

47 *Yr Adfail*

'TYDI, y bwth tinrhwth twn,
Yrhwng gweundir a gwyndwn,
Gwae a'th weles, dygesynt,
Yn gyfannedd gyfedd gynt,
Ac a'th wŷl heddiw'n friw frig
Dan do ais, dwndy ysig;
A hefyd ger dy hoywfur
Ef a fu ddydd, cerydd cur,
Ynod, ydd oedd ddiddanach
Nog yr wyd, y gronglwyd grach,
Pan welais, pefr gludais glod,
Yn dy gongl un deg yngod,

Forwyn, bonheddig fwyn fu,
Hoywdwf yn ymgyhydu,
A braich pob un, gofl fun fudd,
Yn gwlm amgylch ei gilydd;
Braich meinir, briwawch manod,
Goris clust goreuwas clod;
A'm braich innau, somau syml,
Dan glust asw dyn glwys disyml,
Hawddfyd gan fasw i'th laswydd,
A heddiw nid ydyw'r dydd.'

'Ys mau gŵyn, geirswyn gwersyllt,
Am hynt a wnaeth y gwynt gwyllt.
Ystorm o fynwes dwyrain
A wnaeth gur hyd y mur main.
Uchenaid gwynt, gerrynt gawdd,
Y deau a'm didoawdd.'

'Ai'r gwynt a wnaeth helynt hwyr?
Da y nithiodd dy do neithiwyr.
Hagr y torres dy esyth;
Hudol enbyd yw'r byd byth.
Dy gongl, mau ddeongl ddwyoch,
Gwely ym oedd, nid gwâl moch.
Ddoe'r oeddud mewn gradd addwyn
Yn glyd uwchben fy myd mwyn;
Hawdd o ddadl, heddiw'dd ydwyd,
Myn Pedr, heb na chledr na chlwyd.
Amryw bwnc ymwnc amwyll,
Ai hwn yw'r bwth twn bath twyll?'

'Aeth talm o waith y teulu,
Dafydd, â chroes; da foes fu.'

MADOG BENFRAS

fl 1340–1370

48

Yr Halaenwr

CEFAIS o hoywdrais hydraul
Cofl hallt er mwyn cyfliw haul,
Cyfnewid lud, drud drafael,
Cyflwr yr halaenwr hael.
Cyfrwch wrth y dewrfwch dig,
Cyfaddef hyd cof Eiddig.
Cwynaw wrth Dduw, amcanu
Cyflwr y disgwyliwr du,
Cynnwrf mab, rhag f'adnabod
Cynnal nawair neddair nod.
Cafas y cleiriach achul
Fy nghyfrwy parch a'm march mul.
Cof synnwyr, cefais innau,
Cofl flindrefn i'r meingefn mau,
Y cawell halen cywair
I'w ddwyn o'r hengrwyn ar hair,
Ac erwydd ffynidwydd ffyn,
Ac arwest o ledr gorwyn,
A chod a brithflawd i'w chau,
A chap hen, a chwpanau,
A chlustog fasw o laswellt
Rhwng y cefn oer, dioer, a'r dellt.

Cael ffordd, dygn olygordd dig,
A dueddai dŷ Eiddig.
Dyfod, anrhyfeddod fu,
O dom ardd i dŷ mawrddu;

Sefyll a'r cawell syfudr
Dan fonau 'neufraich, baich budr;
Crio halaen, gaen gwnsallt,
Croyw hoffi cryw heli hallt.
Cyfodi rhifedi rhaith
Yr iangwyr anwreangwaith.
Cynhafal fy nyfalu,
Cyfarth lef cŵn buarth lu.

Rhwng cerdd yr iangwyr, rhwng cŵn,
Minnau'n y berw o mynnwn,
Y deffröes dwywes deg,
Hael o'i gwin, hoywliw gwaneg:

'Diwyd Fair! Dywaid forwyn,
Daed mai da wyd a mwyn,
Rhy syml, rhyfel bugelydd,
Y sôn o'r neuadd y sydd.'

'Y rhyw, i mewn rhwym annoeth,
Ddyn fel halaenwr a ddoeth,
A'r tylwyth, brwydr ddiffrwyth braw,
Dwys dôn, yn ei destuniaw.
Yntau, diamau ymwad,
Un destun ganthun' nyw gad.'

'Pa ryw ansawdd, pair rwnsag,
Pa sôn wrth y gweision gwag?'

'Dyn god yn ymddinodi,
Debyg fodd, debygaf i.
Ni bu erioed, gwn hoed gŵr,
Y rhyw lun ar halaenwr,

Na rhyw drwsiad rhag brad braw,
Swydd ddirnad, y sydd arnaw.'

'Diarnabod dioer nebun,
Diddigwyl, fy hwyl fy hun,
Gofyn a ddaw â'i gawell
Y gŵr dros hiniog y gell.'

'Daw,' eb y ferch geinserch gof,
'Duw a ŵyr y daw erof.'

Deuthum â'r cawell trum cau
Ar fy nghefn, oer fy nghofau,
Hyd i mewn, hoed amynedd,
Hundy gwen, hoendeg o wedd.
Cyfeirio'r ferch ar erchwyn,
Cyfarch gwell i'r ddiell ddyn.

'Disgyn y twyll ddelltyn tau,
Doethaf, henffych well dithau!'

Hael y cawn gan hoywliw caen
Hwyl, ac nid gwerthu halaen;
Y cusan, ddyn eirian ddydd.
Amau gael, am ei gilydd.
Hoedl iddi huodl addurn,
Henw serch, y fireinferch furn.

LLYWELYN GOCH AP MEURIG HEN

fl. 1360–1390

49 *Marwnad Lleucu Llwyd*

LLYMA haf llwm i hoywfardd,
A llyma fyd llwm i fardd.
E'm hysbeiliawdd, gawdd gyfoed,
Am fy newis mis o'm oed.
Nid oes yng Ngwynedd heddiw
Na lloer, na llewych, na lliw,
Er pan rodded, trwydded trwch,
Dan lawr dygn dyn loer degwch.

Y ferch wen o'r dderw brennol,
Arfaeth ddig yw'r fau i'th ôl.
Cain ei llun, cannwyll Wynedd,
Cyd bych o fewn caead bedd,
F'enaid, cyfod i fyny,
Egor y ddaearddor ddu,
Gwrthod wely tywod hir,
A gwrtheb f'wyneb, feinir.
Mae yman, hoedran hydraul,
Uwch dy fedd, huanwedd haul,
Ŵr prudd ei wyneb hebod,
Llywelyn Goch, gloch dy glod.
Udfardd yn rhodio adfyd
Ydwyf, gweinidog nwyf gwŷd.
Myfi, fun fwyfwy fonedd,
Echdoe a fûm uwch dy fedd
Yn gollwng deigr llideigrbraff
Ar hyd yr wyneb yn rhaff.

Tithau, harddlun y fun fud,
O'r tewbwll ni'm atebud.

Tawedog ddwysog ddiserch,
Ti addawsud, y fud ferch,
Fwyn dy sud, fando sidan,
F'aros, y ddyn loywdlos lân,
Oni ddelwn, gwn y gwir,
Ardwy hydr, o'r deheudir.
Ni chiglef, sythlef seithlud,
Air ond y gwir, feinir fud,
Iawndwf rhianedd Indeg,
Onid hyn, o'th enau teg.
Trais mawr, ac ni'm dawr am dŷ,
Torraist amod, trist ymy.
Tydi sydd, mau gywydd gau,
Ar y gwir, rywiog eiriau,
Minnau sydd, ieithrydd athrist,
Ar gelwydd tragywydd trist.
Celwyddog wyf, cul weddi,
Celwyddlais a soniais i.
Mi af o Wynedd heddiw,
Ni'm dawr pa fan, loywgan liw;
Fy nyn wyrennig ddigawn,
Pe bait fyw, myn Duw, nid awn.

Pa le caf, ni'm doraf, dioer,
Dy weled, wendw wiwloer,
Ar fynydd, sathr Ofydd serch,
Olifer, yr oleuferch?
Llwyr y diheuraist fy lle,
Lleucu, deg waneg wiwne,

Riain wiwgain oleugaen,
Rhy gysgadur 'ny mur maen.
Cyfod i orffen cyfedd
I edrych a fynnych fedd,
At dy fardd, ni chwardd ychwaith
Erot dalm, euraid dalaith.
Dyred, ffion ei deurudd,
I fyny o'r pridd-dŷ prudd.
Anial yw ôl camoleg,
Nid rhaid twyll, fy neudroed teg,
Yn bwhwman rhag annwyd
Ynghylch dy dŷ, Lleucu Llwyd.
A genais, lugorn Gwynedd,
O eiriau gwawd, eiry ei gwedd,
Llef drioch, llaw fodrwyaur,
Lleucu, moliant fu it, f'aur;
Â'r genau hwn, gwn ganmawl,
A ganwyf, tra fwyf, o fawl,
F'enaid, hoen geirw afonydd,
Fy nghariad, dy farwnad fydd.

Cymhennaidd groyw loyw Leucu,
Cymyn f'anwylddyn fun fu:
Ei henaid, grair gwlad Feiriawn,
I Dduw Dad, addewid iawn;
A'i meingorff, eiliw mangant,
Meinir i gysegrdir sant;
Dyn pellgŵyn, doniau peillgalch,
A da byd i'r gŵr du balch;
A'i hiraeth, cywyddiaeth cawdd,
I minnau a gymynnawdd.

Lleddf ddeddf ddeuddawn ogyfuwch,
Lleucu dlos, lliw cawod luwch,
Pridd a main, glain galarchwerw,
A gudd ei deurudd, a derw.
Gwae fi drymed y gweryd
A'r pridd ar feistres y pryd!
Gwae fi fod arch i'th warchae!
A thŷ main rhof a thi mae,
A chôr eglwys a chreiglen
A phwys o bridd a phais bren.
Gwae fi'r ferch wen o Bennal,
Breuddwyd dig, briddo dy dâl!
Clo dur derw, galarchwerw gael,
A daear, deg ei dwyael,
A thromgad ddôr, a thrymgae,
A llawr maes rhof a'r lliw mae,
A chlyd fur, a chlo dur du,
A chlicied; yn iach, Leucu!

50 *Y Penloyn*

CYRCH, yr edn diaflednais,
Cychwyn, benloyn ban lais—
Diagr fu'r neb a'm duun—
O'r deau at y fau fun.

Medr wlad Feiriawn, dawn difai,
Mygr dy sain mewn irddrain Mai.
Mwth fu dy hynt uwch pynt perth,
Marchog bedw cangog cyngerth.

Adain flin, lleddf ylfin llwyd,
Edn o bedwarlliw ydwyd:
Gwyrdd a glas, eurwas arail,
Gwyn a du yn gweini dail.
Cyfaill dynionau ieuainc,
Cyny bych mawr, cerddawr cainc.

Ysgwl trin a chyfrinach,
Esgud wyd, edn bochlwyd bach;
Dwg ruthr mal gwynt, helynt hwyl,
Feirionnydd at f'aur annwyl.
Llafuria, feistr lleferydd,
Dy esgyll uwch gwyll y gwŷdd.
Ar wiwddrem dyarwedda,
Dwg i wraig Ddafydd dydd da.

Fy mun oedd, er fy mwyn i,
Aur ei chuddugl, arch iddi,
Orne gwendon Meirionnydd,
Nad êl, na lliw nos na dydd,
F'ail enaid, fraisg euraid frig,
Ŵyl oedd, ar wely Eiddig.

Hefyd, ysgwier hoywfalch,
Awdur gwŷdd a edy'r gwalch,
Didrwch berchennog deudroed
Feinion, cydymddeithion coed,
Taer fyddud, nid hwyr f'eddyl,
Bydd daer wrth fy chwaer un chwyl.

Dywed, edn diwyd awdur,
Dewin coed mewn dywan cur,

Fy mod â mydr anerchwawd
Ym mro Ddeheubarth, fy mrawd,
A saith gofal i'm calon
A saeth o hiraeth am hon.

Am na welais, edn lleisgroyw,
Mygr o lun ger magwyr loyw—
Eiriol fy mawl a oryw—
Er ys mis, eres fy myw.

IOLO GOCH

c. 1320–*c.* 1398

51 *Llys Owain Glyndŵr yn Sycharth*

ADDEWAIS yt hyn ddwywaith,
Addewid teg, addaw taith.
Taled bawb, tâl hyd y bo,
Ei addewid a addawo.
Pererindawd, ffawd ffyddlawn,
Perwyl mor annwyl mawr iawn,
Myned, mau adduned ddain,
Lles yw, tua llys Owain.
Yno yn ddidro ydd af,
Nid drwg, ac yno trigaf
I gymryd i'm bywyd barch
Gydag ef o gydgyfarch.

Fo all fy naf uchaf ach,
Aur ben clêr, dderbyn cleiriach.

Clywed bod, nis cêl awen,
Ddiwarth hwyl, yn dda wrth hen.
I'w lys ar ddyfrys ydd af,
O'r deucant odidocaf.
Llys barwn, lle syberwyd,
Lle daw beirdd aml, lle da byd.
Gwawr Bowys fawr, beues Faig,
Gofuned gwiw ofynaig.
Llyna y modd a'r llun y mae:
Mewn eurgylch dwfr mewn argae.
Pand da'r llys, pont ar y llyn,
Ac unporth lle'r âi ganpyn?
Cyplau sydd, gwaith cwplws ŷnt,
Cwpledig bob cwpl ydynt.
Clochdy Padrig, Ffrengig ffrwyth,
Cloystr Wesmestr, cloau ystwyth.
Cenglynrhwym bob congl unrhyw,
Cafell aur, cyfa oll yw.
Cenglynion yn y fron fry
Dordor megis daeardy,
A phob un fal llun llyngwlm
Sydd yn ei gilydd yn gwlm.
Tai nawplad fold deunawplas,
Tŷ pren glân mewn top bryn glas.
Ar bedwar piler eres
Mae'i lys ef i nef yn nes.
Ar ben pob piler pren praff,
Llofft ar dalgrofft adeilgraff,
A'r pedair llofft, o hoffter,
Yn gydgwplws lle cwsg clêr.
Aeth y pedair disgleirlofft,
Nyth lwyth teg iawn, yn wyth lofft.

To teils ar bob tŷ talwg,
A simnai ni fagai fwg.
Naw neuadd gyfladd gyflun,
A naw wardrob ar bob un.
Siopau glân, glwys gynnwys gain,
Siop lawndeg fal Siêp Lundain.
Croes eglwys gylchlwys galchliw,
Capelau a gwydrau gwiw.

Pob tu'n llawn, pob tŷ'n y llys,
Perllan, gwinllan, gaer wenllys.
Parc cwning meistr pôr cenedl,
Erydr a meirch hydr mawr chwedl.
Garllaw'r llys, gorlliwio'r llall,
Y pawr ceirw mewn parc arall.
Dolydd glân gwyran a gwair,
Ydau mewn caeau cywair.
Melin deg ar ddifreg ddŵr,
A'i glomendy gloyw maendwr.
Pysgodlyn, cudduglyn cau,
A fo rhaid i fwrw rhwydau;
Amlaf lle, nid er ymliw,
Penhwyaid a gwyniaid gwiw.
A'i dri bwrdd a'i adar byw,
Peunod, crehyrod hoywryw.
A'i gaith a wna bob gwaith gwiw,
Cyfreidiau cyfair ydyw,
Dwyn blaenffrwyth cwrw Amwythig,
Gwirodau, bragodau brig,
Pob llyn, bara gwyn a gwin,
A'i gig, a'i dân i'w gegin.

Pebyll y beirdd pawb lle bo,
Pe beunydd caiff pawb yno.
A gwraig orau o'r gwragedd,
Gwyn 'y myd o'i gwin a'i medd!
Merch eglur llin marchoglyw,
Urddol hael o reiol ryw.
A'i blant a ddeuant bob ddau,
Nythaid teg o benaethau.

Anfynych iawn fu yno
Weled na chlicied na chlo,
Na phorthoriaeth ni wnaeth neb,
Ni bydd eisiau budd oseb,
Na gwall, na newyn, na gwarth,
Na syched fyth yn Sycharth.
Gorau Cymro tro trylew
Biau'r wlad, lin Bywer Lew,
Gŵr meingryf, gorau mangre,
A phiau'r llys; hoff yw'r lle.

52 *Marwnad Llywelyn Goch ap Meurig Hen*

O Dduw teg, a'i ddaed dyn,
A welai neb Lywelyn
Amheurig fonheddig Hen,
Ewythr frawd tad yr awen?
Mae ef? Pwy a'i hymofyn?
Na chais mwy, achos ni myn
Meibion serchogion y sydd
Â morynion Meirionnydd.

Nis gŵyr Duw am deuluwas
Yn athro grym aeth i'r gras.
Rhyfedd o ddiwedd ydd aeth
Os Rhufain fu'r siryfiaeth.
Dyn nid aeth, a Duw'n dethol,
Erioed fwy cwyn ar ei ôl.
I Baradwys i brydu
Yr aeth, ar feirdd iôr uthr fu.
Nid rhaid dwyn yno ond rhif,
Nid hagr cael enaid digrif.
Mawr yw'r pwnc os marw'r pencerdd,
Mair a'i gŵyr na bydd marw'r gerdd.

Pan ofynner, arfer oedd,
Y lleisiau yn y llysoedd,
Cyntaf gofynnir, wir waith,
I'r purorion pêr araith
Rhieingerdd y gŵr Hengoch;
Lliaws a'i clyw fel llais cloch.
Nid oes erddigan gan gainc,
Gwir yw, lle bo gwŷr ieuainc,
Ni bydd digrif ar ddifys
Nac un acen ar ben bys
Ond cywydd cethlydd coethlef,
Ni myn neb gywydd namn ef.
Ni cheir ungair, chwerw angerdd,
Ar gam yn lle ar y gerdd.
Ni wnâi Dydái Dad Awen,
Ni wyddiad Gulfardd hardd hen
O gerdd bur wneuthur a wnaeth,
Gwrdd eurwych ei gerddwriaeth.

IOLO GOCH

Prydyddfardd priod addfwyn,
Proffwyd cerdd, praffed yw cwyn!
Priffordd a gwelygordd gwawd,
Profestydd pob prif ystawd,
Primas cywydd Ofydd oedd,
Profedig, prifai ydoedd.
Prydfawr fu'r ffyddfrawd mawr mau,
Prydlyfr i bob pêr odlau.
I gan Daliesin finrhasgl,
Trwy ei gwsg, nid drwg ei gasgl,
Y dysgodd—wi o'r disgybl!—
Ar draethawd bybyrwawd bibl.
Ethrylith nid ethrylysg,
Athro da, neur aeth â'r dysg
I'r lle mae'r eang dangnef,
Ac aed y gerdd gydag ef.
Nid rhaid wrthi hi yr haf,
Da gŵyr ef y digrifaf.
Nid oedd neb, cyfundeb cu,
Yng Ngwynedd yn ynganu
Dieithr a wnaem ein deuoedd,
Mi ac ef, ail Amig oedd,
Amlyn wyf; nid aml iawn neb
O rai hen ar ei hwyneb.

Pur athro cerdd, pêr ieithrym
Parod oedd, pwy a ŵyr dym?
Minnau'n dal hiriau fy hun:
Mi ni wn, i mewn anun,
Na dyrnu (na gwëu) gwawd
Ag unffust—och rhag anffawd!

Un natur â'r turtur teg,
Egwan wyf, ac un ofeg.
Ni chwsg yr edn hy llednais,
Ni chân ar irfedw lân lais,
Pan fo marw, garw y gorwyf,
Ei gymar; aflafar wyf.
Minnau, canu ni mynnaf
Byth yn ôl; pa beth a wnaf?
Gweddïo Pedr, gwedd eorth,
Y bûm, canaf gerdd am borth,
Am ddwyn Llywelyn, dyn da,
Urddolfeistr nef o'r ddalfa.

Ym mysg, pobl hyddysg eu hynt,
Proffwydi nef, praff ydynt,
Hoff fydd gan Ddafydd broffwyd
Ddatganu cerdd Lleucu Llwyd.
Prydydd oedd Ddafydd i Dduw,
Clod y Drindod a'r Unduw.
Prydyddiaeth a wnaeth fy naf
Y Sallwyr, bob esillaf.
Anniwáir fu yn ei oes,
Careddfawr carueiddfoes.
Puror telyn, pôr teulu
Serchog, edifeiriog fu.
Duw a'i maddeuawdd, hawdd hoed,
Iddaw yn ei ddiweddoed.
Yntau a faddau i'w fardd
Ei ffolineb, ffael anardd.
Llys rydd y sydd, swydd uchel,
I brydydd lliw dydd lle dêl.

Ni chae na dôr—ni chŵyn dyn—
Na phorth rhagddaw, ni pherthyn.
Ni hawdd atal dial dwys
Prydydd i borth paradwys.

53 *Y Llafurwr*

PAN ddangoso, rhyw dro rhydd,
Pobl y byd, peibl lu bedydd,
Garbron Duw, cun eiddun oedd,
Gwiw iaith ddrud, eu gweithredoedd,
Ar ben Mynydd, lle bydd barn,
I gyd, Olifer gadarn,
Llawen fydd, chwedl diledlaes,
Llafurwr, tramwywr maes.

O rhoddes, hael yw'r hoywdduw,
Offrwm a'i ddegwm i Dduw,
Enaid da yna uniawn
A dâl i Dduw, dyly ddawn.
Hawdd i lafurwr hoywddol
Hyder ar Dduw Nêr yn ôl.
O gardod, drwy gywirdeb,
O lety, ni necy neb.
Ni rydd farn eithr ar arnawdd,
Ni châr yn ei gyfar gawdd.
Ni ddeily rhyfel, ni ddilyn;
Ni threisia am ei dda ddyn;
Ni bydd ry gadarn arnam;
Ni yrr hawl, gymedrawl, gam;

Nid addas, ond ei oddef;
Nid bywyd, nid byd heb ef.

Gwn mai digrifach ganwaith
Gantho, modd digyffro maith,
Gaffel, ni'm dawr, heb fawr fai,
Yr aradr crwm, a'r irai,
No phed fai, pan dorrai dŵr,
Yn rhith Arthur anrheithiwr.
Ni cheffir eithr o'i weithred
Aberth Crist i borthi cred.
Bywyd ni chaiff, ni beiwn,
Pab nac ymherawdr heb hwn,
Na brenin haelwin hoywlyw,
Dien ei bwyll, na dyn byw.

Lusudarus hwylus hen
A ddywod fal yn ddien,
'Gwyn ei fyd, trwy febyd draw,
A ddeily aradr â'i ddwylaw.'
Crud rhwyg fanadl gwastadlaes,
Cryw mwyn a ŵyr c'reiaw maes.
Cerir ei glod, y crair glwys,
Crehyr a'i hegyr hoywgwys.
Cawell tir gŵydd rhwydd yrhawg,
Calltrefn urddedig cylltrawg.
Ceiliagwydd erwi gwyddiawn,
Cywir o'i grefft y ceir grawn.
Cnwd a gyrch mewn cnodig âr,
Cnyw diwael yn cnoi daear.
E' fynn ei gyllell a'i fwyd
A'i fwrdd dan fôn ei forddwyd.

Gŵr â'i anfodd ar grynfaen,
Gwas a fling a'i goes o'i flaen.
Ystig fydd beunydd ei ben,
Ystryd iach is traed ychen.
Aml y canai ei emyn,
Ymlid y fondid a fyn.
Un dryllwraidd dyffrynnaidd ffrwyth,
Yn estyn gwddw anystwyth.
Gwas pwrffil aneiddil nen,
Gwasgarbridd gwiw esgeirbren.

Hu Gadarn feistr hoyw giwdawd,
Brenin a roes gwin er gwawd,
Amherawdr tir a moroedd,
Cwnstabl aur Constinobl oedd,
Daliodd ef wedi dilyw
Aradr gwaisg arnoddgadr gwiw.
Ni cheisiodd, naf iachusoed,
Fwriwr aer, fara erioed
Eithr, da oedd ei athro,
O'i lafur, braisg awdur bro,
Er dangos, eryr dawngoeth,
I ddyn balch a difalch doeth,
Bod yn orau, nid gau gair,
Ungrefft gan y Tad iawngrair,
Arwydd mai hyn a oryw,
Aredig; dysgedig yw.

Ffordd y mae cred a bedydd,
A phawb yn cynnal y ffydd,
Llaw Dduw cun, gorau un gŵr,
Llaw Fair dros bob llafurwr.

GRUFFUDD AB ADDA

fl. 1340–1370

54

Y Fedwen yn Bawl Haf

Y FEDWEN las anfadwallt,
Hir yr wyd ar herw o'r allt.
Llath fygr coed lle y'th fagwyd,
Llen ir, traetures llwyn wyd.

Llety i mi a'm llatai
Oedd dy glos, ym mernos Mai.
Aml iawn gynt, mae'n gerynt gas,
Cathlau ar dy frig coethlas;
Pob caniad, ffurfeiddiad ffyrdd,
A glywais i'th dŷ gloyw-wyrdd;
Pob llysau rhwng cangau cyll
A dyfodd dan dy defyll,
Pan oedd wrth gyngor morwyn
D'annedd erllynedd i'r llwyn.

Bellach serch nis ymbwylly,
Byddar y trig dy frig fry.
I'th gorffolaeth yr aethost
O'r parc ir, er peri cost,
O'r bryn tir a'r braint arwydd
I dref o gyfnewid rwydd.
Cyd bo da dy wyddfa dawn,
Tref Idloes, tyrfa oedlawn,
Nid da, fy medwen, genny'
Na'th lathlud, na'th dud, na'th dŷ;
Nid da yna it, enir,
Dy le yn arwain dail ir.

Pob dinas garddblas gwyrddblu,
Pand anghymen, fedwen, fu,
Peri draw dy wywaw di,
Pawl oer gerllaw'r pilori?
Yn oes dail onis delech
Ynghanol croes heol sech,
Cyd bych cyfannedd, meddant,
Dy le, bren, gwell nen y nant.
Ni chwsg aderyn, ni chân,
Meinlef ar dy frig mwynlan,
Gan amled fydd, chwaer gwŷdd gwyll,
Trwst y bobl tros dy bebyll.
Gwyllt glwyf, ac ni thyf gwellt glas
Danat gan sathr y dinas,
Mwy nag ar lwybr ewybrwynt
Adda a'r wraig gynta' gynt.

I borthmonaeth y'th wnaethpwyd,
Mal ar sud maelieres wyd:
Pawb o'r ffair, eurair oroen,
A ddengys â bys dy boen,
I'th unbais lwyd a'th henban,
Ymysg marsiandïaeth mân.
Ni chudd, wrth aros dy chwaer,
Rhedyn dy gorbedw rhydaer;
Ni chair rhin na chyfrinach,
Na chysgod, is bargod bach;
Ni chely, drem uchel draidd,
Y briallu erbrillaidd;
Ni ddaw cof it ymofyn
Awdur glwys, am adar glyn.

Duw gwae ni, gul oerni gwlad,
Mwthl orn, o gael methl arnad.
Dygiad Tegwedd fonheddig
Ydwyd fry, da yw dy frig.

Dewis o'r ddau, ceinciau caeth,
Disyml yw dy fwrdeisiaeth,
Ai cyrchu'r ffrith gadr adref,
Ai crinaw draw yn y dref.

GRUFFUDD GRYG

fl. 1360–1400

55 *Yr Ywen uwchben Bedd Dafydd ap Gwilym*

YR ywen i oreuwas
Ger mur Ystrad Fflur a'i phlas,
Da Duw wrthyd, gwynfyd gwŷdd,
Dy dyfu yn dŷ Dafydd.
Dafydd llwyd a'th broffwydawdd
Er cyn dy dyfu rhag cawdd;
Dafydd, gwedy dy dyfu,
A'th wnaeth, o'i fabolaeth fu,
Dy urddo yn dŷ irddail,
Tŷ a phob llwyn yn dwyn dail;
Castell cudd meirw rhag eirwynt
Cystal â'r pren gwial gynt.

Mae danad ym mudaniaeth,
Bedd rwym, nid o'm bodd yr aeth,
Bydaf angylion bydoedd,
Bu ddewr ef, mewn bedd yr oedd,
A synnwyr cerdd, naws unyd,
A gwae Ddyddgu pan fu fud.

Gwnaeth ei theuluwas lasryw
I'w hael dyfu tra fu fyw;
Gwna dithau, geinciau dethol,
Gywirder i nêr yn ôl.
Addfwyn warchadw ei wyddfa,
Drybedd yw fodrabaidd dda.
Na ddos gam, na ddysg omedd,
Ywen, odduwch ben y bedd.

Geifre ni'th lwgr, nac afrad,
Dy dwf yng ngwedre dy dad.
Ni'th lysg tân, anian annerch,
Ni'th dyr saer, ni'th dyfriw serch,
Ni'th bilia crydd, mewn dydd dyn,
Dy dudded yn dy dyddyn;
Ni'th dyr hefyd, rhag bryd braw,
Â bwyall, rhag eu beiaw,
Ir dy faich, i ar dy fôn,
Taeog na chynuteion.
Dail yw'r to, da le yw'r tau,
Diwartho Duw dy wyrthiau.

56 *I'r Lleuad*

LLEUAD Ebrill, lliw dybryd,
Trist ei ffriw trosti a'i phryd,
Nobl o wydryn wyneblas,
Noeth loer, ar fryd dyn, neu'th las.
Symudaw lliw siomedig
A wnei bob dydd, wyneb dig;
Cochi cyn gwynt hynt hyntiaw,
Llwyd a glas cyn llidio glaw;
Cron drymlaw, crawen dremlwyd,
Curiaw'dd wyf, ai caru'dd wyd?

Clwt awyr, clod it dewi,
Ai claf wyd, fursen? Clyw fi.
Pwy o'th genedl, rwystrchwedl restr,
A gollaist, fflwring gallestr?
Nid oes dydd, un dremydd drych,
O ruddiau ia, na roddych,
Awch nidr o ucheneidiau,
Ai mil ai teirmil o'r tau.
Pob uchenaid, rynnaid ran,
A dorrai graig yn deirran.
A pheunoeth, lwytboeth letpai,
Olwyn oer, wylo a wnai;
Planed rhuthr angerdded rhus,
Plater, lwfer wylofus,
Pa ryw wylaw yn awyr
Yr wyd, gwrrach meinllwyd gŵyr?

Torraist â Sain Siâm amod,
Tud y glaw, nid da dy glod.

Teflaist yng ngwar tir Harri,
Ynglŷn fyth, fy ngelyn, fi.
Oni bai nerth, iawnwerth ynn,
Siacob, fi a'm gwas Siecyn,
Ni ddeuym, cyd nofym nef,
Drychaf nidr, drachefn adref.
Prudd yw'r unben a'th genyw,
Prid im dy lid, ym Duw lyw.
Troaist fi, ymwng truan,
Oerffwrdd lif, odd ar ffordd lân;
Troëll y llanw a'r treiau,
Traean henfaen breuan brau,
Tywyll gwfert twyll gyfoeth,
Tân Mihangel o bêl boeth;
Lledfen o'r awyr llidferw,
Llydan gwmpas chwarfan chwerw;
Llugorn fuost yn llwygaw,
Llygad glas maen cawad glaw,
Caerdroea wynt, bellynt bill,
Carn wybren corun Ebrill,
Buarth baban yr annwyd,
Bwcled plwm gwanwyn llwm llwyd,
Desgl o dymestl mewn dwysglwyf,
Digwyddaw'dd wyd, digiaw'dd wyf.
Dysgaist am fy mhen dwysgaw,
Disgyn i lawr, glawr y glaw,
A gad, heb arnad orne,
Oerllith loer, arall i'th le.

Diennill Ebrill wybroer,
Amod yw imi a dioer,

Ni luniwyd o elyniaeth
I was diwedd gwanwyn waeth.
Arwydd yr anhylwydd hynt,
Irwarth i'r gwanwyn oerwynt.
Deuruddloyw fis dewisaf,
Dyred â'r haul, daradr haf;
Dwg unllong i deg iawnllwybr
I bill yr Ebrill oer wybr.
A Mai, hudgai ehedgoed,
Er mwyn fy ngherdd it ermoed,
Dwg fi uniawnffordd, deg fis,
Dwg elw Sain Siâm dy Galis.
Llonydd heb Ebrill anardd,
Lleuad Fai, llywia dy fardd.

LLYWELYN AB Y MOEL

d. 1440

57 *Brwydr Waun Gaseg*

DA'DD oeddem y dydd heddiw,
Deulu rhwydd, ar dâl y rhiw,
Arddyfrwys, pobl aur ddifreg,
Yn cychwyn o fryd tyn teg
Ar oddau cael, arwydd cain,
Mwyaf chwedl am Owain.
Gwneuthud cyn pwlfryd apêl
Fwting cyn cyrchu'r fatel.
Dodi'n hamcan ar rannu
Proffid o lleddid y llu.

Rhoi o bawb o ryw bybyr
Eu cred, cyn gweled y gwŷr,
Na chilyn', rhyglyddyn' glod,
O'r maes fyth er ymosod.

A ni felly gwedy gwawd
Yn dadlau â'n Duw didlawd,
Nycha, gwelem o'n hemyl
Ellwng i'n plith, chwith fu'r chwŷl,
Ar hyd gorlechwedd rhedyn
O feirch mwy no chanmeirch ynn.
A chyda hwynt, pwynt apêl,
Awchus leferydd uchel
Simwned eurged arwgainc
Sym brochwart ffromart o Ffrainc,
Gên ab, yn canu tabwrdd
O glariwn uwch no gwn gwrdd.
Nawd salw, anodus helynt,
Ninnau, wedi'r geiriau gynt,
Ni bu'n bryd ar hyd y rhos
Yn yr aer unawr aros;
Na phrawf ar arf, llymdarf llam,
Na phais, oni ffoasam.

Y llu a dducsen' ar llid
Yno'n aml yn ein ymlid.
Traws yr oeddynt i'n trosi,
Trosasant tros nawnant ni,
Tresor gwŷr esgor Gaer Wysg,
Trosiad geifr, trwsiad gofrwysg.
Twrn girad yno'n gorwyf,
Tost oedd in weled, tyst wyf,

Ar Waun Gaseg, wen gysellt,
Wewyr ein gwŷr yn y gwellt.
Minnau, rhagorau girad,
Mawntais a gefais o'r gad.
Cyrchu'n fuan anianol
Ceunant, a mawrgant i'm ôl,
A phawb i'm dangos yn ffo
Dan fy adnabod yno.
Pŵl fydd ar lethr mynydd maith
Peiswen ŵr, anhapuswaith.

Wrth hyn, dyfyn diofwy,
Delwynt pan i mynnwynt mwy,
Oerfel i mi o'm gwelant
Â'r wen bais ar y Waun bant!

SIÔN CENT

fl. 1400–1430

58 *I Wagedd ac Oferedd y Byd*

PRUDDLAWN ydyw'r corff priddlyd,
Pregeth, oer o beth, yw'r byd.
Hoywddyn aur heddiw'n arwain
Caeau, modrwyau, a main;
Ysgarlad aml a chamlod,
Sidan glân, os ydyw'n glod;
Goroff buail ac eurin,
Gweilch, a hebogau, a gwin;
Esgynnai ar Wasgwyniaid
O'r blaen, a gostwng o'r blaid.

Ymofyn am dyddyn da
Ei ddau ardreth oedd ddirdra,
Gan ostwng gwan i'w eiste
Dan ei law, a dwyn ei le;
A dwyn tyddyn y dyn dall,
A dwyn erw y dyn arall.
Dwyn yr ŷd o dan yr onn,
A dwyn gwair y dyn gwirion.
Cynnull anrhaith dau cannyn,
Cyrchu'r da, carcharu'r dyn.

Afraid i briddyn efrydd
Murnio taer, a marw'n oed dydd.
O'r pridd noeth y doeth, du oer,
Yn lludw yr â dyn lledoer.
Ni roddai ddifai ddwyfuw
Wrda ddoe er dau o Dduw!
Heddiw mewn pridd yn ddiddim
O'i dda nid oes iddo ddim.

Poen a leinw, pan êl yno,
Mewn gorchfan graean a gro;
Rhy isel fydd ei wely,
A'i dâl wrth nenbren ei dŷ;
A'i rwymdost bais o'r amdo,
A'i brudd grud o bridd a gro;
A'i borthor uwch ei gorun,
O bridd du fal breuddwyd ynn;
A'i ddewrgorff yn y dderwgist,
A'i drwyn yn rhy laswyn drist;
A'i gorsed yn ddaered ddu,
A'i rhidens wedi rhydu,
A'i bais o goed, hoed hydyn,

A'i grys heb lewys heb lun,
A'i ddir hynt i'r ddaear hon,
A'i ddeufraich ar ei ddwyfron,
A llwybrau gwag, lle bu'r gwin,
A'i gog yn gado'i gegin.
A'i gŵn, yn y neuadd gau,
A'i emys, yn ei amau;
A'i wraig, o'r winllad adail,
Gywir iawn, yn gwra'r ail.
A'i neuadd fawrfalch galchbryd
Yn arch bach yn eiriach byd.
A da'r wlad yn ei adaw
I lawr heb ddim yn ei law.

Pan êl mewn arch hybarchlan
Ar frys o'r llys tua'r llan,
Nis calyn merch anerchwedd,
Na gŵr iach bellach y bedd.
Ni rydd gordderch o ferch fain
Ei llaw dan yr un lliain.
Ni ddeil alar yn ddilis,
Ni orwedd ar ei fedd fis.
Wedi bo yno unawr
Y dyn â'r gwallt melyn mawr,
Llyffant hyll, tywyll yw'r tŷ,
Os gwŷl, fydd ei was gwely.
Hytrach dan war y garreg
Y breuog tew na'r brig teg.
Amlach yng ngorchudd pruddlawr
Yn ei gylch eirch na meirch mawr.
Cas gan grefyddwyr y côr
Cytal â'r tri secutor.

O'r trychan punt yn untal
A gawsant ar swyddiant sâl,
Balch fydd ei genedl dros ben
O pharant dair offeren.
Yno ni bydd i'r enaid
Na phlas, nac urddas, na phlaid,
Na gwiw addurn, na geudduw,
Na dim, ond a wnaeth er Duw.

Mae'r tyrau teg? Mae'r tref tad?
Mae'r llysoedd aml? Mae'r lleisiad?
Mae'r tai cornogion? Mae'r tir?
Mae'r swyddau mawr, os haeddir?
Mae'r sew? Mae'r seigiau newydd?
Mae'r cig rhost? Mae'r cog a'u rhydd?
Mae'r gwin? Mae'r adar? Mae'r gwŷdd,
A gludwyd oll drwy'r gwledydd?
Mae'r feddgell deg? Mae'r gegin
Is law'r allt? Mae'r seler win?
Mae'r siwrnai i Loegr? Mae'r seirnial?
Mae'r beirdd teg? Mae'r byrddau tâl?
Mae'r cŵn addfwyn cynyddfawr?
Mae'r cadw eleirch? Mae'r meirch mawr?
Mae'r trwsiad aml? Mae'r trysor?
Mae'r da mawr ar dir a môr,
A'r neuadd goed newydd gau,
A'r plasoedd, a'r palisau?

Diddim ydyw o dyddyn
Ond saith droedfedd, diwedd dyn.
Y corff a fu'n y porffor,
Mae mewn cist ym min y côr;

A'r enaid ni ŵyr yna,
Pŵl yw o ddysg, p'le ydd â.
Am y trawsedd a wneddyw
A'r camgredu, tra fu fyw,
Rhywyr fydd yn y dydd du,
Od wyf ŵr, edifaru.
Nis anrhega yna un
O'r cant, rhy hir yw'r cyntun.
Nis calyn na dyn, na dau;
Nis gorfydd, ni wisg arfau.
Nis câr merch, nis anerchir.
Ni seing na dadlau na sir;
Ni chais fedd i gyfeddach,
Ni chyrch un wledd o'r bedd bach;
Ni rown ben un o'r cennin,
Er ei sgrwd yn yr ysgrîn.
A'r enaid, mewn dlif ddifost,
O'r ia i'r tân, oeri tost,
Lle gorfydd, celfydd nis cêl,
Cydfod anorfod oerfel:
Pa les er hyn plas y rhew?
Peidiwn rhag naws y pydew.
Pyllau, ffyrnau uffernawl,
Peiriau, dreigiau, delwau diawl;
Gweled pob pryf, cryf yw Crist,
Corniog ysgithrog athrist.
Yn llaw pob cythraul yn llawn
Cigweiniau, cogau aniawn;
A thywyllwg mwg megis
Llanw llawn brad llun llwybr un bris.
Cedwid Crist, lle trist bob tro,
Dynion rhag myned yno!

Astud fod ystad fydawl
A ddwg lawer dyn i ddiawl.
Medd Sain Bened grededuri,
Ni fyn Duw roi nef ond un.
Ac am hynny, gymhennair,
Un a gâi, o mynnai Mair.
Dyn na chymered er da
O nwyf aml ei nef yma,
Rhag colli, medd meistri mawl,
Drwy gawdd y nef dragwyddawl:
Dydd heb nos a ddangosir,
Iechyd heb hwyr glefyd hir;
A llawenydd lliw wyneb
Gwlad nef, gwell no golud neb.
Ni phery'r byd, gyd goednyth,
A'r nef fry a bery byth;
Heb dranc, pob un yn unair,
Heb orffen. Amen, Mab Mair!

ANONYMOUS

15th cent.

59 *Wyneb Lleian*

DAL neithiwyr, delwi wneuthum,
Drem o bell, yn drwm y bûm,
Yn nhâl, och na thariai'n hwy!
Ac yn wyneb Gwenonwy.
Anfodlon wyf, gorwyf ged,
I'm golwg am ei gweled.

Delw eurddrych, dwyael erddrym,
Deuwell oedd, petwn dall, ym.
Daroedd, ni bu wisgoedd waeth,
I deiliwr o hudoliaeth,
Deuliw nyf, peth nis dlâi neb,
Duo hon ond ei hwyneb.
A'i thâl, mi a'i dyfalwn
(Och Dduw Tad na chuddud hwn!)
Megis o liw, megais lid,
Mŷr eiry neu faen mererid.

Mwyn y gosodes Iesu
Am eiry dâl y mwrrai du.
Muchudd deurudd, a'u dirwyn,
Main eu tro, ym môn y trwyn.
Mwyalchod teg ym mylch ton,
Mentyll didywyll duon.
Mur aelfain, mwyar elfydd,
Am arlais hon morlo sydd.
Dwyael geimion, delw gymwys,
Deurwym lo ar y drem lwys.

Diliau yw ei haeliau hi
Dail sabl, fel dwyael Sibli.
Amrant du ar femrwn teg
Fal gwennol ar fol gwaneg.

Dwy ffynnon wirion warae,
Eu dwyn uwch meindrwyn y mae,
Gwreichion aur grechwen araul
Gwedi'u rhoi mewn gwydr a haul.

ANONYMOUS

Dau afal aur difai lun,
Dwy nobl aur dan wyneblun;
Diliau rhos, dail o aur rhudd
A dorred yn ei deurudd;
Gryniau cwyr mewn grannau calch,
Grawn gwingoed ar groen gwyngalch.
Ceiroes aeddfed, cwrs addfwyn,
Cwrel traeth, criawol trwyn.
Dyfelais bryd fy myd main:
Ei deurudd fal hawl dwyrain;
Dwy sêl o liw grawn celyn,
Dagrau gwaed ar deg eiry gwyn;
Dail ffion grynion eu gwraidd,
Dwy ogfaenen deg fwynaidd.

Dwys oedd dwy wefus heddiw
Ar enau llen o'r un lliw,
Yn gweini claer ddidaer ddadl,
A ffroenau a phêr anadl.
Ac aelgeth liw ffrwd gweilgi
A gyrraidd hyd ei grudd hi,
Gloyw ar fwnwgl hir feinwyn;
Golud teg fydd gweled hyn.

Dug fy nau lygad o dwyll,
Do, gennyf fal dwy gannwyll.
Gwelais wyneb, glwys waneg,
A phen dyn rudd ffion deg.
Ni weles neb wyneb iach,
Drud fydd deigr, droedfedd degach.

ANONYMOUS

15th cent.

60

I'r Lleian

CARU dyn lygeitu lwyd
Yn ddyfal a'm gwnâi'n ddifwyd.
Os mi a'i câr i arall,
Myn Duw gwyn, mi nid wy' gall.

Ai gwir, y ferch a garaf,
Na fynny fedw hundy haf?
Ac na thewy ny tŷ tau,
Wythliw sêr, â'th laswyrau?
Crefyddes o santes wyd,
Caredig i'r côr ydwyd.
Er Duw, paid â'r bara a'r dŵr,
A bwrw ar gasáu'r berwr.
Paid, er Mair, â'r pader main,
A chrefydd menych Rhufain.
Na fydd leian y gwanwyn.
Gwaeth yw lleianaeth na llwyn.
Dy grefydd, deg oreuferch,
Y sydd wrthwyneb i serch.
Gwarant modrwy, a mantell,
A gwyrdd wisg a urddai well.

A chadw i'th gof lyfr Ofydd,
A phaid â gormodd o ffydd.
Dyred i'r fedw gadeiriog,
I grefydd y gwŷdd a'r gog—
Ac yno ni'n gogenir—
I ennill nef ny llwyn ir.

Ninnau gawn yn y gwinwydd
Yn neutu'r allt enaid rhydd.
Duw a fyn, difai annerch,
A'r saint roi pardwn i serch.

Ai gwaeth i ddyn gwiw ei thaid
Yn y llwyn ennill enaid
Na gwneuthur fal y gwnaetham
Yn Rhufain ac yn Sain Siâm?

15th cent.

61 *Claddu'r Bardd o Gariad*

Y FUN loewlun, fal lili
Yw'r tâl, dan we aur wyt ti.
Mi a'th gerais, maith gwiwrym,
Mair deg! Oes ymwared ym?
Dy dâl, rhag ofn dy dylwyth,
Dial parch, wyf heb dâl pwyth.
Y mae gennyf, mau gyni,
Uchenaid tost o'th chwant di.
O'm lleddi, amwyll wiwddyn,
Yr em wen hardd, er mwyn hyn,
Geuog y'th wnair, grair y gras,
Ymgêl, wen, o'm galanas.

Minnau mewn bedd a gleddir,
Ymysg dail a maswgoed ir.
Fy arwyl o fedw irion
Yfory a gaf dan frig onn.

Amdo wenwisg amdanaf,
Lliain hoyw o feillion haf,
Ac ysgrîn i geisio gras,
Im o irddail, mawr urddas,
A blodau llwynau yn llen,
Ac elor o wyth gwialen.

Y mae gwylanod y môr
A ddôn' fil i ddwyn f'elor.
Llu o goed teg, llyg a'i twng,
Em hoywbryd, â i'm hebrwng.
Ac eglwys im o glos haf
Yn y fanallt, ddyn fwynaf.
A dwy ddelw da i addoli,
Dwy eos dail, dewis di.
Ac yno wrth gae gwenith
Allorau brig, a llawr brith.
A chôr, ni chae'r ddôr yn ddig,
A roddir, nis gŵyr Eiddig,
A Brodyr, ni ŵyr brawdwaith,
Llwydion, a ŵyr Lladin iaith,
Orau mydr o ramadeg
O lyfrau dail, lifrai deg,
Ac organ gwych y gweirgae,
A sain clych mynych y mae.

Ac yno ym medw Gwynedd,
I mi ar bâr y mae'r bedd.
Lle teg glas, byw urddas ben,
Llan Eos, llwynau awen.
A'r gog rhag f'enaid a gân
Ar irgoed fal yr organ,

Paderau ac Oriau'n gall,
A Llaswyrau, llais arall.
'Fferennau a phêr annerch
A gaf fis haf, gofwy serch.

Aed Duw i gynnal oed dydd
I baradwys â'i brydydd.

15th cent.

62 *Creulondeb Merch*

Y FERCH dawel wallt felen,
Euraid yw'r baich ar dy ben.
Gwyn yw dy gorff ac uniawn,
A lluniaidd oll; llyna ddawn!
Cyd bych, lanwych oleuni,
Deg a mwyn, er dig i mi
Gwneuthur brad yn anad neb,
Em y dynion, mae d'wyneb.

Dyrcha ael fain, d'orchwyl fu
Dristáu gŵr dros dy garu.
Duw a liwiodd, dâl ewyn,
Dy wallt aur i dwyllo dyn.
Gweniaith brydferth a chwerthin
Erioed a fu ar dy fin.
Os dy eiriau ystyriaf,
Gruddiau gwin, gorwedd a gaf.
Gwell bedd a gorwedd gwirion
Na byw'n hir yn y boen hon.

Gwae fi, gwn boeni beunydd,
Weled erioed liw dy rudd.
Y ddwyais, ni haeddais hyn,
A guriodd o'th liw gorwyn.
Aeth dy wedd, Gwynedd a'i gŵyr,
A'm hoes innau a'm synnwyr.

Un drwg fydd ewyn ar draeth,
Llai a dâl, lliw hudoliaeth,
Lliw'r lili a henwi hud
Llwyn o ddail, lle ni ddelud.
Na wrthod, ferch, dy berchi,
Na phraw ymadaw â mi.
Gelynes, mau afles maith,
Wyd imi od aud ymaith.
Meinwen, na ddos o'm anfodd;
Byth nid aud ymaith o'm bodd.

15th cent.

63 *I'r Llwyn Banadl*

Y FUN well ei llun a'i lliw
Na'r iarlles ŵn oreurlliw,
Gwn ddeuchwedl, gwae ni ddichon
Gael oed dydd a gweled hon!
Nid rhydd im anturio'i ddwyn
Liw dydd at leuad addwyn.
Duw ni myn, dinam wyneb,
Dwyn brad nos dan bared neb.
Nid oedd i ddiwladeiddwas
Goed i gael oed o fedw glas.

Hir oedd wylio, hardd eilun,
Yr haf heb oed rhof a bun.

Duw i mi a'm dyn diell
A roes goed yn eurwisg well;
Gwiail cystal y gaeaf
Â dail hoyw, fal adail haf.
Gwnaf yno i hudo hon
Glos o fanadl glas feinion,
Modd y gwnaeth, saernïaeth serch,
Merddin dŷ gwydr am ordderch.
Ar Ddyfed yr addefynt
Y bu len gêl o'r blaen gynt;
Yr awron dan yr irwydd
Fy llys i felly y sydd.
O daw bun, i dŷ y bo,
Iarlles wen, i'r llys yno,
Mae iddi, a mi a'i mawl,
Oes, baradwys ysbrydawl;
Coed wedi eilio pob cainc,
Cynddail o wiail ieuainc.

Pan ddêl Mai â'i lifrai las
Ar irddail i roi'r urddas,
Aur a dyf ar edafedd
Ar y llwyn er mwyn a'i medd.
Teg yw'r pren, a gwyrennig,
Y tyf yr aur tew o'i frig.
Duw a roes, difai yw'r ail,
Aur gawod ar y gwiail.
Bid llawen gwen bod llwyn gwŷdd
O baradwys i brydydd;

ANONYMOUS

Blodau gorau a garwn,
Barrug haf ydyw brig hwn.
Mae i minnau a'm meinir,
Oes, ffair maes o saffrwm ir.
Dal tŷ ac adeiliad da
Yr wyf o aur Arafia.
Pebyll Naf o'r ffurfafen,
Brethyn aur, brith yw ei nen.
Angel mwyn yng ngwely Mai
O baradwys a'i brodiai.
Gwawn yn aur, gwenyn eres,
Gloynnod Duw, gleiniau tes!
Gwynfyd mewn gwinllan bryd bron
Gael euro gwiail irion.
A brig y goedwig a gaid
Fal yn sêr, fwliwns euraid.
Felly caf, fal lliw cyfan,
Flodau'r Mai fal adar mân.
Llyna beth llawen yw bod
Llen angel i'r llwyn yngod!
Gorllwyn y llwyn a'r llannerch,
Arfer mwyn, yr wyf er merch.
Da f'amod, nid af ymaith
O'r llwyn fry â'r eurllen fraith,
A chaf hyd haf un oed dydd
Â dyn eurwallt dan irwydd.
Deled lle ni'n didolir,
Dyn fain dlos, dan fanadl ir!

ANONYMOUS

15th cent.

64

Y Sêr

RHO Duw, 'y mun, rhaid i mi
O lwynau Mai eleni
Wrth gerdded gowaered gwiw
A gelltydd, fy nyn gwalltwiw,
Cyn yfed llyn ar fryn fry
A gweled dan fedw'n gwely.

Drud yw'r serch, mau drydar sôn,
Drudaniaeth a dry dynion.
Dugum, mau ofid digawn,
Draean nos, hynt druan iawn,
Ar oddef cael, hael heulfodd,
Cusan bun; ceisiwn o'i bodd.

Dros ffordd gyfraith yr eithum,
Dall y nos ar foelros fûm.
Hirffordd neithiwyr, nos orddu,
Hynt drwstan am feingan fu.
Llawer trefn fased gefnir
A gerddais i, gyrddwas hir.
Cerddais ar draws naw cardden,
Ac ar hyd moel gaerau hen,
Ac odd yno i ddinas
Ellyllon, cyfeillion cas.
Cyrchais o'r dinas glasfawr
Corsydd ar ael mynydd mawr.
Tywyllawdd, ni bu hawdd hyn,
Y morben du i'm herbyn,
Fal petwn, frwydr dalgrwn frad,
Ynghanol geol gaead.

ANONYMOUS

Ymgroesais, afledneisfloedd,
Rhywyr oll a rhy oer oedd.
Dysgais, oerais yn aruthr,
Gywydd i gyweithydd uthr.
Cannog risg mewn eurwisg-gaen
A fu yn y gerwyn faen,
Minnau yw'r ail am annawn;
Yn y gors wenwynig iawn
Hyd neithiwyr, bellwyr balloed,
Grymsi, ni bûm i ermoed.

Addo myned, ged gydfach,
Landdwyn, er fy nwyn yn iach.
Ni chwsg Mab, grair arab gred,
Mair Wyry, pan ro mawr wared.
Gwelodd faint poen bardd gwiwlym;
Gŵyl fu Dduw, goleuodd ym
Canhwyllau cecs deuddegsygn,
Cafod deg rhag gofid dygn.

Syber fuan ymddangos
Sêr i ni, sirian y nos.
Gŵyl loyw fu eu goleuaint,
Gwreichion goddaith saith o saint.
Eirin fflam yr anoff loer,
Aeron rhylon y rhewloer.
Cilchwyrn lleuad celadwy,
Cynhwyllion hinon ŷn' hwy.
Llewych gorddgnau y lleuad,
Lliw bron tes llwybrau ein Tad.
Arwydd cyffredin hindda,
Eryr pob ardymyr da.

Drych cyllestr haul goleulawr,
Drychau dimeiau Duw mawr.
Glwys ruddaur glasrew oddef,
Gemau crwper nifer nef.
Heulwen a yrr hoelion ais
Hyd y nef, hoed anofais.
Cywraint bob ddwy y'u pwywyd,
Cad Gamlan wybr lydan lwyd.
Nis dymchwel awel ewybr
O bill dyllau ebill wybr.
Maith eu gogylch, nis gylch gwynt,
Marwydos wybr mawr ydynt.
Gwerin ffristiol a tholbwrdd,
Claer eu gwaith, clawr awyr gwrdd.
Nodwyddau, mi a'u diddawr,
Gwisg pen y ffurfafen fawr.
Mawl goleulwys mal gloywlwybr,
Meillion ar wynebion wybr.
Gwnaethant les ar hanes hwyr,
Gild y rhew, gold yr awyr.
Canhwyllau cwyr can hallawr,
Ar ober maith o'r wybr mawr.
Da'u gwedd baderau Duw gwyn
Yn ei lanastr heb linyn.

Dangosasant bant o bwyll
A bryn im obry'n amwyll,
A ffyrdd i Fôn a'r ffordd fau;
Fy meddwl oll, Dduw, maddau.
Deuthum cyn huno hunyn,
Gwawr ddydd, i lys gywir ddyn.

ANONYMOUS

Ni focsachaf o'm trafael
Eithr o hyn i ddyn uthr hael:
Taro'r fwyall gyfallwy
Yn ochr y maen ni cheir mwy.

15th cent.

65 *Yr Eira*

Ni chysgaf, nid af o dŷ,
Ym mhoen ydd wyf am hynny.
Nid oes fyd na rhyd na rhiw
Na lle rhydd na llawr heddiw.
Ni'm twyllir o'm tŷ allan
Ar air merch mwy i'r eiry mân.
Fy esgus yw'r fau wisg sydd
Mal unwisg y melinydd.
Pla yw'r gwaith, plu ar y gŵn
A drig fal chwarae dragwn.
Ai celwydd wedi'r Calan
Wisgo o bawb wisg o bân?

Mis Ionawr, blaenawr y blaid,
Mae Duw'n gwneuthur meudwyaid.
Deryw i Dduw, daear ddu,
O gylchoedd ei gwyngalchu.
Ni bu is gwŷdd heb wisg wen,
Ni bu lwyn heb lywionen.
Blawd mân yw'r pân ar bob pill,
Blawd wybr fal blodau Ebrill.

ANONYMOUS

Llen oergan uwch llwyn irgoed,
Llwyth o'r calch yn llethu'r coed.
Lledrith blawd gwenith a gad,
Llurig ystyn llawr gwastad.
Grut oer yw gweryd tir âr,
Gweren dew ar groen daear.
Cawad rydew o ewyn,
Cnuau mwy no dyrnau dyn.
Trwy Wynedd y trywenynt,
Gwenyn o nef, gwynion ynt.
Ple cymell Duw pla cymaint?
Ple gwedd sawl plu gwyddau saint?
Gwas ungroth ag eisingrug,
Garwlwm grys, gŵyr lamu grug.
Y llwch aeth yn lluwch weithian
Lle bu'r mawl a'r llwybrau mân;
Oes un a ŵyr fis Ionawr
Pa ryw lu sy'n poeri i lawr?
Angylion gwynion, nid gwaeth,
Sy o'r nef yn saernïaeth.
Gwelwch dynnu o'r gwaelawd,
Lifft o blanc o lofft y blawd.
Arianwisg o'r ia ennyd,
Arian byw oera'n y byd.
Simwr oer, som yw'r aros,
Simant bryn a phant a ffos.
Pais durdew, pwys daeardor,
Paement mwy no mynwent môr.
Mawr syrth ar fy mro y sydd,
Mur gwelw o'r môr i gilydd.
Neu'r ddaear o bedwar ban
Oedd oll â'i mennydd allan.

Pa le y taria, plat oerwyn?
Plastr hud, pwy a lestair hyn?
Pwy a faidd ei wladeiddiaw?
Plwm yw ar glog. Ple mae'r glaw?

LLYWELYN AP GUTUN

fl. 1450–1470

66 *Dychan i Uto'r Glyn*

TRISTACH yw Cymry trostyn,
Tre a gwlad, am Uto'r Glyn.
Boddi wnaeth ar draeth heb drai,
Mae'n y nef, am na nofiai.
Ofer oedd wneuthur erof
O'm caid heb farwnad i'm cof.
Ni bydd cymain, main mynor,
Un llaw mwy yn llywio môr.
Awenyddiaeth y draethell
O foddi'i gorff a fydd gwell.
Och fi, o'i drochi drichwrs,
Na bawn ynglŷn yn ei bwrs!
Ei weled yn troi'n olwyn
Ar Fall Draeth â'r fwyall drwyn.
Och finnau, uwch yw f'anap,
Am simwr y gŵr a'i gap!

Hwdiwch atoch ddwyfoch ddig,
Dylyn yn gyff Nadolig.
Mae'n y môr, nis hepgorwn,
Wyneb arth i'r neb a wn.

Mae'n ei gawell facrelliaid
Mwy no llwyth ym min y llaid.
Mae hergod o bysgodyn,
Moelrhon yn nwyfron fy nyn.
E fyn gŵr o afon gau
Ysgadain o'i esgidiau.
A'r cawell lle bu'r cywydd,
Ceudod llysywod y sydd.
Gan ddŵr aeth y milwr mau,
Gan wynt aeth ei gân yntau.
Llyna gael, nid llai no gwn,
Llun pencerdd yn llawn pencwn!
Y rhydau lle bu'r rhodiwr
Ni adai'r don fynd o'r dŵr,
Ond ei rwymo drwy ymwrdd
Ar untu, a'i hyrddu hwrdd.
Cryf ydoedd, ceir ei fudaw,
Cregyn a lŷn yn ei law;
Ei yrru fyth ar ei farch
Draw ac yma, drwg amarch.

Mae'n llawen genfigenwyr,
Cuddio gwalch cywyddau gwŷr.
Pwy fydd capten yr henfeirdd?
Pwy'n gaterwen uwch ben beirdd?
Ple mae i'r barcut scutor?
Pwy a gân mwy pegan môr?
Pwy a ludd iddaw, grudd gwrach,
Roi'r gadair ar ei gadach?
Pwy ond ysbryd y Gwido
A'i lludd fyth, ac a'i lladd fo?

Mae'n rhodio mwy no'r hudol
Yn ei rith un ar ei ôl.
Nid un hwyl yn dwyn helynt,
Nid efô yw'r Guto gynt,
Ond bod llun a bodiau llo,
Gadach, am Ysbryd Gwido.
Rhodiodd megis rhyw eidion,
Ysbryd drwg ar draws mwg Môn.
Gwrdd wyneb, gyrrodd yno
Haid o offeiriaid i ffo;
Gyrrent yntau'n anguriawl
Y naill ai i Dduw ai'n llaw ddiawl.

GUTO'R GLYN

fl. 1450–1490

67 *Ateb i Lywelyn ap Gutun*

MAE llef oer mal llifeiriaint
Malldraeth yn seithwaeth no saint.
Myfyrio mae oferwr
'Y marwnad i, marw'n y dŵr.
Llywelyn ap Gutun gall,
Ai llai'i ferw no'r llif arall?
Telynior, tâl awenydd,
Trwytho beirdd mewn traethau bydd.
Gwir gywyddol gwrageddwr,
Gwas gwych, pwy megis y gŵr?
Ei fin oedd ddigrif a iach,
Ei ddwy grafanc ddigrifach.
Och ym ond doeth a chymen,
Oni bai win yn ei ben!

Diod a wnâi'r tafod doeth
Droi'i ben ar y dŵr beunoeth.

Ef a welai fy eilun
Mewn dŵr hallt ym Môn drwy'i hun.
Yn Llwydiarth y naill ydoedd,
'Y moddi i, ai meddw oedd.
Gwin Cynfrig, wyrennig rodd,
A gwin Huw a'i gwanhaodd.
I lys Huw Lewys a'i lawr
Y dôi lanw i delyniawr,
A thybio, er clwyfo clêr,
Y dôi lif hyd y lwfer.
Rhyfel meibion Llywelyn
Y rhai a'i llanwai â'u llyn.
Rhuo a wnâi'r Cymro cau
Rhof a'r tân, rhifo'r tonnau.
Mae'n taeru, man y tiriwyf,
Mai lledrith ym Malldraeth wyf;
Bod ynof, bywyd enwir,
Bysgod yn dyfod i dir;
Bod moelrhon i'm dwyfron deg
Neu f'ellyll yn y falleg.
Ef a'm gwyliai f'ymgeledd
Ac yn y môr y gwnâi 'medd.
Mewn môr y myn ym orwedd;
Mae'n chwannog i'm clog a'm cledd.
Ef a'm claddai mewn clai clyd,
O châi f'aur uwch y foryd.
Ef a'm crogai, ni wnâi nad,
Yn Rhosyr er fy nhrwsiad.

A breuddwyd heb arwyddion
A welai'r mab ar lawr Môn.
'Y moddi hwnt, meddai hwn,
Er boddi, gŵr byw oeddwn.
O syrth y breuddwyd nos Iau,
Ŵyl Non a welwn innau,
Ef â'i olud o Felwern
Gan lif i ganol y Wern,
Ac yntau yn ei neuadd
O fewn lli, afon a'i lladd,
A'r ddwy Efyrnwy arnaw,
A môr drwy'r Cymerau draw.
Fy mryd, pan fo marw o wall,
Fwrw'n y dŵr farwnad arall.
Awn ninnau'n dau, f'enaid oedd,
(Nef i'r meirw!) i nofio'r moroedd.
Os i uffern y'n bernir,
Enilled ef y naill dir.
Os i nef, haws yw nofiaw,
I Fôn y try f'enaid draw.

68 *I Ddafydd ap Tomas ap Dafydd*

LLAWEN wyf i'm plwyf a'm plas;—di-ofal
Llys Dafydd ap Tomas.
Llin Dafydd, y trydydd tras,
A Llywelyn wayw lliwlas.

Glasfedd i'w gyfedd a gaf,
Gwin hwn llawer gwan a'i hyf.
Gorau gŵr a gwraig araf,
Gorau dau hyd ar Gaer Dyf.

O Gaer Dyf y tyf hyd Deifi—ei glod,
Ac i wlad Bryderi,
Ac i Fôn a Gefenni
Egin fydd a ganwyf fi.

Digri fu i mi fy myw—pan dyfodd
Pendefig Mabelfyw.
Da am win hyd ym Mynyw,
Da am aur a phob dim yw.

Yfory i'w dŷ a'i dud,
A heddiw y'm gwahoddid,
A threnny dd gwneuthur ynyd,
A thrannoeth saethu'r unnod.

Nodaf nod gaeaf, naid gwiw—Nadolig,
Nodedig naid ydyw,
Naid hydd yw y nod heddiw,
Natur hydd neitio i'r rhiw.

Brenhinbren Rhiw Tren, rhoed Duw rad—i hon
A henaint i'w cheidwad.
Brenhindwr bryn ei hendad,
Bron deg y barwn a'i dad.

Ei dad o Dewdwr oedd nai Ddinefwr
A aeth â'r cannwr a thir cynnydd.

Ei blaid yw blodau y byd wybodau
O hen aelodau hyn o wledydd.

Yn un cun y cair, ac yn Nudd y gwnair,
Yn grair digrifair Duw a'i grefydd.

Y mae d'air am wŷs i bawb ar y bys,
Ŵyr Rys i'r ynys yw'r awenydd.

Ei daid, Wyndawdwr, a wnaid yn wawdwr,
A'r gŵr yw'r brawdwr, a'r gwir brydydd.

Nid eirch yn ei dud, er mawl aur a mud,
Na mynnu golud mwy no'i gilydd.

I riain rywiog y cân, myn Cynog,
A'r odlau i'r gog a'r dail a'r gwŷdd.

Ei lys elusen a dynn haint dyn hen,
Ei wên a'i awen a'i win newydd.

Ar faeth yr wyf fi ar ddaear Ddewi
Yn llawes Deifi, yn llys Dafydd.

A'm taith faith o Fôn i oror Aeron
Yw drwy Fabwynion adref beunydd.

Euraw mawl ermoed oes cerdd Is y Coed,
A lloergan unoed llawr Gwynionydd.

Ac aur trwm ger Tren a gawn heb gynnen,
A diolch awen awdl a chywydd.

A llys ar ei lled y lleddir lludded,
A lle afrifed, a llyfr Ofydd.

Gwin hoyw gynhaeaf, a gweoedd gaeaf,
Y gwanwyn a'r haf i ganu'n rhydd.

Brau gig, bara gwyn, a bragod brigwyn,
A pherwaith gwenyn, a ffrwyth gwinwydd.

Ymhell (Hiriell yw) ym a bod i'm byw
Heb lyw Mabelfyw ymhob elfydd.

Un Duw, gad (nid gwan) ein tŵr a'n tarian,
A gad Wenllian gyda'n llywydd.

Yntŵy un tyaeth o'r un farwniaeth
Yw'n maeth a'n lluniaeth a'n llawenydd.

69 *I Abad Amwythig*

Mi euthum i Amwythig,
(Gwas drwg ar neges a drig)
Dros Domas, i'r dinas da,
Ap Rhys. Eb y mab, 'Brysia!'
Un agwedd fu fy neges
Â brân Nöe heb roi nes.
Aeth o'r môr tua thir maith,
I'w thewlong ni ddoeth eilwaith.
Os minnau, eos mwynwawd,
Sy frân rhwng Tomas a'i frawd,
Ys hir o negeswriaeth,
Es mis ni bu eisiau maeth.
Mae gwledd a'm lluddiodd i'm gwlad,
Gwledd ddwbl yr arglwydd abad.
Mae gwin yma i gannwr,
Ni adai'r gwin ado'r gŵr.
Mab oeddwn, ni ddygwn ddig,
Maeth i abad Amwythig.

Aml oedd i'm cymalau i
Win o'r Ysbaen neu Rasbi.
A'i fwydau (fy nef ydoedd)
O fwrdd y sant, f'urddas oedd.

Gŵr ni ŵyr gronni arian
Onid y rhent yn dair rhan.
Un i'w lys a'i win o'i law
Wrth yr aelwyd i'w threuliaw;
Yr ail i weiniaid a rydd;
At yr adail y trydydd.
Dal tŷ, gwneuthur adail teg,
Dysgu'r mydr, dasg ramadeg.
Sain Gregor fu'r doctor da,
Sain Tomas yntau yma.
Sain Pawl yw ef dros ein plaid,
Sierom y conffesoriaid.
Synhwyrau, parablau pêr,
Selyf, Awstin, Silfester.
Cledd gwŷr yr eglwys a'u clod,
Colector ysgolheictod.
Ni bu abad o'i gadair,
Na mynach well, mwy ni chair.
Ni bu arglwydd bybyrglod
Well ei fwrdd, ni allai fod.
Ni bu ŵr, hir y bo iach,
Du o'i grefydd digrifach.

Person Llanarmon yn Iâl,
Ei swydd ef sy ddiofal;
Ni edy, Syr Siôn ydyw,
Mathau, gwrt Amwythig wiw.

Af fal Siôn i foli saint,
Af, os caf, i fysg cwfaint.
Os corun a fyn fy iad
A phrebant, hoff yw'r abad,
Gwell gwisgo no gado'r gŵr
Gwisg laes megis eglwyswr.
O myn fi, er mwyn f'awen,
Yn beriglawr blawr heb lên,
Ba fodd, o chribaf fy iad,
Ba ffurf na bwy' offeiriad?
Mae i mi wyneb padrïarch,
A chorun mwy no charn march.
Ystâd, a'm gwnâi'n brelad bras,
A gwledd dwym Arglwydd Domas.
Af i Mwythig, frig y fro,
Ac i Eutun ac ato.
Trefi'r llyn, trof ar eu lled,
Tir fferm Guto yw'r Fforied.

70 *I Wiliam Herbart*

TRI llu aeth o Gymru gynt,
Trwy Wynedd y trywenynt.
Llu'r Pil, llu'r Arglwydd Wiliam,
Llu'r Vipwnt, bu hwnt baham.
Tair ffordd, clawdd tir Offa hen,
Siwrnai Wiliam, Sarn Elen.
Arglwydd Herbert a'th gerti
A'th lu, Duw a'th lywio di.
Glaw gynt a gâi lu ac ost,
Hindda weithian pan ddaethost.

Dewinais y caud Wynedd,
A dwyn Môn i'r dyn a'i medd.

Pobl Loegr, pawb a rôi'i lygaid,
Pe ceisiech Harddlech, o chaid.
Chwedl bonfras o gas i gyd,
Blaenfain fu i'r bobl ynfyd.
Chwedl blaenfain fu'ch train a'ch tro,
Bonfras Arglwydd o Benfro.
Ba well castell rhag cysteg
Ban friwyd wal Benfro deg?
Bwriaist, ysgydwaist godwm,
Ben Carreg Cennen i'r cwm.
Ni ddaliawdd na'i chlawdd achlân
Uwch Harddlech mwy no chorddlan.
Ni'th ery na thŷ, na thŵr,
Na chan caer, na chwncwerwr.

Tair cad aeth o'r teirgwlad tau
Trwy Wynedd fel taranau.
Teirplaid yn gapteiniaid tyn,
Tair mil nawmil yn iwmyn.
Dy frodyr, milwyr y Medd,
Dy genedl, De a Gwynedd,
Dy werin oll, dewrion ŷnt,
Drwy goedydd dreigiau ydynt.
Dringai, lle nid elai'r da,
D'orwyddfeirch dor yr Wyddfa.
Dros greigiau mae d'olau di,
Tir âr y gwnaut Eryri.
Torres dy wŷr mewn tair stâl
Trwy weunydd a'r tir anial.

Od enynnaist dân ennyd
Drwy ladd ac ymladd i gyd,
Dyrnod anufudd-dod fu
Darnio Gwynedd a'i dyrnu.
O bu'r tir, Herbart wrawl,
Heb gredu, fal y bu Bawl,
A fu ar fai o fâr fydd;
O phaid, ef a gaiff fedydd.
Chwithau na fyddwch weithian
Greulon wrth ddynion â thân.
Na ladd weilch, a wnâi wledd ynn,
Gwynedd fal Pedr y gwenyn.
Na fwrw dreth yn y fro draw
Ni aller ei chynullaw.
Na friw Wynedd yn franar,
Nâd i Fôn fyned i fâr.
Nâd y gweiniaid i gwynaw
Na brad na lledrad rhag llaw.
Nâd trwy Wynedd blant Rhonwen
Na phlant Hors yn y Fflint hen.
Na ad, f'arglwydd, swydd i Sais,
Na'i bardwn i un bwrdais.
Barn yn iawn, brenin ein iaith,
Bwrw yn tân eu braint unwaith.
Cymer wŷr Cymru'r awron,
Cwnstabl o Farnstabl i Fôn.
Dwg Forgannwg a Gwynedd,
Gwna'n un o Gonwy i Nedd.
O digia Lloegr a'i dugiaid,
Cymry a dry yn dy raid.

71 *I Ddafydd ab Ieuan, Abad Glyn Egwestl*

MAE'R henwyr? Ai meirw'r rheini?
Hynaf oll heno wyf i.
I minnau rhoed mwy no rhan
Anynadrwydd neu oedran.
Siaradus o ŵr ydwyf,
Sôn am hen ddynion ydd wyf,
Megys sôn Rhys yn yr haf
Bwtlwng, y mab huotlaf.
Ymofyn am bob dyn da
A bair ym y berw yma.
Blin yw, megis blaen awen,
Na thau pob annoeth a hen.
Blinach, oni bai lonydd,
Cadw y dall rhag hyd y dydd.

Tyngu a wna teulu'r tŷ
Mai galw a wnaf o'm gwely.
Galw'dd wyf arglwydd, a'i ofyn,
Yn fy swydd, fy naws yw hyn.
Galw sant ar bob gŵyl y sydd,
Galw ydd wyf Arglwydd Ddafydd.
Er cased gan rai cyson
Fy swydd, ni thawaf â sôn.
O gariad mawr a gwrid medd
Y galwaf ar f'ymgeledd.

Ei loyw win, a'i lawenydd
A bair y sôn a'r berw sydd.
Tadmaeth am faeth ym a fu
Yma 'rioed (Mair i'w adu!)

Mamaeth yn fy myw yma
Yw teml Dduw yn teimlo'i dda.
Af i'w seler, fau seilio,
Af trwy fwy i'w fwtri fo.
At Nudd Ddafydd yn ddyfal,
Af i'r nef i fro wen Iâl.
Y mae miloedd, mwy 'i molwn,
Yn cael, abad hael, bwyd hwn.
Ys da Arglwydd ystorglych
A gostiai Lyn Egwestl wych.
Gweiniaid y tir a gynnal,
Tref a droes ef ar draws Iâl.
Gwe gerrig yw ei guras,
Gwydr a'r plwm yw godre'r plas.
Clera Môn, cael aur a medd,
Gynt a gawn, Gwent a Gwynedd;
Clera'n nes, cael aur a wnaf,
Yma'n Iâl, am na welaf.

Od wyf hen i dyfu haint
Ni chwynaf nych a henaint.
O gad Duw abad diball
A dau Siôn ym, nid oes wall.
Siôn Trefor, sant a rifwn,
Sêl ar ddwy Bowys yw hwn.
Siôn Edwart nis newidiaf
Â dau o'r ieirll, i'w dai'r af.
Llys Dafydd, dedwydd yw'r daith,
Llwyd o Iâl, lle da eilwaith.
Fwyfwy, fal y brif afon,
Fo'i urddas ef a'r ddau Siôn.

Y tri phennaeth trwy ffyniant,
A'r un y sydd i'w rhoi'n sant,
Yr un Duw, graddau'r iawn Dad,
Tri ac un trwy wiw gennad.

72 *Marwnad Llywelyn ab y Moel*

MAE arch yn Ystrad Marchell
Ym mynwent cwfent a'u cell,
Ac yn honno gann hannerch,
A saith gelfyddyd y serch,
A chledd, dewredd dihareb,
A cherdd—yn wir ni chwardd neb—
Lle rhoed o waith llaw a rhaw
Llywelyn, lle i wylaw,
Llin y Moel, nid llawen Môn,
Llyfr annerch llawforynion.
Dewin cerdd, di-wan y cad,
Drych ac eurych i gariad.

Mawr yw anaf cerdd dafawd,
Mawr, os gwir marw eos gwawd.
Tristach ydyw'r byd trostaw,
Tresbas drud tros Bowys draw.
Cŵyn mawr acw yn y Main
A mwy uchod ym Mechain,
Benwyn hil, am na bai'n hen
Eos eilwaith o Sulien.
Gweiddi maent am gywyddwr,
Gweddw yw'r gerdd am guddio'r gŵr.
Gweddw gwlad o gywyddau glwys
Gwedi bwa gwawd Bowys.

Gweddw arwestl y gwŷdd irion,
Gweddw yw serch egwyddor sôn.
Ni chyrch nac eos na chog
O Lwyn-onn i Lanwnnog.
Nid byw cariad taladwy,
Nid balch ceiliog mwyalch mwy.

Clywed y mae merched Môn
Cloi derw am serch clod Euron,
A bwrw gordd berw ac urddas
Awen dan gelynnen las;
A thewi bronfraith Owain
Yn ŵr mud yn nerw a main;
A marw awdur Meredudd,
Marmor yn y côr a'i cudd;
A thorri canllaw awen,
Athro gwawd, a threio gwên.
Ail Iolo oedd Lywelyn,
Ail Ruffudd neu Ddafydd ynn.
Awdur cywyddau ydoedd,
Edn o nef i'r dynion oedd.
Naddai bob awenyddair
Fal mêl, neu afalau Mair.
Pwy biau gwawd tafawd hardd,
Pab Rhufain llyfr pob prifardd ?
Ple cair ungair o'i angerdd ?
Ple gwedda gwra i'r gerdd ?
Aeth priod cerdd dafod hy,
A'r awdurdod i'r derwdy.

Tad Riffri, ddifri ddofreth,
Ti a wnaeth wasanaeth Seth,

A ddoeth i'w dad, rhaniad rhên,
Ag olew'r tair gwialen.
Dugost dithau, doniau dyn,
Ai! olew i Lywelyn.
Cafas yn nheml y cwfaint
Urddas Adda Fras, a'i fraint,
Y gŵr y sydd yn gorwedd
Dan allawr faenawr ei fedd.

Yntau naf yn ein tŷ ni
A gladdwyd rhwng arglwyddi.
Ei gorff ef aeth i grefydd,
Ancr i Fair yn y côr fydd.
Yr enaid i oreunef,
A chywydd newydd i nef.
Fy Nuw a fu'n ei wahodd
Yr ŵyl, a nef yw ei rodd!

73 *Serch Offeiriad ar ei Nawddsant*

GWN waith, o gariad gwen ŵyl,
Gordderchwr, garedd orchwyl.
Anwydau gŵr anwadal,
Ocr y serch, yw caru sâl.
Caru un hwyrfun hirfyw,
Caru'r ail, pwnc oerwr yw.
Heddiw'n ei gof hoywddyn gall,
Ac yfory gof arall.
Os prydu (nis priodai)
Anian oer, i un a wnâi,

Nid hwyrach, enau tirion,
Brydu i'r llall, brawdwr llon.
Clytiwr awdl fal clwyd drwydoll,
Caru sâl ydyw'r cwrs oll.

Adwaen ŵr, a dwyn ei ach,
A garodd yn gywirach—
Sant rhywiog, sôn tra ewybr,
Syr Wiliam, ail Abram lwybr;
Awdur hoyw o Drahaearn,
A Dewi'r beirdd a dyrr barn;
Mordaf côr yw'r mawrior mau
Merthyr, lle gwna Mair wyrthiau.
Mynnu dirfawr ymannerch
Morwyn Fair mae, er un ferch.
Hon a gâr, ni wna hwn gam,
A'r ail nis câr Syr Wiliam.
Nid cariad, diymwad deml,
Ar fursen oer oferseml,
Eithr cariad o wlad y wledd
Ar Dudful, ŵr diawdfedd.
Mae'r gŵr (Duw a Mair a'i gad!)
Merch wyry, yn marw o'i chariad.
Gyrru mae, fal y gŵyr Môn,
Lu at Duw o lateion:
Gweddïau (nid gweddw awen)
Ydyw'r llu i awdur llên.
Mae'n addaw, em wen, iddi
Dlysau heirdd (mor dlos yw hi):
Croywglych, cyweirio'r eglwys,
Llyfrau a chreiriau a chrwys.

A hon beunydd a'i hannerch
Yn ei swydd; un yw â'i serch.
Gwrthod a wna, gwyrth Duw Nêr,
Gŵr o bell a grybwyller,
Gan ddewis, gynnydd awen,
Gŵr o'i phlwyf goroff ei lên,
Ac nid oedd, o gwneid addef,
Addwyn dyn iddi ond ef.
Os pennaeth, draws opiniwn,
A gâr hi, llyna'r gŵr hwn;
Os gŵr o ysgwïeriaid,
Ef yn ei blwyf a fyn blaid;
Os perchen, Urien wryd,
Tŷ a gâr, aent hwy i gyd;
Ys gŵyr Duw, os gŵr dwywol
A fyn hi, ef â'n ei hôl;
Os gŵr call, ys deallwn,
A gŵr hael, hi a gâr hwn.
Ein tad yw, berchen tŷ da,
A'n gwardain, enwog wrda,
O'i chôr teg â chariad hardd,
I Dudful, a'i diwydfardd.

Ymaddaw y mae iddi
A phrydu hwyl i'w phryd hi,
Odlau serch, ddiedlaes hawl,
A chywyddau bucheddawl.
Ei gywydd beunydd o'i ben,
Eiriau ffwrm, yw'r offeren.
O gariad hon y gŵr teg
A rwym awdl o ramadeg.

Da fu, nid ef a feiwn,
Dudful Ddyw Sul ddewis hwn.
Aros fyth o'i ras efô
Ym Merthyr y mae wrtho.
Ac ef yw ei gogyfoed,
Ac yn y nef y gwnân' oed.

DAFYDD AB EDMWND

fl. 1450–1480

74 *Dan Bared*

DYN wyf yn cerdded y nos;
Dedwyddach oedd dŷ diddos.
Dyn hurt am gerdded yn hwyr,
Dros hyn Duw a ro synnwyr.
Du arnaf ydyw oernos,
Duw, dy nawdd, dued y nos!
Dyn ni bu ar dyno bach
Dan bared wyneb oerach.

Deffro, fun, differ f'enaid;
Duw! dyn blin sy dan dy blaid.
Dyro, ti a gei deirran
Dy wisg, dy gardod i wan,
Dy lety, dy law ataf,
Dy deg gorff, dywed a'i caf.
Dy fwynair er dy fonedd,
Dy fin fal diod o fedd,
Dy faeth, dy gellwair, dy fodd,
Dy feinael a'm difwynodd.

Dy laeswallt fal dy lusael,
Dy ddrem fal duedd yr ael.
Dy bryd fal dillad brodyr,
Du a gwyn i hudo gwŷr.
Dy wyneb fal ôd unnos,
Dy wrid fal bagad o ros.
Dy garu di a gerais,
Dy gas im nis dygai Sais.

Dig wyf yn arwain dy gerdd
Dan fargod, yn ofergerdd.
Drwy'r ffenestr dyro ffunen
Dy fam hael i doi fy mhen.

Dy gerdd ymhob gwlad a gaf,
Dy bwyth nis diobeithiaf.
Dy garu im digio'r wyf,
Diseml wyd, disyml ydwyf.
Digon caead yw d'ogylch,
Dyn deg wyd, nawdd Duw'n dy gylch!
Dig wyf yn arwain dy gân,
Dug im gas, dwg im gusan.
Dy gyngor, rhag dig angen,
Da fydd, i gael dy fodd, gwen.

75 *Marwnad Siôn Eos*

DRWG i neb a drigo'n ôl
Dau am un cas damweiniol.
Y drwg lleiaf o'r drygwaith
Yn orau oll yn yr iaith.

DAFYDD AB EDMWND

O wŷr, pam na bai orau
O lleddid un na lladd dau?
Dwyn, un gelynwaed, a wnaeth
Dial un dwy elyniaeth.
Oedd oer ladd y ddeuwr lân
Heb achos ond un bychan.
Er briwio'r gŵr, heb air gwad,
O bu farw, ni bu fwriad.
Yr oedd y diffyg ar rai
Am adladd mewn siawns medlai.
Ymryson am yr oesau,
Rhyw yng a ddaeth rhwng y ddau;
Oddyna lladd y naill ŵr,
A'i ddial, lladd y ddeuwr.

Y corff dros y corff pes caid,
Yr iawn oedd well i'r enaid.
Oedd wedi addewidion
Ei bwys o aur er byw Siôn.
Sorrais wrth gyfraith sarrug
Swydd y Waun, Eos a ddug.
Y Swydd, pam na roit dan sêl
I'th Eos gyfraith Hywel?
Ar hwn wedi cael o'r rhain,
Wrth lawnder, cyfraith Lundain,
Ni mynnent am ei einioes
Noethi crair na thorri croes.
Y gŵr oedd dad y gerdd dant,
Yn oeswr nis barnasant
Deuddeg, yn un od oeddyn',
Duw deg, ar fywyd y dyn.

Aeth y gerdd a'i thai gwyrddion
A'i da'n sied wedi dwyn Siôn,
A llef o nef yn ei ôl,
A'i ddisgybl yn ddiysgol.
Llyna ddysg ! I'r llan ydd aeth ;
Lle ni chair lluniwch hiraeth.
Wedi Siôn nid oes synnwyr
Da'n y gerdd, na dyn a'i gŵyr.
Torres braich tŵr Eos brig,
Torred mesur troed musig ;
Torred ysgol tŷ'r desgant,
Torred dysg fal torri tant.
Oes mwy rhwng Euas a Môn
O'r dysg abl i'r disgyblion?
Rheinallt nis gŵyr ei hunan,
Rhan gŵr er hynny a gân.
Ef aeth ei gymar yn fud,
Yn dortwll delyn Deirtud.

Ti sydd yn tewi â sôn,
Telyn aur telynorion.
Bu'n dwyn dan bob ewin dant,
Bysedd llef gŵr neu basant ;
Myfyrdawd rhwng bawd a bys,
Mên a threbl mwyn â thribys.
Oes dyn wedi'r Eos deg
Yn gystal a gân gosteg,
A phrofiad neu ganiad gŵr
A chwlm gerbron uchelwr ?
Pwy'r awran mewn puroriaeth,
Pe na bai, a wnâi a wnaeth ?

Nid oes nac angel na dyn
Nad ŵyl pan gano delyn.
Och heno rhag ei chanu
Wedi'r farn ar awdur fu!

Eu barn ym mhorth nef ni bydd,
Wŷr y Waun, ar awenydd.
A farno, ef a fernir
O'r byd hwn i'r bywyd hir,
A'r un drugaredd a ro
A rydd Duw farnwr iddo.
Os iawn farn a fu arno,
Yr un farn arnyn' a fo.
Efô a gaiff ei fywyd,
Ond o'u barn newidio byd.
Oes 'y nyn y sy yn nos,
Oes yn Nuw i Siôn Eos.

IEUAN BRYDYDD HIR

fl. *c.* 1450

76 *Henaint*

GWAE a fwriodd, gof oerwas,
Fryd ar y byd, fradwr bas.
A fo doeth a chyfoethawg
Ac iach rydd a gwych y rhawg,
Be beiddiem bawb ei addef,
Byr yw'r awr y bwrir ef.

IEUAN BRYDYDD HIR

Tra fûm i'n y tyrfau mawr,
Was ynfyd ifanc sonfawr,
Ebrwydd, ehudrwydd hoywdrum,
A chryf iach yn chwarae fûm,
A heddiw'n glaf anafus
I'm hunlle'n rhwym, yn llawn rhus.
Dig wyf yn ôl mabolaeth,
Hai how ba ddydd! Heibio'dd aeth.
Megis anrheg o bregeth
Wyf i'r byd, ofer o beth,
Mal gelyn noeth, cyfoeth cof,
I'm henaid lle mae ynof.
Ni chredant, nychu'r ydwyf,
Rydd nac iach ryw ddyn ag wyf . . .
Duw a rannodd drueni,
Mae cur a phoen, i'm corff i.
Am hyn yr wyf ym mhenyd,
Am wagedd a balchedd byd.

Esgeiriau yn ysgyrion
Y sydd, fal dwy ffawydd ffon.
Ysgwyddau anosgeiddig,
A chorff heb na lliw na chig.
Rhyfedd yw f'ais i'w rhifo,
Fal clwyd lle tynnwyd y to.
Gleiniau fy nghefn a drefnwyd
Yn gerrig craig neu'n gyrc rhwyd.
Mal ffustiau, gïau gwywon,
Yw'r ddau fraich ar y ddwy fron,
A'm dwylaw, fu'n adeiliog,
Mal delwau cigweiniau cog.

IEUAN BRYDYDD HIR

Mae'n brudd y grudd ac yn grych
Mal y gwydr amlwg edrych,
A'm llygaid ym mhell eigiawn
'Y mhen, ni ad im hun iawn.
Gŵr oerach nag Eryri
A Berwyn wyf, i'm barn i;
Ni thyn na chlydwr na thân
Na dillad f'annwyd allan.
Crynedig i'm croen ydwyf,
Crynfa deilen aethnen wyf.

Mair, enwog dywysoges
Y môr a'r tir mawr a'r tes,
Meddyges wyt, fam Iesu;
O'th faeth mwyaf gobaith fu;
Os iechyd gennyd a gaf,
I'm enaid y'i dymunaf.
Iesu, fal y dewiswyf,
Arch roi im, erchi yr wyf,
Cymod, cyn bod yn y bedd,
Cymwys im am bob camwedd.
Er dy loes wrth dy groesi,
A'r gwaed o'r traed, Un Duw Tri,
F'annwyl, er a fo ennyd
Im yn boen yma'n y byd,
Dwg, Ior, i le digerydd
F'enaid wrth fy rhaid yn rhydd,
I'th lân nef, i'th oleuni,
I'th wlad, Duw, i'th weled di.

DAFYDD NANMOR

fl. 1450–1480

77 *Gwledd Rhys ap Maredudd*

RHYS orau'n nhir Is Aeron
Ar ei fwrdd o Ddofr i Fôn,
Gorau perchen (a'r wen wiw)
Tŷ o Adda hyd heddiw.
Megis sbytyau Ieuan
Yw ei dai o fwyd i wan.
I'r tai yng nghwr y Tywyn
Ef a ddaw sy fyw o ddyn.

Pair rannu, er nas prynan',
Bwyd i'r byd o'i bedwar ban.
Ef a borthai, i'w dai da,
Wledd Rys luoedd yr Asia.
Ef a borthes yr Iesu
Â llai o wledd ei holl lu.
Y wledd a gad yn adail
Llion ar Wysg, llyna'r ail;
A'r llall a wnaeth Caswallawn
Yn Nhre Ludd yn reiol iawn.
Ugain mil o fwystfiledd
Yn feirw a las pan fu'r wledd.
Mwy fu'r ŵyl yn ei ddwylys
O gig rhost gan gogau Rhys.
Yn hon y dichon yn hawdd
Badriairch bod ar wahawdd.

Trymaf, hyd y mae tremynt,
Tri eu gwaith, ffordd y try gwynt:

Pobydd a chyrfydd a chog
A droes iddo'n dri swyddog.
A'i fwtler yw'r pedwerydd,
Mwya'i dasg hyd y mae dydd,
Yn dwyn, ni bu newid well,
Gwin at hwn o gan tunnell.
Od oes o heidiau isel
Naw can myrdd yn cywain mêl,
Ei ddwyn y mae'r ddwy ynys
Islaw'r allt i seler Rhys.
Eraill yn llai yr awran
A wna'r cost o win a'r can.
Ei fwrdd tâl a ddyfalwyd
I allor fawr lle rhôi fwyd.
Myn Garmon, digon o dâl
A bair Duw heb roi dial.

Pe bai deirmil yn ddilys
O erydr rhif ar dir Rhys,
Pe bai'r ddaear yn fara,
Neu flas dŵr fel osai da,
A thrychan gwinllan a gwin
Ac yn malu gan melin,
Yn ei wledd rhyfedd barhau
Dŵr a daear dri diau.

Pan fo'r trillu'n duunaw
Ar drum fawr Olifer draw
Y telir, er nas talwyd,
I Rys faint a roes o fwyd.

78 *Bonedd Rhys ap Rhydderch ap Rhys*

RHYS wyd, flodeuyn rhos haf,
Ŵyr Rhys, nid o'r rhyw isaf.
O fonedd y'th sylfaenwyd,
Aberth holl Ddeheubarth wyd.
Tref tad a chartref wyt ynn,
Troed deau tir y Tywyn.

Tyfu'r wyd fel twf yr onn
O fagad pendefigion.
Ni thyf, mal gwenith hafaidd,
Brig ar ŷd lle ni bo'r gwraidd.
A dyfo o bendefig
A dyf o'i wraidd hyd ei frig.
Da yw'r haf, pan rodio'r hydd,
I'r gwenith, ac i'r gwinwydd;
Da i ŵr o ryw ei daid
Ei wneuthur o benaethiaid.
Ni bu le hyd na bai lân
O lyfr efengyl Iefan;
Llai a roed, yn y lle'r oedd,
O frychau i'th lyfr achoedd.
Yr hydd a gynnydd ei gyrn,
Y gwaed da a fag tëyrn.
Bonedd, mal etifedd maeth,
A fag y bendefigaeth.
Dwyffrwd ynghanol dyffryn
A wna llif o fewn y llyn;
Ystad o'r tad it a aeth,
A bonedd a'th wna'n bennaeth.

Erioed ni thrigodd yr ia
Ar ffynnon fis Gorffenna';
Ni'th roes gŵr na thrais gwerin
Erioed i lawr ar dy lin.
Ni ddaw eiry yn nydd araul
Yn y rhiw y twynno'r haul;
Nid â gwr ond o gariad
Uwch dy law, fraich deau'r wlad.
Da nofia dyn yn afon
O cheidw ei wallt uwch y don;
Daethost y lle nid aethan',
Drwy lif yr wyd ar y lan.
Araf yr eir i orallt
Â baich yng ngwrthwyneb allt;
Anos dwyn, pan fuost iau,
Gwrthwyneb gair o'th enau.

I ddŵr glas ydd â'r gleisiad,
I'r ail don ar ôl ei dad;
Uwch yw ystad y tad tau
Na man o Fynydd Mynnau.
O'r ceirw yn rhedeg gorallt
Y gorau'i rym a gâi'r allt;
Cyrch y rhiw, fel caeriwrch rhudd,
I'r adwy'r aeth Maredudd.
Heliwr a gyrch ei helynt,
A'r gwalch a gyfyd i'r gwynt;
Chwannog fydd yr hydd yr haf
A'r llew brych i'r llwybr uchaf.
Aed brig a blodau i bren,
Aed eryr i frig derwen;
Ar frig y bendefigaeth
Yr wyd, Rys, fel môr ar draeth.

Daeth it wrdaaeth atad,
It y daw ffyniant dy dad.
It, Rys, fel y llwyto'r ên,
Y dêl mesur hoedl Moesen.

79 *I Syr Dafydd ap Tomas, Offeiriad y Faenor*

MAB Non o'r gaer gron yw'r gras—i'r dwyfol
Syr Dafydd ap Tomas;
Mewn ei blwyf mae yn ei blas
Mwy na dynion mewn dinas.

O'r plas a'r dinas ni'm dawr,—er caffael
Aur y coffr a'r allawr;
Danfoned Duw'n y Faenawr
Can punt rent cyn pen tair awr.

Un awr o'r Faenawr i fyny—nid af
I dai yn holl Gymru,
Ond o'r barth mewn diwarth dŷ
Wedi gŵyl hyd y gwely.

Fy ngwely a'm tŷ a'm tân—a'm da oll
A'm dillad a'm harian,
Fy ffŷs yn ei loywlys lân,
Fy moethau'n fy myw weithian.

Weithian gorau man imi yw—y cwrt,
Fel cwarter o Gernyw,
Cwrt Maenor, côr tai Mynyw,
Cwrt i'r ieirll a'r cyrtwyr yw.

I'm byw iechyd yw uwch y dŵr—o'i dai
Hyd gôr Dewi Ddyfrwr;
Gorau tai yn gwrt i ŵr
Oll yw tai fy lletywr.

Llety a gefais gerllaw teg afon,
Llawn o ddaioni a llawen ddynion;
Llyma un adail lle mae newidion,
Llys rydd, a'm lle sydd yn y wenllys hon.

Gorau llys i wŷr gerllaw Is Aeron,
A gorau llywiawdr hyd ar Gaerllion;
Gorau yw tario gyda'r gŵr tirion
Cynhaeaf, gaeaf, gwanwyn, haf yn hon.

Agored yw tŷ i gardoteion,
Ysbyty i wlad, a roes bwyd tlodion;
Y mae is ei do mwy o westeion
Na dau rif y bobl yn hendref Bablon.

Mae cost llu yno, mae cistiau llawnion
O doreth gwenith yn dorthau gwynion,
A seigiau lawer drwy lysiau glewion,
Ac adar o dir a physgod o'r don.

Ac o geginwaith ei gogau gwynion
Y dygir seigiau'n ei dai, gwresogion;
A'r gorau ei fraich a'u rhy ger ei fron,
A'u rhoi yn dra aml, a'r rheini'n drymion.

Ac ar ei fyrddau ei gwrw i feirddion,
A bragod y tŷ, brig ydau tewion;

A llenwi medd ugaint a llyn meddygon,
A'i bêr win, brau ffin, fel berw o ffynnon.

Y mae maeth yno, mae ameuthunion,
Yno mae trwydded im trwy wahoddion,
A'r meiri yno, a'r gwŷr, a'r morynion
In yn ymgeledd; yno y'm gwelon'.

Gwely oedd danaf, ymgeledd dynion
A fai'n abl i ddug, o fanblu ddigon,
A llun wybr o waith yn llennau brithion
Ar ucha' ngwely fel eirchangylion.

Ei ben doeth a gâr bendith y gwirion,
A theg yw iddo fendith y gweddwon;
A rhodded yno ar dda a dynion
Rodd Iesu o gwbl ar ei ddisgyblion,
A bendith Gurig, a bendith Garon,
A'r Tad o nef fry i'r tai dan y fron.

Y gair a ddyly, benáig urddolion,
A phennaeth ei ryw, a phen athrawon,
A'i law yn y pwrs, haela' un person
O'r môr i'w gilydd, ŵr mawr ei galon.

A Duw yn rhoddi y da'n aur rhuddion,
Yntau'n ei roddi yn y tai'n rhoddion;
Iesu, deuddegoes, lle rhoes Duw ddigon,
A ro i un gŵr, er ei ddrain goron.

Fel y bydd penáig ar bysgod eigion,
Mae ef yn benáig ar ysgolheigion;
Penáig oedd Ddewi yng ngwledd Gaerllion,
Llyma benáig yng ngallu mab Non.

80 *Abaty Ystrad Fflur pan atgyweiriwyd ef gan yr Abad Morgan*

Y TŶ o lan Tywi las,
Wyth ugeinporth i'th gwmpas,
Y mae gair am ei gweiriaw
I Forgan dros Fyrgwyn draw.
Y côr, efô a'i cweiriawdd
Â dorau teg o wydr tawdd.
Aeth hanner gwerth ei hynys
I wydro hwn wedi Rhys.
Ystrad Fflur ar waith curas,
A gynau plwm i gan plas.
Lliw'r gynau oll rhyg Ionawr,
Lliw dŵr marl fel llwydrew mawr.
Ar ei chôr llawer toriad
Ar fainc côr Rhufain y'i cad.
Teg yw sŵn byrdwn lle bo,
Trebl a mên trwy blwm yno.

Pe bai'n fil, pawb yn ei fedd,
Feirw yn hon o frenhinedd,
Y mae rhwng ei muriau hi
Erw i gladdu arglwyddi.
Gwisgwyd oll, gwisg hyd allawr,
Gweau plwm am gyplau mawr.
O ugain wẹ ei gŵn haf,
O gan gwe ei gŵn gaeaf.
Y gweoedd hyn, a'i gwŷdd hi,
Forgan, sydd frigawns iddi.

Un dydd ni rifwn o'i dôr
Ei deri oll hyd yr allor.
Ergyd saeth o dderwgoed serth
Yw ei chrib uwch yr aberth.
Mae derw yrhôm a dwyrain,
Rif myrdd ar fwäau main.

Er ei gost wrth wŷr a gwaith
A cheginau chwe ugeinwaith,
Ni bu air, mwy na barwn,
Am leihau saig ym mhlas hwn.
Mwy na'i glych ni mynnai glos
Na neuaddau'n anniddos.
Clochdy mawr, calchaid, mawrwyn,
Cort o'r gwaith, caer y Tŵr Gwyn.
Pwy a edrych bob Hydref
Golwg uwch na'i geiliog ef?
Pan fu'r dŵr ugain wryd,
Heb un bont, uwchben y byd,
Gallai hwn i ar gerrig lliw
Gadw y delwau rhag dilyw.

Toau a phlwm trwm, tramawr,
Tŷ deri maint Tewdwr Mawr.
To ar wŷdd, ni ad trwyddaw
Rew na gwlyb nac eiry na glaw . . .
Mawr yw cost ar y mur cau
A'i gaer wydr a'i gaeredau;
Llu gaeredau'n cau rhag gwynt,
Lliw gaeredau Lloegr ydynt.

Gwedi caffo goed cyffion
I gwpláu holl gyplau hon,
Bo byw yno i bob ynys
Bedwar oed yr Abad Rhys.

81 *Gwallt Llio*

LLIO eurwallt lliw arian,
Llewychu mae fal lluwch mân.
Mae ar ei phen, seren serch,
Lliw rhuddaur, Llio Rhydderch.
Ni bu ar wŷdd, un bêr iach,
Afal Anna felynach.
Mewn moled aur a melyn
Mae'n un lliw â'r maen yn Llŷn.
Ar iad Llio rhoed llyweth
A noblau aur yn y bleth.
Gwnaed o'r bleth ganbleth i'w gwau,
Tair brwynen tua'r bronnau.
Ac na fynned gwen fanwallt
Gribau gwŷdd i gribo'i gwallt;
Dycer i wen er deg grod
Gribau esgyrn geirw bysgod.

Mae ar ei phen, mor hoff yw,
Mawr fanwallt Mair o Fynyw.
Mae'r un wallt, mal am war Non,
Ar fronnau'r môr forynion.
Mihangel sy walltfelyn,
Ac un wallt ag ef yw 'nyn.

On'd un lliw y fantell hon
Â chawgiau y marchogion?
Mal efydd, mil a ofyn
'Ai mellt nef?' am wallt fy nyn;
'Ai plisg y gneuen wisgi?
Ai dellt aur yw dy wallt di?'

Llwyn neu ddau i'r llan a ddoeth,
Llwyn banadl, Llio'n bennoeth.
Llen gêl a fo ei llwyn gwallt
Am ein gwarrau mewn gorallt.
Dwy did lle y dodid awdl,
Dau dasel hyd ei dwysawdl;
Y mae'r ddwydid o sidan
Am Lio'n glog melyn glân,
Ac mae'n debyg mewn deubeth
I flaen fflam felen ei phleth.
Llwyn pen lle ceid llinyn parch,
Padreuau y padrïarch.

Ar iad bun erioed y bu
Wisg i allel asgellu.
Crwybr o aur ban i cribai,
Pwn mawr o esgyll paun Mai,
Yn ail cyrs neu wiail caets,
Fal aur neu afal oraets.
Mawr y twf, mae ar iad hon
Mil o winwydd melynion.
Unlliw ei gwallt, yn lle gwir,
Â chwyr aberth o chribir.
Mae'r gwallt mwya' ar a gaid
Am ei gwar fal mwg euraid.

Ni ad Duw gwyn (nid du ei gwallt)
Farw Llio frialluwallt.

82 *Marwnad Merch*

BLIN yw hyder o weryd,
Hudol byr yw hoedl y byd.
Caru dyn ifanc irwen,
A marw a wnaeth morwyn wen.
Dan weryd (mae dyn wirion?)
Anap oedd roi wyneb hon.

O daearwyd ei deurudd,
Mae'n llai'r gwrid mewn llawer grudd.
Och imi, pe marw chwemwy,
O bydd ei math mewn bedd mwy.
Och Dduw Tad, o chuddiwyd hi,
Nad oeddwn amdo iddi.
Och finnau, o chaf einioes,
Ei rhoi'n fud â rhaw yn f'oes.

Gweddw am hon yn y bronnydd
Ydyw'r gog a'r bedw a'r gwŷdd,
A cherdd bronfraith, o chuddiwyd
Is y lan, ac eos lwyd.

Os marw hon yn Is Conwy
Ni ddyly Mai ddeilio mwy.
Gwywon yw'r bedw a'r gwiail,
Ac weithian ni ddygan' ddail.

Os marw fis Mai y forwyn,
Och Fair fyw farw y ferch fwyn;
Och annyn na chawn ninnau
Yn yr un dydd farw ein dau.
Ni fynnwn yn hwy f'einioes
Gan na châi amgenach oes.
Och un awr na chawn orwedd
Gyda bun dan gaead bedd.
Adyn ar ei hôl ydwyf,
Uwchben gwen ych bannog wyf.
Marw a wnaeth, yn fy marn i,
Yr haul wen a'r haelioni.
Anwych wyf oni chyfyd
O farw bun yn fyw i'r byd.

Ni welir, dan bwys dirwy,
Ar heol math yr haul mwy.
Nid ydoedd, pan oedd yn iach,
Dan ael winau dyn lanach.
Lasar a godes Iesu
Yn fyw o'r bedd, yn farw bu;
Gwnaed Duw am ddyn gannaid hir
I minnau godi meinir.
Dulas ydwyf fal deilen
O frig yw, o bu farw gwen.
Hon fo'r seithfed ddiledryw,
Bun fain, a wnêl Beuno'n fyw.

IEUAN DU'R BILWG

fl. *c.* 1470

83 *Diolch am Ŵn Coch*

LLIWIOG wyf yng ngorllewyn;
Lliw ddoe a roes llew o ddyn—
Tomas, cedwid Duw ymy,
Trystan o wlad Frychan fry,
Fab Hywel, afel Ifor,
Fychan, ac ŵyr Ieuan iôr . . .

Y gŵn a gad gan y gŵr,
Fal gŵn o fâl y gwinwr.
Ydd wyf yn debyg i'w ddwyn
I danllwyth mewn rhedynllwyn.
Llawenydd, nid llai unnos,
Lle cad rhodd lliw cawad rhos,
Lliw ceirioes haf, lliw cwyr sêl,
Lliw gwaed carw llygaid cwrel.

Lle delo bun i unoed
Llwynog wyf mewn llwyn o goed.
Os llechu'n fwyn yn nhrwyn rhiw,
Ogfaenllwyn a gaf unlliw.
Da iawn y'm heurwyd o ŵn
A bynar ar ei bennwn.
Bryn rhudd, mab barwn a'i rhoes,
Bron ragrith, brynar egroes.
Golud iso gwlad Esyllt
Goddail, a gwisg Gwyddel gwyllt.

Gweddus im, mal y gwyddoch,
Gael dwyn y criawol-lwyn coch.
Tebyg wyf, herwydd tyb gŵr,
I'r pentis wrth dŷ'r peintiwr.

Y mae merched y gwledydd
Yn y gwlân hwn i'm galw'n hydd;
Yn hwrdd y'm galwant yn hir
Croen euraid, ni'm cryn oerir.
Arfer a wnaf o glera
Y fforest aur â ffris da,
Ac arnaf, fal iarll Gwernan,
Y saif mil o syfi mân.
Gweled a wneir o'r gilarth
Grawn yr yw ar groen yr arth.
Un llun yw'r gŵn, pennwn parch,
Ac un lliw â gŵn Llywarch.
Edling â mi a odlir
Gleddau tân, arglwydd y tir.
Rhyfedd yw yr haf heddiw
Gan bob un fy llun a'm lliw.

Mi af i dafarn y medd
I'r lle uchaf o'r llechwedd,
I'm lliw aruthr, i'm llwyrwisg,
I ferched weled y wisg.
Hoen gwawr haf o'i hystafell
A'm dengys â bys o bell,
Fal dangos draw, o daw dydd,
Llid nawawr, lleuad newydd,
A thaeru, ail waith aeron,
Mai'r ddraig goch er mawrddrwg hon.

IEUAN DU'R BILWG

Lliw da oedd yn llaw y dyn
A'i lliwiodd dros orllewyn;
Y lliwydd gwinau llawen,
Lliwid Duw e'n ŵr llwyd hen.

GUTUN OWAIN

fl. 1460–1500

84 *Gofyn Cŵn Hela*

(*I Hywel ap Rhys dros ei nai, Dafydd ab Ieuan*)

HELIWR wyf, hely ar afael,
Heldir ym mynydd-dir Mael.
Hely yn gynnar a garwn
Hydd uwch allt heddiw â chŵn,
Hely ewigod y brodir
O chaid bytheiaid a thir.

I ba un ni bu anael
Y mae cŵn i mi i'w cael?
Deugi y sydd deg eu sôn
I dëyrnwalch Edeirnion.
Hu o Wynedd, hoyw ynys,
Hywel yw'r iôr o hil Rys.
Ef y sydd ar gynnydd gŵr
Yn y Rug yn oreugwr.
Un galon, un haelioni,
Un air â Nudd yw'n iôr ni.

Tripheth a gâr y barwn:
Gweilchydd, a chynydd, a chŵn.
A minnau a ddymunodd
Un o'r rhain; a chŵn yw'r rhodd.
Dau un llais ag edn·y llwyn,
Dau gydwedd mewn dwy gadwyn.
Canu a wnânt i'r cynydd,
Cael gwynt ar helynt yr hydd.
Honni ydyw eu hanwyd
Arogl wiw yr ewig lwyd.
Gweision pennau goisel,
Gwŷr a ddônt i'r fangre 'dd êl.

Ymddiddan tuag Annwn
Yn naear coed a wnâi'r cŵn.
Llunio'r gerdd yn llwyni'r gog,
A llunio angau llwynog;
Da gwyddant ar gleinant glyn
Riwlio mydr ar ôl madyn.
Medran' fesur y ganon,
Musig ar ewig a rôn'.
Carol ar ôl yr elain,
Cywydd ar yr hydd yw'r rhain,
Clerwyr cysonlef nefol,
Clych Duran yn wlian ôl.

Cael gan Hywel ail Beli
Y cŵn im yw f'amcan i.
Rhoed hael i dir Mael y medd
Ddau o organau Gwynedd.
Dafydd law rydd i roddi,
Ei nai, fab Ieuan, wyf fi.

Nod ar wawd, newidiwr wyf,
Newidied, a'i nai ydwyf:
Aed cerdd i gâr y barwn,
Aed ei gâr â dau o'i gŵn.

85 *Golwg ar ei Gariad*

Y DDYN â'r santaidd anwyd,
O Dduw! hudolesaidd wyd.
Mae gennyd, tau ysbryd da,
Oes, iaith y gŵr o Sithia.
Delw ddoeth hudolaidd iawn,
Dillynes a dwyll uniawn.

Dy ddrem gellweirgar arab
Loywddu fwyn a laddai fab.
Mi a nodais amneidiau
A wnaud im, ai un ai dau:
Nodi golwg anwadal,
Nodi twyll amneidiau tâl.
Darllain yr ael fain, f'annwyl,
A'i selu gaf Sul a gŵyl;
Euraid ysgrifen arab,
Awgrym merch i garu mab.
Dy weled yn dywedyd
Ydd wyf fi fal y ddau fud.
Ni wŷl annoeth eleni
Synhwyrau'n amneidiau ni.

Dywed air mwyn â'th wyneb
O'th galon im, ni'th glyw neb.

Ti a wyddost, wyt addwyn,
Ddwedyd ar y mynud mwyn;
Ef a ŵyr y galon fau
Dy feddwl ar dy foddau.
Llygaid a ddywaid i ddoeth
Synnwyr lle nis cais annoeth—
Lleddfon dröedyddion drych,
Lladron a fyn lle i edrych.

Myfi a ŵyr ysbïo
Ar y drem bob cyfryw dro.
Edrych arnad, cyd gwadaf,
Dan gêl yng ngŵydd dyn a gaf:
Un edrychiad pechadur
Ar nef cyn goddef ei gur;
Golwg Dafydd ap Gwilym
O gwr ael ar Ddyddgu rym;
Golwg mab ar ddirgeloed,
Golwg gwalch ar geiliog coed;
Golwg lleidr dan ei 'neidrwydd
Ar dlysau siopau yw'r swydd;
Golwg hygar garcharor
Ar ddydd drwy gysylltau'r ddôr.

'Y nyn, er na chawn ennyd
Un gair o 'mddiddan i gyd,
Ni a gawn drwy flaenau gwŷdd
Roi golwg ar ei gilydd.
Mynud a ddywaid mwynair
Heb wybod rhag athrod gair.
Oes dyn islaw yr awyr,
(Nac oes!) onid mi, a'i gŵyr?

Un ddichell ac un gellwair
Ydym 'i, myn Duw a Mair,
Un awenydd, un weniaith,
Un fwynder ar ofer iaith.
Un a Thri ein gweddïau
Yn un dyn a'n gwnêl ni'n dau!

86 *Marwnad Dafydd ab Edmwnd*

Y BARDD gwell na'r beirdd i gyd,
A feddai'r holl gelfyddyd,
Dafydd awenydd difas,
Hwn oedd frawd hen Adda Fras.
Yr oedd i bencerdd yr iaith,
Edmwnd hil, waed mewn talaith.
Yr oedd aur gadair iddaw
A chlod, heb neb uwch ei law.
Gŵraidd fu, gyrrodd â'i fin
Yng nghur feirdd yng Nghaerfyrddin.
Mydr a roes nis medrai'r un
A thrwyddo'n ddieithr iddun'.
Dug fraint ar awen deg frau,
Dyblu awdl fal dwbledau;
Dangos fal edau ungor
Oedd o fawl rhwng y ddau fôr;
Canai â'i fin cyn ei fedd,
Gwiw fu'r edau gyfrodedd.
Nid eiliodd onid Iolo
Yr ail fal yr eiliai fo.
Clander melyster mawl oedd,
A chroywder cyfochr ydoedd.

Awdl o'i waith, adail yw ym
A dâl eiliad awdl Wilym.
Gŵr oedd a wnâi gerdd yn ïawn,
Gem synnwyr gymwys uniawn.
Gwannach wyf, gan na chyfyd,
Gwedi'r bardd ac awdur byd.

Aeth cwyn am benrhaith canu,
Ac ail am fab Gwilym fu.
Bid gwaeth gwybodau a gair
Beirdd, gwedi bardd y gadair.
Amddifad wyf am Ddafydd,
Eglwys Siad i'w gloi y sydd.
Cerdd iawn i'r côr ddoe a aeth,
Cau ar dderwen cerddwriaeth.
Codded gwŷr ieuainc hyddysg,
Colled oedd ddwyn cell eu dysg.
Gŵr a wyddiad o'r gwreiddyn
Buro gwawd fal bara gwyn.
Egwyddor i Faelor fu,
Aur a gwenith ar ganu.

Gweddw byd am gerdd gwŷdd a bun,
Gwin oedd a ganai iddun'.
Bwriwyd addwyn brydyddiaeth,
Breuddwyd oer, i bridd od aeth.
Treio gwawd rhywiog ydoedd,
Toddi gair chwyrn tawddgyrch oedd.
Trist wyf treio oes Dafydd,
Tros hwn na chaid teiroes hydd.
Trugaredd y winwledd wen,
Tŷ Duw a gaiff tad awen.

87 *I Ddafydd ab Ieuan, Abad Glyn Egwestl*

Y Pab o'r Glyn pybyr glod
  Yw'n un nod yn enwedig.
Dafydd ddoeth, dof i'w ddethol,
  Beuno'r ddôl, heb un awr ddig.
O galon a rhoddion rhad
  Odid abad o'i debyg.
Llu ŷm o feirdd, lle mae fo,
  Yn cael yno'n calennig;
A'n bwrdd lle'r ydym yn byw,
  Gwell yw na gwledd Gelliwig:
Dismed a bywyd esmwyth
  Ac wyth wasanaeth o gig;
Heilio gwin yn ehelaeth
  A maeth fel Ieirll Amwythig;
Powdr llysiau siopau y sydd
  Ar ddiodydd urddedig,
A siwgr mewn seigiau, a'r mas
  I ddwyn blas i ddyn blysig.
Cynnes ydyw'r fynwes fau
  Can fwydau cynefodig.
Fy llys rydd beunydd lle bai
  A dalai wledd Nadolig.

A gâr dyn ond y gŵr du?
  Elw yw caru ail Curig.
Er rhoi byth, mwya' rhaib oedd,
  Bunnoedd bob gŵyl arbennig,
Ni'n gad, arglwydd abad glân,
  Heb arian ar bob orig.

Os gwrthod, ŵr nod o'n iaith,
  Aur ganwaith, er ei gynnig,
Rhodd Ifor ein iôr a wnâi
  Ar fwnai—aur i'w fenig.

Fal mab anarab o nwyf
  Ar faeth wyf ar f'eithefig.
Is Hyrddin, ar win erioed,
  A'i goed, yr wyf drigiedig;
Ni allaf ado Dafydd
  Awr o'r dydd, eryr diddig . . .
Os rhoi a chynnal llys rydd,
  Dafydd yw y pendefig ;
Os o glod yn y wisg laes,
  Aed â'r maes, awdur musig.
Gair Nudd oll i'n gŵr ni'dd â ;
  Swydd Asa sy ddewisig.
Bid i grair bywyd y groes
  Bedeiroes y byd orig.

LEWIS GLYN COTHI

fl. 1447–1486

88 *Marwnad Siôn y Glyn*

Un mab oedd degan i mi ;
Dwynwen! Gwae'i dad o'i eni!
Gwae a edid, o gudab,
I boeni mwy heb un mab!

Fy nwy ais, farw fy nisyn,
Y sy'n glaf am Siôn y Glyn.
Udo fyth yr ydwyf fi
Am benáig mabinogi.

Afal pêr ac aderyn
A garai'r gwas, a gro gwyn;
Bwa o flaen y ddraenen,
Cleddau digon brau o bren.
Ofni'r bib, ofni'r bwbach,
Ymbil â'i fam am bêl fach.
Canu i bawb acen o'i ben,
Canu 'ŵo' er cneuen.
Gwneuthur moethau, gwenieithio,
Sorri wrthyf fi wnâi fo,
A chymod er ysglodyn
Ac er dis a garai'r dyn.

Och nad Siôn, fab gwirion gwâr,
Sy'n ail oes i Sain Lasar!
Beuno a droes iddo saith
Nefolion yn fyw eilwaith;
Gwae eilwaith, fy ngwir galon,
Nad oes wyth rhwng enaid Siôn.

O Fair, gwae fi o'i orwedd!
A gwae fy ais gau ei fedd!
Yngo y saif angau Siôn
Yn ddeufrath yn y ddwyfron:
Fy mab, fy muarth baban,
Fy mron, fy nghalon, fy nghân,

Fy mryd cyn fy marw ydoedd,
Fy mardd doeth, fy mreuddwyd oedd;
Fy nhegan oedd, fy nghannwyll,
Fy enaid teg, fy un twyll,
Fy nghyw yn dysgu fy nghân,
Fy nghae Esyllt, fy nghusan,
Fy nerth, gwae fi yn ei ôl!
Fy ehedydd, fy hudol,
Fy serch, fy mwa, fy saeth,
F'ymbiliwr, fy mabolaeth.

Siôn y sy'n danfon i'w dad
Awch o hiraeth a chariad.
Yn iach wên ar fy ngenau!
Yn iach chwerthin o'r min mau!
Yn iach mwy ddiddanwch mwyn!
Ac yn iach i gnau echwyn!
Ac yn iach bellach i'r bêl!
Ac yn iach ganu'n uchel!
Ac yn iach, fy nghâr arab
Iso'n fy myw, Siôn fy mab!

TUDUR PENLLYN

c. 1420–*c.* 1485

89 *I Ddafydd ap Siancyn o Nanconwy*

CAN nos daed, cynnes d'adail,
Cai Hir y coed ir a'r dail.
Canol yr haf wyd, Ddafydd,
Coedwr dewr cyhyd â'r dydd.

Cryfder a chrafanc Siancyn,
Caregog lys, craig y glyn.
Dy gastell ydyw'r gelli,
Derw dôl yw dy dyrau di.
Cynnydd ar geirw Nanconwy,
Cerdd a saif, cei urddas hwy.
Glanaf y medrud, Ddafydd,
Gerddwriaeth, herwriaeth hydd;
Glain nod ar wŷr, glân ydwyd,
Gloyn Duw ar bob galawnd wyd.

Dy stad a'th glod yw dy stôr,
Dafydd, ŵyr Ddafydd, Ifor;
Anturwr ar filwriaeth
Y'th farnwyd, ac nid wyd waeth;
Ni wnaeth Rolant fwy antur
No thydi, na wnaeth, â dur.
Pan fo sôn am ddigoniant,
Dy roi'n uwch pob dewr a wnânt;
O'r campau ym mhob neuadd
Y'th roir yr eilwaith o radd.
Pand un o filwyr Llŷr llwyd,
Paun o frwydr, Penfro, ydwyd?
Nai wyd, Ddafydd, loywrudd lain,
I'r ewythr o'r Mastr Owain;
Bonedd yw d'anrhydedd di,
Brodorion hirion Harri.
Rhoed yt air, rhediad hiroes,
Hwnt, Arglwydd Rhismwnt a'i rhoes.
O'r hynaif gorau'r hanwyd—
O Rys Gethin—Elffin wyd;

Absalon ym Meirionnydd
A swyddog i'r gog a'r gwŷdd;
Ŵyr Feirig, rhag cynnig cam,
A Chynfyn oedd eich henfam.

Caredig i'r ceirw ydwyd,
Câr i'r Iarll, concwerwr wyd;
Tithau, gleddau'r arglwyddi,
Tëyrn wyd yn ein tir ni.
Mae yt Wynedd yn heddwch,
A phlaid yn y Deau fflwch.
Gwylia'r trefydd, cynnydd call,
A'r tyrau o'r tu arall.
Da yw secwndid y dydd,
Gwell, ŵyr Cadell, yw'r coedydd.
Da yw ffin a thref ddinas,
Gorau yw'r glyn a'r graig las;
Da oedd bardwn dydd bwrdais,
Ac nid oedd waeth saeth rhag Sais;
Cerwch gastell y gelli,
Cerwch wŷr a'ch caro chwi.
Cadw'r dref a'r coed a'r drws,
Cadw batent Coed-y-betws.
Wyth ugain câr i'th ogylch,
Wyth gant a'th garant i'th gylch,
Wyth gad, myn Pedr, a fedri,
Wyth goed, a Duw a'th geidw di.

TUDUR ALED

fl. 1480–1525

90 *Gofyn March gan Abad Aberconwy dros Lewis ap Madog*

GYDAG un a geidw Gwynedd
Y cawn ar lan Conwy'r wledd.
Abad dros wythwlad y sydd
Aberconwy, barc gwinwydd;
Arglwydd yn rhoi gwleddau'n rhad,
Arfer ddwbl ar fwrdd Abad:
Powdrau yn nysglau y naill,
A'r oraets i rai eraill.
Tri phwys cegin tywysog,
Troi mae'r gwaith trwm ar ei gog.

Conwy mewn dyffryn cynnes,
Can ffrwd yn lle cawn win ffres;
Tai aml am win, teml y mêl,
Tresawnt a bwtri isel.
Ar ei winoedd ar unwaith
Yma bu ben am bob iaith.
Glyn Grwst a glân gaer Awstin,
Glyn gwyrdd y galwynau gwin.
Ple ceisiwn sesiwn y saint?
Gydag ef a'i gyd-gwfaint.
Gwŷr un rhif gwerin Rhufain,
Gwyn a rhudd yw gynau'r rhain.
Os gwyn ei fynwes a'i gob,
Â'r un wisg yr âi'n esgob.
Fe âi'r mab dan fynfyr main,
Be profai, yn Bab Rhufain.

Gwaith blin ac annoethineb
Ymryson oll am ras neb.
Am blas a gafas y gŵr,
Aberconwy, bu'r cynnwr.
Aent â mil o renti mân,
Yntau fynnai rent Faenan.

Mae ar wyneb Meirionnydd
Blaid i'r gŵr fel blodau'r gwŷdd;
Milwyr rhwng Maelor a Rhos,
Tegeingl, ei geraint agos.

Hyder Lewis Amhadawg—
Erchi a rhoi march y rhawg;
A'i ddewis erbyn mis Mai—
Merch deg a march a'i dygai.

Trem hydd am gywydd a gais,
Trwynbant, yn troi i'w unbais;
Ffriw yn dal ffrwyn o daliwn,
Ffroen y sy gau fal Ffrawns gwn;
Ffroen arth a chyffro'n ei ên,
Ffrwyn a ddeil ei ffriw'n ddolen.
Llygaid fal dwy ellygen
Llymion byw'n llamu'n ei ben.
Dwyglust feinion aflonydd,
Dail saets wrth ei dâl y sydd.
Trwsio fal goleuo glain
Y bu wydrwr ei bedrain.
Ei flew fal sidan newydd,
A'i rawn o liw gwawn y gwŷdd.
Sidan ym mhais ehedydd,
Siamled yn hws am lwdn hydd.

Ail y carw, olwg gorwyllt,
A'i draed yn gwau drwy dân gwyllt.
Dylifo heb ddwylo'dd oedd,
Neu wau sidan, nes ydoedd.
Ysturio cwrs y daran,
A thuthio pan fynno'n fân;
A bwrw naid i'r wybr a wnâi
Ar hyder yr ehedai.
Cnyw praff yn cnöi priffordd,
Cloch y ffair, ciliwch o'i ffordd!
Sêr neu fellt o'r sarn a fydd
Ar godiad yr egwydydd.
Drythyll ar bedair wyth-hoel,
Gwreichionen yw pen pob hoel.
Dirynnwr fry draw'n y fron,
Deil i'r haul dalau'r hoelion.
Gwreichion a gaid ohonun',
Gwnïwyd wyth bwyth ymhob un.
Ei arial a ddyfalwn
I elain coch ymlaen cŵn.
Yn ei fryd nofio'r ydoedd,
Nwyfol iawn anifail oedd.
O gyrrir draw i'r gweirwellt,
Ni thyr â'i garn wyth o'r gwellt.

Neidiwr dros afon ydoedd,
Naid yr iwrch rhag y neidr oedd.
Wynebai a fynnai fo,
Pe'r trawst, ef a'i praw trosto.
Nid rhaid, er peri neidio,
Dur fyth wrth ei dor efô.

Dan farchog bywiog, di-bŵl,
Ef a wyddiad ei feddwl.
Draw os gyrrir dros gaered,
Gorwydd yr arglwydd a red.
Llamwr drud lle mwya'r drain
Llawn ergyd yn Llaneurgain.
Gorau 'rioed, gyrru i redeg,
March da am arwain merch deg.
Mae'n f'aros yma'n forwyn
Merch deg, pe ceid march i'w dwyn.

Oes dâl am y sud elain
Amgen no mawl am gnyw main?

91 *I Wiliam ap Siôn Edwart, Cwnstabl y Waun*

WILIAM, o dŵr Adam draw,
A'th wayw'n danllwyth yn d'unllaw,
Carw diwarth caerau dwywaun,
Cans dwbl ŷnt, Cwnstabl y Waun,
Eu ceidwad wyt, cadw dy wart,
A'u Croes Naid, carw Siôn Edwart;
Owain a'i nai, yn un nerth,
Adda, ŵyr y ddau Ierwerth;
Pilstwn, siâp Elystan sêl,
Eutun, ewch at enw uchel,
A'r Barwn Gwyn, irbren gallt,
A chyrhaeddud âch Rhuddallt.

O bob iarll y bu berllan,
Awdlai, Straens, deliaist dy ran;
Brigyn byw a rywiogwyd,
Blaenbren ir Blaen Berwyn wyd.
Caterwen, lle caut aros,
Carcharu a wnaut cyrchwyr nos;
Colli'r ffeils, cei wellhau'r ffis,
Cau emylau Cwm Alis;
Cariad iwch, cywiriaid aeth, —
Cur ladron, câr lywodraeth;
Cadw o Geiriawg hyd Gorwen
Curas a dart, corsed wen,
Cymalau ar donnau dur,
Cau wregysau craig asur.
Dy harnais yn dehyrnaidd,
Dy wisg oedd blâd, ysgwydd blaidd.
Da dysgi dydi Wasgwyn,
Wiliam, ffres ei law am ffrwyn.
Llai oedd ddysg — llu a ddysgi,
Dy gŵn a'th weilch — dug no thi;
Heliwr hyddlwdn, hael, rhoddlawn,
Hefyd, ar wayw, hyfedr iawn.
Plât i ymladd, ple teimlwyd ?
Pybyr, o faes, pob arf wyd;
Pe â gwn, well pwy a'i gwna?
Pwy i'th fyw ar bob bath fwa?
Nid oedd ar gleddau deuddwrn
Dro neu dwyts, ond o'r un dwrn.
Ni ain campau'n un cwmpas
Onid a roed yn dy ras.
Torri, â'th inc, o'r tri tho,
Achau, arfau, a cherfio.

Mae'r cronig mawr, cywreinwaith,
Mewn un llaw, mwy no'n holl iaith.
Berw yn y bysedd bron Basant,
Be bai'n y dwrn bib neu dant.
Gosod luwt, yn gystal ynn,
Gwnaut, eilwaith, ganu telyn.
Ni thrawut gnith â'r ewin
Na bai lais gwell no blas gwin.
Llef anadl drwy'r llaw feinir,
Lleisio corn, lluosog, hir.
Pob camp, o hap y cwympai,
Er na châi fil arnoch fai.
Pand rhodd fawr, pand rhyw oedd fod
Pob rhinwedd fal pupr ynod?
Doeth a dewr, da y'th dorrwyd,
Di-gwmpâr dy gampau wyd.
Dyn a'i draethawd yn dratheg,
Doeth oedd y tad, ieithydd teg;
Cywraind wyd, cei air yn d'ôl,
Câr i Fferyll, corfforol.
Tai adeilaist, da deli,
Telid Duw it haeled di.

Af i'th lys, gyfoeth y wlad,
A daed, Wiliam, d'adeilad;
Lamp araul i ympirio,
Lawnter y Waun, ar lyn tro.
Mae'r dwfr fal mordwy afon,
Megir brêms yma ger bron.
Mae o'r eigion im wregys,
Modrwy'r llyn am odre'r llys.
Fflwrens mewn pwrffil arian,

Ffristial o wŷdd fforest lân.
Is y castell, os costiaw,
Y caem roi drych Cymru draw.
Ni fwriai saer, ar frys, hwn,
Chwi a'i bwriech, y barwn.
Er synnwyr, er a sonien',
Ond o'th bwyll, nid aeth i ben.
Dal sylw ar dy lys, Wiliam,
Dull Ffrainc yw dyall ei ffrâm.
Dyblwyd o goed bleidiau gwŷdd,
Da gwnïwyd y gŵn newydd.
Rhyw saergamp, rhoi ais hirgoed,
A rhengau calch rhwng y coed.
Pyst Sîn yn gwmpas hyd sêr,
Peintiad dwbl, pwyntiau tabler.
Gwnïwyd trwyddynt gnot rhudding,
Grisiau'n dro, gwŷr Sîn a'u dring.
To newyddgalch, tai naddgoed,
Trwsio'n gwrt rosyn o goed.
Cerfiodd Ffranc arafaidd, ffres,
Cnawd derw fal cnotiau Ares.
Palis Howlbwrch plas heulbaun,
Pryd Siêb, paradwys y Waun.
Siambrau, ceginau gwynion,
Simneiau brics ym min bron.
Llai gwres a borthes y Badd
No chiniawau'n eich neuadd.
Cwnstabl wyd, cynnes dy blas,
Cyd chwarddwn cyda'ch urddas.

Cylch rhydd yw cael eich rhuddaur,
Catrin Hŵgs, caid rhan o'i haur.

Lleuad Rotbert, llew drutbarch,
Llin Edwin, pell yn dwyn parch.
Er a ddoeth o'r ddau Ithael,
Ni aned dyn onid hael.
Mwya' gair ym myw gwirion,
Gair merch y wraig orau 'Môn.
Aur o'i hap ar ei hepil,
Ni bu'r Hŵgs heb euro'i hil.
I Eigr, dêl, a gŵr dulwyd,
Oed a wna lliw y du'n llwyd.
Llawer gŵyl oll, i roi gwledd,
Llew'r Waun a lloer o Wynedd.
Chwi biau parch o bob peth—
Ym mhob rhagor mae pregeth.
Ysgwier braisg, os ger bron,
O du'r gŵr, wyd, â'r goron;
Sewer o lys Harri lân,
Seiniwyd i'w fes ei hunan;
Yr S wen a roes unwaith,
Eto bo'n rhudd it, benrhaith;
Toriad well nid rhaid i ŵr—
Torch a gart aur iwch, gowrtiwr!

92 *Tref Groesoswallt*

Af i'r faendref Rufeindraul,
Aed ei chlod hyd uwchlaw haul,
Bwrdeistref, tai nef tan allt,
Breiniau'n oes, brenin Oswallt.

Gwal ar byrth, gwelir o bell,
Gorchestol gaer a chastell,
Mur tan gamp, mae'r tai'n gwmpas,
Fal yn gron, Fwlen y gras;
Uwch i'r wybr no chaer Ebryw,
Ar rwndwal Ieirll Arndel yw.

Am roi dawn y mae'r dynion,
Wedi'r amlhau, i'r deml hon;
Eglwyswyr, ddygwyl Oswallt,
Yr â mwg aur am eu gwallt,
Cwyr a sens oll, caer Sain Siâm,
Clochdy aruthr, clych Duram.
Eglwyswyr yn galw Iesu,
Â'r organ fawr, ar gân fu.
A glyw sy fyw, eglwys fawr,
Araith well ar wyth allawr?
Wyth gôr Duw, wyth gair dewis,
Ac un i'r Grog, awn i'r gris.
Teimlwn Saint, teml Ieuan sydd
Tan wydr, fal tŷ Wenedydd.
Capel Oswallt, cwplasant,
Croywddwr sydd, caer Dduw a'r sant.

Gras y gaer a'i gwŷr sy gerth,
A gair Duw a gwŷr dierth;
Cwnstabl synhwyrabl sy'n hon,
Rysyfwr; hir y safon'.
Byrddau, rhoddion beirdd, rhuddaur,
Beilïaid hon yn blât aur.
Dinas, maer dawnus a'i medd,
Dau sersiant dewis orsedd.

Pell yw sôn dynion gan dant,
Pawb, am wrsib, pob marsiant.
Crefftwyr, llafurwyr, llaw Fair,
Cedwyn, Non, i'w cadw'n unair!

Mewn eu tai'n rhoi maent yn rhwydd,
Mewn ostri mae onestrwydd;
Ni châi Lundain wych lendyd
Heb lestri aur Beili Stryd;
Parthau o'r grisiau i'r groes,
Porth newydd a'n pyrth nawoes;
Ystôr deulu Stryd Wylyw,
A gorau stôr dan Grist yw;
Bo trwy Stryd y Betris, draw,
O bob gris i bawb groesaw;
Ystryd—einioes da i'r dynion,—
Y Porth Du, hap wrth dai hon!
Diddig gennyf, dydd ciniaw,
Dreiglo Stryd yr Eglwys draw;
Dwg y gaer deg ei gwryd
Dra fo, 'r bêl ar drefi'r byd.

O doeth rhai dieithr i hon,
Nid aethant heb fendithion;
Eled un o wlad anael
O fewn hon, efô â'n hael.
Caer wresog gwŷr, a'r osai,
Crist, on'd teg? gras Duw'n eu tai!
Cistiau da'n costio dierth,
Cwmin, bocs, caem win heb werth;
Siwgr, sarsned, ffelfed a phân,
Siêp-seid yn siopau sidan;

Pob wâr o ddaear ddierth,
Pob bath win, pob peth i werth;
Pendistiau, rhactalau tes,
Parlyrau purloyw, eres;
Mae'r gwenith, ym mrig Ionawr?
Mae'r gwin, a fu'm Mwrgwyn fawr?
Mae'n llawenydd mewn llannerch—
Oes, gorau moes gŵr a merch.

Gwreigaidd, heirdd, yw gwragedd hon,
A theg a chyfoethogion;
Anrhydedd gwragedd o Gred,
Y geilw Ynys, a'u glaned.

Gardd Oswallt, gaer ddewiswerdd,
Gorau'r aeth gair gwŷr wrth gerdd;
Guto, dug yno gannwyl,
Ac i'w tai'r âi Guto 'r ŵyl.
Awn i ddwyn, awen ddynion,
Aur, dra fo hael, i'r dref hon.
Mi a'i gwnaf, o'm genau i,
Mal grawn haf, mal gro'n Nheifi.
Trysordai aur, tros air da,
Trimodd a'm tariai yma—
Seigiau o garw gwresowgwyllt,
Serch, gwin, a sew o iwrch gwyllt;
Cwrw a siwgr caer wresowgwin,
Cwnffets, pomgarnets, a gwin;
Amryw sens im o wres hon,
Ager seigiau gwresogion;
Aml yw gwin a mêl gwenyn,
Ac ynddi hi gannodd hyn.

Tân sens, tai ynys Aensiaw,
Trwsiadau drud trosti draw,
A thu bo gwin byth heb gau,
A thŷ Duw o'i thu deau;
Y grog wyn, gwyarog wallt,
Yng nghôr Iesu, yng nghaer Oswallt,
A'i hariangrair, yr hengroes,
I'w chadw i gyd, iechyd ag oes!

93 *Cywydd Cymod Hwmffre ap Hywel ap Siencyn a'i Geraint*

Y CEIRW mawr y ceir eu medd
Sy o'r un sir o Wynedd;
Imp Ynyr hen a'm pen rhaith,
A'm ffriw, dêl i Wmffre dalaith;
Aer Hywel, bu'n rhywlio byd,
Ap Siencyn, a'n pwys encyd.
Mor wych gwaed, marchog ydwyd,
Â deg o ieirll a dug wyd;
Na choller hyn o'ch llaw rhawg
O ddrwg gyngor, dderw cangawg.

O'ch athrod â'ch ewythredd
Mae iau'n wag ym môn y wedd.
Cyfyrdyr iwch, caf wŷr draw,
Coed Ynyr yn cadwynaw.
Mae o'r rhain, am yr henwaed,
Oes, wyth o wŷr sy o'th waed:—
Morgan, enw 'mrigyn Einion,
Wiliam ffyrf, â'i law am ffon,

Deugorff dros uncorff Siencyn,
Dau o ros aur Derwas ynn;
Tudur Fychan, tarian tir,
Tarw Derwas, traed a eurir;
Saith gefnder, nis cymerwn,
Siencyn hael fab Siôn, cyn hwn;
Hywel, oedd â hil iddaw,
Fychan, draig o Fechain draw;
Siôn, o'i wraidd sy'n ŵr addwyn,
Ac Wmffre, aur gemau ei ffrwyn;
Gruffudd ddewr, hael, graff ddur hydd,
O waed Iefan a Dafydd;
Morgan Siôn, mor gynnwys ym,
O Benllyn, wayw buanllym.

Dy ryw'n gryf, fal derw'n y gwraidd,
A'r llwyn derw oll yn diwraidd.
A phle bu gyffelyb wŷdd
Pe bai goel pawb i'w gilydd?
Bwrw tŷ sy haws, Brutus ail,
No'i godi, enwog adail.
Wyrion Ynyr o Nannau,
Och! Gwae ni hwnt eich gwanhau.

Duw gwyn! pam y digiai wŷr
Wrth ddireidi athrodwyr?
Trachas gwaed, trwy achos gwan,
A ddug ymladd i Gamlan.
Tair ofergad trwy fawrgas,
Tri am wyll hen, trwm y llas:
Gwaith colwyn yn dwyn y dydd,
Gweithred oer, Gwaith Arderydd,

Mwy diriaid twyll Medrod hen,
Modd y gwnâi, am ddwy gneuen,
Rhwng dau fugail bod ail dydd,
Er rhyw adar ehedydd.

Mae oes heddiw am swyddau
Megis hyn yn ymgasáu;
Doe'r oedd gas yn diwraidd gwŷr,
Heddyw, och am ddyhuddwyr!

Ni cheir im na châr yma
Na'r ail dyn a eiriol da;
Ni chredir, yn wir, i neb
Ond i un â dau wyneb;
Sy ddrwg sy heddyw ar wir,
Ar un da ni wrandewir.

Afraid i'n penaethiaid ni
Eu treigl oedd at arglwyddi.
Er rhoi iddun' aur heddyw,
Ni wnewch chwi ben yn eich byw.
O bu lid rhwng blodau Rhos,
Edrychwch ai da'r achos.
Nis gall estron ohonun'
Chwychwi a'i gellwch eich hun!
Drwg a llid, drwy golledwaith,
Dyddwyr, gynt, a doddai'r gwaith;
Nid dim gan y to yma,
Trwy lid oll, ond treulio da.
Nid er da'r un y dôi'r draul,
Ond drygweithred rhyw gythraul.

Cymru'n waeth, caem, o'r noethi,
Lloegr yn well o'n llygru ni.
Can bil a roed acw'n bwn—
Croes Iesu rhag rhyw sesiwn!
Câr yn cyhuddo arall,
Hawdd i'r llaw gyhuddo'r llall.

Noethed bawb, nithied, heb wir,
Fai ei gilydd, ef a goelir;
Gair a drig ar y drygwaith,
A'i liwio i'r gwaed lawer gwaith;
Cywilydd câr dros arall,
O bai wir, llwyr yw bai'r llall;
Gorau yw dal y gair du
Annewidiol na'i wadu.
Atal saeth, nid dilys hyn,
A êl unwaith o linyn.

Annedwydd in nad oedd wiw,
A'ch amled, â chwi ymliw.
Ef a gaid dysg, fagad hardd,
Gan ynfyd, ac uniownfardd.
Mae llun rhod i'm llaw yn rhol,
A drych wyneb drwy'i chanol;
Gwyliwch y droell amgylch draw,
Gwir pedwar gair, heb beidiaw:—

'Heddwch, bybyrwch y byd,
Cyfoeth yw a fag hefyd;
Cyfoeth balch, caf waith y bêl,
A fo cryf, a fag rhyfel;

Rhyfel a fag rhyw afar,
Tlodi byth, at lid a bâr;
Tlodi, at drueni trwch,
A fo coedd, a fag heddwch.'

Mae'r geiriau hyn ym mrig rhod,
Be caid neb i'w cydnabod.
Codiad dyn, nis ceidw tani,
A chwymp sydd o'i chwmpas hi.
O thrôi unwaith ar anap,
Duw! na thrôi unwaith ar hap!

Doe'r oedd ddeudy urddedig,
Am ffrae neu ddwy, Wmffre'n ddig;
Heddychu heddiw uchod
A wnâi parhau'n nhop y rhod.
Coded ei chefn, ceidw Duw chwi;
I'ch gwaed gedwch gyd godi.

Coed a ddyly cyd ddeiliaw,
Cedwch y llwyn coed i'ch llaw;
Y llwyn, o bai oll yn bêr,
Llwyn chwerw yw lle ni charer.

Y gwŷr sy uwch nog aur sêl,
A chyd ach o waed uchel,
Er bod gwg, arbed a gânt,
Am ryw wg ymrywiogant;
Ni bu fyw'r un na bai frau,
Rhag glaned yw'r calonnau;
Bid heddwch, a bod dyddwyr,
Pe am ladd pum mil o wŷr.

Elusen oedd, ni las neb,
Ar lendid eiriol undeb.
Os oer in fu'ch sorri'n faith,
Gras a ennyn gwres unwaith.
Gwaed rhywiog gwedi'r rhewi,
Datod dy waed atat ti;
Tynn y rhew i'r tân y rhawg,
Tawdd dy lid, hydd dyledawg;
I ti rhodded dŵr heddiw,
Tan yr iâ, teneuoer yw.
Treiwch wenwyn trwy'ch iawnwaed,
Triagl yw gwynt arogl gwaed.
Cymer reswm (trwm bod rhoch)
A dod reswm da drosoch.
Anodwch eniweidiad,
A chynnig iwch iawn a gwad;
Od wyd frau, fal dy dad fry,
Iawn a gwad a wnei gwedy.

Rhoch a'r gwŷr rhowch ar geraint,
Ac wrth ras oll, gwyrthiau'r saint;
Er Iesu gwyn a'r gwayw sgwâr,
Er ei loes ar ôl Lasar,
Y Drindod a ro undab
Er deigr Mair deg ar ei Mab.

94 *Marwnad Siân Stradling*

TRUGAREDD Gwynedd a'r gogoned—Dduw
I dduwies y merched;
Nis rhown, yn oes a'r aned,
Siân er gwraig sy'n naear gred.

Oer gan gred fyned Elen Fannog—ail
    O wely eurdorchog;
  Aeth gwraig rym i'th gôr, y Grog,
  A fu erchwyn i farchog.

Marchog colerog, coel Aram,—o'i lys,
    Mal Isag neu Abram;
  Oes fab arglwyddes, ei fam?
  Oes, aer aelwyd Syr Wiliam.

Cenau Syr Wiliam, cynnal—llin baladr
    Llwyn Beli fab Dyfnwal;
  Cainc gwŷr ifainc o'r afal,
  Gristion teg, gras Duw'n y tâl.

  Oes dâl i'm hoes o dalm hwnt?
  Oes iso goed Siese gynt?
  Oes, o'r un blaid swrn o blant
  O Siân, arglwyddes o Went.

Gwent, llwyr, Mair a'i gŵyr, marw gwawr—Morgannwg,
    Mur Gwynedd, aeth i'r llawr,
  Merch Goel, mae arch ac elawr,
  Martha'r Mars o'r Merthyr Mawr.

Mawr gwall gwan a dall, gan dywyllwg—niwl
    Ni welir yn amlwg;
  Marw yw'n llu ym mro Wynllŵg
  O'i marw, gwennaul Morgannwg.

Morgannwg, Gwynllŵg, can llef,—cof cyfliw,
Troes dilyw tros dolef;
Tŷ Rhaglan aeth, trwy gael nef,
Tŷ Stradling, tost yw'r udlef.

Udlef hyd y nef a wnân'—am wrsib
Marsia, gwawr Iosïan;
Arglwyddes a santes Siân,
Ail Cruwsa neu Luwcresian.

Siân, ail Luwcresian, mal Cruwsa,—medrai
Ymadrodd Casandra
Sibl, oedd frenhines Sabia,
Siân ar ddull y synnwyr dda.

Tros Siân law arian, lariaidd,—plannwyd hil
Plant teilwng, tëyrnaidd,
Tyaid o ryw'r tad a'i wraidd,
Tŷ ymherawdr tymhoraidd.

Tymhoraidd i'r gwraidd yw'r gras—a'r trysor
Lle trwsiwyd im urddas,
Tyrau, parcau, tir pwrcas,
Tros weoedd plwm, tros wŷdd plas.

Brenhinblas byd, llas bwyd a llyn—a gwledd,
Bwrdd Gwynedd, beirdd, gannyn;
Barnu'n tir heb warant ynn,
Bwrw'n henfraint o'r brenhinfryn.

Brenhinfryn Benrhyn lle bu anrhaith—llu,
Ef a'n llas ar unwaith;
Blinasom heb le noswaith;
Ble'r awn, ŵyl, heb loer ein iaith?

Cilio'r lloer, cloi'r llan;
Cyfrif rhif a rhan
Can, gwin ac arian cyn ei gorwedd,
Ceirw ogawg creigiau,
Agwrdd beneigiau,
Scigiau o'r eigiau, a'r ewigedd.

Parcau, tyrau teg,
Plaid o ddugiaid, ddeg,
Pibau yn rhedeg, pob anrhydedd,
Aur a myrr a main,
A gwiw rhwysg y rhain,
Gwedi, im arwain gyda mawredd.

Och ni! ewch yn iach
Fry byth, fawr a bach;
Och Fair! llawenach iwch fu'r llynedd;
Am ryw gorff mae'r gair,
Ugain oes y gwnair,
Ef a'i pair gwyry Fair a'r Gŵr a fedd.

I'm gwŷn y'm ganed
Gloi un, a'i glaned,
Am gŵyn fy mhlaned im, gan mhlynedd;
Mae'r cur im a'r cri,
Mair fyw! mawr wae fi,
Mal cri merthyri môr a thiredd.

Myrddin hardd, bardd byd,
Âi o'i gof i gyd,
Ac a fu ennyd heb gyfannedd;

Un â'i bwyll mewn bâr,
Wyf wyllt, a fu wâr,
Am fyw i'm galar am f'ymgeledd.

Claddwyd arch, clawdd dwys,
Côr llawr Bangor bwys,
Cwys ar fain eglwys Arfon ogledd;
Gwae ni sorri saint,
Waethwaeth hiraeth haint,
Gan faint fu lif naint fal Afon Nedd.

Iesu, wylasom,
Iesu, gwaeddasom,
Iesu, gwybuasom wasgu bysedd;
Yma rhed môr hallt
O'm bron don hyd allt,
Ymdynnu â'm gwallt a'm dwyn o'm gwedd.

Ni ddeil calon ddur,
Ni chwardd bardd yn bur,
Nid cur, nid dolur, ond dialedd;
Nid dydd dydd o'i dwyn,
Nid gwin gwin—gwenwyn;
Nid cwyn cwyn, wrth gŵyn araith Gwynedd.

Nid oes un hyd Sieb,
Na nyni na neb,
Heb friwio'i wyneb fry â'i 'winedd;
A chan och a wnaid
A chŵyn uchenaid,
Mwy, na bai enaid mewn y bonedd.

Yma'r oedd im rent
A phwyll, gannwyll Gwent,
A choel a fwrient i'w chlyfaredd;
Ac yn un y gwnâi
Oll y byd lle bai;
A fynnai o'i thai fu'n ei thuedd.

Hyd pan aeth, maeth mawr,
Ystlys llys, i'r llawr,
Ar hyn y bu awr o'i rhoi'n y bedd;
Arch Siân ferch Sioned,
Wen fun, anfoned
At Duw gogoned Tegau Gwynedd;
Daearu'n dorau
Dan fur doe'n forau;
Dod i wraig orau, Duw, drugaredd.

LEWIS MÔN

fl. 1480–1525

95 *Moliant Siôn Aer y Conwy*

Y CYW eryr o'r cerrig,
At wyrda beilch tro dy big.
Siôn Aer oeddych sy'n raddol
Y Conwy'n dwyn canwayw'n d'ôl.
Siôn Aer a fu synnwyr faith:
Sa'n yr ôl, Siôn Aer, eilwaith.
Os enw y tad arnad oedd,
Enw o dad i dad ydoedd.

Siôn Aer, megis na wyrynt,
Oedd uwchben yn gapten gynt;
Er trawsed fu'r tir eisoes,
A fynnai ef fu'n ei oes.
Nâd unwaith yn y dinas
Wyro dy gefn er dy gas.
Bwa yw'r hil i barhau,
Brig, eilwaith, Abergelau.
Brest ytwyd i Brestatun;
Bwrw ei stent i'th bwrs dy hun . . .

Doed Wynedd i'th wledd a'th lyn;
Dôr na phorthor ni pherthyn.
Oes drws ar dy lys a drig?
Bo barod i bawb orig.
Porth i'r llu â'r pyrth ar lled
Heb gloi acw, heb glicied.
Caer Rhuddlan â'r can a'r cig,
Caer sy'n dal cwrs Nadolig.

Arglwyddes o santes wen
Sy'n y tŵr, Sioned hirwen.
Llwydrew siwgr oll drwy seigiau,
Llaw wen hir oll yn ei hau;
Llaw Sioned i'r llys annerch,
Llaw'r fam yn un ddull â'r ferch,
Llaw hir fain â lliw'r faneg,
Llin Dôn yn Llyweni deg.

Dy fonedd dros Wynedd, Siôn,
A bair fwyfwy'r brif afon.
Och na chaid chwychwi'n eich hwyl
Yn iach unwaith o'ch anhwyl.

Oni chaech ynoch iechyd,
Na bo byw neb yn y byd.
Ydd wy' ddig wrth feddygon,
Ond Duw a'i saint, iti, Siôn.
O rodio'n wir y doi'n well,
Nid ag eiste'n dy gastell.
Tro i fyny tua'r faenol,
Tyn haid fytheuaid i'th ôl;
Dal yno dy lawenydd
A chân 'hai' ar fwch neu hydd.
Ni bu'n ei oes ar Foesen
Na gwŷn bys na gwayw'n ei ben;
Ni ad Duw fyth iti fod
Gael o fewn glwyfau ynod.
Ni bu raid draw, bar y traeth,
I bysg ir bysygwriaeth:
Dos gyn iached, pan hedai,
Â gwennol mis ganol Mai,
A dyred fal aderyn
Neu frithyll ir fyth o'r llyn.
Wrth eich bodd i nerthu'ch byd
Y dêl iwch hoedl a iechyd.

IORWERTH FYNGLWYD

fl. 1480–1527

96 *I Rys ap Siôn o Lyn Nedd*

PAND hir na welir ond nos?
Pe byr, hir yw pob aros.
Os hir cannos i orwedd,
Hwy yw blaen awr heb Lyn Nedd.

IORWERTH FYNGLWYD

Ble try heddiw blaid rhoddion
Bro Siêp-seid heb Rys ap Siôn?
Troi i herwa, taer y'i haerwyd;
Taria, Rys, nid herwa'r wyd.
Ond trwy swydd yr arglwyddi
Ni'th ddelid dim o'th wlad di.

Er rhoi niwl ar yr hen waith,
O'r un niwl yr ân' eilwaith.
Nid âi wan o'th dŷ unawr
Ond wrth y ford a'r dorth fawr.
Dŵr ar wyneb drwy'r ynys,
Dyn a chrair, amdanoch, Rys.
Os camwedd it a wedda,
Ni wn ddyn na wedda'n dda.

Wrth ddau beth yr aeth y byd—
Wrth ofn ac wrth werth hefyd.
Swydd gwlad y sydd heddiw gloff,
A swydd eglwys sydd ogloff,
A phob cyfraith affeithiawl
A llw dyn aeth yn llaw diawl.

Ni cheir dŵr rhôm a Chaerdyf
Eisiau arian i'r siryf;
Mal y Pab am yr áberth,
Amau'r gwir y mae er gwerth.
Yr ustus hwnt ar osteg
A wna'r gair twn yn wir teg.
Er daed y gair diwerth,
Ni bydd gair heb addo gwerth.
Gair y geuog ar gywir,
Arian a guddian' y gwir.

IORWERTH FYNGLWYD

Y cywir a gaiff hirwg,
A'r lleidr a droir o'r lle drwg.
Y cywir gynt câi air gŵr:
Acw heddiw'r cyhuddwr.
Nid cyfled gweled y gwir
Ar yr wyneb â'r anwir.
Aeth anwir ar faeth ennyd;
Aeth y gwir ar feth i gyd.
Nobl o bai yn abl o bwys
A wnâi'r cam yn wir cymwys.
Tydi'r gwan, taw di â'r gwir;
Arian da a wrandewir.

Blaidd ac oen (ble'dd â gwannwr?)
Hwynthwy ddau aeth gynt i ddŵr.
Oen a las yn ôl ei wir
Am i'r oen amau'r anwir.
Yr un gair â'r oen gwirion
Drwy Siêp-seid wyd, Rys ap Siôn.
Na wna di iawn mwyn na dall,
Na'th wŷr, am a wnaeth arall.
Bwrw Addaf yw ein breuddwyd;
Brawd Seth o baradwys wyd.
Fal Lasar am drugaredd,
Fal Owain wyd o Lyn Nedd.
Arthur ydwyd wrth rodiaw,
Aeth ei wlad unwaith o'i law.
Er colli'r tir o hirynt,
Y tir a geir o try'r gwynt.
Ni chollaist, mwy na Chelli,
Na'th air da iawn na'th wŷr di.

Y da a êl yn dy waith,
Wedi'r êl y daw'r eilwaith.
Dy ran, od ai i arianna,
Dy wlad oll a dal y da.

Tyn Went atat yn undydd,
Nid dannod it dynnu dydd;
A'th wlad oll i'th ôl y daw;
Ni thariant i'th ddiheuraw.
O bu ddydd i neb ddyddio,
O bydd fyth, wrth eich bodd fo.

GRUFFUDD HIRAETHOG

d. 1564

97 *Gofyn Meini Melin i Siôn ap Rhys o Fôn dros y Doctor Elis*

SIR FÔN wen, os rhifwn wŷr,
Sâl da i bawb, sy wlad bybyr.
Un gŵr yno a gerir
O flaen neb i'w foli'n wir:
Sonier am y sy hynod,
Siôn ap Rhys sy'n nhop y rhod . . .
Distaw wrol, da'i 'styriaeth,
Dros y byd ei wrsib aeth . . .

Un o hirchwedl anerchion
Yn erchi sydd annerch Siôn;
Dyn a gâi radd deunaw gris,
Diwag draul, Doctor Elis . . .

A'i aur yn ffri ar win ffres,
Hyd yn hyn dyna'i hanes.
Ac weithian, ef gwaith a wnaeth
Y sy'n mynnu hwsmonaeth.
Nid mael mawr dim êl am win,
Eithr mael yw gwneuthur melin.
Nid oes ond hon ar Gonwy
Na lle i'w math 'n unlle mwy.
Troed yna, nid rhaid unawr
Eisiau dŵr fyth, ystôr fawr.
Ni thry hon o waith rhinwedd
Na bo mael i'r neb a'i medd.
Pâr o gerrig pur, geirwon,
Pe rhoid hwy, parod yw hon.

Nid oedd iawn dewi uddun';
Nos fal dydd na syfled un.
Mae'r ddeufaen amryw ddyfal;
Medr y naill ymdroi'n ei wâl
Un wryd â'r maen arall,
A'i dor llwyd hyd ar y llall.
On'd hawdd y try mewn tewddwst?
Ni thery tro heb wneuthur trwst.
Llechwedd-dro oergno arwgnawd,
Llechau blwch yn lluchio blawd;
Geirw gawgiau o graig eigiawn,
Gwaled o wâr galed iawn;
Coetennau'n coetio henyd,
Cerrig waith yn curo i gyd;
Caws o aelgrest ceseilgraig,
Cacennau crawennau craig.

Dau lwydliw frawd daldal fry,
Dordor mewn cronwal derwdy.

  Cydgordio cyd-gyweirdant
Wyneb yn wyneb a wnânt.
O chydgysgant amrantun,
Awydd ffrwd a ddeffry un.
Gwaith y rhod yn gweithio rhawg
Gan ddŵr a'i try'n gynddeiriawg.
Pan dro hon, poen draw hynny,
Pand ar ei waith y pen dry?
Y llwydliw foeldwrch lludlyd
A llawn ei gwcwll o ŷd,
A thwll o'i gwcwll i'w gest,
A phan droffo yn draffest,
Yr un ddarn haearn a ddêl
A'i try fegis trwy'i fogel.
Gweithiad ar bwys gwaith dur big
Gwŷr yn cweirio graen cerrig—
Graen garw faen, gerfai unyd,
Graen a ŵyr digroeni ŷd.

  Am 'y margen mae mawrgost,
A Siôn i gyd sy'n y gost.
Main a bryn ef mewn bro i ni,
Mae deudal am eu dodi:
Ceir, ddwys fydr, cerdd safadwy,
Ceir pwyth y maen, ceir peth mwy.

WILIAM LLŶN

d. 1580

98 *Marwnad Syr Owain ap Gwilym*

TRWM ar ia yw tramwy'r ôd:
Trymach yw torri amod.
A luniaist gynt ar lannerch,
Oedd i mi mal addaw merch.

Sorrais wrthyd, ben saerwawd,
Syr Owain, gwiw seren gwawd.
Ai cof gennyd, caf gwynaw,
Y rhwymau dri oedd rhôm draw,
I rodio 'mysg aur, da a medd
I ganu i ferched Gwynedd,
O Lŷn i Dywyn ein dau,
O Dywyn i dir Deau?

Euthum, af, i'th ymofyn
At deulu llwyth Tal-y-llyn,
Ac yno'r aeth gwayw'n yr ais
O'th alar, pryd na'th welais.
Gelwais arnad, fab Gwilym,
Galwad dost, heb glywed dim.
Purllwyn praff, perllan proffwyd,
Paladr iaith, pa wlad yr wyd?
Ai 'ngwlad Deau, mannau'r medd,
Angel dawn, ai 'ngwlad Wynedd?
Oed oedd fal dydd dyweddi,
A thyst wyf na ddaethost ti.
Dywed, fardd, da yw dy fodd,
Teulu, pwy a'th ataliodd.

'Myn Duw, 'r angau gwinau gaeth,
Mawr elyn pob marwolaeth,
Daliodd fy nhraed a'm dwylaw,
Ni alla' droi i unlle draw.
Y cnawd gwyn, megis cnwd gwâr,
Y mae'n duo mewn daear;
Y genau fu'n clymu clod,
Y mae'n tewi mewn tywod.'

Syr Owain, fo'm sarhawyd,
Synnwyr iaith, os yno'r wyd.
Os am dda balch, gwalch y gwin,
Y'th restiwyd, athro Awstin,
Gofyn i Dduw glwyswyn glod
Ddi-drais a fyn dda drosod.

'Na wnaf, ni ofynnaf fi
I'm Duw, nid gwaeth im dewi.
Ni all da'r byd ennyd awr
Estyn einioes dyn unawr
Dyn dwl, mae'n meddwl am oes:
Duw a ran hyd yr einioes.'

Gwir yw hynny, 'r gŵr hynod,
Gwae fi fyth o gofio'i fod.
Tyred, frigyn y teiriaith,
Awr, o bydd modd, o'r bedd maith.
Onis doi, dair einioes dâr,
Yn iach harddgamp na cherddgar.
Ni cheisir, ni helir hydd,
Na chŵn na gweilch na chynydd.
Ni châr dyn, ni chred annerch,
Ni cherdda mawl, ni chwardd merch.

Y coed irwydd cadeiriawg,
Ni ddyly'r rhain ddeilio rhawg.
Cwmpas serch, campau sy waeth,
Cwympo neuadd cwmpnïaeth.
Draw dug, megis diriaid wall,
Duw gryfgarw hael digrifgall.
Llas golwg llys ac aelawd,
Llorf ac ordd llaw arf y gwawd.
Athro llên, nid aeth i'r llawr
Ych bôn well uwchben allawr.

Os cariad ymysg ceraint,
Ni bu'n fyw 'rioed neb un fraint.
O delai ddal rhwng dwywlad
Am enw cerdd a'r man y'i cad,
O aur tawdd fo roid heddiw
Rif ôd er dy fod yn fyw.
Gwrdd odlaist y gerdd ddidlawd
Uwchben gwedd, ych bôn y gwawd.
Ofer yw'r iau fry a'r wedd
A'r did aur wedi d'orwedd.
Oer yw rhew ar war heol,
Oerach yw 'mron donn yn d'ôl.

Yn iach, y corff iawnwych cain!
Amser yw im, Syr Owain,
Ymadael heb rwymedi,
A thost yw 'madael â thi.
Y bardd, byth os dan bridd bedd
Y teriwch hwnt i orwedd,
Yn y pridd, anap yw'r hawl,
Y trig addysg tragwyddawl.

99 *Marwnad Gruffudd Hiraethog*

Y BARDD bach uwch beirdd y byd,
Och nad ydych yn doedyd!
Gruffudd braff, graffaidd broffwyd,
Gweddw yw'r iaith, ai 'mguddio'r wyd?
Ba dir hwnt y baud y rhawg,
Bwrdd yr iaith, bardd Hiraethawg?
Dewi'r beirdd, nid o air bost,
Dyblwr iaith, Duw, ble'r aethost?
Os i ryw daith, drudfaith dro,
On'd hir yr wyd yn tario?
O Duw Dad, od ydwyd iach
Ddi-ball, pa na ddoi bellach?
Os claf wyd, broffwyd y brud,
Claf yw addysg celfyddyd.

Od aethost i le dethol,
Y gwawd a'r dysg aed ar d'ôl.
Hiraethog ddoeth, o doeth d'oes,
Hiraethog fydd rhai wythoes.
Ni welais gam o'th dramwy
Er ys mis nac er ys mwy.
Gelwais arnad, gloes oerni;
Och Fair! pa na atebwch fi?

'Ni ad to bedd ateb ym,
Am ran iaith marw a wneuthum.
Ti a'm gwelaist i'm golud
Ddoe yn falch, a heddiw'n fud,

A'r pwyll a'r synnwyr o'r pen
A'r cellwair sy yng Nghôr Collen,
A gro'r llawr is goror llan
Osodwyd lle bu'r sidan.'

Dyrd yma neu dor d'amod,
Drwy dor y clai, daradr clod.
Ymrwymaist, fardd brau hardd bris,
Yr ŵyl â'r Doctor Elis.
Od ydoedd i'th fryd adael
Y gŵr hwn, a ddug air hael,
On'd oedd dost, diwedd y daith,
Na chanud yn iach unwaith?

'Nid oedd modd; yn y dydd mau
Y dringodd rhyw daer angau.
Mae'n gwarchae'r man a gyrcho,
Mewn ffydd nid oes man i ffo.
Eryr gwyllt ar war gelltydd
Nid ymgêl pan ddêl ei ddydd;
A'r pysg a fo 'mysg y môr
A ddwg angau'n ddigyngor.
Y byd oll, be deallwn,
Ar y sydd a erys hwn.
Aristotlus foddus fu
Ar ddysg oll urddas gallu,
Tydai'n ail, tad awen oedd,
Taliesin, teulu oesoedd,
Pob un oedd, aeth pawb yn wâr
Ar ei ddiwedd i'r ddaear.
Minnau, nid oes im annedd
O'r byd ond fy hyd o'r bedd.'

F'athro Gruffudd, o'th guddi̱wyd
Mewn arch oer, di'mannerch wyd.
Gorwedd yr wyd mewn gweryd,
Gryfwraidd ben digrifrwydd byd.
On'd irad mynd i orwedd
Awen y byd i un bedd?
Gwiail a gad, dyfiad da,
Yn wŷdd o enau Adda;
Doeth fardd, felly daw o'th fedd
Ganghennau'r groes gynghanedd.

Yn iach, yn d'ôl na chawn di,
Ystyried chwedl neu stori.
Ni cheir marw, na châr morwyn,
Ni thy' fyth gwmpnïaeth fwyn.
Och gloi i fedd iach gelfyddyd!
Och roi barn ar achau'r byd!
Beth a dyf byth o dafawd,
Blino ffrith gwŷdd, blaenffrwyth gwawd?
Bwrw gwingoed brig awengerdd,
Braenu un cyff brenin cerdd.
O thy' dadl fyth, od ydyw,
Odid farn am nad wyd fyw.
Ba fyd ar gerdd scinwerdd sydd?
Byd traffol hebot, Ruffudd.
Daearwyd gwawd eurdeg wedd:
Nis daearwyd nes d'orwedd.

Duw a'th ddug, ych bôn gwych gwâr,
Is y cwm, eisiau cymar.
Gwn na bu er Gwion bach
Gau ar synnwyr gresynach.

Llai cefaist, lleddaist ni'n llwyr,
Oes a henaint na synnwyr.
Crist rhoes it einioes ennyd,
Crist a'th ddug, hardd ben bardd byd.
Crist enw rhawg, gras Duw i'n rhaid,
Ceidwad dyn, cadwed d'enaid.

ANONYMOUS

16th cent.

100 *Coed Glyn Cynon*

ABERDÂR, Llanwynno i gyd,
  Plwy' Merthyr hyd Lanfabon,
Mwyaf adfyd a fu erioed
  Pan dorred Coed Glyn Cynon;

Torri llawer parlwr pur
  Lle cyrchfa gwŷr a meibion;
Yn oes dyddiau seren syw,
  Mor araul yw Glyn Cynon.

O bai ŵr ar drafael dro
  Ac arno ffo rhag estron,
Fo gâi gan eos lety erioed
  Yn fforest Coed Glyn Cynon.

Ac o delai ddeuliw'r can
  I rodio glan yr afon,
Teg oedd ei lle i wneuthur oed
  Yn fforest Coed Glyn Cynon.

ANONYMOUS

Llawer bedwen las ei chlog
  (Ynghrog y bytho'r Saeson !)
Sydd yn danllwyth mawr o dân
  Gan wŷr yr haearn duon.

Os am dorri a dwyn y bâr
  Llety'r adar gwylltion,
Boed yr anras yn eu plith
  Holl blant Alis ffeilsion.

Gwell y dylasai'r Saeson fod
  Ynghrog yng ngwaelod eigion,
Uffern boen, yn cadw eu plas
  Na thorri glas Glyn Cynon.

Clywais ddwedyd ar fy llw
  Fod haid o'r ceirw cochion,
Yn oer eu lle, yn ymado â'u plwy',
  I ddugoed Mawddwy'r aethon'.

Yn iach ymlid daear dwrch,
  Na chodi iwrch o goedfron ;
Matsio ewig, hi aeth yn foed,
  Pan dorred Coed Glyn Cynon.

O châi carw led ei droed
  Erioed o flaen cynyddion,
Byth ni welid o'n rhoi tro
  Pan ddele fo i Lyn Cynon.

Mynnaf wneuthur arnynt gwest
  O adar onest ddigon,
A'r dylluan dan ei nod
  A fynna' i fod yn hangmon.

O daw gofyn pwy a wnaeth
  Hyn o araeth creulon, —
Dyn a fu gynt yn cadw oed
  Dan fforest Coed Glyn Cynon.

16th cent.

101 *Claddu'r Bardd*

COGE sy imi   dan goed celli,
A phe cawn gysgu   yn eu manblu,
Tra fo Duw, hyd y gwn   hyfryd fyddwn.
Ac oni cha'   marw a fydda'.
Mynna' fy nghladdu   mewn briallu,
Lle ty' bedwen   o boptu i'm pen,
A llygaid y dydd   ar fy neüudd,
A rhos cochion   ar fy nwyfron,
A rhos gwynion   ar fy nghalon,
A rhos gampe   ar fy ystlyse,
A rhos mari   o'm hamgylch i,
A glesyn y coed   ar fy neudroed.

16th cent.

102 *Crys y Mab*

FAL yr oeddwn yn golchi
Dan ben pont Aberteifi,
A golchffon aur yn fy llaw,
A chrys fy nghariad danaw,

Fo ddoeth ata' ŵr ar farch
Ysgwydd lydan, buan, balch,
Ac a ofynnodd im a werthwn
Grys y mab mwya' a garwn.

Ac a ddoedais i na werthwn
Er canpunt nac er canpwn,
Nac er lloned y ddwy fron
O fyllt a defed gwynion,
Nac er lloned dau goetge
O ychen dan eu hieue,
Nac er lloned Llanddewi
O lysiau wedi sengi.
Faldyna'r modd y cadwn
Grys y mab mwya' a garwn.

16th cent.

103 *Colli'r Eos*

DOWCH i wrando arna'i'n cwyno
Am fy llatai erbyn Clamai.
Yr eos a fu i'm gwasnaethu,
'Rwy'n gobeithio y daw eto.
Fo fu yr eos fwy nog wythnos
Heb gysgu hun rhwng rhyw ddeuddyn,
Ond dwyn annerch rhof a gwenferch
Ar hyd yr ha' a'r cynhaea'.
Ni bydde'r un chwarter blwyddyn
A'r da yng Nghymru cyd heb gysgu.
Ni bydde'r un byth mor gyflym
A chyn fwyned â rhoi ateb.

Gŵyl Fihangel   mewn lle dirgel
Y canodd hi   yn iach imi.

'Yn iach, myn dyn,   i'm ederyn.
Ai gwiw ceisio   gennych dario?'

'Na wiw, 'r Cymro,   mi a' i ymguddio
Oni ddêl mis Mai   a gwyrdd gangau.
Na ddywed i'r un   i ble'r euthum.
Mi a ddo' adre   beth cyn Clame.'

Os trig f'eos   fwy nog wythnos
Yn ôl Clame,   gwyliwch finne.
O daw ymofyn   pwy a ganodd hyn,
Dyn yn aros   wrth yr eos.

16th cent.

104 *Calanmai*

MAE arnaf hiraeth mawr am ferch,
A'i serch aeth yn fy mronne;
Fo ddowad y fun lana' yng Nghred
Y cawn ei gweled Glanme.

Mi a gaf gwmpeini blodau'r sir
Cyn pen hir o ddyddie;
Nid oes o'r Gwanwyn fawr yn stôr,
Fo ddaw cyn nemor Clanme.

ANONYMOUS

Clywais i'r ceiliog mwyalch du
  Yn canu er ys dyddie;
Clywais i'r gog — peth oedd well —
  Mi wn nad pell hyd Glanme.

Gwelais i ŵr cywoethog clyd
  Yn casglu ynghyd ei aerwye,
A'i fforch garthu a'i fach gwair
  Yn mynd i'r ffair dduw Clanme.

Gwelais i ddail 'r hyd brig y llwyn,
  Gwelais i ŵyn a mynne;
Yr eos yn pyncio ddydd a nos,
  Mi a wn mai agos Clanme.

Llidiart newydd ar gae ceirch,
  A thynnu meirch o'u stable;
Tido'r rhain yng nghwr y rhyg —
  On'd bendigedig Clanme?

Gwelais i egin haidd yn llon,
  Gwelais i gywion gwydde,
A chywion ieir ac ebol bach —
  A pham na ddaw bellach Glanme?

Gwelais i'r wennol, myn Mair wen,
  Yn nythu ym mhen y simne;
Fo wnaeth y merched drwsiad ffeind —
  Dyna sein duw Clanme.

Gwelais i dynnu nyth y frân
  A chasglu'n lân weirgloddie;
Gwelais i gyweirio'r ffordd fawr —
  Ni all fod fawr hyd Glanme.

ANONYMOUS

16th cent.

105 *Y Gelynnen*

DYN wyf fi a roes ei fryd
  Ar gael ei fyd yn llawen,
Ac yrŵan 'r wy'n dwyn dig
  Am blethu brig celynnen.

Er Gŵyl Ifan fo ddoeth haint
  I dorri braint y fedwen;
Mi a ddeliais am fy march
  Mai gwell fydd parch celynnen.

Ynn a derw, helyg, drain,
  A chyda'r rhain y wernen,
Cyll ac efyll, aethwydd, llwy',
  Ni charan' hwy'r gelynnen.

Ifi, bae, a bocs ac yw,
  Ac 'wyllys Duw sydd amgen,
Dyna'r cwmpeini glân i gyd
  A gâr y glyd gelynnen.

Galle'r milwr mwya'i glod
  Fu'n cerdded gwaelod Llunden
Yfed gwin ynghanol gwrych
  Mewn neuadd wych y gelynnen.

Galle ŵr drwy synnwyr serch
  Ledio merch esgeirwen
A'i chusanu hi rif myrdd
  Dan y wyrdd gelynnen.

Galle arglwydd aur ei gob
  Gael gweled pob llythyren,
Hyd yn oed i oedran Duw,
  A hyn mewn rhyw gelynnen.

Llawer prydydd dedwydd daith
  Heb wneuthur gwaith ond darllen
Cerdd o foliant, gwarant gwir,
  A'i danfon i'r gelynnen.

Pan ddêl rhew ac eira mawr
  I blagio llawr y fedwen,
Cewch chi weled ym mhob plas
  Fraint i'r las gelynnen.

Ac oni cheffir eos o'r llwyn,
  Mi a ga'r fwyn fwyalchen
Gyda myfi ddydd a nos
  I gadw'r glos gelynnen.

Ac o daw gofyn pwy a wnaeth hyn,
  Dyn ni fyn ddim absen
Ond rhoi ei fendith gan bob awr
  A garo'n fawr gelynnen.

16th cent.

106 *Cwsg Hir*

A MYFI mewn man   noswyl Ifan
Yn gwrando ar dôn   adar gwylltion,
Rhwng difyrrwch   a diddanwch
Yr adar hyn   cysgu a wneuthum.

Pan ddeffroais, mi a ddychrynais
Weled y glyn yn lli melyn,
A choed y fron aethe'n llymion,
A'r dail aethe i'r panyle.
Ple mae'r ddwy gog fwynion serchog
Oedd o ddeutu'r glyn yn canu?
'Fe fu yma rew ac eira,
A phob oerni wedi hynny.
Edrych yn dda, di a gei yna
Yn lle'r ddwy gog ddau gyffylog.
O medri di ddal y rheini,
Hwynt-hwy a dalan' geiniog fechan.'

16th-cent. MS.

107 *Ow Ow, Tlysau*

DEULIW blodau, meinion aeliau,
Mwyn ydyw ei champau wrth gydchwarae,
Ow ow, tlysau, ow ow, tlysau!

Tlysau oedd raid i'm dyn gannaid,
Pentre nis caid wrth droi'r defaid,
Ow ow, f'enaid, ow ow, f'enaid!

F'enaid yw'r ferch ar gwr llannerch
Sy'n llenwi o serch ac yn annerch,
Ow ow, annerch, ow ow, annerch!

Annerch Wenddydd gan ei phrydydd,
Galon gywir, ar dôn newydd,
Ow ow, trennydd, ow ow, trennydd!

Trennydd yr af   ac yr wyf yn glaf,
Ac onis caf,   marw fyddaf,
Ow ow, canaf, ow ow, canaf!

Canaf ddychan   i'm bun eirian,
Mwyn ydyw ei chwynfan   wrth ymddiddan,
Ow ow, poeni, ow ow, poeni!

Poeni beunydd   am deg ei grudd,
A gruddlasu   wrth ei charu,
Ow ow caru! ow ow caru!

Caru meinwen   wyneb lawen
A wnaeth imi   a welwch chwi,
A thylili, tylili Fabli.

16th cent.

108

Carol Merch

EF a'm siomwyd, ac nid gwaeth;
Amarch iddi! merch a'i gwnaeth;
O bydda' i byw mi a wna' yn gaeth
  Y man yr aeth i drigo.

Mawr yw f'anap yn y byd
Heb fedru doedyd mwy no mud;
Ond pan welwy' deg ei phryd
  Hi a odde' i'r cryd fy nryllio.

ANONYMOUS

Fo ddoede'r naill wrth y llall,
'Ni ŵyr Llelo ganu'n gall;
Fo gad arno fo ryw wall,
  Fo ddichon dall ei dwyllo.

'Na dwyn annerch merch ni ŵyr
Na than fore na than hwyr;
Rhowch yn ei law gannwyll gŵyr,
  Fo ddarfu'n llwyr am Llelo.'

'Doedaist anwir, feinir ferch;
Medra' draethu trioedd serch,
Arwydd athro, wrth bob merch,
  A phob annerch heb ffaelio . . .

'Tri anghlymiad cariad cain:
Cywydd, englyn i'm dyn fain,
Llatai difai, down â'r rhain,
  Fo bare'r rhain ei hudo.

'Tri chyfodiad cariad gwen:
Cusan meinir dan frig pren,
Cae, ac arwydd i ferch wen,
  Fo ddaw i ben a'i gwnelo.

'Tri afrwydd-deb serchog saer:
Noswaith fudur, ferddu, glaer,
Gwrach neu gleiriach yn rhoi haer,
  A chostog taer ar gyffro.

'A thri rhwydd-deb merch y sydd:
Noswaith dywyll, dawel, brudd,
Dôr dda i ymagor, gyngor gudd,
  A'r tylwyth fydd yn huno . . .

'Llawer clymiad cariad maith,
Dim nid dierth im o'r gwaith;
Pei gwyddech chwi byncie saith,
  Chwi allech, f'anrhaith, fy nhwyllo.

'Ffarwel heno, Gwenno bach.'
'Felly chwithe, Llelo, yn iach;
Syre, yfory, down ni i'r ffair.'
  'A Duw a Mair a'ch croeso!'

LLYWELYN AP HWLCYN

16th cent.

109 *Carol Serch*

MYFI yw'r merthyr tostur lef,
  Duw Iesu o'r nef a'm helpio!
Megis llong rhwng ton a chraig
  O gariad gwraig 'rwy'n curio.

    Och trwm yw'r loes
  Yr wy'n ei ddwyn,
  Heb obaith, help na swyn
    Onid Duw a'r ferch a'i rhoes.

Drylliodd cariad glwyde f'ais
  Am seren gwrtais amlwg;
Mae arnaf glwyfau mwy na mil
  Wrth graffu ar gil ei golwg.

    Och trwm yw'r loes, &c.

LLYWELYN AP HWLCYN

Cil ei golwg fal dau haul
  O gysgod dwyael feinion;
Un sy i'm dwyn a'r llall i'm gwâdd,
  A'r ddau sy'n lladd fy nghalon.

    Och trwm yw'r loes, &c.

Calon fy ngwir galon i
  Oedd â hyhi ymgowleidio;
Ymgowleidio hon ni chawn,
  Pei cawn, ni feiddiwn geisio.

    Och trwm yw'r loes, &c.

Ac o digia teg ei phryd,
  Ffarwél i'r byd a ercha';
Ar y ddaear help nid oes,
  Fy nerth a'm hoes a golla'.

    Och trwm yw'r loes, &c.

Ac o colla'i f'oes am hon,
  'Rwy'n ddigon bodlon iddi;
Er ei glanach, meinir syth,
  Ni allwn byth ei golli.

    Och trwm yw'r loes, &c.

Collodd glendid yr holl fyd,
  A Duw i gyd a'i tyrrodd,
Ac wrth lunio deuliw'r don
  Yn wyneb hon fo'i gwreiddiodd.

    Och trwm yw'r loes, &c.

Gwreiddiodd hithe dan fy mron
  O gariad glwyfon anial;
Gwannach wannach wyf bob awr
  Drwy gariad mawr a gofal.

    Och trwm yw'r loes, &c.

Na ofelwch troso'i mwy,
  At Dduw yr wy' yn myned;
'Rwy'n madde i bawb ond iddi hi,
  A phawb i mi maddeued.

    Och trwm yw'r loes, &c.

Fy holl ffrins, na fyddwch ddig,
  Fo'm rhoes y meddyg heibio;
Help nid oes na sut im fyw;
  Ffarwél, a Duw a'm helpio.

    Och trwm yw'r loes,
  Yr wy'n ei ddwyn,
  Heb obaith, help na swyn
    Ond Duw neu'r ferch a'i rhoes;
    Mwy help i mi nid oes
  Ond amdo, clul a gwledd,
  Elor, arch a bedd,
    A nawdd y Gŵr a'm rhoes.

SALBRI POWEL

16th cent.

110 *Gobaith y Serchog*

Myfi ydyw'r prydydd afiach,
Ni chela' i mo'm cyfrinach;
'Rwy'n wan fy llais am deg ei llun
A aeth i galyn gelach.

Nid oes na gwas na bachgen
Na morwyn łysti lawen
Heb roi i'm llaw yn ddigon llon,
Dan gellwair, ffon o gollen.

Pan gaffwy'r ffyn yn gyfa,
Yng Ngwaun y Plu mi a'u planna';
Os coelir chwedl rhyw hen wrach,
Pob ffonnig bach a ffynna.

Pan fyddo'r cnau yn wisgi
A'r adar bach yn canu,
Hi ddaw hithau, deuliw'r can,
Fel llinos dan y llwyni.

Ni bydd un clymiad celfydd
O fewn fy neuadd newydd
Ond yr adar teca'u tôn
A mwynion leision laswydd.

Ac yno mynna' i wely
Neu loches fain i lechu,
Lle caffwy' gyda theg ei gwedd
Yn fwynedd gwyredd garu.

SIÔN GRUFFUDD

16th cent.

111 *Hiraeth am Gaernarfon*

DYN wy'n byw drwy nerth y Tad
  Ymhell o'm gwlad yn estron;
Wyf ofalus; a phaham?
  O hiraeth am Gaernarfon.

Athrist oedd hen Adda lwys
  O'i wlad Baradwys dirion;
Unwedd athrist wyf ar goedd—
  Paradwys oedd Gaernarfon.

Joseff ydwyf (Duw ro bwyth!)
  A'i dylwyth yn eithafion,
Yn anghofio 'mod yn fyw
  Gan belled yw Caernarfon.

Hoff yw genny' enwi 'mro,
  Caiff filoedd o anerchion;
Annwyl ydoedd yn rhyw ddydd
  Ac eto fydd Caernarfon.

Can hawdd fyd, cynheddfau iawn,
  Gan ddaed dawn y dynion,
Er cystal ydyw Fflanders wlad,
  Mwy ydyw rhad Caernarfon.

Ni all fod yn rhyfedd iawn
  Fy mod yn llawn ochneidion:
Rhaid im berchi 'nhad a'm mam
  Wrth feddwl am Gaernarfon.

SIÔN GRUFFUDD

Am fy mrodyr dolur aeth
  A galar caeth i'm calon,
A'm chwiorydd y mae'n hir
  Sy'n tario'n sir Gaernarfon.

O Landwrog mawr yw 'mriw,
  A throedle gwiw Glynllifon;
Yno'n fynych mynnwn fod;
  Tydi piau glod, Gaernarfon.

Ceraint im, gwehelyth pêr,
  A llawer o gymdeithion,
Cyfar oeddych mil o saint
  Yn harddu braint Caernarfon.

Cymrwch hyn o annerch pell
  O eisiau gwell o'i ddanfon;
Pedfawn perchen perl main ffluwch,
  Fe'i rhoddwn iwch, Gaernarfon.

Syr Siôn Gruffudd ym mhob sir
  Y'm gelwir heb orchestion;
Cydnabyddus hynod wyf
  Ym mhob plwyf yng Nghaernarfon.

Un o'r wlad mewn gweddi wyf
  Ar Grist, er clwyf ei ddwyfron,
Roddi ei ddoniau ym mhob rhith
  A'i fendith yng Nghaernarfon.

Ewch yn iach dan un i gyd
  Nes dêl fy ngwynfyd weithion,
O drugaredd y Mab Rhad,
  A gweled gwlad Gaernarfon.

Yn iach eilwaith, un a dau,
  Gan wylo dagrau gwlybion,
Yn iach ganwaith, fawr a bach,
  Ac eto'n iach, Gaernarfon.

SIÔN TUDUR

d. 1602

112 *Cywydd i'r Beirdd*

GWAE ni'r beirdd gan air y byd!
Gwae ail fodd y gelfyddyd!
Swydd y bardd sydd heb urddas,
Oedd enwog gynt heb ddwyn cas.
Moliannu Duw ymlaen dim,
Aml iawn tawdd moliant diddim.
Moli gwaed mil o gedyrn,
Twysogion, marchogion chwyrn;
Arglwyddi arogl addysg,
Esgobion mawrion i'n mysg;
Ieirll i'n mysg er llenwi mawl,
A barwniaid waed breiniawl;
Pendefigion ffrwythlon, ffraeth,
Yn dal o hen waedoliaeth;
Penaethiaid, offeiriaid ffydd,
Preladiaid, hap ar wledydd.
Rhai a alwyd yn rhuwlwyr,
Wrth ddysg oll, wrth ddewis gwŷr,
Ac iawn oedd, eigiawn addysg,
O barch ar Dduw berchi'r ddysg.

Iawn i fardd, ddianardd ŵr,
Wario'i fawl ar ryfelwr,
Herwydd nas gwnâi ddihiryn
Fentro ei oes o fewn trin.

Ninnau'r beirdd a wnawn, rai bas,
O'r arddwyr wŷr o urddas,
A rhoi achau rhy wychion,
A mawl i Siac mal i Siôn.
Pawb chwit chwat yn lladrata
Penillion prydyddion da,
A'u troi i iangwr truan,
Poen trwy freib, fal peintio'r frân.
Asgell o bob edn gwisgwych
Ar fryn a wnâi'r frân yn wych.
Carl noeth, nid cywirlan ŵr,
Coron a'i gwnâi'n goncwerwr.
O cawn arian can eurych
Ach wrda gaiff, a chard gwych.
O chaiff swydd, dau arwydd dig,
Ef â'n hawdd yn fonheddig.
Trwy ystorsiwn, cwestiwn call,
Trwy usuriaeth, trais arall,
A chodi plas cwmpaswych,
A chau'n dynn ei dŷ gwyn gwych.
Haws mewn ei dai, hwsmon da,
Torri gwddw lle taer guddia
Nag a fydd ryw ddydd i ddyn
Drwy'i neuadd dorri'i newyn.
Ysbario heb syberwyd
A wna'r gŵr yn aur i gyd.
Byr ei glust, bara a glastwr

Ac enwyn noeth a'i gwna'n ŵr.
Os i'r gwan ni rôi giniaw,
Na chardawd i dlawd o'i law,
Na cheiniog dros ei grogi,
Fo rydd am ach fawrdda i mi.
Nis dôi boen eisiau da byd,
Eisiau bonedd sy benyd.
Coelfain oedd roi mewn cilfach
Clwt o aur er clytio ach.
Card o law'r bardd a'i harddai,
Llaw'r bardd a wnaeth llawer bai—
Dwyn achau ac arfau gant
Oddi ar rywiog i ddrewiant.
Blin ydyw, hyd blaeneudir,
Bostio'i ach a'i bais a'i dir,
A rhol achau rhy lychwin,
A'i baits crach yn ei bwyts crin.
Ar frys arfau a roesom,
Arfau ei dad fu raw dom.
Os chwilir y gwir, nid gau,
Serfyll fydd ei bais arfau.
Dros y byd ar draws y bêl
Dringasant o wreng isel.
A 'mgoto er a 'mgytiawdd,
Swrth iawn hap, a syrth yn hawdd.
Chwilen hed uwch heolydd,
Ac yn y dom cyn y dydd.

Pob taeog a'n cyflogai;
Peidiwn, gwybyddwn ein bai.
Onis trown ystryw ennyd,
Ni chawn ni barch yn y byd.

Nawdd Dduw gwyn rhag naddu gwawd
I'r rhai ni weddai naddwawd.
Canwn ar y fainc hynod
I'r rhai a ryglyddai glod.
Canwn, a myfyriwn fawl,
I wŷr syber, wrsibawl,
A gadael, gafael gyfiawn,
Iangwr yn iangwr a wnawn;
Pennaeth yn bennaeth beunydd,
Pennaeth yn bennaeth y bydd;
Eryr yn eryr nawradd,
A brân yn frân heb fwy radd;
Gwalch yn haelwalch gwehelyth,
A barcud yn farcud fyth.
Ni welir, er a wnelon',
Mwy o aur siwrl ym mhwrs Siôn.

113 *Cywydd y Llwyn Glas*

Y LLWYN â'i wisg oll yn wyrdd,
A'r lle'n lwys a'r lliw'n laswyrdd,
Llwyn anial llawn o annerch,
Llwyn gwiail mwyn i gael merch;
Llwyn golas, llen a gwely,
Llwyn glwys a thwyn glas a thŷ.
Arloeswyd, gwewyd gwiail,
Arloes deg mewn irlys dail.

Mae yno dwyn ym min dôl,
Ym min afon, man nefol;
I nithio mawl ni thy' mwy
Ryw lwyn ail ar lan Elwy.

Naw gwialen yn ei gwlas,
Nen goruwch ben o len las.
Im yn gaead mewn gwiail
Mae nant ddofn a mynwent ddail,
Ac eglwys o du'r gogledd,
A mainc lle lluniais fy medd;
A chwrt hardd gyda chôr teg,
A chlochdy uchelwychdeg.
Hardd glochdy wrth dyfu dysg,
Bedwen baladrwen, bleidwrysg.

Clych mwynion, clywch ymannerch,
Cloc gyda seims, clicied serch.
Y gog leisteg eglwysty
Yw y gloch fraisg a glywch fry.
A'r seims gwell y sy 'mysg gwynt,
Seims adar lais masw ydynt.
Ac yn y coed dan gnau cyll
Fintai dan wyrddion fentyll,
Cantorion cyson eu cerdd,
Cân ac organ gywirgerdd.
Eos, o cân is y coed,
Y sy organ is irgoed.
Pedair llinos heb beidiaw
Cwirsders ŷnt yn y cyrs draw.
Y mae allor a meillion,
Mae nef fry ym min y fron.
Cyw bronfraith, fwyniaith annerch,
Crys aur, yw ficar y serch.
A phrelad, hoff eiriolwr
Ar wyn fy myd gymryd gŵr,

Teg fwyalch, difalch mewn dail,
Torddu, mewn pulput irddail,
Â'i lyfr iawn lafur annerch
Yn bwrw gwaith mwyn bregeth merch.
O'i big aur drwy fawrhau'r had
Y cair pob siamplau cariad.
Ffraeth ei bregeth yn traethu,
Ffrir ganiad ir â'r gown du.
Ef a eirch fyth i ferch fwyn
Ddyfod at waelod tewlwyn,
A threiglo iaith rywioglan,
Wythran serch i loywferch lân.
Dysg wersi, dasg gywirserch,
Y saith bechod marwol serch.
Ond drwg iawn, natur gweniaith
Y sydd yn waethaf o'r saith.
Nacáu o oed dan goed gwŷdd,
Torri oedau yw'r trydydd.
Addo yn deg, wiwdeg wedd,
A dilyd anwadaledd.
A throi tro trwy athrod rhai,
A rhoi cas ar a'i ceisiai.
Ysywaeth, oer yw'r saith hyn,
Adwyth ar gariad ydyn'.

Gwrandawed gair un duwiol
Gwen draw, a gwnaed ar ei ôl.
Ac o wrando gwirionder
Y bregeth, burorieth bêr,
O'r man hwn yr â meinir
I dâl nef o dewlwyn ir.

DAFYDD LLWYD

Early 17th cent.

114 *Cwynfan Gŵr mewn Cariad*

I FARSIANDWR yr wy'n debyg
A fai'n mentro'r môr am draffig,
A'i gomisiwn wedi'i wrantio,
I Gwrt Fenws fai'n trafaelio.

Fy llong sydd o dderw ffansi,
Hoelion heyrn serch sydd ynddi,
Gwedi'i seilio'n gyflawn wastad
O'r tu mewn o goed deisyfiad.

Ffyddlon feddwl pur di-'lynas
Yw fy stern, fy ngard a'm cwmpas;
Lliain cysur yw fy hwyliau,
Gwir grediniaeth yw f'angorau.

Gobaith yw fy hatsus tynion,
A'r main mast yw 'mhen gofalon;
Hyder yw fy nghyrt a'm cable,
A'm poen yw'r glàs sy'n rhifo'r orie.

Brigau'r tonnau gwynion beunydd
Yw dŵr hallt sy'n torri o'm deurudd;
A'u cysylltiad dyfnddwys duon
Ar eu toriad yw f'ochneidion.

Dyn wyf fi sy'n hwylio'n wastad
Nos a dydd ar gefnfor cariad,
Ac yn union i'm gwrthwyneb
Mae croes ffrydiau caeth casineb.

DAFYDD LLWYD

Neptiwn fôr oedd ansafadwy
Sy'n chwanegu'r tonnau'n fwyfwy,
Ac yn peri im aflonyddwch
Oddi ar greigiau anwadalwch.

Æolus Frenin, gwynt anffafrus
Oddi ar fynydd anghariadus
Sydd yn chwythu'n groes i'm hwylie
Na cha'i byth mo'r mynd i'm siwrne.

Mynd i'm blaen nid wyf fi'n gallu,
Chwaith yn f'ôl nid wy'n chwenychu;
I'm dwy ystlys mae hi'n morio;
'Rwy' rhwng gwynt a theit yn dotio.

Ton o anobaith a aeth droso',
Nid oes imi fodd ond sincio,
A'm holl gablau aeth yn ofer,
'Rwy' dan ormod llwyth o brudd-der.

Dug Pigmalion ddiwedd trwstan
O serch delw o'i waith ei hunan;
Felly finnau'n felys ffansi,
Pynciau'r Syren sydd i'm soddi.

O chwant melys fêl y gwenyn
A ânt i rwyd a gwe'r pry copyn;
A minnau yw'r gŵr (paham y cwyna'?)
A wnaeth ei hynt ei hun i'w ddifa.

RICHARD HUGHES

d. 1618

115 *Y Bardd a'i Gariad*

'GWRANDO, f'enaid, gwrando'n rhodd,
Gwrando draethu'r sut a'r modd
A'r gwir achos y rhois arnad
Fy llwyr fryd a'm serch a'm cariad.'

'Doeth a gwir yw'r hen ddihareb:
"Haws yw gwrando na rhoi ateb."
Cymrwch gennad, doedwch ddigon,
Byddwch siŵr gael byr atebion.'

'Cynta' man o'th gorff a hoffais,
Y ddau dduon loywon lednais,
Y rhain a ddichon ag un troad
Lwyr iacháu neu ladd dy gariad.'

'Bychan iawn yw gwraidd dy gariad
O cynhwysi fo'n fy llygad:
Hawsa man y medra'i guddio,
Lleia'i sym, ond rheitia' wrtho.'

'Pwy ni chare'r ddwy ael feinion
Sy'n cysgodi'r ddeurudd wynion,
Lle mae'r rhosyn coch a'r lili
Yn ymddangos dan ymberchi?'

'Odid fab a blan ei gariad
Ar na grudd nac ael na llygad
Ond ar feder, pan i mynno,
Godi dŵr o gylch lle'i planno.'

'Y dedwyddwas a gâi gennad
Ar dy rudd i blannu'i gariad,
Can brath dager yn ei galon
A gode ddŵr o'r fath ffynnon.'

'Oddi wrth ddŵr a heilltion ddagre
Ymadewais heddiw'r bore;
Odid eilwaith cyn pen wythnos
Na cha'u cyfwrdd nhw'n ddiachos.'

'Os natur d'ŵr drwg a staenodd
Y grudd glana' erioed a wenodd,
Mi a ercha' i Dduw, a thithe'n ddiddrwg,
Na ddelo d'ŵr byth yn dy olwg.'

'Angharedig yw'ch damuniad
O ŵr sydd yn cynnig cariad —
Peri im golli 'nagre heilltion,
Rhŷddid corff ac engdwr calon.'

'Anghredigrwydd, drwg newyddion,
A mwg tost tan irgoed gleision
A geir weithiau'n peri i'r merched,
Medd a'u hedwyn, ollwng llyged.'

'Tan y coed erioed ni cherais,
Na mwg tost, da'i gwn nas haeddais;
Ond gŵyr Duw a Mair pei digiwn
Yn fy myw fy ngrudd ni sychwn.'

'Lle bo gŵr o wan gredinieth,
O cyll un, fe chwilia am ddeubeth;
Rhag eich enaid nedwch iddo
Fynd i uffern am gam dybio.'

'Y mab, madde, ac mi addawa',
Cyn diweddiad mis Gorffenna',
O cha' i amser, modd a chyfle,
Er mwyn f'enaid mi wna' 'ngore.'

'I'r glas lwyni cyll tan irddail
Lle mae'r cnau'n brigdrymu'r gwiail
Tyrd, a hel o'r cnau gwisgïa',
A chadw dair heb dorri'n gyfa.'

O gofynnir pwy a'i canodd,
Dic a merch erioed a garodd;
'Rwy' fel Indeg yn ynfydu
Na alla'i henwi, ei chael na'i chelu.

116 *Y Bardd a'r Eos*

A M'FI noswaith deg yn gwrando
Ar yr eos bach yn lleisio,
Diwedd Mawrth cyn dechrau Mai,
A'r coed bob rhai yn deilio,

Llawer gwaedd eglurgroyw ganiad
A wnâi yr eos ar ysbaddad
Wrth fynegi brynti'i brawd
Ar felys wawd i'r lleuad.

Eiste'r oeddwn dan frig draenen
A saeth Cuwpud ddall dan f'asen;
Yn cydbyncio â'r eos deg
Mi glywn y garreg lefen.

Llefe lleisie'r llais a fynne
Yn niweddiad ei holl byncie,
Llef am lef a llais am lais
O'r coed ar gais atebe.

'*Pwy, pwy, pwy, och pwy a ddial*
Fy llwyr gam a'm gorthrwm ofal?
Helped, helped, Duw, Duw, Duw,'
Hi atebe 'Duw' yn ddiatal.

Yno y gelwais inne o'r unmodd
Ar y dduwies bert a'm nychodd:
'A ga' i f'ewyllys ai na cha' i?'
Ar gais 'Na chai' hi atebodd.

'Yr eos bach, beth a wnaf?
O gariad gwraig 'rwy'n glaf, glaf;
Ni cha' i'n ddifarn garu mo hon,
Casáu lliw'r don nis gallaf.'

'*Dysg gasáu cyn dechre caru,*
Tyn di'r dŵr pan fo'n claearu;
Pan eler rhwng yr og a'r mur
Mae'n rhywyr edifaru.'

'Edifaru nid gwiw ceisio,
'Rwyf fi yn rhwyd, ni thycia gwingo;
Eisie cadw i'r coed yn well
Rhaid im o'r castell dduddio.

'Od ei trosof fi'r eden heini,
Di wnei fawr wasaneth imi,
A doedyd wrth ddeuliw'r ôd
O'i serch 'y mod i'n poeni.'

'Nid af yn llatai; hyn yw'r achos:
O clyw yr eiddig lais yr eos,
Fo debyge, myn y Grog,
Fod y gog yn agos.'

'Beth pei traethwn ar gynghanedd
Ei mawr glod a'i serch a'i mawredd,
A'i hau yn agos ac ymhell,
A wnâi hi well trugaredd?'

'Ni wna clod ond peri'r merched
Falchach falchach wrth ei glywed;
Ac a'i gwnêl fal llatai drwg
Fo ddwg ei gwg trwy weled.'

''Rwy' fal hydd briwedig creulon
Wedi ymadel â'i gymdeithion;
Oni cha'i help y sawl a'i rhoes
Ni syfl y loes o'm calon.'

'Od yw llygad glas dy feistres
O'r un sut â ffon Acyles,
Dos, na bydd yn hir o'i gŵydd
Os mynni di'n rhwydd dy neges.'

''Rwy'n hy anial pan ni'th welwy'
Fy lloer deg, er dim a wnelwy:
Ni thry fy nhafod yn fy mhen
Yng ngolwg gwen pan ddelwy.'

'Antur iawn i wenferch ddigio
Wrth was glân, er taered fytho;
Onis taer geisier teg ei thâl,
Ni ŵyr hi a dâl hi'i cheisio.'

'Myn y cymun i ar yr allor,
Cyn pen awr mi wnawn dy gyngor,
Oni bai rhag ofn cael sgwd
O'r badell frwd i'r marwor.'

'Mi fforffetia' fy nwy asgell
Oni châr merch ŵr a'i cymell
Yn ddau mwy na'r llaethlo oer,
A gano i'r lloer o hirbell.'

'Ust, taw sôn, rhag ofn dy glywed;
O daw hyn i glustie'r merched,
Er melysed yw dy gân,
Yn wir nhw wnân' dy wared.'

''Rwyf fi'n y goedwig nos a bore
Lle mae amla' y pwyntmanne,
Ac wrth gasglu bwyd i'm plant
'Rwy'n gweled cant o walle.'

'Rhof a Duw, 'r eos, nid rhyfeddod
I'th frawd, Teirws, dorri'r tafod;
Oni bai wneuthur ohono di'n fud
Di fuasit yn doedyd gormod.'

117 *Bywyd y Bugail*

DIOFAL yw bywyd y bugail da'i awen,
Â'i god ac â'i gostrel fo'i gwna hi mor llawen.
Mae ganddo'r gweirgloddiau o'u hofian pan fynno
A'i bibau newyddion ar lasfryn crwn cryno.

Tra mynno, tra mynno y cân pan ei tynno,
A'i bibau newyddion ar lasfryn crwn cryno.

A'i ddefaid o'i amgylch yn pori 'rhyd dolydd,
Bara gwyn, cwrw, caws, lonaid ei goludd,
A'i gostog o'i ymyl o'i annos, pan fynno,
I drosi'r holl ddefaid ar lasfryn crwn cryno.

Tra mynno, tra mynno y cân pan ei tynno,
A'i bibau newyddion ar lasfryn crwn cryno.

Rhag gwres y Mehefin â dan y dail irion,
Rhag oerwynt y gwanwyn dan glawdd neu dwlc tirion,
O groen yr hen ddafad neu'r oen cynta' a rynno
Gwna ddyrnfyl a bacsau dan lasfryn crwn cryno.

Tra mynno, tra mynno y cân pan ei tynno,
A'i bibau newyddion ar lasfryn crwn cryno.

SIÔN PHYLIP

d. 1620

118 *Yr Wylan*

YR wylan deg ar lan dŵr,
Loywblu gofl, abl o gyflwr,
Ni'th ddeil hebog, ni'th ddilyn,
Ni'th fawdd y dŵr, ni'th fedd dyn.
Crefyddwraig fwydsaig o fôr,
Creigleisferch cyrrau glasfor,
Taro ar lled trwy war y llyn,
Ysgwyd yna sgadenyn.
Amlygwen heulwen heli,
Amlygyn tywyn wyt ti.

Merch fedydd ddedwydd ydwyd,
Is y lan, Neptunus lwyd.
Chwith gennyd o'r symud sydd
Ar dy fyd, oer dy fedydd.
Edn gwrddwyn dan y garwddwr,
A merch gynt ym mreichiau gŵr.

Halsio, fun liwus feinael,
Y'th elwid di i'th wlad hael,
Ac ar ôl d'ŵr, gweryl da,
I'r tonnau yr ait yna,
Ac yn wylan ganolwyllt
Yno y'th droed, edn gwandroed gwyllt.
Byw, esgudferch bysgodfwyd,
Tan yr allt a'r tonnau'r wyd,
A'r un gri am dy briawd
Wyt o waedd braff hyd dydd brawd.

A fu erioed ar fôr iach
Nofyddes wen ufuddach?
Clyw gri bardd clogwyn byrddoeth,
Cywen murn awen môr noeth.
Curiais drwy'r ais o draserch,
Curio i'm hoes yn caru merch.
Ymbiliais o'm mabolaeth
Am un oed â mi a wnaeth,
A'r oed heddiw yr ydoedd;
Mawr fu'r och, mor ofer oedd!
Nofia, nac anghofia 'nghwyn,
I gyfeirio'r gu forwyn.
Hed i'r lan, hydr oleuni,
A dywed lle'm dalied i,

Wrth aber, nid tyner ton,
Bermo arwdwyth, burm oerdon,
Man trist ym mhob munud draw,
Môr duoer yn mordwyaw.

Codais, trafaeliais tra fu
Blygain at wyneb loywgu.
Dyddhau a wnaeth ar draeth drain,
Dydd oer o'r deau ddwyrain.
Nithio gro a wnaeth hagr wynt,
Noethi cerrig nyth corwynt.
Troi'r arwydd waeth trwy'r wawr ddydd,
Twrch Trwyth yn trochi traethydd.
Lliw inc fu gylch llyncfa gwynt,
Lle anadl gorllewinwynt.

Garw yw'r traeth mewn goror trin,
Os garw llawes gorllewin.
Gloesio'r môr, glasu o'r main,
Gloesio'r dŵr glas o'r dwyrain.
Gloes fawr o gloer glasfor gwlad,
Gloes lewyg y glas leuad.
Gloes yw o'r llyn glas ar lled,
Gloes sarff yn gla' o syrffed.
Gloes drom yn lle gwelais drai,
Glafoerion glaw a fwriai,
Gwely duoer gwlw dwyallt,
Gweilgi môr heli mawr hallt.
Sug ffyrnbwll, soeg uffernboer,
Safn sugn ddafn y sygnedd oer.
Glwth ei safn ar aeafnos,
Glythineb yn wyneb nos.

Cae erchwynwlyb crochanlun,
Cae gwahardd rhwng bardd a bun . . .
Ni threia fyth, ni thry fo,
Nid awn drwodd dan dreio.

Tri dŵr âi tua'r dwyrain,
Tri dyfnder, rhifer y rhain:
Dŵr Euxin draw, glaw a'n gwlych;
Dŵr Adria, du yr edrych;
Dŵr rhwydd âi dua'r Rhuddallt,
Dŵr Noe hen wedi'i droi'n hallt.
Dŵr fferm aber y Bermo,
Dŵr a bar, yn dir y bo.

HUW LLWYD

?1568–?1630

119 *Cyngor y Llwynog*

'DYDD da i'r llwynog o'r ogof,
Gelyn pob aderyn dof,
Dy waneg a adwaenwn,
Croeso'n wir i'r rhwydd-dir hwn.
Mynega fyth, mewn gwiw faes,
Par' fyd, ŵr taerllyd torllaes?

'Wyt teg a glân, ti gei glod,
A lluniaidd pob lle ynod;
Lliwiwyd di â lliw tywyll,
Melyn a choch mal na chyll.

Dy drwyn eiddil sy filain,
Dy ddannedd, rhyfedd yw'r rhain,
Gefel chwith â gafael chwyrn
Draw a wasgai drwy esgyrn.
A'th lygad mor seliad sur,
Hwn a droit fel hen draetur.
Ar dy ben, ŵr da, beunydd
Rhyw fonion sythion y sydd.
Dy war isel a drwsiwyd,
Mor drum dy ystum, da wyd.
Bol crothog dan bannog bais,
Llyna fol llawn o falais.
Troed fer glew, trwy dewfrig lwyn,
Trotianwr taer, at wanwyn.
Dy gynffon, 'rhyd eigion dydd,
Dew, bannog, yw d'obennydd,
Bonllost neu ysgub unllath,
Rhylawn fodd rholyn o fath.
Ffagod 'rhyd frig cerrig carn,
Ffagodwas mewn ffau gadarn,
Da ydyw dull dy dŷ di,
Dirgel rhag ofn daeargi.

'Bwriad trwm, byw yr wyd draw,
Was boliog, wrth ysbeiliaw;
Chwilenna, o chei lonydd,
A rhodio dail 'rhyd y dydd.
Myn gig, tra fo man i'w gael,
Defaid, o don' yn d'afael;
Byw yn lân, o bai ŵyn lu,
Di-gam it eu degymu.

Dwg yna rhawg, di gei'n rhydd,
Ŵydd ac iâr yn ddigerydd.
Diddwl wyd i ddal adar
Gallt neu gors, gwylltion a gwâr.

'Campus pob modd y'th roddwyd,
Lle bai gae, llew bywiog wyd.
Ac o dôi hynt gyda hwyr,
Oes un mor llawn o synnwyr,
Na neb well ei ddichellion,
Na thi'r llwynog difiog dôn?
Na lle ni wn mewn llwyn iach,
Y caf reswm cyfrwysach.
A minnau'n ddyn di'mannerch,
Digalon, di-sôn, di-serch,
Difalais a di-drais draw,
Dirym ymhob ymdaraw,
Da yr haeddud air heddyw,
Dysg im yn rhodd fodd i fyw;
Pe rhoit gyngor rhagorawl,
Gwnaud fyth im ganu dy fawl.'

'Taw sôn, ddyn iach, nac achwyn,
Na chais na chymorth na chwyn,
Gwŷl fod, a hynod yw hyn,
Ddwyffordd it i'th amddiffyn.
Un ffordd iawn, gyfiawn ei gwedd,
Un arall drwy anwiredd.

'Os ceisio llwyddo, gwellhau,
Mynnwn it fyw fel minnau.
A fo gwirion a llonydd,
Difalais, difantais fydd,
A'r cyfiawn fuchedd heddyw,

Ym marn y byd, ynfyd yw.
Lladrata neu fentria fyd;
Treia synnwyr tros ennyd.
Dysg wylio awr, disgwyl wall,
Nac eiriach un nac arall.
Cofia wreiddyn cyf'rwyddyd,
Cofia wrth fael, cyfraith fyd.
Dyfeisia, gwylia gilwg,
I bawb drap, gwybydd bob drwg.
Daioni na wna di'n d'oes
I'r un, dros golli'r einioes.
Pâr d'adnabod lle'i rhodi,
Rhag d'ofn, pâr d'anrhegu di.

'Nid hawdd heddyw byw heb wad,
Er a geir o wir gariad.
O mynni fyw yma'n faith,
Dos ag enw, dysg weniaith,
Ac ar weniaith pob gronyn,
Dysg fedru bradychu dyn.
Dywed yn deg am neges,
O'th law na ollwng mo'th les;
Dywed bob geiriau duwiol,
A'th drais a'th falais i'th fol.
Nâd i un wedi'i eni
Wybod mewn man d'amcan di.
Dyna'r ffordd 'r adwaenir ffŵl,
Fo a addef ei feddwl.
Treisio'r gwan nid traws yw'r gwaith,
Trinia gadarn trwy weniaith.
Gwna bob drwg heb ei ddiw'giaw,
Iti, ddyn, byd da a ddaw.

Gwna hyn oll, ac ni cholli,
Drwy dwyll, ac ymdaro di.
Ni chaf chwaneg fynegi,
Y ffordd arall, deall di;
Ci a welaf yn calyn,
Nid hawdd im siarad ond hyn,
Nac aros ym min gorallt;
Ffarwél, rhaid im ffoi i'r allt.'

EDMWND PRYS

1544–1623

120 *Anllywodraeth y Cedyrn*

GWELAIS eira glwys oerwyn,
Ir, heb un brisg, ar ben bryn;
Gwelais haul teg, gloywsel twyn,
Yn ei doddi, nod addwyn.
Yr un modd wedi toddai,
O'r fron i'r afon yr âi;
Âi'r afon yn union nod
I 'mryson â'r môr isod.
Pawb ei bwys, fel pe bai ball,
A rôi, orig, ar arall.
Fel hyn, fryn gwyn ni fyn faich,
Ni ddôi afon yn ddifaich;
Hithau â'i llwythau lleithiawn,
A fwrw ei llwyth i fôr llawn.
Â'r môr y mae'r ymyrryd,
A'r môr yw'r cyffredin mud.

Ni all symud, mae'n fud fo,
A bwrn a rôi bawb arno.
Y môr ni chyrraedd gorun,
I ddial braw a ddyl, y bryn.

Y bryn yw gwedd bonedd byd,
Bryn bonedd bwrian' benyd.
Swyddogion yw'r afonydd,
Rhy esgud yn symud sydd.
Ar i waered y rhedant;
Llwybrau pawb yw lle bo'r pant.

A'r eiry y sy mor erwin
Yw aml treth, nid anaml trin.
Wrth rannu trèth ar weiniaid,
Trwm yw'r llwyth yn tramwy'r llaid;
Wrth rannu hon ar onest,
Ni cheir cydwybod na chwest,
Na llwf na deall hefyd,
Ond ffafr ac anffafr i gyd.

Aeth y byd diffaith heb wedd
Ar olwyn afreoledd.
Bonedd a fwrian' benyd
Ar bawb o wrengwyr y byd.
Pawb a gais, fel pe bai gŵr,
Drwsio geiriau diraswr.
Y trechaf trawsaf treisiant,
Ochenaid gweiniaid a gânt.
Gwyllt yw byd, gwell ydyw bodd
Yr ynfyd na'i wir anfodd.

Chwiliwr blin, o choelir blaidd,
Ydyw'r oenig druanaidd.
Diriaid yw pob aderyn:
A goeliwch chwi y gwalch hyn?
Mawr yw y cae ym mrig gwŷdd,
Y man isaf mae'n uswydd.
Lle mae'r siâs llym aros hwy,
Llwm yw'r ŷd lle mae'r adwy.
Nid anodd y diffoddan'
Â dŵr wreichionen o dân.
Taer yw, a hawdd y tyr rhai
O groen gwirion gryn garrai.
Rhydd Hywel rodd dda haelwych
O bwrs y wlad, barsel wych.
Y ci llawn mewn cell yna
Nis gŵyr er dwyn asgwrn da,
Ac ni wêl pam, ganel pall,
Y curia y ci arall.

Rhyfedd am nen tŷ'r enwir,
Na thy' post aur a thop hir;
Ni thyf i'w nyth fyth efô,
Nid hawdd, ni ad Duw iddo.
Dedwydd a pharod ydych
I brynu tir â braint wych.
A'ch aer eich hun, o chyrch hwynt,
A'i gwerth, ac ni thrig wrthynt.
Ef a rydd, ofer oeddych,
Urddas a braint ar ddis brych.
Ar 'novem' yr anefir,
Heb les da, ei blas a'i dir.

A wnelo gam ac amarch
Mal un fodd â malen farch,
Dan ei dor, doniau dirwydd,
Dyna lwyth, medd Duw, ni lwydd.
Ond dwys, mae'r byd yn pwysaw,
Dyn a ladd bawb dan ei law;
Rhaid i'r gwan ddal y gannwyll
I'r dewr i wneuthur oer dwyll;
Ac ni lefys gwan lefain,
Na gweiddi ar help ond godde'r rhain.

Myn yn rhydd fynydd a'i fin,
A ffrydoedd i'r cyffredin.
Yr awron ar Eryri
Mae cwest am fforest a ffi;
Fe aeth yn gaeth faeth o fyd,
A thiroedd aeth wrth wryd;
Gwryd i bob gŵr gerir
A'i dwg i ddigon o dir.
Diriaid iawn y drudaniaeth
Yn y byd gwael enbyd gaeth.

Yn y Nef lle'n dyrchefir
Oen Duw a brynodd in dir.
Dysgwn hyn, dasg anhunedd,
Gasáu'r byd; agos yw'r bedd.
Cawn yn gartref wlad nefawl,
Lle da hardd oll a di-hawl.
Y traws a gaiff tir is gwern,
Waelod effaith, wlad uffern.
Ni chaiff enwir wych ffyniant,
Tynnir, diblennir ei blant.

Od eir â'th dir drwv waith dyn,
A'th dda eilwaith i'th elyn,
Tir gei yn rhent dragywydd,
Da yw'r hawl a Duw a'i rhydd.

121

Cân y Gwanwyn

LLEF a roeson' llafar weision,
Doe a glywson' dan wŷdd gleision,
    Glwysaidd ac eglwysaidd.
Teiroes i'r penceirddiaid tirion,
Llinos o'r llwyn, eos wirion,
    Dwysaidd baradwysaidd.
Bronfraith bur araith berwalch,
    Mwyalch mwy'i awydd,
Ysgudogyll drythyll dro
    Yn rhwydo llais yr hedydd
        Yn canu,
        Yn tannu
            Cymint o awenydd,
        Cyn hoywed,
        Cyn groywed,
            Acen gywir awydd.

Llwyn nid pell nodau heb ballu,
Llwyn Ebrillaidd llawn briallu,
    Lle gwawd teg a llygad dydd;
Glyn a meillion Glanme am allu,
A gwyrdd ddillad gwir ddiwallu
    Yn llenwi llawenydd.

A'r blodau ar drwynau'r drain
    A'r fedwen fain a'r glasddail;
Gwiw yw'r ffynnon, glân yw'r man
    Mae'n codi dan y gwiail;
        Y croywddwr,
        Y gloywddwr,
            Lle teg lwyddiant;
        Lle i gysgu,
        Lle i ddysgu
            Holl glymau o ddesgant.

Mynnwn bob mwynder i'm hannedd,
Mynnwn ganu Mwynen Gwynedd,
    Isgywair musig hoyw,
A'r Wyddeles eurwedd elir,
Ychen Fannog, crechwen feinir,
    Mewn plas o goed glas gloyw.
Canu'n llafar llawen hafar
    A'r adar yn gyfrodedd,
Canu'n hylwydd gainc yr Arglwydd,
    Eurglych clod a mawredd;
        Profiadau
        Caniadau
            Rhyw bynciau newidiog;
        Dyfeisiau
        Tro lleisiau
            Llysoedd tra lluosog.

Aml yw cadair amlwg goedydd,
Aml yw colofn ddofn o ddefnydd,
    Aml gwlwm mawl golau;
Lle aml osteg llawn melystant,

EDMWND PRYS

Aml eddigan mawl a ddygant
    Y deiliaid y dolau.
Pob aderyn yn ei lais,
    Pob pren â'i bais yn laswerdd,
Pob llysiewyn yn ei rin,
    Pob edn â'i fin yn bencerdd.
        Nid clwyfus
        Ond nwyfus,
          Rhyw byncíadau nefol;
        Nid trwblus
        Ond treblus,
          Fenws biau'r faenol.

Da i ddynion eu diddanwch,
Da i forwyn ei difyrrwch,
    Dywsul da i weision;
Teg yw hyn, nid dig i henaint,
Teg i ifanc, nid digofaint,
    Glaswydd dolau gleision.
Teg y trefnodd Gwirdduw Dad
    A'i rodd a'i rad mor hynod;
Teg pob oslc, teg pob tro
    Trwy na bo mo'r pechod.
        A'r ddaear
        Mor glaear
          Yn gynnar, a'r gwenith;
        A'r llwyndir
        Mor fwyndir
          Llc rhoddir mawr fendith.

MORGAN LLWYD

1619–1659

122 *Duw a'i Eglwys*

'Fy Nuw, cusana fi â'th fin,
Melysach yw dy serch na'r gwin,
  Di yw anwylyd f'enaid i.
Aroglau d'ennaint hyfryd yw,
Dy enw a wna y marw yn fyw,
  Fe hoffa'r gwir forynion Di.

'O dywed imi ple y'th gawn
Yn porthi'r nefol braidd brynhawn;
  Ni byddaf lonydd nes dy gael.
O pam y troi di heibio fi?
Chwant f'enaid yw dy fynwes Di;
  'Rwy'n ffyddlon, er fy mod i'n wael.'

Fel hyn atebodd Duw yng Nghrist:
'F'anwylyd, cyfod, na fydd drist;
  Fe ddarfu'r gaeaf du a'r glaw.
Mae'r blodau'n tyfu ym mhob rhych;
O gwrando lais y durtur wych;
  Tyrd, awn i rodio law yn llaw.

'Fy eglwys bur, fy mhriod-ferch,
Fy nghlomen fwyn, a'm chwaer, a'm serch,
  Yn aros yn ystlysau'r graig,
Dy lais a'th wyneb dangos di,
Mae iti groeso gyda m'fi;
  Myfi yw'r oen, dydi yw'r wraig.'

WILLIAM PHYLIP

d. 1670

123 *Ffarwel i Hendre Fechan*

YN iach, gyfrinach y gân—wych iawndrefn,
Yn iach, Hendre Fechan;
A'r llyfrau cerdd, loywgerdd lân,
I chwithau, yn iach weithian.

Cefais dŷ i gysgu, yn gysgod—i fyw,
Cefais fwyd a diod,
A'm hannedd hyd fedd i fod,
A thân (bendith Dduw!) ynod.

Yn lle fy hen dre hyndrïol—a'r boen
Yma i'r byd daearol,
Mi gaf hendref, wlad nefol,
Gan Dduw nef, ac ni ddo' i'n ôl.

Ffarwel goed, glasgoed glwysgerdd—mân adar,
Mwyn odiaeth gywirgerdd;
Ffarwel bob llwyn cadwyngerdd,
Y llwybrau i gyd lle bu'r gerdd.

HUW MORUS

1622–1709

124 *I'w Gariad*

Fy ngharíad i,
Teg wyt ti,
Gwawr ragori, lili lawen,
Bêr winwydden,
Fwynaidd feinwen,
Y gangen lawen lun;
Blodau'r wlad
Mewn mawrhad,
Hardd ei 'mddygiad, nofiad nwyfus,
Bun gariadus
Haelwen hwylus,
Y weddus foddus fun;
Lloer wiw ei gwedd, lliw eira gwyn,
Yn sydyn rhois fy serch
Ar f'enaid fain
Sydd glir fel glain,
Rywiog riain irfain yrfa,
Na chawn ata'
Ddyn ddiana'
I'w meddu, mwyna' merch!
Ond, blodau rhinwedd croywedd Cred,
Er teced ydwyt ti,
Y galon fach
A gadwa'n iach;
Pe baut glanach, gwynnach, gwenfron,
Nid â trymion
Caeth ochneidion
Dan fy nwyfron i.

Er maint a fo,
Drwy druth ar dro,
Draw i'th rwydo drwy athrodion,
Gwen lliw'r hinon,
Gwylia i'th galon
Goelio eu ffeilsion ffydd.
Ond rho im hedd,
Teg ei gwedd
Fy mun rywiogedd ffraethedd ffrwythlon;
Gwybydd, gwenfron,
Mor bur ffyddlon
Ydyw'r galon gudd.
Os blodau'r wlad a'm gad i'm gŵydd,
Na throtho'n rhwydd y rhod.
Er teced fôn',
Na phoena sôn,
Cywir galon foddion fydda';
Er eu gwaetha'
I liw'r eira
Yn bura' mynna' 'mod;
Er bod fy ffansi 'leni hyd lawr
Yn fawr wych awr i chwi,
Y galon fach
A gadwa'n iach;
Pe baut glanach, gwynnach, gwenfron,
Nid â trymion
Caeth ochneidion
Dan fy nwyfron i.

Mae genny' ffydd,
Gwen lliw'r dydd,
Beunydd dedwydd fel y dweda'

O foddion fydda'
I wen lliw'r eira
O rhodda mwyna' maeth;
Ac onid e
Ni wn i ble,
Trwm yw'r modde, y tro' i fy meddwl;
Daw arna' i'n gwbwl
Am liw'r wmbwl
Trwbwl cwmwl caeth.
Cofia, beunes dduwies dda,
Y byrdra o fwyndra a fu;
A mentra, bun
Oleuwedd lun,
I'r mwyn rwymyn, gorffyn gwirffel,
Feindw dawel,
Yn lle 'madel,
Dal mewn gafel gu.
Os ateb mwyn a chŵyn ni cha'
Ni chlwyfa brafia'i bri
Mo'm calon fach;
Mi a'i cadwa'n iach;
Pe baut glanach, gwynnach, gwenfron,
Nid â trymion
Caeth ochneidion
Dan fy nwyfron i.

125 *Cwyn Cariad*

Fy ngwenithen lawen liwus,
O ran dy ddäed 'rwy'n dy ddewis;
Nid am ddiwrnod hynod heini
Y dymunwn gael dy gwmni,

HUW MORUS

Nid am fis neu ddau, neu flwyddyn,
    Trwy gymhendod
    Ar wan dafod
        'Rwy'n dy ofyn;
Tra fo f'einioes heb derfynu
    Mynnwn beunydd,
    Difai ddeunydd,
        Dy feddiannu.

Wrth ystyried oered arian
Yn y gwely, ewig wiwlan,
Mwya' ennill a ddymunes,
Dawnus gynnil dynes gynnes.
Lle bo cynhesrwydd gwiwrwydd gariad
    Fe ddaw cyweth
    Yn gynhalieth,
        Difeth dyfiad.
Mêl i mi, liw lili oleulan,
    Pêr win parod
    (Dod a gosod)
        Yw dy gusan.

Ystyria dithau stori'r doethion—
Y glana' i'w gael yw'r glana'i galon;
Mwyaf mawredd yw bodlonrwydd,
Y man y bo y bydd diddigrwydd.
Lle byddo dau'n un gywir galon,
    Gyda heddwch,
    Ufudd degwch,
        Fe fydd digon.

Gwell it ar les dy gorff a'th enaid
 Fwynddyn serchog
 Na gŵr tiriog
  Ar gowrt euraid.

Os a'th gâr a'th gaiff, gwawr olau,
Mae'n ddialar, meinaidd aeliau;
Myfi a fydd drwy ddeddf gyfiawnder
I'th feddiannu, perl y purder,
Moddus afiaith, mi a ddeisyfa'
 Gael gwir union
 Mwyn o'th galon,
  Minnau a'th goelia';
Llunia amod llawen imi,
 F'annwyl feinwen,
 Gua' dwysen,
  I gydoesi.

EDWARD MORRIS

1607–1689

126 *Gyrru'r Haf at ei Gariad*

Y Bardd

GAN godi'r dydd cynta' o Fai o'r claeara'
 Gydag Aurora, gwir arwydd i ni,
Mae Amser 'n odidog yn twyso'r Haf tesog
 A Phoebus, olwynog oleuni.

'Dydd da fo i'r Haf perffeth, nod angen naw dengweth,
  Mi a'th welais di'n odieth newidio pob glyn;
A hefyd can croeso i'r wlad i lawn ffrwytho,
  Yr wyt yn disgleirio'n des claerwyn.

'Mae'r wlad yn dy hoffi, mae blodau'n dy hoywi,
  Mae Fflora'n dy gwmni da heini dy hun;
A thithau mor enwog, a'th siaced wyrdd wlithog
  Ariannog fotymog, fyd twymyn.

'Mae'r coedydd yn glasu, mae'r meillion o'th ddeutu,
  Mae dail y briallu yn tyfu ymhob twyn,
A'r adar diniwed yn lleisio cyn fwyned
  I'w clywed a'u gweled mewn gwiwlwyn.

'Mi fûm yn hir ddiodde gofidus gafode
  Heb weled yn ole un iawnle mor lân
Â'th goron flodeuog a'th wyneb gwyn gwresog
  Ers blwyddyn, aer rywiog, i rŵan.

'Diddanwch a natur, hyfrydwch a chysur,
  Pob math ar greadur, gwiw rydid barhau—
Hiraethodd fy nghalon nes gweled d'arwyddion,
  A'th dirion hardd lwysion wyrdd lysiau.

'Y tirion Haf perffeth, mi ofnais fynd ymeth
  O'm helynt a'm haleth i'm helor a'r gro,
O serch ar loer addfwyn, cyn gweled y gwanwyn,
  Y dolydd a'r dulwyn yn deilio.

'Ond bellach mae 'ngobeth dy gael di'n gydymeth,
  Diddanwch naturieth, mwy afieth i mi,
Dan ddisgwyl yn fwynedd dy gymorth digamwedd
  I fynd â'm dyn luniedd dan lwyni.'

Yr Haf

'Y Cymro llawn pleser, prysura' i at ei mwynder,
  Cyn colli mo'm hamser, fy llawnder a'm lles;
Mi fydda'n ufuddol o'th du di'n wastadol
  I'w denu hi i'r faenol, gu fynwes.

'Gwna hafdy clymedig ac adail o goedwig,
  A thyn y glau ewig i glywed y gog,
A newid yn ffyddlon gusanau'n gysonion
  Dan dirion goed irion cadeiriog.'

Y Bardd

'Can diolch, Haf perffeth, dydi yw 'nghydymeth,
  I fynd at wawr odieth yn heleth mae'n haws;
Dy ddyddiau sydd hirion hyd lwybrau mawr meithion
  I fynd at liw'r hinon, loer hynaws.

''Rwyt ti mor bresennol 'rhyd mynydd a maenol,
  I dymor naturiol mor fuddiol a fydd,
Yn cario gorchmynion, o roddiad arwyddion,
  Ein ffyddlon ddwy galon i'w gilydd.

'Tri mis y sydd iti mewn llan ac mewn llwyni
  O des yn gwresogi, tro heini trwy hedd;
Ni ddichon cydwybod na meinir liw'r manod
  Fyth ofyn, maith amod, mo'th omedd.

'Ni wnei di, 'rwy'n coelio, na chysgu na huno,
  Ond gyrru a phrysuro a phwyso at ei phen;
Di weli yn wastad bob tro a phob treiglad
  A phwy a fo'n siarad â'm seren.

'A dywed hyn wrthi, er maint sy'n ei hoffi,
  Am fod yn bur imi, bêr amod, heb feth;
Mi wnawn i'm lloer wen-gu ychwaneg na'm gallu
  Pe cawn inne ymgredu â'm gwawr odieth.'

Yr Haf

''Rwy'n cyrraedd pob cyrion o'r tiroedd hardd tirion,
  'Rhyd eigion eithafion, rai llawnion eu lles;
Mi garia'n 'wyllysgar at Fenws hael hawddgar,
  Y Cymro da nwygar, dy neges.'

Y Bardd

'Mi a 'mladdwn yn Asia, mi chwiliwn Ewropa,
  Am drysor o'r India i'r iawndeg wen ferch;
Trafaeliwn yn ddiwyd America hefyd,
  Un ffunud fy mhenyd a'm hannerch.

'Mi awn i Rwmania, mi dorrwn ben Hydra,
  A pherlau Tartaria, mwyn hedfa mewn hwyl,
I'r feinir a gyrchwn, os mynne ac os gallwn,
  Anturiwn, hyderwn hyd arwyl.

'F'ewyllys i felly a'm tyn i ryfygu
  Ymhellach na'm gallu, 'rwy'n 'nynnu mewn nwy;
Os trecha naturieth ar reswm dysgeidieth,
  Cynyddu mae f'afieth i fwyfwy.

EDWARD MORRIS

'Y tesog Haf ffrwythlon, hysbysa i liw'r hinon,
Os gwnaiff hi ais culion fy nwyfron i'n iach,
Ni bydda'i twyllodrus, pe treie lloer weddus
Arwyddion o'm h'wyllys i 'mhellach.

'Ni thro'i oddi wrth wenfron er da nac er dynion;
Mae serch yn llawr eigion y galon heb gêl;
Er godde cryn ergyd mewn gofal er gofid,
Mi fentrwn fy rhydid a'r hoedel.

'Dyma ar fyr eiriau fy meddwl yn ddiau;
Os gwnei fy negesau, mawr gysur a fydd;
Mi fola'n ddidristwch dy dirion hawddgarwch
A'th degwch a'th harddwch a'th hirddydd.

'Cerbydau Apolo sy'n ymyl gorffwyso,
A'r gwelltglas tan wyro yn gwlitho mor glau;
I wylio ar ei mawredd mi af finnau'n gyfannedd;
Mae'r heulwen ar gyrredd ei gaerau.'

Ni threuliais ond diwrnod i roi mewn dibendod
Un ffarwel mor barod, air hynod, i'r Haf,
Nes derbyn peth ffrwythiant o'm llafur mewn llwyddiant
Cyn diwedd gwir ffyniant Gorffennaf.

PETER LEWIS

Late 17th cent.

127

Cathl y Gair Mwys

HI aeth, f'anwylyd, yn G'langaea',
Ti wyddost wrth y rhew a'r eira;
Dywed imi'n ddigyfrinach,
Pam na wisgi *lewis* bellach?

Pan fo'r hin yn oer aneiri',
A'r cynfasau'r nos yn rhewi,
Gwybydd, Gwen, mai dyna'r amser
Y gwnâi *lewis* iti bleser.

Rhai rônt lewis wrth eu breichiau,
Rhai rônt lewis wrth eu cefnau,
Cymer ffasiwn newydd, Gwenfron,
Dyro *lewis* wrth dy ddwyfron.

Di gei grys o'r holand meina',
Di gei own o sidan siopa,
Di gei'r ffasiwn a ddymunech,
Di gei *lewis* fal y mynnech.

Gwelais ganwaith lewis gwynion,
Gan gyffredin a bon'ddigion,
Am dy weled mi rown fawrbris
Yn dda dy le, yn ddu dy *lewis*.

Arferol i bob merch a wel'is
Am ei breichiau wisgo llewis;
I'r gwrthwyneb dyro dithau,
Am dy *lewis* gwisg dy freichiau.

PETER LEWIS

Gwelais lawer merch na rusa
Yn ei llewis flaene pinna;
Tithau fuost yn fwy dibris,
Saethau blennaist yn dy *lewis*.

Oer yw'r tŷ heb dân y gaea',
Oer yw'r cenllysg, oer yw'r eira,
Oer yw'r hin pan fo hi'n rhewi,
Oer yw merch heb *lewis* ganddi.

Bydd di fwyn a rhwydd dy galon,
Paid ag edrych arna' i'n ddicllon;
Rhag ofn dyfod angau dibris,
Ac ymaelyd yn dy *lewis*.

Mae dy siwt i gyd yn gryno,
Ond un peth sydd eisiau eto;
Nid yw hynny i gyd mo'r llawer
Ond dwy lath o *lewis* ofer.

Ar dy lewis pe cait gynnig,
Gwn y gwerthit am ychydig;
Pe bait unwaith wedi 'marfer,
Ni chymrit am dy *Lewis* lawer.

ROBERT HUMPHREYS

d. 1718

128 *Mawl i Ferch*

IFIENCTID, glân rianedd,
Sy â'u doniau ar dwyn,
Gwrandewch fy nghŵyn;
Fe'm rhoed mewn cyfyng drwbwl
Wrth arwain meddwl mwyn.
Fel 'roeddwn ar foreddydd
Rhwng bronnydd braf
Yn rhodio'r haf,
Yn gwrando ar lais yr hedydd
Yn canu ar dywydd daf,
Mi welwn ewig hawddgar
Heb un cymar yn y coed,
Mewn llwyn di-fraw
Oedd uwch fy llaw
Yn llechu draw ar droed.
A hon oedd hardd i'w hedrych
A disgleirwych ar des clir,
Yn deg ei moes,
'Rwy'n tybio'n f'oes
Ei hail nid oes ar dir.

Pan welais, mi lawenais,
Fel duwies deg,
Dda fron ddi-freg,
A hithau fun lliw'r eira
Yn lletya mewn lle teg.
Mi a nesais beth tuag ati,

Y wisgi wawr,
Mewn 'wyllys mawr
I gaffael ei chofleidio
Neu ymgomio yno awr.
Angyles yn fy ngolwg
A'i gwawr ddigilwg amlwg oedd.
Os wyf fi'n dallt,
Ei gwedd hi a'i gwallt
Disgleirio'r allt yr oedd.
Er teced pryd f'angyles
Yn y lloches gynnes gain,
O'i chwmpas hi
'Roedd mwy na rhi
O fieri, drysni a drain.

Po nesa'r awn i'w chyrraedd,
Er mawredd mael,
Dda wedd ddi-wael,
Anhawsach oedd mynd ati,
Y fun heini fain ei hael.
Er neidio, rhwyfo'n rhyfedd,
Yn ŵredd naws,
I dreio ar draws
I gaffael lloer anwylgu,
Er hynny nid oedd haws,
O waith mieri mawrion,
A'r rheini'n llymion ar fy lles,
I'm dal o hyd
Rhag teg ei phryd,
Gan ofyd nid wy'n nes;
Gan faint sy o wŷr o'i deutu
I'w chysgodi, awchus gŵyn,

A'u pigau o ddur
I'm dal mewn cur,
Oedd ferthyr am wawr fwyn.

Wrth fyned drwy'r anialwch
Mewn dig at hon
Oedd rhyngthwy a'r fron,
Mi welwn wŷr o'i deutu
Yn weitio ar lili lon.
Rhag ofn i'r rhain fy nghanfod,
Mewn cyfnod certh
Gan faint eu nerth,
Er hyn ni allwn feiddiò
Mo'r dringo i bwyo'r berth.
Os codi plaid i'w hela
O'i lloches dda ni feiddiaf fi,
Rhag cael bob dydd
Gystuddio 'ngrudd
A'm poeni o'i herwydd hi;
Gan faint sydd i'w hamgylchu
I'm rhwystro i'w saethu (On'd tost yw'r siom?)
Diwreiddio'r berth
Sydd beth rhy serth,
Fe aeth hynny yn drafferth drom.

Ond bellach clywch fi'n datgan
Mewn hoywlan hedd
Cyn mynd i'm bedd
Fy mhenyd am fy mheunes,
Gwawr gynnes gorau'i gwedd;

ROBERT HUMPHREYS

I draethu hyn o ddameg
    Yn deg ddi-dwyll
    Drwy burlan bwyll,
A'r peth a'm rhoes mewn nychdod
    Dan ormod dyrnod dwyll:
Yr ewig deg arafaidd
    Oedd rianaidd fwynaidd ferch—
        Y fun lliw'r ôd
        Egluraidd glod
    A'm rhoes mewn syndod serch.
Y drain mieri mawrion
    Oedd athrodion coegion cas
        Sydd hyd y wlad
        Yn gwneud fy mrad
    Â'u pigiad, bwriad bas.

A'r gwŷr oedd yn ei gweitio
    O ddeutu'r fron,
    Fun lariaidd lon,
Weldyna'r drwg ewyllyswyr,
    Rhuadwyr, bradwyr bron;
A'r rhain mewn arfau llymion
    Yn llamu'n ddwys
    I'm rhoi dan bwys,
A'u dichell i'm bradychu
    A'm gyrru dan y gŵys.
Ac oni ystyri, meingan,
    Lloer berffeithlan wiwlan wawr,
        Dim help nid oes,
        Di a'm rhoi mewn gloes,
    Ni phery f'einioes fawr.

Ni all yr un a'r aned
Ond fy nghofled mendio 'nghur;
Ow deffro di,
Lliw ewyn lli,
I'm helpio i'r pwysi pur.

ENGLYNION

(*A Selection*)

14th–17th cents.

129 *Morfudd*

NI pheidia' â Morfudd, hoff adain—serchog,
Pes archai Bab Rhufain,
Hoywliw ddeurudd haul ddwyrain,
Oni ddêl y mêl o'r main.

Dafydd ap Gwilym

130 *Carw*

DOE gwelais cyd â gwialen—o gorn,
Ag arno naw cangen;
Gŵr balch ag og ar ei ben,
A gwraig foel o'r graig felen.

Dafydd ap Gwilym

131

Myned Adref

Y GLEISIAD, difrad yw ef, — o'i ddichwain
A ddychwel i'w addef;
'Nôl blino'n treiglo pob tref
Teg edrych tuag adref.

Llawdden

132

Hen a Byddar

GWAE'R gwan dan oedran nid edrych, — ni chwardd,
Ni cherdda led y rhych;
Gwae ni wŷl yn gynilwych,
Gwae ni chlyw organ a chlych.

Guto'r Glyn

133

Bonedd

MAE'N wir y gwelir argoelyn — difai
Wrth dyfiad y brigyn;
A hysbys y dengys dyn
O ba radd y bo'i wreiddyn.

Tudur Aled

134

Duw a Ran

NI chaiff dyn ronyn ond a rannodd — Duw,
Ni cheir dim o'i anfodd;
Nid pob un a'i dymunodd
Yr aeth ei fyd wrth ei fodd.

Siôn Tudur

135 *Deufyd*

O GYWETH difeth mewn deufyd,—Duw gwyn,
Digonedd sy gennyd;
Gyda rhoi nef im hefyd,
Trefna beth tra fwy'n y byd.

Siôn Tudur

136 *Twf Dyn*

Y MABAN yn wan unwaith—y genir,
Ac yna i dwf perffaith;
Ban êl yn faban eilwaith
Buan daw i ben ei daith.

Edmwnd Prys

137 *Llesgedd*

AETH henaint â'm braint, a'm brig—a lwydodd,
A'm aelodau'n ysig;
Diffaith fydd pren gwyrennig
Yn y fron pan grino'i frig.

Anon.

138 *Gŵr Trwblus*

MAE dolur difesur dan f'asau—'n tramwy,
Mae trymion feddyliau;
Y mae enaid i minnau
Er na chaf ffordd i'w choffáu.

Anon.

139 *Gŵr Dedwydd*

O FÔR, o faenor, o fynydd—agos,
O eigion afonydd
Y daw Duw ar hyd y dydd
Â da i adail y dedwydd.

Anon.

140 *Tynfa*

NI tharia yn Lloegr noeth oeryn—o beth
Byth hwy nag un flwyddyn;
Lle macer yr aderyn,
Llyna fyth y llwyn a fyn.

Anon.

141 *Dyn a'i Gartref*

PLENNAIS, da gwisgais dew gysgod—o'th gylch
Wedi'th gael yn barod;
Wele, yr Hendre Waelod,
Byddi di, a m'fi heb fod.

Rhisiart Phylip

142 *Glendid*

OD ydwyd, fal y dywedan',—yn ffôl
Ac yn ffals dy amcan,
Hynod i Dduw ei hunan
Fentro dy lunio mor lân.

Anon.

143 *Ychen*

ONID pêr clywed pori—yr ychen?
Hir iechyd i'r rheini.
Gwledd ni cheid i arglwyddi.
Na baich ŷd oni bai chwi.

Anon.

144 *Trugaredd*

FY Nuw, gwêl finnau, Owen;—trugarha
At ryw grydd aflawen
Fel y gwnawn pe bawn i'n ben
Nef, a thi o fath Owen.

Anon.

145 *Er Cof am Edward Lhuyd*

MEINI nadd a mynyddoedd—a gwaliau
Ac olion dinasoedd
A dail, dy fyfyrdod oedd,
A hanesion hen oesoedd.

John Morgan

TRADITIONAL FOLK VERSES

Hen Benillion

16th–17th cents.

146

MEDI gwenith yn ei egin
Yw priodi glas fachgennyn;
Wedi ei hau, ei gau, a'i gadw,
Dichon droi'n gynhaeaf garw.

147

ESMWYTH tlodi gan y doethion,
Blin yw cyfoeth i'r ynfydion.
Mwy o boen sy ar rai yn gwario
Nag ar eraill yn llafurio.

148

BU gennyf ffrind a cheiniog hefyd,
Ac i'm ffrind mi rois ei benthyg.
Pan eis i nôl fy ngheiniog adre,
Collais i fy ffrind a hithe.

149

PAN basio gŵr ei ddeugain oed,
  Er bod fel coed yn deilio,
Fe fydd sŵn 'goriadau'r bedd
  Yn peri i'w wedd newidio.

150

DOD dy law, on'd wyt yn coelio,
Dan fy mron, a gwylia 'mriwio;
Ti gei glywed, os gwrandewi,
Sŵn y galon fach yn torri.

151

NID oes rhyngof ac ef heno
Onid pridd ac arch ac amdo;
Mi fûm lawer gwaith ymhellach
Ond nid erioed â chalon drymach.

Haen o bridd a cherrig hefyd
Sydd rhyngof i a chorff f'anwylyd,
A phedair astell wedi eu hoelio,—
Pe bawn i well, mi dorrwn honno.

152

MYND i'r ardd i dorri pwysi,
Pasio'r lafant, pasio'r lili,
Pasio'r pincs a'r rhosys cochion,
Torri pwysi o ddanadl poethion.

153

GWYNT ar fôr a haul ar fynydd,
Cerrig llwydion yn lle coedydd,
A gwylanod yn lle dynion;
Och Dduw! pa fodd na thorrai 'nghalon?

154

AR ryw noswaith yn fy ngwely,
Ar hyd y nos yn ffaelu cysgu,
Gan fod fy meddwl yn ddiama'
Yn cydfeddwl am fy siwrna'.

Galw am gawg a dŵr i 'molchi,
Gan ddisgwyl hynny i'm sirioli,
Ond cyn rhoi deigryn ar fy ngruddiau
Ar fin y cawg mi welwn Angau.

Mynd i'r eglwys i weddïo,
Gan dybio'n siŵr na ddeuai yno,
Ond cyn im godi oddi ar fy ngliniau
Ar ben y fainc mi welwn Angau.

Mynd i siambar glos i ymguddio,
Gan dybio'n siŵr na ddeuai yno,
Ond er cyn glosied oedd y siambar
Angau ddaeth o dan y ddaear.

Mynd i'r môr a dechrau rhwyfo,
Gan dybio'n siŵr na fedrai nofio,
Ond cyn im fynd dros lyfnion donnau
Angau oedd y capten llongau.

155

LLUN y delyn, llun y tannau,
Llun cyweirgorn aur yn droeau:
Dan ei fysedd, O na fuasai
Llun fy nghalon union innau!

156

TEBYG ydyw'r delyn dyner
I ferch wen a'i chnawd melysber;
Wrth ei theimlo mewn cyfrinach,
Fe ddaw honno'n fwynach, fwynach.

157

BLIN yw caru yma ac acw,
Blin bod heb y blinder hwnnw;
Ond o'r blinderau, blinaf blinder,
Cur annifyr, caru'n ofer.

158

PAHAM mae'n rhaid i chwi mo'r digio
Am fod arall yn fy leicio?
Er bod gwynt yn ysgwyd brigyn,
Rhaid cael caib i godi'r gwreiddyn.

159

MAENT yn dwedyd y ffordd yma
Nad oes dim mor oer â'r eira;
Rhois ychydig yn fy mynwes,
Clywn yr eira gwyn yn gynnes.

160

MI af i'r eglwys ddydd Sul nesaf,
A than raff y gloch mi eisteddaf;
Ac mi edrycha' â chil fy llygad
Pwy sy'n edrych ar fy nghariad.

161

O F'ANWYLYD, cyfod frwynen,
Ac ymafael yn ei deupen;
Yn ei hanner tor hi'n union
Fel y torraist ti fy nghalon.

162

MI ddarllenais ddod yn rhywfodd
I'r byd hwn wyth ran ymadrodd,
Ac i'r gwragedd, mawr lles iddynt,
Fynd â saith o'r wythran rhyngddynt.

163

Ni wn i p'run sydd orau im eto,
Ai marw o gariad merch ai peidio,
Nes y gwypwyf pwy enillodd,
Ai'r mab a'i cadd ai'r mab a'i collodd.

164

Difyr yw hwyaid yn nofio ar y llyn,
Eu pigau sy'n gochion a'u plu sydd yn wyn.
Rhônt ddeudro neu drithro yn fywiog a chwim.
Beth bynnag a welant, ni ddwedant hwy ddim.

ELLIS WYNNE

1671–1734

165

Angau

(*Extracts*)

Gadel tir a gadel tai,
(Byr yw'r rhwysg i ddyn barhau)
  Gadel pleser mwynder mêl,
A gadel uchel achau.

Gadel nerth a thegwch pryd,
Gadel prawf a synnwyr ddrud,
  Gadel dysg a cheraint da,
A phob anwyldra'r hollfyd.

Oes dim help rhag Angau gawr,
Y carnlleidr, mwrdriwr mawr,
  Sy'n dwyn a feddom, ddrwg a da,
A ninnau i'w gigfa gegfawr?

Gwŷr yr aur, on'd gwych a fai
  Gael fyth fwynhau'ch meddiannau?
Mae'l y gwnewch-chi rhyngoch rodd
  A ryngo fodd i'r Angau.

Chwi rai glân o bryd a gwedd,
  Sy'n gwallio gorseddfeinciau,
Mae'l y trwsiwch chwithau'ch min
  I ddallu'r Brenin Angau.

Chwi'r ysgafnaf ar eich troed,
  Yng ngrymus oed eich blodau,
Ymwnewch i ffoi, a chwi gewch glod
  O dihengwch rhag nod Angau.

Mae clod i ddawns a pheraidd gân
  Am wario aflan ddrygau;
Ond mawr na fedrai sioncrwydd Ffrainc
  Rygyngu cainc rhag Angau.

Chwychwi drafaelwyr môr a thud
  A'r byd i gyd a'i gyrrau,
Yn rhodd, a welsoch mewn un lle
  Ryw gongol gre' rhag Angau?

Chwi sgolheigion a gwŷr llys,
  Sy'n deall megis duwiau,
A rowch-chi 'mysg eich dysg a'ch dawn
  Ryw gyngor iawn rhag Angau?

Credu ac edifarhau
A buchedd sanctaidd y gwellhau,
  Y rhain yw'r unig help i ddyn
Rhag ing a cholyn Angau.

Gwael y gweli'r rhain yn awr,
Ond wrth fudo i'r byd mawr
  Tydi a'u prisi'n fwy na hyn
Ar fin dy derfyn dirfawr.

Pan fo'r byd i gyd ar goll,
  A'i fwynder oll ar d'ollwng,
Anfeidrol fydd eu pris a'u gwerth
  Wrth gae yr anferth gyfwng.

LEWIS MORRIS

1701–1765

166 *Cywydd y Rhew a'r Eira*

CANU'N lew, cyn fy rhewi,
Ym Mair, sydd orau i mi;
A chywydd newydd a wna'
I'r aruthr rew a'r eira,
I'r maes dur, ac i'r mis du,
Byr grinwellt, a bair grynu.
Och im, nid wyf iach yma
I ganu'n ddoeth ac yn dda;
Gwell y rhed Awen ledpai
Wres Mehefin, a min Mai;

Pan fo tôn pêr aderyn,
Hyd y dail, yn hudo dyn;
Dyna 'nfydwas, dan fedwen,
Yn gwynfydu'n gwasgu gwen;
A'i lais mewn neuadd laswerdd
A gaid, ac enaid i'r gerdd.
Nid fal hwn, barnwn, y bydd
Y gaeaf, yn dragywydd;
Eira gwyn yn oeri gwedd,
A'r lluwch yn cuddio'r llechwedd;
Pob lle'n oer, pob llwyn yn wyn,
A diffrwd fydd y dyffryn.
Clo ar ddwfr, nid claear ddydd,
A durew hyd deyerydd,
A bwyd adar byd ydoedd
Dan glo Duw, yn galed oedd;
Aed â'r agoriad adref
Yn iawn, i'w gadw'n y Nef.

167 *Caniad y Gog i Feirionnydd*

ER a welais dan y sêr
  O lawnder glewder gwledydd,
O gwrw da a gwŷr i'w drin,
  A gwin ar fin afonydd,—
Gorau bir a gorau bwyd,
  A rannwyd i Feirionnydd.

Eidion du a dynn ei did,
  Ond odid, i ddyn dedwydd,
I dorri ei gŵys ar dir ac âr,

  A braenar yn y bronnydd;
Gorau tynn, fe'i gŵyr y Tad,
  Morynion gwlad Meirionnydd.

Da ydyw'r gwaith, rhaid dweud y gwir,
  Ar fryniau Sir Feirionnydd;
Golwg oer o'r gwaela' gawn,
  Mae hi eto'n llawn llawenydd;
Pwy ddisgwyliai 'canai cog
  Mewn mawnog yn y mynydd?

Pwy sydd lân o bryd a gwedd,
  —On'd rhyfedd?—mewn pentrefydd?
Pwy sy 'mhob hyswïaeth dda,
  Yn gwlwm gyda'i gilydd?
Pwy fu'n ymyl dwyn fy ngho'?
  Morynion bro Meirionnydd.

Glân yw'r gleisiad yn y llyn,
  Nid ydyw hyn ddim newydd;
Glân yw'r fronfraith yn ei thŷ,
  Dan dannu ei hadenydd;
Glanach yw, os dweda'i'r gwir,
  Morynion tir Meirionnydd.

Annwyl yw gan adar byd
  Eu rhyddid hyd y coedydd;
Annwyl yw gan faban laeth
  Ei famaeth odiaeth ddedwydd;
O, ni ddywedwn yn fy myw
  Mor annwyl yw Meirionnydd.

Mwyn yw telyn o fewn tŷ
  Lle byddo teulu dedwydd;
Pawb â'i bennill yn ei gwrs,
  Heb sôn am bwrs y cybydd;
Mwyn y cân, oddeutu'r tân,
  Morynion glân Meirionnydd.

Er bod fy nghorff mewn hufen byd
  Yn rhodio hyd y gwledydd,
Yn cael pleser môr a thir,
  Ni chaf yn wir mo'r llonydd;
Myned adre' i mi sy raid,
  Mae'r enaid ym Meirionnydd.

168

Gallt y Gofal

DYMA daith y gwanddyn meddal
Aeth i ddringo Gallt y Gofal
Drwy anialwch y byd yma,
I geisio ym Mhen y Bryn orffwysfa.

Blin yw dringo creigiau geirwon,
Blina' gelltydd yw gofalon;
Duw ei hun a'u rhoes hwy yno,
A Duw roes y nerth i'w dringo.

Profedigaeth yw blinderau,
Profir pwy yw'r dringwr gorau;
Lle bo calon ac amynedd,
Ceir i Ben y Bryn o'r diwedd.

Blinder ysbryd yw gofalon,
Dringo'r Allt sydd doriad calon;
Lle bo dyn â chalon feddal,
Duw, mor flin yw Gallt y Gofal!

Llithrig ydyw Gallt Gofalon,
Heb un llwybyr i'r dyn gwirion;
Pawb â'i hyr i'r gwan digynnydd,
Hwi i lawr, i droed y mynydd.

Cropian decllath ar i fyny,
Llithro naw yn ôl o hynny;
Caffael codwm, methu codi,
Nes cael help, ac ymwroli.

Rhoi ail gynnig ar ei dringo,
Ar y llether yna llithro;
Ni wiw gorwedd gwedi syrthio,
Rhaid cael llawer codwm eto.

Yno dringo fal malwoden,
A dal gafael mewn rhedynen;
Fe ddôi pwff o wynt, dan chwyrnu,
Ac a'm taflai â'm tor i fyny.

Wrth hir gropian, ac ym'wino,
Cael i Ben y Bryn, dan gwympo;
Rhoi yno 'mhen i lawr i orwedd,
Mawl i Dduw am bob trugaredd.

169 *Lladron Grigyll*

GWYCH gan bobl onest lân
  Oleuni tân a channwyll,
Gwych gan wylliaid fod y nos
  Mewn teios yn y tywyll;
Gwych gan innau glywed sôn
  Am grogi lladron Grigyll.

Pentref yw di-dduw, di-dda,
  Lle'r eillia llawer ellyll,
Môr-ysbeilwyr, trinwyr trais,
  A'u mantais dan eu mentyll;
Cadwed Duw bob calon frau
  Rhag mynd i greigiau Grigyll.

Os llong a ddaw o draw i drai,
  I draethau'r bobl drythyll,
Tosturi'r rhain sydd fel y tân
  Neu'r Gwyndraeth a'u gwna'n gandryll;
Gorau gwaith a wnâi wŷr Môn
  Oedd grogi lladron Grigyll.

Pan ddoed â'r gwylliaid at y bar
  A beio ar eu bwyyll,
Ni wnaethant hwy â'r Cyrt, myn Mair,
  Ond cellwair gyda'u cyllyll;
Câi'r byd weled yno ar fyr
  Mor lân goreugwyr Grigyll.

Hwy roent ar law'r Atwrnai groes,
  Yn sydyn troes yn sidyll;

Am aur melyn mae'r dyn du
  Yn brathu fel y brithyll;
Mae'n ôl i hwnnw a wnelo hyn
  Ei grogi yn nhywyn Grigyll.

Rhai cyfreithwyr mawr eu chwant
  Yn chwarae plant mewn pistyll,
A rhai gonest ar y cwest
  Am guddio'r ornest erchyll;
Och am Siapel yn Sir Fôn
  I grogi lladron Grigyll.

Morus oedd, fel môr ei sŵn,
  Am safio'r cŵn yn sefyll;
Fe rôi i'r Capten aml śen
  Ac ysgwyd pen ac esgyll,
Am fynd â'i long â meddwl drwg
  I greigiau diddrwg Grigyll.

Fe yrr Duw inni farnwr doeth
  I safio'n cyfoeth serfyll,
I ddistrywio gwylliaid Môn
  A'u cywion yn eu cewyll;
A ddygodd gortyn, doed i'w ran
  I'w grogi ar orllan' Grigyll.

Fe dâl yr Arglwydd i'r ysbrêd
  A wnaeth y weithred dywyll—
Ysbeilio'r llong a gwylltio'r gwŷr
  Yn dostur yn y distyll;
Gweddwon oll ac oer eu tôn
  Fo gwragedd lladron Grigyll.

Gweddi ffyddlon dynion dŵr—
  Y powdwr dan eu pedyll;
Na weler gwrach heb grach, heb gri,
  Yn pobi yn eu pebyll;
Bo eisiau bwyd o'r bais i'r bedd
  Ar epil gwragedd Grigyll.

Ac oni chrogwch cyn yr ha'
  Ddihira' dyrfa derfyll,
Rhowch nhwy i Fernon fawr ei fri,
  A'u castiau i dorri cestyll;
Ac yno down, o fesul dau,
  Yn rhydd i greigiau Grigyll.

Os dônt i Arfon rhag y grog
  Ag ergyd rog i irgyll,
Ni fynnwn wdyn yn eu hoed
  I'w difa ar goed efyll,
Neu gwest o longwyr o Sir Fôn
  I grogi lladron Grigyll.

EDWARD RICHARD

1714–1777

170 *Bugeilgerdd*

Gruffudd

PWY ydyw'r dyn truan, fel hyn wrtho'i hunan,
  'Rwy'n canfod yn cwynfan fel baban tan berth,
A'r dŵr dros ei ddeurudd yn gostwng dan gystudd?
  Myneged i Ruffudd ei drafferth.

EDWARD RICHARD

Meurig

Di weli d'anwylyd, hen gyfaill, mewn gofid,
  Corff egwan dan adfyd, o'i blegyd a blyg;
Bid imi drugaredd, fe ddarfu pob rhinwedd,
  Anrhydedd a mawredd ym Meurig.

Gruffudd

A laddodd y bleiddiaid yn ddifwyn dy ddefaid?
  Neu a giliodd dy goelaid, lloer gannaid o'i lle?
Mamogion bron Brwyno, er iddyn' hir grwydro,
  Dôn' eto i'w llwyr odro i'r llawr adre.

Meurig

Ymwasgu â gwag gysgod, a charu'r byd ormod
  Ar ddarn o ddiwrnod, i drallod a dry;
Ni chefais fawr golled am dda nac am ddefed,
  Mae'r ddôr yn agored i garu.

Gruffudd

Ai trawsion trwy ysu, di-fudd sy'n dy faeddu,
  A thramawr orthrymu'n diraenu dy rudd?
Och'neidiau rhy oerion sy 'nghiliau fy nghalon
  Fod dwyfron dyn gwirion dan gerydd.

Meurig

Fy nyddiau'n anniddan ân' oll o hyn allan,
  Gosodwyd Gwenllian mewn graean a gro;
Mae hiraeth fel cleddau yn syn dan f'asennau,
  Fe lwyda lliw'r aelau lle'r elo.

EDWARD RICHARD

Gruffudd

Er syrthio'r dywarchen i'r ddu oer ddaearen,
Hi gyfyd fel heulwen, yn llawen o'i llwch;
I'r sawl sy'n troi ato, mae bywyd heb wywo
Ym mreichiau ei Dad iddo, a dedwyddwch.

Meurig

O! taer yw naturiaeth, ni thry er athrawiaeth,
Ond wylo gan alaeth a hiraeth am hon;
A'r galon dan glwyfau di-les a du loesau
A dyr heb naws geiriau'n ysgyrion.

Gruffudd

Mewn henaint, mewn ie'nctid, mewn nych ac mewn iechyd
Mae'n aml rai yn symud o fywyd i fedd;
Nid oes na dyfeisio, na golud na gwylio,
All rwystro neb yno, na bonedd.

Meurig

Fy nydd sydd yn nyddu yn fanwl i fyny,
Y nos sydd yn nesu i roi'n isel fy mhen;
Ac un nid oes genny', er wylo ar oer wely,
Pan fo imi glafychu, glyw f'ochen.

Gruffudd

Ymostwng yn astud i ffynnon y bywyd,
Ac ochain am iechyd i'th glefyd a'th glwy;
E fydd, y mae'n addo, i'r gwas sy'n Ei geisio
Dan wylo'i gŵyn wrtho, yn gynhorthwy.

Meurig

Gwenllian fwyn serchog, 'rwy' fyth yn hiraethog,
Yng nghwyn yr anghenog gwnâi'n rhywiog ei rhan,
A phorthi'r trafferthus yn hael, a'r anhwylus,
Gwnaeth llawer gwan lliwus, Gwenllian.

Gruffudd

Pe rhannwn yn rhywiog fy nghroen i'r anghenog,
Heb waed yr Oen serchog, ŵr euog yr wyf,
A thynnu 'ngwythennau ar led fy aelodau
I'r poenau'n dameidiau, dim ydwyf.

Meurig

Os hoffi gorchymyn ei Dad wna'r credadun,
(Trugarog i adyn o elyn yw O),
Ac adde' ei ddiffygion mewn cof am un cyfion,
Ni chais Ei law dirion le i daro.

Gruffudd

Gan hynny bydd fodlon fod cariad mor ffyddlon
Yn myned yn union at Seion, a Saint,
Fel ffrwyth pan addfedodd, mor deg a 'madawodd,
O'i gwirfodd a hunodd o henaint.

Meurig

Nid oes mwy hynawsedd im gael nac ymgeledd
Gan roi'r un garuedd a llariedd i'r llwch,
Na gobaith 'does genny' gael unwaith ond hynny
Mewn mwynder, chwaer iddi, a char'eiddiwch.

Gruffudd

Gad ochain mor drymed a dagrau i rai digred,
(Na byddo gwar galed yn niwed i ni),
Ti a'i gwelaist, gobeithio, mewn heddwch yn huno,
Ac amdo'n digwyddo'n deg iddi.

Meurig

Dy eiriau da arail, ni nyddant hen wiail,
Cyn hawdded i fugail â siglo sail serch
Roi gosteg i'r gwynto'dd, a thwrf mawr y moro'dd,
Neu weddwdod o'i hanfodd i henferch.

Gruffudd

Mae gennyt ti ganu, a rhinwedd gyfrannu,
Da ddoniau'n diddanu, a llonni pob lle;
Os chwiban dy bibgoed felysgerdd dan lasgoed,
O'r coed ni fyn dwydroed fynd adre'.

Meurig

Pen addysg pan oeddwn, i'r gwyrddail mi gerddwn,
A'r man y dymunwn mi ganwn â'r gog;
Yn awr dan ryw geubren 'rwy'n nychu ac yn ochen,
Fel clomen un aden anwydog.

Gruffudd

Ni gerddwn dan chwiban, at Ned o'r Dre' druan,
Cawn hwnnw wrtho'i hunan mewn caban main cul;
Mae'i gwrw fo o'r gorau i'w gael yn y gwyliau,
Gwnawn dyllau'n o forau'n ei faril.

Meurig

Mi welais ryw eilyn ar fwrdd yr oferddyn,
  A Ned wrth ei bicyn, yn llibyn a llwyd;
Pab Rhufain, pe profai (er maint ei rym yntau)
  A grynai, gwn innau, gan annwyd.

Gruffudd

Er niwl ac anialwch, a thrawster a thristwch,
  Daw dyddiau dedwyddwch, hyfrydwch i'r fro:
Daw Anna i dywynnu cyn nemor, cân imi,
  Di weli blwy Dewi'n blodeuo.

Meurig

Er mynych ddymuned o'r galon i'w gweled,
  Mor lluniaidd, mor laned, a haeled yw hon,
Mae'm march yn dindenau, a'r llif dros y dolau
  Yn chwarae pentanau Pont Einion.

Gruffudd

Rhyw faich o'r afiechyd sy gâr i seguryd,
  A hunan brynhawnfwyd yw bywyd y balch;
Rhesymau mwyn hyfryd o'r galon yw'r golud
  A'r iechyd i'r ynfyd a'r anfalch.

Meurig

Y Phenics hoff anian, aur eglur rywioglan
  Ni thyn Feurig allan, o druan, o'i dre';
A'r manna, pe'i rhennid yn rhwydd er cyrhaeddyd,
  Yr ynfyd a chysglyd ni chasgle.

Gruffudd

Nanteos heb orffwys, o'i mebyd, a Mabwys,
A'r Trawsgoed, le gwiwlwys, sy'n cynnwys gwŷr call;
Gwell, ambell awr ddigri, gael rhan gyda'r rheini
Na phoeni'n trysori tros arall.

Meurig

Nid oes well cyfeillion, na doniau mewn dynion,
Gwir ryw y goreuon yn galon i gyd;
Er maint eu rhinwedde diogel yw cartre',
Yn ara' daw magle i dŷ myglyd.

Gruffudd

Gan nad oes dim tu 'ma i dy fedd a dy foddia,
Amen mi ddymuna', na ffaela'n dy ffydd
Rhag mynd i'r poen didranc fel annoeth un ieuanc,
Neu henlanc dwygrafanc digrefydd.

Meurig

Pob math ar fendithion, fy nghâr, am gynghorion,
Fo'n llonni dy galon mewn dynion a da;
Di-wael fo dy wely mewn lafant a lili,
A'r mêl yn diferu'n dy fara.

Gruffudd

Y ddafad ddu gyrnig gei'n lân yn galennig,
(Cydymaith caredig yw Meurig i mi),
O'r hwrdd sydd ym Mrwyno mae'n gyfeb 'rwy'n gofio,
Dwg honno yn rhwydd eto yn rhodd iti.

Meurig

Mae gennyf bâl newydd, was diddan, ers deuddydd,
  Un graffus wen, Gruffudd, a hylwydd yw hi,
Danfonaf hon heno i'th dŷ, o waith Deio;
  Pan dreulio, mae'n addo min iddi.

Gruffudd

Mae'n bwrw yng Nghwm Berwyn, a'r cysgod yn estyn,
  Gwna heno fy mwthyn yn derfyn dy daith;
Cei fara a chawl erfin iachusol, a chosyn,
  A 'menyn o'r enwyn ar unwaith.

Meurig

Gwell cyngor rhagorol na maeddu'r heneiddiol,
  Ond un peth dewisol, swydd rasol, sydd raid,
Gofalwn am hwnnw, ni ŵyr pridd a lludw
  Y Dydd y bo galw Bugeiliaid.

ROLANT HUW

1714–1802

171 *Marwnad Rhys Morys*

PRYDYDDION Cymru, pam y cym'rwch
Y fath oferedd yn ddifyrrwch?
Sôn am glog a chlytiau lawer,
Cwd a chod a satsiel leder,
Gwell i chwi 'styried yn dosturus
Reswm arall am Rys Morys.

Na ddilëwch dduwiol awen,
Dawn y Tad, ac araith Foesen;
Trwy ddrygioni, gwegi, a gogan
Yr aeth y sut yn araith Satan,
A throi allan wrth ei 'wyllys
Ryw sŵn mawr am Rysyn Morys.

'R hwn ni wnaeth na thwyll na gwradwydd,
Na dim i'w adrodd ond din'weidrwydd,
Y gwyry hen, heb gyfri ohono;
Ac yn ei henaint cyn ei huno
Fe allai lunio o Dduw haelionus
Ras a mawredd i Rys Morys.

Tlawd ac egwan heb feddiannu.
Tŷ nac aelwyd, tân na gwely,
Heb gartre' i ddwad hyd ei ddiwedd
Druan gwael heb gael ymgeledd,
Ond Crist ein gwledd oedd Dad ymg'leddus
A'r Samariad i Rys Morys.

O ddrws i ddrws yr oedd o'n rhodio
A'i god a'i gyfoeth gydag efo,
Fel aderyn heb lafurio,
Fel Elias heb arlwyo,
Heb eisiau dim,—a phwy mor hapus
Yn Sir Meirion â Rhys Morys?

Gwan erioed o'i droed heb drydar,
Yn saith oed cyn troedio daear,

Gwan o gorff a gwan o foddion,
Gwan o help a chymorth dynion,
Er hyn ni adawodd Duw daionus
Mo'r eisiau mawr ar Rysyn Morys.

Ac er saled gŵr ei sylwedd,
Wele'r enaid a wêl rinwedd,
A'r corff truan anian unweth
Ar fyr alwyd i farwoleth;
Nid rhyfedd farw dyn llafurus,
Os marw ydyw Rhysyn Morys.

Gwan a gwych, mewn drych edrychwch,
Nid oes i'w gael mo'r diogelwch,
Ni chadd Arthur a'i fawr wyrthiau
Nawdd i ddiengyd yn nydd angau:
Yr un angau, hyn a ddengys,
Sy'n ymorol am Rys Morys.

Clywch a gwelwch Dduw i'ch galw,
Nid oes 'mwared 'mysg y meirw;
Gan fod yn marw fonedd mawrion
Etholedig a thylodion,
Ceisiwch dynnu at Dduw daionus
Roes ymwared i Rys Morys.

EVAN THOMAS

c. 1710–*c.* 1770

172 *I Wraig Fonheddig Neuadd Llanarth*

(*Am gau gafr yr awdur mewn tŷ dros ddau ddiwrnod, am y trosedd o bori yn rhy agos i'r plas*)

Y RHAWNDDU, fwngddu, hagar,
Beth wnest ti i'th chwaer, yr afar?
'Run gyrn â'th dad, 'run farf â'th fam,
Pam rhoist hi ar gam yng ngharchar?

JOHN JENKIN (IOAN SIENCYN)

1716–1796

173 *Cân i'r Hebog*

(*sef llong yr Yswain Llwyd o Gwmgloyn*)

O'R derw cadeiriog, praff goed Cwm-yr-hebog,
Fe'th wnaed yn llong fywiog, alluog mewn lli;
Yr Hebog mi'th alwaf, yn llong mi'th gyf'rwyddaf,
Boed iti ddianaf ddaioni.

Rhwydd hynt iti'r Hebog, o Drefdraeth flodeuog
I'r cefnfor ewynnog, cyforiog ei faint;
Taen dithau d'adenydd, anghofia'r glas goedydd,
Dysg fyw rhwng lleferydd llifeiriaint.

JOHN JENKIN (IOAN SIENCYN)

Daw *Neptune* a *Thriton* dros wyneb yr eigion
  I'th ddwyn rhag peryglon yn burion dy bryd;
A'r cribog fynyddau, haul, lloer, a sêr golau
  Fydd iti'n eu graddau'n gyf'rwyddyd.

Dos dithau'n gyweithas mewn awyr gaeadlas,
  Myn gadw dy gwmpas fel dewrwas mewn dŵr:
A'th esgyll yn chwarae cyfuwch â'r cymylau,
  A'th fronnau'n gwneud holltau'n yr halltddwr.

Pan ddygyn ddamweinio i'r eigion ymrwygo,
  A'r tonnau dan ruo am rwygo dy fron,
Dy drwyn a'u trywano, dy dor a'u braenaro,
  Dy lyw a'u gwasgaro'n ysgyrion.

Ehed dan dy lwythi ar hyd cefn y weilgi
  Mor gyflym â'r milgi manylgais ar dir;
A dwg dy negese yn ddidranc tuag adre
  O'r manne, dan hwylie, dy helir.

Mae arnat ti'r Hebog rai morwyr calonnog—
  John Prichard yw d'enwog ben-swyddog yn syth;
Fe'th geidw mewn tymer ar wyneb y dyfnder,
  A'i hyder ar fwynder y fendith.

Bydd di yn wasnaethgar i'r Yswain Llwyd hawddgar
  O Gwmgloyn yn glaear, heb drydar na dig;
Efe a dy biau, e gostiodd dy gistiau,
  Gwna dithau'i eirchiadau'n barchedig.

JOHN JENKIN (IOAN SIENCYN)

Fe ddaw wrth ei bleser i'th fwrdd mewn addfwynder,
I rodio'n ddibryder uwch dyfnder y dŵr,
Gael gweld terfysgiadau y môr a'i dymherau,
Rheolau, eu radau'n Creawdwr.

Os dygi'n Hysgwier i'r Werddon neu Loeger,
Na tharia di lawer, myn lywio'n dy ôl;
Nid cymaint mae'n hoffi cymdeithas y rheini —
Y Cymry mae'n garu'n rhagorol.

Os hwylia fe'n haeledd gylch Deau'n ddiduedd,
Neu fyned i'r Gogledd hyd Wynedd ddi-warth,
Daw'r bonedd godidog a'r beirdd yn galonnog
I roesaw da Hebog Deheubarth.

Oddi amgylch eu byrddau gwresogion eu seigiau
Fe gaiff historïau'n hen deidiau, wŷr da,
A chywydd ac englyn ac awdlau Taliesin
A chwrw haidd melyn ei wala.

Er llesiant croesawus cymdeithas gariadus,
Dychweled ein Hustus yn drefnus i dre',
Rhag digwydd i fradwr trwy'r cwmwd wneud cynnwr
Tra byddo'n rheolwr dan hwylie.

Yr awr y dychwelo rhoir clych i gydseinio
Trwy Gemes yn gryno, pan dirio o'r dŵr,
A'r bobloedd yn dyfod hyd fôr i'w gyfarfod,
Ond iddynt gael gwybod o Geibwr.

WILLIAM WILLIAMS (PANTYCELYN)

1717–1791

174 *Cariad at Dduw*

'Rwy'n edrych dros y bryniau pell
Amdanat bob yr awr;
Tyrd, fy Anwylyd, mae'n hwyrhau
A'm haul bron mynd i lawr.

Trôdd fy nghariadau oll i gyd
'Nawr yn anffyddlon im;
Ond yr wyf finnau'n hyfryd glaf
O gariad mwy ei rym.

Cariad na 'nabu plant y llawr
Mo'i rinwedd nac mo'i ras,
Ac sydd yn sugno'm serch a'm bryd
O'r creadur oll i maes.

O gwna fi'n ffyddlon tra fwy' byw
A'm lefel at dy glod,
Ac na fo pleser fynd â 'mryd
A welwyd is y rhod.

Tyn fy serchiadau'n gryno iawn
Oddi wrth wrthrychau gau
At yr un gwrthrych ag sydd fyth
Yn ffyddlon yn parhau.

'Does gyflwr tan yr awyr las
 'Rwy' ynddo'n chwennych byw;
Ond fy hyfrydwch fyth gaiff fod
 O fewn cynteddau'm Duw.

Fe ddarfu blas, fe ddarfu chwant
 At holl bwysïau'r byd;
Nid oes ond gwagedd heb ddim trai
 Yn rhedeg trwyddo i gyd.

175 *Lleferydd yr Iesu*

O LLEFARA, addfwyn Iesu!
 Mae dy eiriau fel y gwin
Oll yn dwyn i mewn dangnefedd
 Ag sydd o anfeidrol rin.
Mae holl leisiau'r greadigaeth,
 Holl ddeniadau cnawd a byd
Wrth dy lais hyfrytaf, tawel,
 Yn distewi a mynd yn fud.

Nis gall holl hyfrydwch natur
 A'i melystra pennaf 'maes
Fyth gymharu â lleferydd
 Hyfryd pur maddeuol ras.
Gad im glywed sŵn dy eiriau,
 Awdurdodol eiriau'r nef,
Oddi mewn yn crëu heddwch
 Nad oes mo'i gyffelyb ef.

Dwed dy fod yn eiddo imi
  Mewn llythrennau eglur clir;
Tor amheuaeth sych, digysur,
  Tywyll, dyrys cyn bo hir.
'Rwy'n hiraethu am gael clywed
  Un o eiriau pur y ne
Nes bo ofon du a thristwch
  Yn tragwyddol golli eu lle.

176 *Tegwch yr Anweledig*

ANWELEDIG, 'rwy'n dy garu,
  Ac ni fedda' i yn y byd
Wrthrych alla' i bwyso arno,
  Wrthrych dâl rhoi iddo 'mryd;
    'Does fy lleinw
  O bob pleser ond dy hun.

Ti'm harweiniaist o'r creadur
  Ar hyd llwybrau geirwon iawn;
Ni ches lonydd gyda 'mhleser
  Fyth na bore na phrynhawn;
    Yn yr anial
  Dwedaist eiriau wrth fy modd.

'Rwyf yn fodlon i'th geryddon,
  Pan 'nabyddwyf mai dy lais
Sy'n fy nwyn o blith y llewod,
  O bob gormes, o bob trais;
    Gwell na diliau
  Yw deniadau geiriau'r nef.

'Chlywodd clust, ni welodd llygad,
  Ac ni ddaeth i galon dyn
Erioed feddwl na dychymyg
  Y fath ydwyt ti dy hun;
      Rhagor decach
  Wyt nag welodd nef na llawr.

Ac 'rwyf finnau yn dy garu
  Uwch a welais eto erioed,
Uwch a glywais sôn amdano,
  Neu ynteu a ddychmygais fod;
      Dyma fflamau
  Perffaith, mwyn trigfannau'r nef.

177

Pererin

PERERIN wyf mewn anial dir
  Yn crwydro yma a thraw,
Ac yn rhyw ddisgwyl bob yr awr
  Fod tŷ fy Nhad gerllaw.

Ac mi debygaf clywa' i sŵn
  Nefolaidd rai o'm blaen
Wedi concwero a mynd trwy
  Dymhestloedd dŵr a thân.

Tyrd, Ysbryd sanctaidd, ledia'r ffordd,
  Bydd imi'n niwl a thân;
Ni cherdda' i'n gywir hanner cam
  Nes elost o fy mlaen.

Mi wyraf weithiau ar y dde,
  Ac ar yr aswy law;
Am hynny arwain gam a cham
  Fi i'r Baradwys draw.

Mae hiraeth arna' i am y wlad
  Lle mae torfeydd di-ri
Yn canu'r anthem ddyddiau'u hoes
  Am angau Calfari.

178 *Sancteiddio'r Nwydau*

O SANCTEIDDIA f'enaid, Arglwydd,
  Ym mhob nwyd ac ym mhob dawn;
Rho egwyddor bur y nefoedd
  Yn fy ysbryd llesg yn llawn;
      Nâd fi grwydro
  Draw nac yma o fy lle.

Llwybr cul gwna'n llwybr esmwyth,
  Tyle serth yn wastad iawn,
Cyfyngderau chwith a chroesau
  O ddiddanwch pur yn llawn;
      Edrych trwyddynt
  I fynyddau tŷ fy Nhad.

Ti dy hunan all fy nghadw
  Rhag im wyro ar y dde,
Rhedeg eilwaith ar yr aswy,
  Methu cadw llwybrau'r ne;
      O tosturia,
  Mewn anialwch 'rwyf yn byw.

Planna'r egwyddorion hynny
  Yn fy enaid bob yr un
Ag sydd megis peraroglau
  Yn dy natur Di dy hun;
    Blodau hyfryd
  Fo'n disgleirio daer a nef.

Fel na chaffo'r pechod atgas,
  Mwg na tharth o'r pydew mawr
I fy nallu ar y llwybr
  Na fy nhaflu fyth i lawr,
    Gwna im gerdded
  Union ffordd wrth olau dydd.

179 *Gardd yr Iesu*

MI bellach goda' maes
  Ar fore glas y wawr
I weld y blodau hardd
  Sy 'ngardd fy Iesu mawr:
Amrywiol ryw rasusau pur,
A ffrwythau'r paradwysaidd dir.

Edrychwch draw i'r de
  A'r gogledd, y mae rhes
O harddach brennau lliw
  Po fwyaf bôm yn nes;
Eu peraidd flas a'u 'roglau llawn
Sy'n dangos nefol, ddwyfol ddawn.

O anghyffelyb flas!
  O amrywioldeb lliw!
Hyfryta' erioed a gaed
  Ar erddi gwlad fy Nuw;
Hi, Gilead fwyn a'i haroglau pur
Bereiddiodd awel Canaan dir.

Mae'r pomgranadau pur,
  Mae'r peraroglau rhad
Yn magu hiraeth cry'
  Am hyfryd dŷ fy Nhad;
O Salem bur! O Seion wiw!
Fy nghartre i a chartre'm Duw.

'Does le i aros dim,
  Mi glywa' rym y ne
'Nawr yn fy ngalw i 'mlaen
  Yn fuan ato Fe;
Ffarwél, ffarwél, ddeniadau'r byd,
Methodd eich tegwch fynd â'm bryd.

GORONWY OWEN

1723–1769

180 *Gofuned Goronwy Ddu o Fôn*

O CHAWN o nef y peth a grefwn,
Dyma o archiad im a erchwn,
Un rodd orwag ni ryddiriwn—o ged,
  Uniawn ofuned, hyn a fynnwn:

Synhwyrfryd doeth a chorff anfoethus,
Cael, o iawn iechyd, calon iachus,
A pheidio yno â ffwdanus—fyd
  Direol, bawlyd, rhy helbulus.

Dychwel i'r wlad lle bu fy nhadau,
Bwrw enwog oes heb ry nac eisiau
Ym Môn araul, a man orau—yw hon,
  Llawen ei dynion, a llawn doniau.

Rhent gymedrol, Plwy' da'i reolau,
Diwall a hyfryd dŷ a llyfrau,
A gwartheg res a buchesau—i'w trin
  I'r hoyw wraig Elin rywiog olau.

Gardd i minnau, gorau ddymuniad,
A gwasgawdwydd o wiw gysgodiad,
Tra bwy'n darllain cain aceniad—beirddion,
  Hil Derwyddon, olau adroddiad.

Ac uwch fy mhen, ym mysg canghennau,
Bêr baradwysaidd lwysaidd leisiau
Ednaint meinllais, adlais odlau—trydar
  Mwyn adar cerddgar, lafar lefau.

A thra bai'r adar mân yn canu,
Diog esgud, od â i gysgu,
Cytgais â'r côr meinllais, manllu—fy nghân,
  Gwiw hoyw a diddan gyhydeddu.

Minnau â'm deulanc mwyn i'm dilyn,
Gwrandawn ar awdl, arabawdl Robyn,
Gan dant Goronwy gywreinwyn,—o daw
  I chwarae dwylaw ar y delyn.

Deued i Sais yr hyn a geisio,
Dwfr hoffredwyllt ofer, a ffrydio
Drwy nant a chrisiant, (â chroeso)—o chaf
  Fôn im, yn bennaf henwaf honno.

Ofer im arwyrain ferw mawreiriog,
Coffáu teganau, gwyrthiau gwerthiog,
Tud, mŷr, mynydd, dolydd deiliog,—trysor
  Yr India dramor, oror eurog.

Pab a gâr Rufain, gywrain gaerau,
Llundain i Sais (lle nid oes eisiau);
Caraf rosydd, bronnydd, bryniau—rhywiog
  Ym Môn doreithiog, a'i mân draethau.

Rhoed Duw im adwedd iawnwedd yno
A dihaint henaint na'm dihoeno,
A phlant celfyddgar a garo—eu hiaith,
  A hardd aweniaith a'u hurdduno.

181 *Cywydd yn Ateb y Bardd Coch o Fôn*

DARLLENAIS awdl dra llawn serch,
Wych enwog fardd, o'ch annerch,
A didawl eich mawl im oedd,
Didawl a gormod ydoedd.
Ond gnawd mawl bythawl lle bo,
Rhwyddaf fydd gŵr a'i haeddo.

Odidog mi nid ydwyf,
Rhyw isel un, rhy sâl wyf;
Duw a'm gwnaeth, da im y gwnêl
Glân Iesu galon isel,
Ac ufudd fron, dirion Dad,
Ni oludd fy nwy alwad.

O farddwaith, od wyf urddawl,
Poed im wau emynau mawl,
Emynau'n dâl am einioes,
Ac awen i'r Rhên a'i rhoes.
Gwae ddiles gywyddoliaeth!
Gwae fydd o'i awenydd waeth!
Gwae rewydd segur awen!
Na ddêl gwawd pechawd o'm pen.
Deg Iôn, os gweinidog wyf,
Digwl y gweinidogwyf;
Os mawredd yw coledd cail,
Bagad gofalon bugail,
Ateb a fydd ryw ddydd raid
I'r Iôn am lawer enaid.
I atebol nid diboen,
Od oes barch, dwys yw y boen;
Erglyw a chymorth, Arglwydd,
Fy mharchus arswydus swydd.

Cofier, ar ôl pob cyfarch,
Nad i ddyn y perthyn parch;
Nad yw neb ddim ond o nawdd
Un dinam Iôn a'i doniawdd;
Tra'n parcher trwy ein perchen,
O cheir parch, diolch i'r pen.

Ein perchen iawn y parcher,
Pa glod sy'n ormod i Nêr?
Parched pob byw ei orchwyl,
Heb gellwair, a'i air, a'i ŵyl,
A dynion Ei dŷ annedd,
A'i allawr, Iôn mawr a'u medd.

Dyma'r parch oll a archaf,
Duw Iôn a'i gŵyr, dyna gaf;
Deled i'm Hiôn barch dilyth,
Ond na boed i undyn byth
Nac eiddun mwy na goddef,
Tra parcher ein Nêr o nef:
Gwae rodres gwŷr rhy hydron!
Gwae leidr a eirch glod yr Iôn!
Gocheler lle clywer clod
Llaw'n taro—lleuhaint Herod.

Onid am Fôn dirion deg,
Gain dudwedd, fam Gwyndodeg,
Achos ni fydd i ochi,
Wlad hael, o 'madael â mi.

Cerais fy ngwlad, geinwlad gu,
Cerais, ond ofer caru.
Dilys, Duw yw'n didolydd,
Mawl iddo, a fynno fydd:
Dyweded ef na'm didol,
Gair o nef a'm gyr yn ôl.
Disgwyl (a da y'm dysger)
Yn araf a wnaf wrth Nêr.
Da ddyfydd Duw i ddofion,
Disgwylied, na 'moded Môn;

Ac odid na chaiff gwedi
Gan Iôn, Lewis Môn a mi,
Neu ddeuwr awen ddiell
I ganu gwawd ugain gwell.
Lewis Môn a Goronwy,
Ni bu waeth gynt hebddynt hwy,
A dilys nad rhaid alaeth
I Fôn am ei meibion maeth,
Nac achos poen ac ochi,
Na chŵyn tra parhaoch chwi;
Brodir gnawd ynddi brydydd,
Heb ganu ni bu, ni bydd.

Syllwch, feirdd, o Gaswallon
Lawhir hyd ym Meilir Môn:
Mae Gwalchmai erfai aerfawr?
Ple mae Einion o Fôn fawr?
Mae Hywel ap Gwyddeles,
Pen prydydd, lluydd a lles?
Pen milwr, pwy un moliant?
Enwog ŵr, ac un o gant,
Iawn genau Owain Gwynedd,
Gwae'n gwlad a fu'n gweinio'i gledd.
Bwy unfraint â'r hen Benfras?
Gwae fe fyw, ei lyw a las.
Mae'r Mab Cryg oedd fyg pan fu
Ab Gwilym yn bygylu?
Dau gytgwys gymwys gymar,
Un wedd ag ychen yn âr.
Cafad ym Môn dduon ddau;
Un Robin edlin odlau,
A Gronwy gerddgar union,

Prydydd o Benmynydd Môn.
Mae Alaw? Mae Caw? Mae cant?
Mae miloedd mwy eu moliant?
Pwy a rif dywod Llifon?
Pwy rydd i lawr wŷr mawr Môn?
Awenyddol iawn oeddynt
Yn gynnar, medd Caesar, cynt.
Adroddwch, mae'r Derwyddon,
Urdd mawr a fu'n harddu Môn?
I'r bedd yr aethant o'r byd,
Och eilwaith, heb ddychwelyd.
Hapus yw Môn o'i hepil
Ac o'r iawn had, gywrain hil.

Clywaf arial i'm calon
A'm gwythi, grym ynni Môn;
Craffrym, fel cenllif creffrwd,
Uwch eigion, a'r fron yn frwd.
Gorthaw, don, dig wrthyd wyf,
Llifiaint, distewch, tra llefwyf.
Clyw, Fôn, na bo goelion gau
Nac anwir fyth o'm genau;
Gwiried Iôn a agorwyf
Dan Nêr, canys dewin wyf.

Henffych well, Fôn, dirion dir,
Hyfrydwch pob rhyw frodir.
Goludog, ac ail Eden
Dy sut, neu Baradwys hen:
Gwiwddestl y'th gynysgaeddwyd,
Hoffter Duw Nêr a dyn wyd.
Mirain wyd ymysg moroedd,
A'r dŵr yn gan tŵr it oedd.

Eistedd ar orsedd eursail
Yr wyd, ac ni welir ail;
Ac euraid wyt bob goror,
Arglwyddes a meistres môr.
I'th irhau cyfoeth y rhod
A 'mryson â'r môr isod.
Gwyrth y rhod trwod y traidd,
Ynysig unbenesaidd.
Nid oes hefyd (byd a'i barn),
Gydwedd it, ynys gadarn,
Am wychder, llawnder, a lles,
Mwnai 'mhob cwr o'th mynwes;
Dyffrynnoedd, glynnoedd, glannau,
Pob peth yn y toreth tau;
Bara a chaws, bir a chig,
Pysg, adar, pob pasgedig;
Dy feichiog ddeiliog ddolydd
Ffrwythlon megis Saron sydd,
A phrennau dy ddyffrynnoedd,
Crwm lwyth, megis Carmel oedd.
O mor dirion, y Fôn fau,
Dillad dy ddiadellau.
Cneifion dy dda gwynion gant,
Llydain, a'th hardd ddilladant.
Dawnus wyt, dien ei sail,
Prydferth heb neb rhyw adfail,
A thudwedd bendith ydwyt,
Mawl dy Nêr, aml ei dawn wyt.

Os ti a fawl nefawl Nêr,
Dilys y'th felys foler.

Doniog fydd pawb o'th dynion,
A gwynfyd ym myd fydd Môn.
D'eglwyswyr yn deg loywsaint,
A'th leygion yn sywion saint;
Cryfion yn ffrwythau crefydd
Fyddant, â diffuant ffydd—
Yn lle malais, trais, traha,
Byddi'n llawn o bob dawn da;
Purffydd, a chariad perffaith
Fydd yn lle cant mallchwant maith.
Yn lle aflwydd, tramgwydd trwch,
Digon o bob rhyw degwch,
Undeb, a phob unionder,
Caru, gogoneddu Nêr.
D'enw a fydd (da iawn ei fod),
Nef fechan y Naf uchod.
Rhifir di'n glodfawr hefyd
Ar gyhoedd gan bobloedd byd,
Ac o ran maint braint a bri
Rhyfeddod hir a fyddi.

Bellach f'ysbryd a ballawdd,
Mi'th archaf i Naf a'i nawdd;
Gwylia rhag ofergoelion,
Rhagrith, er fy mendith, Môn.
Poed it hedd pan orweddwyf
Ym mron llawr estron, lle'r wyf.
Gwae fi na chawn enwi nod,
Ardd wen, i orwedd ynod!
Pan ganer trwmp Iôn gwiwnef,
Pan gasgler holl nifer nef,

Pan fo Môn a'i thirionwch,
O wres fflam, yn eirias fflwch,
A'i thorrog wythi arian
A'i phlwm a'i dur yn fflam dân,
Pa les cael lloches o'i llaid?
Duw ranno dŷ i'r enaid:
Gwiw gannaid dŷ gogoniant
Yng nghaer y sêr, yng nghôr sant.
Ac yno'n llafar ganu,
Eirian eu cerdd i'r Iôn cu,
Poed gwŷr Môn a Goronwy
Heb allael ymadael mwy;
Ac uned a llefed llu
Monwysion, Amen, Iesu.

182

Dydd y Farn

DOD im Dy nawdd a hawdd hynt,
Duw hael, a deau helynt.
Goddau f'armerth, o'm nerthyd,
Yw Dydd Barn a diwedd byd.
Dyddwaith, paham na'n diddawr?
Galwad i'r ymweliad mawr.

Mab Mair a gair yn gwiriaw
Y Dydd ebrwydded y daw;
A'i saint cytûn yn unair
Dywedant, gwiriant y gair;
A gair Duw'n agoriad in,
Gair Duw, a gorau dewin.
Pan'd gwirair y gair a gaf?
Iach rad, a pham na chredaf?

Y dydd, diogel y daw,
Boed addas y byd iddaw;
Diwrnod anwybod i ni
A glanaf Lu Goleuni.
Nid oes, f'Arglwydd, a wyddiad
Ei dymp onid Ef a'i Dad.
Mal cawr aruthr yn rhuthraw,
Mal lladron, dison y daw.
Gwae'r diofal ysmala!
Gwynfyd i'r diwyd a'r da!

Daw angylion, lwysion lu,
Llym naws, â llûman Iesu.
Llen o'r ffurfafen a fydd
Mal cynfas, mil a'i cenfydd,
Ac ar y llen wybrennog
E rydd Grist arwydd Ei grog.
Yno'r Glyw, Nêr y gloywnef,
A ferchyg yn eurfyg nef.
Dyrcha'n uchel ei helynt
A gwân adenydd y gwynt,
A'i angylion gwynion, gant,
Miloedd, yn eilio moliant.
Rhoir gawr nerthol a dolef
Fal clych yn entrych y nef,
Llef mawr goruwch llif moryd,
Uwch dyfroedd aberoedd byd.

Gosteg a roir ac ust! draw,
Dwrf rhaeadr—darfu'r rhuaw.
Angel a gân, hoyw lân lef,
Felyslais nefol oslef.

Wrth ei fant, groywber gantawr,
Gesyd ei gorn, mingorn mawr,
Corn anfeidrol ei ddolef,
Corn ffraeth, o saernïaeth nef.
Dychleim, o nerth ei gerth gân,
Byd refedd a'i bedryfan.
Pob cnawd o'i heng a drenga,
Y byd yn ddybryd ydd â.
Gloes oerddu'n neutu Natur,
Daear a hyllt, gorwyllt gur.
Pob creiglethr crog a ogwymp,
Pob gallt a gorallt a gwymp.
Ail i'r âr ael Eryri,
Cyfartal hoewal â hi.
Gorddyar, bâr a berwias
Yn ebyr, ym mŷr, ym mas.
Twrdd ac anferth ryferthwy,
Dygyfor, ni fu fôr fwy.
Ni fu ddylif yn llifo
Ei elfydd yn nydd hen No.
Y nef yn goddef a gaid
A llugyrn hon a'i llygaid.
Goddefid, naws llid, nos llwyr
Gan lewyg gwŷn haul awyr.
Nid mwy dilathr ac athrist
Y poenloes cryf pan las Crist.
Y wenlloer yn oer ei nych,
Hardd leuad, ni rydd lewych;
Syrth nifer y sêr (arw sôn!)
Drwy'r wagwybr draw i'r eigion.
Hyll ffyrnbyrth holl uffernbwll
Syrthiant drwy'r pant draw i'r pwll.

Bydd hadl y wal ddiadlam
Y rhawg, a chwyddawg a cham.
Cryn y gethern uffernawl,
A chryn a dychryn y Diawl.
Cydfydd y Fall â'i gallawr,
Câr lechu'n y Fagddu fawr.

Dyfyn a enfyn Dofydd,
Bloedd erchyll, rhingyll a'i rhydd:

'Dowch, chwi bydron ddynionach
Ynghyd, feirw byd, fawr a bach;
Dowch i'r Farn a roir arnoch,
A dedwydd beunydd y boch.'

Cyfyd, fal ŷd o fol âr,
Gnwd tew, eginhad daear,
A'r môr a yrr o'r meirwon
Fil myrdd uwch dyfnffyrdd y don.
Try allan ddynion trillu,—
Y sydd, a fydd ac a fu,
Heb goll, yn ddidwn hollol,
Heb un onaddun' yn ôl.

Y dorf ar gyrch, dirfawr gad,
Â'n union gerbron Ynad.
Mab Mair ar gadair a gaid,
Iawn Naf gwyn o nef gannaid,
A'i osgordd, welygordd lân,
Deuddeg Ebystyl diddan;
Cyflym y cyrchir coflyfr
A daw i'w ddwy law ddau lyfr,
Llyfr bywyd, gwynfyd y gair;
Llyfr angau, llefair ingair.

Egorir a llëir Llith,
O'r ddeulyfr amryw Ddwylith;
Un Llith o fendith i fad,
I'r diles air deoliad.

Duw gwyn i le da y gyr
Ei ddeiliaid a'i addolwyr;
I'r euog, bradog eu bron,
Braw tostaf; ba raid tystion?
Da na hedd Duw ni haeddant,
Dilon yrr, delwi a wnânt.
Y cyfion a dry Iôn draw,
Dda hil, ar ei ddeheulaw;
Troir dyhir, a hyrddir hwy
I le is ei law aswy;
Ysgwyd y nef tra llefair
Iesu fad, a saif ei air:

'Hwt! gwydlawn felltigeidlu
I Uffern ddofn a'i ffwrn ddu,
Lle Ddiawl, a llu o'i ddeiliaid,
Lle dihoen a phoen na phaid.
Ni bydd diben o'ch penyd,
Diffaith a fu'ch gwaith i gyd;
Ewch (ni chynnwys y lwysnef
Ddim drwg) o lân olwg Nef
At wyllon y tywyllwg
I oddef fyth ei ddu fwg.'

O'i weision, dynion dinam,
Ni bydd a adnebydd nam;

Da'n ehelaeth a wnaethant,
Dieuog wŷr, a da gânt.
Llefair yn wâr y Câr cu,
(Gwâr naws y gwir Oen Iesu):

'Dowch i hedd, a da'ch haddef,
Ddilysiant anwylblant nef,
Lle mae nefol orfoledd
Na ddirnad ond mad a'i medd;
Man hyfryd yw mewn hoywfraint
Ac amlder y sêr o saint,
Llu dien yn llawenu,
Hefelydd ni fydd, ni fu.
O'm traserch darfûm trosoch
Ddwyn clwyf, fal lle bwyf y boch
Mewn ffawd didor a goroen
Mewn byd heb na phyd na phoen.'

Gan y Diafl ydd â'r aflan
A dieifl a'u teifl yn y tân.
Try'r Ynad draw i'r wiwnef
A'i gad gain â gydag Ef
I ganu mawl didawl, da,
(Oes hoenus!) a Hosanna.
Boed im gyfran o'r gân gu,
A melysed mawl Iesu.
Crist fyg a fo'r Meddyg mau,
Amen, a nef i minnau.

183
Gwahodd

PARRI, fy nghyfaill puraf,
Dyn wyt a garodd Duw Naf,
A gŵr wyt, y mwynwr mau,
Gwir fwyn a garaf finnau.
A thi'n Llundain, ŵr cain cu,
On'd gwirion iawn dy garu?
On'd tost y didoliad hwn?
Gorau fai pe na'th garwn.

Dithau ni fynni deithiaw
O dref hyd yn Northol draw,
I gael cân (beth ddiddanach ?)
A rhodio gardd y bardd bach.
Ond dy swydd hyd y flwyddyn
Yw troi o gylch y Tŵr Gwyn,
A thorri, bathu arian,
Sylltau a dimeiau mân.
Dod i'th Fint, na fydd grintach,
Wyliau am fis, Wilym fach.
Dyfydd o fangre dufwg,
Gad, er Nef, y dref a'i drwg.

Dyred, er daed arian,
Ac os gwnei, ti a gei gân,
Diod o ddŵr, doed a ddêl,
A chywydd, ac iach awel,
A chroeso calon onest,
Ddiddichell, pa raid gwell gwest?
Addawaf (pam na ddeui ?)
Ychwaneg, ddyn teg, i ti:

Ceir profi cwrw y prifardd,
Cei 'mgomio wrth rodio'r ardd;
Cawn nodi, o'n cain adail,
Gwyrth Duw mewn rhagorwaith dail;
A diau pob blodeuyn
Fel bys a ddengys i ddyn
Ddirfawr ddyfnderoedd arfaeth
Diegwan Iôr, Duw a'i gwnaeth.
Blodau'n aur deganau gant,
Rhai gwynion, mawr ogoniant:
Hardded wyt ti'r lili lân,
Lliw'r eira uwchllaw'r arian;
Cofier it guro cyfoeth
Selyf, y sidanbryf doeth.

Llyna, fy nghyfaill annwyl,
Ddifai gwers i ddof a'i gŵyl.
Diffrwyth fân flodau'r dyffryn
A dawl wag orfoledd dyn.
Hafal blodeuyn hefyd
I'n hoen fer yn hyn o fyd:
Hyddestl blodeuyn heddyw,
Yfory oll yn farw wyw:
Diwedd sydd i flodeuyn,
Ac unwedd yw diwedd dyn.

Gnawd i ardd (pedfai harddaf)
Edwi'n ôl dihoeni haf.
Tyred rhag troad y rhod,
Henu wna'r blodau hynod.
Er pasio'r ddau gynhaeaf,
Mae'r hin fel ardymyr haf,

A'r ardd yn o hardd, ddi-haint,
A'r hin yn trechu'r henaint,
A'i gwyrddail yn deg irdda
Eto, ond heneiddio wna.
Mae'n gwywo ym min gaeaf
Y rhos, a holl falchder haf;
Y rhos, heneiddiodd y rhain,
A henu wnawn ni'n hunain.

Ond cyn bedd dyma 'ngweddi
(Amen dywed gyda mi):
Dybid in ddyddiau diboen,
A dihaint henaint a hoen;
Mynd yn ôl cyn marwolaeth
I Fôn, ein cynefin faeth.
Diddan a fyddo'n dyddiau
Yn unol ddiddidol ddau;
A'r dydd (Duw ro amser da)
Y derfydd ein cydyrfa,
Crist yn nef a'n cartrefo,
Wyn fyd, a phoed hynny fo.

EVAN EVANS

1731–1788

184 *Llys Ifor Hael*

LLYS Ifor hael, gwael yw'r gwedd,—yn garnau
Mewn gwerni mae'n gorwedd;
Drain ac ysgall mall a'i medd,
Mieri lle bu mawredd.

Yno nid oes awenydd,—na beirddion,
Na byrddau llawenydd,
Nac aur yn ei magwyrydd,
Na mael, na gŵr hael a'i rhydd.

I Ddafydd gelfydd ei gân—oer ofid
Roi Ifor mewn graean;
Mwy echrys fod ei lys lân
Yn lleoedd i'r dylluan.

Er bri arglwyddi byr glod,—eu mawredd
A'u muriau sy'n darfod;
Lle rhyfedd i falchedd fod
Yw teiau ar y tywod.

DAVID DAVIS

1745–1827

185 *Adfeilion Plas Ffynnon Bedr*

'DOES gofio heno hanes—y Ffynnon,
Na'i ffyniant na'i mawrlles;
Bu frwd haf, bu hyfryd des,
Mawrhydri yma a rhodres.

Gwleddai tra parai; purwin,—fyth yno
Gâi ffrydio'n gyffredin;
Och! o'r gell mwy ni cheir gwin,
Na chog o fewn ei chegin.

Taw cainc yr ifainc wyryfon,—miwsig
A maswedd y meibion;
Ni rodia mwyn gariadon
Na merch mwy'n y lannerch lon.

Yno'n awr 'does delynorion,—na thant
Na thiwn na chantorion
Hoff boddus, na phibyddion,
Na mwynder y dyner dôn.

I'r llwch aeth pan daeth ei dydd,—a darfu
Ei dirfawr lawenydd;
Y ddylluan fudan fydd
Yn gori'n ei magwyrydd.

Troir ei chain lydain aelwydau—'n erddi
A gwyrddion weirgloddiau;
A mynych yr ych o'r iau
Bawr lawr ei gwych barlyrau.

EDWARD WILLIAMS (IOLO MORGANWG)

1747–1826

186 *Yr Eos yn Llatai*

A MINNAU'N hwyr fyfyrian yn unig wrthyf f'hunan
Yn ymyl coed yn rhodian gerllaw i lan Elái,
Clywn rywiog lais yr eos yn hygar o lwyn agos,
A chryno'i chân ddechreunos, tra llon ym myrnos Mai.

EDWARD WILLIAMS (IOLO MORGANWG)

Oedd trymder yn fy nghalon, gwaith caru deuliw'r hinon;
Galerais dan ddolurion am hon, dyn llon ei llais;
Rhaid wylo'n dynn amdeni, a'm bwriad yno'n berwi,
O'i chariad, deuliw'r lili, mae cur i mi i'm ais.

Cyfarchwn well i'r eos llawn awen mewn llwynïos
Uch claernant mewn eglurnos, gantores feindlos fach:
'O'r eos fwyn o'r llwyni â'th feliaith, da dy foli,
Yn rhwydd rho gyngor imi, ryw nawdd i'm peri'n iach.'

Gofynnai'r eos beraidd, 'Pam 'rwyt ti'r mab serchogaidd,
Yn wylo, clyw, mor waelaidd, â chân gwynfanaidd faith?
Rho glywed imi'n union pwy alar sy'n dy galon,
Dymunwn wella'th ddwyfron; i'r gwirion da yw'r gwaith.'

Rhois ateb iddi'n dyner, yn ystig mewn hynawster,
'Wyt imi'n dda dy dymer, yn eos lwysber lais;
O byddi di mor addfwyn, atolwg dos o'r tewlwyn
A dwg at lasferch lwysfwyn bob gair o'm cwyn a'm cais.'

'Rho glywed imi'r Cymro, ba le mae gwen yn trigo;
Mae 'mryd i'n hynaws heno weld gwenno deg ei gwawr;
Ble mae lliw'r can yn aros? Gobeithia'n rhwydd i'r eos;
Mi ddygaf iddi'n agos dy eiriau'n glos ar glawr.'

'Rho ergyd brys o'r irgoed, deallgar daith i Dyllgoed,
At gynnes ferch ugeinoed o'r teca' 'rioed ei rhyw;
Cei weled gwen ail Dido, un hoenus deg yw honno;
Waith caru hon wy'n curio, mae'n beraidd yno'n byw.'

'Y carwr mwynaidd cywrain, wylofus yw dy lefain,
Af at y rywiog riain lliw blodau'r llain gerllaw;
Mynegaf i liw'r hinon y dolur sy'n dy galon
A bod dy ddagrau'n heilltion fal defni gloywon glaw.'

'Can diolch iti'r deryn â'th gân yn deffro dyffryn,
A diddos byth bo'th dyddyn, llwyn celyn gerllaw cwm.
Duw wnêl i ddeuliw'r manod fy mynnu ar fyr yn briod;
Mae'm gobaith, Duw sy'n gwybod, y torr hi'm trallod trwm.'

Os gofyn neb yn unman pwy ganws hyn i'r geingan,
Mab ifanc yn San Ffagan o brydydd diddan dwys;
Mae gwaeledd yn ei galon am honno deuliw'r hinon;
Fe yrr ei chlod i gylchon mewn cerddi llon a llwys.

187 *Anfon Adar yn Llateion*

SERCH y rhoddais ar ddyn feinais,
Hoen geirw môr gwyllt, bun ail Esyllt.
Ei thegwch hi bu'n saeth imi;
E'm saethes hon o'i golygon.

O gwelais wen   hoen eiry gaenen,
Bid gwaeth i mi   golwg arni.
Cyd bai fy ngwen   hawdd ei gwyngen,
Bwrw gwg y bydd   ar ei phrydydd.
Cyd gwypo'r ferch   gilwg mwynserch,
Ar fab a'i câr   nis dyd meinwar.

Er caru o hon   y gwŷdd gleision,
Ni chaf dan ddail   awr ei harail.
Cyd bwyf o'm serch   yn ei hannerch,
Ffy o'r llwyn glas   rhag serchogwas.
Er diriaw cân   ar ne'r wylan,
Ni wrendy 'nghwyn   dan frig irlwyn.

Dos di'r fwyalch   at ddyn feinfalch;
Dangos iddi   'mhoen amdani.
Bronfraith a gân   ar wŷdd eirian,
Dwg oll o'm cwyn   at loyw forwyn.
Tithau'r hedydd,   bardd boreddydd,
Dangos i hon   fy nhorcalon.
Dod dithau'r gog   â'th dôn serchog
Yng nghlust y ferch   fy nghŵyn traserch.
Cyfaill cyfnos   wyf i'r eos:
Aed hon yn ffest   â'm cerdd arwest
At liw calch gwyn   yn ael dyffryn.
Yna dwedyd   wrth f'anwylyd,
Os hi ni ddaw   i'm cysuraw
I goedlwyn ir,   f'annwyl feinir,
O'i serch, lliw'r haf,   marw a fyddaf.

188 *Mawl i Forfudd*

PRYDYDD i Forfudd, f'eurferch,
I'm oes wyf, a mawr yw'm serch.
Mi a'i cerais i'm cerydd,
Hoywloer deg, ers lawer dydd.
Er yn fab, bryd eirian ferch,
Y trosais iddi'm traserch,
Gorne berw, ac o'i herwydd
Yn ffôl ydd euthum o'm ffydd.

Llawer gwaith, er lliw ewyn,
Y cerddais yn ddewrgais ddyn
Hyd nos i'm hoed yn ysig,
Hyddred i'w gweled mewn gwig.
Addoli 'mun dan ddail Mai
Â dirfaint cariad erfai.
Adwaenwn, gwn, yn gynnil
Ei throedlam brysg ymysg mil;
Un yw a dyngwn ei nod,
Wych osgedd, wrth ei chysgod;
A'i hadnabod, ddirfod ddadl,
Hoyw eneth, wrth ei hanadl.
Cerdd eos a'm dangosai,
'Y mun bert, y man y bai,
Gan hoywed, gloywed mewn glyn
O'i dorri caid 'r aderyn.

Un ydwyf, ban bwyf heb wen,
Afrywiog, heb fawr awen,
Ac ernych tost i'm gornwyf,
O flaen neb aflawen wyf,

Heb gof, heb ynof enaid
Na rhith o'r synnwyr fo rhaid.
Gyda gwen wy'n ddibenyd,
Gwna hon fi'n galon i gyd,
A'm cân yn rhedeg i'm cof
Yn winaidd awen ynof,
A synnwyr llwyr ar bob llaw,
Ebrwyddiaith, i'm llwybreiddiaw;
Ac ni ddaw im awr lawen
I'm bywyd mewn byd heb wen.

189 *Y Draenllwyn*

MAE draenllwyn le mwyn i mi,
Gwnaf felys gân i'w foli,
Llwyn dien mewn llain dawel,
Lle tirion min coedfron cêl,
A ger ei fron Dawon deg
Ar hyd y ddôl yn rhedeg.

Mynych heb ernych arnaf
I'm llwyn, ŵr addwyn, yr af,
Ac yno 'ngwenau'r gwanwyn
Caf oed a serch gan ferch fwyn.
Lle didrain, mirain im yw,
A gwlad yr argel ydyw.
Llonydd yw'r lle mewn llannerch,
A lle mad i siarad serch.
Ym min coed pand da'r man cain
I garu merch yn gywrain?
Daw adar llafar i'm llys
O dor y coedlwyn dyrys.

Mwyned eu llais i'm hannerch,
Ac awen syw'n gweini serch.

Ni ddaw'r uchel wehelyth
Na beilch yn eurweilch i'm nyth.
Ni'm cais rhai mawrion i'm coed,
Eu gloesgur fyddai'r glasgoed.
Gwell Llundain i'r rhain i'w rhwysg,
A'r dufwg ym mro Dafwysg
Na pharth heb na gwarth na gwg
Ar gynnes fro Morgannwg,
Na glasdwf y llwyn glwysdeg
Ym min afon Dawon deg.
Dawon, lwys afon, y sydd
Yn gwenu'n deg i'w gweunydd.
Afon i fardd, hardd yw hi,
Rhag eraill yn rhagori,
A'i dôl mor wych yn deiliaw,
A'i phryd gwyrennig yn ffraw,
A'i thwf hyd wyneb ei thir
Yn lwysdwf, eírian lasdir ;
Dôl frasber â glasber glog
Am ei llennyrch meillionog.

Rhywdeg i'm taith y rhodiaf
Y ddôl hon, bryd hinon haf,
A'm acen fwyn i'm cân fad,
Ac Euron imi'n gariad.
Euron, ne tirion y tes,
Em annwyl wyd i'm mynwes.
Enaid wyd, feinwen, ynof,
Ne can, a'r cyfan i'm cof.

Gyda thi yr af fi'n fwyn
A dilesg daith i dewlwyn.
Teithiwr wyf, i'm nwyf yn iach,
I gelfa coed, i gilfach;
Wtresydd ar daith traserch
I goed a maes gyda merch.
Trwy'r haf y rhodiaf yn rhydd
Gyda bun i goed beunydd.

ANONYMOUS

18th cent.

190 *Bugeilio'r Gwenith Gwyn*

Mi sydd fachgen ifanc ffôl
  Yn byw yn ôl fy ffansi,
Myfi'n bugeilio'r gwenith gwyn,
  Ac arall yn ei fedi.
Pam na ddeui ar fy ôl
  Ryw ddydd ar ôl ei gilydd?
Gwaith 'r wy'n dy weld, y feinir fach,
  Yn lanach lanach beunydd.

Glanach glanach wyt bob dydd,
  Neu fi sy â'm ffydd yn ffolach;
Er mwyn y Gŵr a wnaeth dy wedd,
  Dod im drugaredd bellach.
Cwn yma'th ben, gwêl acw draw,
  Rho imi'th law wen dirion;
Gwaith yn dy fynwes bert ei thro
  Mae allwedd clo fy nghalon.

Mi godais heddiw gyda'r wawr
  Gan frysio'n fawr fy lludded,
Im gael cusanu ôl dy droed
  Ar hyd y coed wrth gerdded.
Cwn fy mhen o'm galar maith,
  Rho imi iaith gwarineb,
Gwaith mwy na'r byd i'r mab a'th gâr
  Yw golwg ar dy wyneb.

Tra fo dŵr y môr yn hallt,
  A thra fo 'ngwallt yn tyfu,
A thra fo calon dan fy mron,
  Mi fydda'n ffyddlon iti;
Dywed imi'r gwir heb gêl,
  A rho dan sêl d'atebion,
P'un ai myfi ai arall, gwen,
  Sydd orau gen dy galon?

THOMAS JONES

1756–1820

191 *Yr Aderyn Bronfraith*

TI edn eirioes, bergoes, bach,
Dlysyn, p'le ceir dy lwysach?
Dy fron froc, dew, firain, fraith,
Iawn-luniaidd, y mae'n lanwaith:
A dawnus yw dy anian;
Â mydr gwych y medri gân:
Gwas sy lon, ag osle iach,
O'th fanwydd p'le mae'th fwynach?

O frig cyll, rhwng gwyll a gwawl,
Bu rwyddfwyn dy bereiddfawl;
O dderwen, llwyfen, llefi,
O ffraw nwyf, i'n deffroi ni:
Pennaeth y gerdd, pwy ni'th gâr,
O caid dy lifaid lafar?

Croesaw it, hylaw helynt,
Difyr hoen; a da fo'r hynt.
Ti gei ddewis teg ddiau,
Y lwys ddôl, neu'r faenol fau:
Hed a thrig yn y wig wych,
Y man a'r pryd y mynnych:
Y berllan, o bai eurlles,
Gei ar dro, i neidio'n nes:
A neidiwr diflin ydwyd,
Y cor-was llimp, mewn crys llwyd.
Rhag fy ngardd ni'th waharddaf;
Dy hoffi, dy noddi wnaf:
Cei brysgoed, neu lysg-goed lwyn,
Ganllaw rhag gwalch a'i gynllwyn:
Naid, heb sen, o'th glofen glwyd
I brofi y borefwyd:
Gwarchod rai a gai yn ged,
Neu brawf o hirain bryfed:
Arho, myn bigo bagad,
A grawn llwnc, yn gryn wellhad.
Neb ni fyn, ond cerlyn caeth,
Warafun dy oreufaeth:
O ceri'r wledd, cei aros
(Ni'th ladd neb) oni'th ludd nos.

A nyth o mynni wneuthur,
Cei le'n fain mewn celyn fur,
Neu 'nghanol tew ysgewyll
Prysg-ffyn, a chelyn, a chyll;
(Tydi, a'th wâr gymhares,
Yn awr wych gwanwyn a'i wres).
Yno 'nghêl cei dawel dŷ;
Gwêl ateg i'th gwiw lety,
Uwch dŵr digynnwr, da gell,
Hylaw, dda, i'r hil ddiell.
Addas it gael llonyddwch,
Heb raid ffo, nac un tro trwch.
It ado'n gwaun, bert edn gwych,
Nis mynnwn; wyt was mwynwych.
O bruddglwyf, â'th bereiddglod,
O'm rhoi'n rhydd, da fydd dy fod.

Cenaist im lawer caniad,
O ddogn rhwydd, yn ddigon rhad:
Cenaist yn ddigon cynnes,
Cwyn i ladd, o gwnâi cân les.
Y llonwas, rhoit, y llynedd,
Er hin laith, o'th oroen, wledd:
Celfyddyd hyfryd yw hi;
Dilynaist hyd eleni;
Llawen wyt a llon eto,
A'th gerdd heb fyned o'th go';
'N ôl d'esgyn i'th frigyn fry,
(A fi 'ngwaelod fy ngwely)
Dy fawl, gyda gwawl, a gaf
Yn addysg o'r mwyneiddiaf.
I ebrwyddo'r bereiddiaith
Trewi dant dy freuant fraith,

Yna'n rhes daw'r gynnes gân
O fwynedd dy fyw anian
Ac o hoenedd, gyw heini',
Fodd mwyn, sy'n rhyfedd i mi:
Gan ei grym, fel gwin, a'i gwres,
Menu wna ar fy mynwes.
Ac yn nentydd, gain anterth,
Neu'r nawn bych ar nen y berth,
Melyslais o aml oslef
Syber a wnei, is wybr nef;
Da ac eon dy gywair
Melys; sain boddus e bair;
Ac wrth ddilyn (gerth eiliad)
Gwaith dy ddydd, y meddydd mad,
Dy ddawn, mewn goleulawn gell,
O ddiwylliant fydd wellwell.
Doi heb rwnc â'th bwnc o'th ben,
Gwiw ddyri brig y dderwen;
Tôn ddiddyrys, felys, faith,
A newidiad mewn nodwaith,
Iawn-dda *drebl*, yn ddidrabludd,
O ddawn bêr (diddana' budd!)
A *chontra*, deheua' dysg,
Fo'n gu im, yn fwyn gymysg;
Isel neu uchel awchwaith,
(Mor ddifai ni seiniai saith)
Ac erddigan gwir ddeugwell
Na mawl yr uch-gorawl Gell.

P'le cawn un côr rhagorach
Na ffrwd dy big bertig, bach?
Er i ddiddan wŷr ddeuddeg
Roi cân a chwiban â cheg,

A chrythorion mwynion, maith,
Ddigylus, ddeuddeg eilwaith,
Dy goethlef, y da gethlydd,
Orig fach, yn fwynach fydd.
Am beroriaeth, odiaeth wyt;
Organ od, eurgain ydwyt.
Dy gerdd yn hyfryd a gaf
'N ôl gwywo niwl y gaeaf;
Oni roist ern, arwest in,
Eisoes o'th freuant iesin?
Cychwynnaist, mewn co' chwannog
Drimis maith cyn gwaith y gog;
(Hin deg, mor wiwdeg ydyw
Ei gwên erioed i'r gwan ryw.)
Ond o dychwel awel oer
Yn llidiog, a'i throi'n lledoer,
Gwylia, na fydd ddigalon,
Call yw'r dysg, rhag colli'r dôn;
I ben daw (buan y dêl)
Y garwedd ac oer awel.
Ei phrif ias ni phery fawr,
Ni rynni gan rew Ionawr.
Ar fyr bydd y dydd yn deg,
A didol dithau d'adeg:
O gwena haul y gwanwyn,
Hwylia fant â'th dant yn dynn;
A chân yng ngwres hirdes haf
Mal osai o'r melysaf.

Bellach, mae'n bryd im bwyllo;
Egwyl ge's i gael i go'—

Yr hwn a'th wnaeth mor heini
A'th wnaeth yn bregeth i ni:
Rhoes dy ffriw, dy liw, dy lun,
Dy orthorch, nad yw wrthun,
Dy gylfin ddi-wad gelfydd,
Neu'th hardd big, y gwledig gwlydd,
Dy dda wisg, dy ddwy asgell,
A'th ddawn bâr, i'th ddwyn i bell,
Cymhibau, pibau, pob ais,
Efo'r iawnllef arianllais,
A thonau dy goeth anian;
E'u rhoes, wrth fesur a rhan,
I'th ddodi'n ddrych llonwych, llawn,
A cherddor o wych eurddawn,
Gyw hyddysg, at gyhoeddi
Clod ein Naf, i'n clywed ni.

Ce'st, gwir yw, er byw'n y byd,
Ail fuddiol wiw gelfyddyd:
E'th wnaeth mewn saernïaeth syw,
Yn eilradd i ddynolryw,
Neu'n well, er mor bell eu bost,
Na'r ofergall ry fawrgost.
Dilys y gwnei adeilad
Fo'n gwilydd i glebrydd gwlad:
Adeili, yr edn dilesg,
(Wychlawn hwyl) â chlai neu hesg!
Pa saer a wna, pe sorrai,
Fwthyn iawn, o'r fath a wnai?
Gwnei ddwbin â'th gylfin gwâr
Yn lliwus, heb un llwyar;

A heb sŵn gwnei fwswn fur,
Yn deg gronfa'n dŷ crynfur
A'i briddgalch yn ddifalch dda,
Yn astud waith gonesta'.
Arluni, yn wir lawnwych,
Y gre' iawn gell, gron a gwych.
A'th epil, lwm-eiddil lu,
Yn fwythwych ti wnei faethu;
Diwall y cedwi dyaid,
Heb waith plwy yn hwb o'th plaid.
Edn gwael, e'th ddysgwyd yn gu,
Wir fuddiol, i'w ryfeddu;
Dy ganiad, a dy geinwaith,
A'th nod, sy ryfeddod faith.
Gwelir ynot, mi goeliaf,
Lwyswaith a hynodwaith Naf.
Enwog odidog ydyw
Naws ei rin mewn isa' ryw.
P'sawl rhyfeddod (glaernod glwys)
Gannaid, mae'n byd yn gynnwys?
P'sawl darn, p'sawl drych, o'i wych waith,
A 'mgynnig i'n trem ganwaith?
A llyfr ei waith, llefair wawl
Y llinellau'n llawn ollawl:
A beunydd mae aml bennod
I'n mysg, er ein dysg, yn dod.

Darn lleiaf ei lwysaf law,
Yn wiw uthr y gwnâi athraw;
Cyw adeiniog bywiog beth,
Heb rygylch y rhôi bregeth;

A dysgai inni dwysgen
Am y Glyw, sy'n byw yn Ben,
Gwiwfaint ei rym a'i gyfoeth,
A'i faith synnwyr di-ŵyr, doeth.

Doed dyn i dderbyn ei ddysg
Anhaeddawl, gan edn hyddysg:
Caed Iôn fawl (o'i hawl ei hun)
Llwyr-wiwlwys yn lle'r eilun.
Os mawr yw ein Glyw, a'i glod,
O un dernyn daearnod,
Beth am wedd y mawredd maith,
A ddeillia o'i dda ollwaith?
A thrwy'r wedd o uthr raddau
Ei rad waith, a roed i wau,
(Isod, ac uwch rhod, y rhif
Yn eres yn aneirif,)
Beth am fawredd, glwysedd glân,
Yr hynod Iôr ei hunan!

ROBERT WILLIAMS (ROBERT AB GWILYM DDU)

1766–1850

192 *Y Bardd yn Drigain Oed*

AETH blodau dyddiau dedwyddion—drosodd,
Dryswyd fy nghysuron;
Mae pob lle o'm pabell hon
Ar waeth o lawer weithion.

Bore o haf byr ei hynt—fu 'nyddiau;
Fwyneiddied eu helynt!
Heini bob dydd ohonynt
Y down ac awn fel dyn gynt.

Llawn drigain gywrain a'u gwarant—heb ludd
O'm blwyddau hedasant;
Fel y niwl o afael nant
Y dison ymadawsant.

O bu'n wan faban unwaith—y gwychaf
Wrth gychwyn i ymdaith,
E dry'r dyn draw ar y daith
I boen wael maban eilwaith.

Ac i'r ffon ymfodlonwyf—bellach,
A chan bwyll yr elwyf;
Blino wrth rodio'r ydwyf,
Llusgo ar ôl, llesgáu'r wyf.

Ugeiniau ym mro Gwynedd,—mae cofion,
O'm cyfoed sy'n gorwedd,
A ddodwyd yn ddiadwedd,
Druain bach, draw yn y bedd.

Myned sydd raid i minnau—drwy wendid
I'r undaith â'm tadau;
Mae 'mlinion, hwyrion oriau,
A'm nos hir yn ymnesáu.

Henffych wlad i rad rodio,—a mwynaf
Man i gael gorffwyso;
Blinder, gorthrymder na thro
Ni bydd un, na bedd yno.

193 *Awdl Goffa am ei Ferch*

OCH gur! pwy fesur pa faint
Yw 'nghwyn mewn ing a henaint?
At bwy trof yn fy ngofid
A chael lle i ochel llid?

Angau arfog, miniog, mawr,
Ar ei gadfarch ergydfawr,
Wele yma carlamodd,
A'i rym ar egni a rôdd.
Torrodd i lawr drwy fawr feth
Ein diddig unig eneth,
A mynnodd hwnt o'n mynwes
Enaid a llygaid ein lles . . .

Dwfn guddiwyd, ataliwyd hi,
Y man na welwyf moni.
Llwch y llawr, yn awr, er neb,
Sy heno dros ei hwyneb.
Nid oes wên i'w rhieni
Ar ei hôl, er nas gŵyr hi.

Ymholais, crwydrais mewn cri;—och alar!
Hir chwiliais amdani;
Chwilio'r celloedd oedd eiddi,
A chwilio heb ei chael hi . . .

Och arw sôn, ni cheir seinio—un mesur
Na musig piano;
Mae'r gerdd annwyl yn wylo,
A'r llaw wen dan grawen gro.

ROBERT WILLIAMS

Ochenaid uwch ei hannedd — a roesom;
    Mae'n resyn ei gorwedd;
  Lloer ifanc mewn lle rhyfedd,
  Gwely di-barch, gwaelod bedd . . .

Byr oedd hyd ei bywyd bach;
Oes fer — Ow, beth sy fyrrach?
Golau y rhôdd eglurhad
Hoff a rhyfedd o'i phrofiad.
Daliodd o dan bob duloes
Hyd ei holaf, lymaf loes,
A'i gwaedd bur yn gu ddi-baid
I'r lan ar ran yr enaid;
Cyflwynodd o'i bodd tra bu
Ef i lwys ofal Iesu,
A dewis ymadawiad
Adre i glir dir ei gwlad.

Gwlad rydd a golud o ras,
Gwlad gyflawn o diriawn des,
Gwlad ddiangen, lawen lys,
Gwlad y gwir a hir ei hoes.

Cael tragwyddol gydfoli
Mewn eilfyd hyfryd â hi,
A'n lle fry yn nhŷ fy Nhad,
Amen, yw fy nymuniad.

ANN GRIFFITHS

1776–1805

194 *Disgwyl yr Arglwydd*

AM fy mod i mor llygredig
  Ac ymadel ynddw' i'n llawn,
Mae bod yn dy fynydd sanctaidd
  Imi'n fraint oruchel iawn;
Lle mae'r llenni yn cael eu rhwygo,
  Mae difa'r gorchudd yno o hyd,
A rhagoroldeb dy ogoniant
  Ar ddarfodedig bethau'r byd.

O am bara i uchel yfed
  O ffrydiau'r iechydwriaeth fawr
Nes fy nghwbwl ddisychedu
  Am ddarfodedig bethau'r llawr;
Byw dan ddisgwyl am fy Arglwydd,
  Bod, pan ddêl, yn effro iawn,
I agoryd iddo'n ebrwydd
  A mwynhau ei ddelw'n llawn.

195 *Rhyfedd, Rhyfedd*

RHYFEDD, rhyfedd gan angylion,
  Rhyfeddod fawr yng ngolwg ffydd,
Gweld rhoddwr bod, cynhaliwr helaeth
  A rheolwr popeth sydd

Yn y preseb mewn cadachau
  A heb le i roi'i ben i lawr,
Eto disglair lu'r gogoniant
  Yn ei addoli'n Arglwydd mawr.

Pan bo Seinai i gyd yn mygu
  A sŵn yr utgorn ucha'i radd,
Caf fynd i wledda tros y terfyn
  Yng Nghrist y Gair heb gael fy lladd.
Mae yno'n trigo bob cyflawnder,
  Llond gwagle colledigaeth dyn;
Ar yr adwy rhwng y ddwyblaid
  Gwnaeth gymod trwy ei offrymu ei hun.

Efe yw'r iawn fu rhwng y lladron,
  Efe ddioddefodd angau loes,
Efe a nerthodd freichiau ei ddienyddwyr
  I'w hoelio yno ar y groes;
Wrth dalu dyled pentewynion
  Ac anrhydeddu deddf ei Dad,
Cyfiawnder, mae'n disgleirio'n danbaid
  Wrth faddau yn nhrefn y cymod rhad.

O f'enaid, gwêl y fan gorweddodd
  Pen brenhinoedd, awdur hedd;
Y greadigaeth ynddo'n symud,
  Yntau'n farw yn y bedd;
Cân a bywyd colledigion,
  Rhyfeddod fwya' angylion nef;
Gweld Duw mewn cnawd a'i gydaddoli
  Mae'r côr dan weiddi 'Iddo Ef!'

Diolch byth, a chanmil diolch,
  Diolch tra bo ynw'i chwyth,
Am fod gwrthrych i'w addoli
  A thestun cân a bery byth;
Yn fy natur wedi ei demtio
  Fel y gwaela' o ddynol ryw,
Yn ddyn bach, yn wan, yn ddinerth,
  Yn anfeidrol wir a bywiol Dduw.

Yn lle cario corff o lygredd,
  Cyd-dreiddio â'r côr yn danllyd fry
I ddiderfyn ryfeddodau
  Iechydwriaeth Calfari;
Byw i weld yr Anweledig
  'Fu farw ac sy'n awr yn fyw,
Tragwyddol anwahanol undeb
  A chymundeb â fy Nuw.

Yno caf ddyrchafu'r Enw
  A osododd Duw yn Iawn,
Heb ddychymyg, llen, na gorchudd,
  A'm henaid ar ei ddelw'n llawn;
Yng nghymdeithas y dirgelwch
  Datguddiedig yn ei glwy,
Cusanu'r Mab i dragwyddoldeb
  Heb im gefnu arno mwy.

ABSALOM ROBERTS

1780?–1864

196 *Trawsfynydd*

Mɪ hoffais Wynedd berffaith gain,
  Ei chedyrn fain a'i choedydd;
Ar gangau'r gwŷdd fe ganai'r gog,
  Uwch serchog ddeiliog ddolydd;
Os doeth yw sôn, mi deithiais i
  Dros Fanod i Drawsfynydd

Ces yno ddynion dewrion da
  Am elwa ar y moelydd;
Ces beraidd ddwfr mewn amryw ffos,
  Man agos i'w mawnogydd;
Ces fir a chig, ces fara a chaws,
  Ces fwyniant yn Nhrawsfynydd.

Mae mynych sôn (nis gwn ai gwir)
  Am rannu tir Meirionnydd;
Os caf fi gornel fach i'w thrin,
  Boed honno ym min y mynydd,
Fel na bo boen fy nwyn i bant
  Y fynwant yn Nhrawsfynydd.

WILLIAM ELLIS JONES (CAWRDAF)

1795–1848

197 *Hiraeth Cymro am ei Wlad*

(*Extract*)

Os fy Nêr â doethder da
A rydd im orwedd yma,
I'm mynwes mor ddymunol,
Uwch fy nghlai, fyddai ar f'ôl
Arwyddo'r lle gorweddwn
Yn y llawr, â'r pennill hwn:

Awenawg ŵr o Wynedd—o hiraeth
A yrrwyd i'r llygredd,
Ar arall dir i orwedd;
Dyma fan fechan ei fedd.

Efallai deuai ar daith
Damwain ryw hen gydymaith
I ymdeithio heibio hon,
Ac wylo ar ei galon.
Darllenai'r pedair llinell
Yn iaith fad ei burwlad bell
Gan ochneidio, wylo'n waeth,
Oherwydd trymder hiraeth.
Tannau euraidd tynerwch
Gyffry wrth fy llety llwch,
I eirio prudd arwyrain,
Â thrist wedd, wrth fy medd main.
Minnau â'm bron yn llonydd.
O, Dduw fry, ai felly fydd?

EVAN EVANS
(IEUAN GLAN GEIRIONYDD)

1795–1855

198 *Ysgoldy Rhad Llanrwst*

HOFF rodfa fy mabolaeth,
  Chwaraele bore 'myd,
A wnaed i mi yn annwyl,
  Drwy lawer cwlwm clyd;
Pa le mae'r si a'r dwndwr,
  Gaed rhwng dy furiau gynt,
A'r plant o'th gylch yn chwarae
  A'u hatsain yn y gwynt?

Mae anian o dy ddeutu
  Mor bruddaidd ac mor drom,
Fel un fai'n cadw gwylnos
  Uwch d'adail unig lom;
Mae'r olwg arnat heddiw,
  Gaed gynt mor deg â'r sant,
Fel gweddw dlawd amddifad,
  Yn wylo ar ôl ei phlant.

Mae sŵn y gloch yn ddistaw,
  Heb dorf yn dod o'r dre,
A bolltau'th ddorau cedyrn
  Yn rhydu yn eu lle;
Ystlum â'u mud ehediad
  Sy'n gwau eu hwyrdrwm hynt,
Lle pyncid cerddi Homer
  A Virgil geinber gynt.

Mae hirwellt bras anfaethlon
  Yn brith orchuddio gro
Y llawnt bu'r cylch a'r belen
  Yn treiglo yn eu tro;
Boed wyw y llaw a'th drawodd
  Â haint mor drwm â hyn,
Boed ddiblant a'th ddiblantodd,
  A diffrwyth fel dy chwyn.

Pa le, pa fodd mae heddiw
  Y lliaws yma fu
'N cydchwarae a chyd-ddysgu,
  A chydymgomio'n gu?
Mae rhai mewn bedd yn huno,
  A'r lleill ar led y byd,
Nad oes un gloch a ddichon
  Eu galw heddiw 'nghyd.

Wyliedydd doeth a diwyd,
  Os cwrddi ar dy hynt
Â rhai o'm cyd-sgolheigion
  A'm chwaraeyddion gynt,
Dod fy ngwasanaeth atynt,
  A dwed, er amled ton
Aeth drosof, na ddilëwyd
  Eu cof oddi ar fy mron..

199

Beati Mortui

Mor ddedwydd yw y rhai trwy ffydd
  Sy'n mynd o blith y byw;
Eu henwau'n perarogli sydd,
  A'u hun mor dawel yw.

Ar ôl eu holl flinderau dwys,
  Gorffwyso maent mewn hedd,
Ymhell o sŵn y byd a'i bwys,
  Heb boen yn llwch y bedd.

Llais un gorthrymydd byth ni ddaw
  I'w deffro i wylo mwy,
Na phrofedigaeth lem na chroes,
  Un loes ni theimlant hwy.

200

Glan Iorddonen

AR lan Iorddonen ddofn
  'R wy'n oedi'n nychlyd,
Mewn blys mynd trwy, ac ofn
  Ei stormydd enbyd;
O na bai modd i mi
Osgoi ei hymchwydd hi,
A hedfan uwch ei lli
  I'r Ganaan hyfryd!

Wrth gofio grym y dŵr
  A'i thonnog genlli,
A'r mynych rymus ŵr
  A suddodd ynddi,
Mae braw ar f'enaid gwan
Mai boddi fydd fy rhan
Cyn cyrraedd tawel lan
  Bro y goleuni.

Ond pan y gwelwyf draw
  Ar fynydd Seion,
Yn iach heb boen na braw,
  Fy hen gyfeillion,
Paham yr ofnaf mwy?
Y Duw a'u daliodd hwy
A'm dyga innau drwy
  Ei dyfroedd dyfnion.

201

Rhieingerdd Bugail Cwmdyli

'E DDIFLANNODD clog y glaw,
    F'anwylyd wiw,
Oedd yn toi'r Eryri draw,
    F'anwylyd wiw;
Mae yr haul ar hyn o dro
Yn goreuro bryniau'n bro;
I'r hafoty rhoddwn dro,
    F'anwylyd wiw.

Ni gawn wrando'r creigiau crog,
    F'anwylyd wiw,
Yn cydateb cân y gog,
    F'anwylyd wiw,
A diniwed fref yr ŵyn,
A'r eidionau ar bob twyn,
A'r ehediaid llon o'r llwyn,
    F'anwylyd wiw.

Ond ar fyrder beth i mi,
    F'anwylyd wiw,
Fydd Cwmdyli hebot ti,
    F'anwylyd wiw?
Yn iach i wrando d'atsain dlos
Wrth dy wylio dros y rhos
Yn dod i odro fore a nos,
    F'anwylyd wiw.

Ac ynghanol dwndwr tre,
    F'anwylyd wiw,
A diddanion llon y lle,
    F'anwylyd wiw,
Nac anghofia un a fydd
Ar dy ôl yn wylo'n brudd
Yng Nghwmdyli nos a dydd,
    F'anwylyd wiw.

202 *Y Bedd*

Preswylfeib pau'r iselfedd
Tan ro sy'n huno mewn hedd,
Cloëdig ych mewn cleidir,
A gweis tyn yn y gist hir . . .
Darfu'ch taith a'ch gwaith i gyd
'N ôl gorwedd yng nghôl gweryd;
Yn y llwch, dan y llechi,
Darfu'ch braint, dyrfa, a'ch bri.
Darfu y chwant, ar bant bedd,
I ymorol â mawredd.
Ust yn eich distaw annedd
Gaf heb drais, na chlais, na chledd,

Heb gynghrair, heb air o ben,
Na da fyfyrdod awen.
Ni thremia llais gorthrymwr
Nac un braw i'ch distaw dŵr;
Ni oleua haul awyr
I'r nos hon, na lloer, na sŷr.
Pe câi'r ddaear gron argryd
Erwin, gerth, nes crynu i gyd,
A siglo'ch bro fwsoglyd
Trwy'i sail, fel gwanddail i gyd,
Ynoch chwi ni 'nynnai chwant,
Rwymrai, i agor amrant.
Nid cynnwrf rhuad ceunant,
Dylif certh, na dolef cant,
Nid alarwm trwm, tramaith,
Rhuad didor y môr maith,
Twrw neu froch taranau fry
Uwch y dyffryn a'ch deffry . . .

Ow! ond gŵr wedi gorwedd,
Ni chyfyd i'r byd o'r bedd;
Ni welir neb o waelod
Annedd y dyfnfedd yn dod;
Nid â gŵr, wedi gorwedd,
I'w dŷ byth o waelod bedd.
Pwy drwy drais,—pa daer ryw dro
A ddihangawdd o bridd ango?
Pa gadarn, pwy a gododd?
Pwy o'r ffau, pa ŵr a ffodd?
Er gwaedd a dagrau gweddwon,
A gawr brudd hyd ysgar bron,

Er galar anghymharawl,
Briw a chŵyn, i'w dwyn heb dawl,
Er wylo'n hidl afonydd
O ddagrau yn rhydau rhydd,
Er hiraeth, aml aeth a loes,
Cwynaw hyd at dranc einioes,
Er tywallt dagrau tawel
Nes gwneuthur, trwy gur, heb gêl,
Y llygaid cannaid fel cyrn,
A gwisgo cnawd ac esgyrn,
Ie, er rhoddi arian,
Neu ri' y gwlith o aur glân,—
I'w le a'i fan drigiannol
Ni ddaw neb o'r bedd yn ôl.

Y dyn pan êl ar elawr
A'i droi i lwch daear lawr,
Iach unwaith, iach ganwaith, gwir,
Hwnnw eilwaith byth ni welir.
Ni yrr yn ôl air i neb,
Ow, eto ni rydd ateb.
Canu'n iach, bellach, am byth
I'w deulu wnâi'r gŵr dilyth;
Gwag mwy fydd bob dydd ei dŷ,
Ei aelwyd ef a'i wely.
Mae'n pydru, darfu y daith,
O'r amdo ni cheir ymdaith.
Och le! mwyach ni chlywir
Air, un, o hwn, byr na hir.
Ar unwaith hed yr einioes,
Adwedd o'r dyfnfedd nid oes.
Ail ei dosbarth i darth dwl

Ac ymaith â fel cwmwl.
Diau pan ddêl angau loes,
Ni ddaw i un ddwy einioes.
Dwg dylaith bob iaith o'r byd
Trwy ei gorwynt i'r gweryd;
Yn wâr i'r ddaear ydd aeth
Adlais pob rhyw genhedlaeth . . .

Ymerawdwr, llywiwr llon,
A garia euraid goron,
Ni ddeil ddim, pan ddêl ei ddydd,
Mwy na brwyn mân y bronnydd,
E dawdd mal y diddim us
Rhwng breichiau'r angau brochus;
Ni rydd y bedd i'w urdd barch
Mwy na mwydion mân madarch.
Fe genfydd y clochydd clau,
Tra bydd yn torri beddau,
Esgyrn rhai fu'n gedyrn gynt
A gwawr sych, oernych, arnynt,
A'r cnawd fu'n wisg i'w gwisgaw
A godir hwnt gyda rhaw . . .
Y cribddeiliwr, rheibiwr hyll,
Yn ei fawrchwant fu erchyll,
Yn gorthrymu y truan,
Trybaeddu a gwasgu'r gwan,
Ac yn ei fâr dygn a fu
Am y wlad yn ymledu,
Mynd tros bawb mewn trais a bâr,
Rheibio, ewino'n anwar,
Ac hefyd gwancio'r cyfan
O'r byd, ar ei hyd, i'w ran;

Ni wnâi ddaioni i neb,
O'i us ni roddai oseb;
Ond dyma ben gyrfa'r gŵr,
Uthr a thramaith orthrymwr;
Daeth i lawr, mae'n awr mewn hedd,
Dan garreg fud yn gorwedd . . .

Â'n wyw y fenyw fwynwych,
Oedd ddiflin i drin y drych,
A'i phryd a'i glendyd fel glân
Rosynnau eres anian.
Y pryfed sydd yn profi
Ei thegwch a'i harddwch hi . . .
Ei gwallt hi oedd fel gwellt aur,
Ail i wiail o loywaur,
Rhyw ardd oedd, rhyw iraidd wig,
Aur-sidan yn drwsiedig,
A dröid yn fodrwyau
O wiw blethiad, clymiad clau:
Ond y bedd a ddodai ben
Manwl ar falchder meinwen;
Yr awr hon, is cloeon clau,
Drewant, yr holl fodrwyau.
Pryfed drwyddo a redant
Heb ri'n awr, a'i lwybro wnânt;
Gyrrant yn llu mewn gorwib
Eu llwybrau crai, lle bu'r crib . . .
Derfydd parch mewn arch, mae'n wir,
Yno, ei ôl ni welir;
Ni pharcha'r bedd, annedd ddig,
Fwynwych aur fwy na cherrig.

Ti'r bedd sydd yn trybaeddu
Pob iach gyfeillach a fu,
A medraist dorri modrwy
Dau gymar, a'u hysgar hwy
Fu'n annwyl, o fewn einioes,
Yn bur i'w cred heb air croes;
Darfu yr hoffter dirfawr
'N y cryd mwll, a'r cariad mawr.
Aeth cyfeillion, wiwlon wedd,
I minnau i'r lom annedd;
Och, ofid! mwy ni chefais
Weld eu lliw, clywed eu llais.

Rhyfedd y cymysgedd mawr,
Och, a geir yn eich gorawr.
Gorwedd blith-draphlith heb drefn,
Wedd odrist, yn llwyr ddidrefn,
Ac edrych yma'n gydradd
Mae'r uchel a'r isel radd.
Yr ymerawdwr, gŵr gwych,
Oddi ar ei orsedd orwych,
O'i uchafiaeth daeth y dyn
Hyd at y gwael gardotyn;
Mor isel, mor dawel daeth
Â hwnnw, nid oes gwahaniaeth.
Mawr a bach sy 'mro y bedd,
Y doeth a'r annoeth unwedd,
Y cyfoethog, enwog un,
Gŵr y geiniog, a'r gwannun.
O'r achul faban rhychwant
Yno i'r cu henwr cant.

Ac ail i ei ddeiliaid gwâr
Yw brenin yn y braenar;
Gwâr, eiddil, y gorweddant,
'Run tŷ, 'run gwely a gânt . . .

Caf fod, ryw ddiwrnod a ddaw,
Mor ddiystyr, mor ddistaw;
Maes 'law, fe braw y corff brau,
Chwerwaf ing, awch eirf angau;
Cyn hir, fe brofir er braw
Ddialedd trwm ei ddwylaw;
Fe baid hon, y galon gu,
A'i hawch lem, â dychlamu,
Clywir y corff claear, cu,
A'r enaid yn ymrannu;
A llinynnau llon anian
Trwy un loes yn torri'n lân;
Yna daw, mewn distaw dôn,
I'r golau'r holl ddirgelion.

O wyll fedd, diddiwedd wyd,
Digon iti nis dygwyd;
Er Abel fawr ei obaith,
Ŵr da, aeth gyntaf i'r daith,
Myrddiynau, rif dafnau'r don,
Gladdwyd yn dy goluddion.
Dy enw yw Bwytawr dynion,
Wyt wancus, arswydus sôn;
Diddig daeth pawb, rhaid addef,
Ers chwe mil i'th grombil gref.
Nid yw'th wanc mawr, i'r awr hon
Yn tagu i ddweud 'digon';

Dy ddidor lef yw hefyd
'Moes, moes', drwy bob oes o'r byd;
Dy enau certh nid yw'n cau—
Mae ynot le i minnau . . .

203 *Cyflafan Morfa Rhuddlan*

CILIA'R haul draw dros ael bryniau hael Arfon,
Llenni nos sy'n mynd dros ddôl a rhos weithion,
Pob rhyw chwa ymaith a gilia o'r llwyni,
Ar fy nghlust draw mae ust y don yn distewi;
Dan fy mron clywa'm llon galon yn curo
Gan fawr rym dicter llym wrth im fyfyrio
Ar y pryd pan fu drud waedlyd gyflafan,
Pan wnaed brad Cymru fad ar Forfa Rhuddlan.

Trwy y gwyll gwelaf ddull teryll y darian,
Clywaf si eirf heb ri arni yn tincian;
O'r bwâu gwyllt mae'n gwau saethau gan sïo
A thrwst mawr nes mae'r llawr rhuddwawr yn siglo;
Ond uwch sain torf y rhain ac ochain y clwyfawg
Fry hyd nef clywir cref ddolef Caradawg—
'Rhag gwneud brad ein hen wlad trown eu cad weithian,
Neu caed lloer ni yn oer ar Forfa Rhuddlan.'

Wele fron pob rhyw lon Frython yn chwyddo,
Wele'u gwedd fel eu cledd fflamwedd yn gwrido,
Wele'r fraich rymus fry'n dyblu'r ergydion,
Yn eu nwy' torrant trwy lydain adwyon;

Yr un pryd Cymru i gyd gyfyd ei gweddi,—
'Doed yn awr help i lawr yn ein mawr gyni;
Boed i ti, O ein Rhi, noddi ein trigfan,
Llwydda'n awr ein llu mawr ar Forfa Rhuddlan.'

Trosof daeth, fel rhyw saeth, alaeth a dychryn,
Och! rhag bost, bloeddiau tost ymffrost y gelyn;
Ond O, na lawenha, fel a wnâi orchest,
Nid dy rym ond dy ri' ddug i ti goncwest.
Ow! rhag braw'r dorf sy draw'n gwyliaw o'r
drysau,
Am lwydd cad Cymru fad,—rhad ar ei harfau;
Mewn gwyllt fraw i'r geillt fry rhedy pob oedran
Wrth weld brad gwŷr eu gwlad ar Forfa Rhuddlan.

Bryn a phant, cwm a nant, lanwant â'u hoergri;
Traidd y floedd draw i goedd gymoedd Eryri;
Yr awr hon y mae llon galon hen Gymru
Am fawr freg ei meib teg, gwiwdeg, yn gwaedu;
Braw a brys sydd trwy lys parchus Caradawg,
Gweiddi mawr fynd i lawr flaenawr galluawg;
Geilw ei fardd am ei fwyn delyn i gwynfan,
Ac ar hon tery dôn hen 'Forfa Rhuddlan'.

Af yn awr dros y llawr gwyrddwawr i chwilio
Am y fan mae eu rhan farwol yn huno;
Ond y mawr Forfa maith yw eu llaith feddrod,
A'i wyrdd frwyn a'r hesg lwyn yw eu mwyn gofnod;
Ond caf draw, gerllaw'r llan, drigfan uchelfaith
Ioan lân, hoffwr cân, diddan gydymaith;
Ac yn nhŷ'r Ficar fry, gan ei gu rian,
Llety gaf, yno'r af o Forfa Rhuddlan.

JOHN BLACKWELL (ALUN)

1797–1840

204

Cathl i'r Eos

PAN guddio nos ein daear gu
  O dan ei du adenydd
Y clywir dy delori mwyn,
  A chôr y llwyn yn llonydd;
Ac os bydd pigyn dan dy fron
  Yn peri i'th galon guro,
Ni wnei, nes torro'r wawrddydd hael,
  Ond canu, a gadael iddo.

A thebyg it yw'r feinir wâr
  Sydd gymar gwell na gemau:
Er cilio haul a hulio bro
  Â miloedd o gymylau,
Pan dawo holl gysurwyr dydd,
  Hi lyna yn ffyddlonaf;
Yn nyfnder nos o boen a thrais
  Y dyry lais felysaf.

Er dichon fod ei chalon wan
  Yn delwi dan y dulid,
Ni chwyna, i flino'i hannwyl rai,
  Ei gwên a guddia'i gofid;
Ni pheidia'i chân trwy ddunos faith,
  Nes gweled gobaith golau
Yn t'wynnu, megis llygad aur,
  Trwy bur amrantau'r borau.

JOHN BLACKWELL (ALUN)

205

Rhywun

CLYWAIS lawer sôn a siarad
Fod rhyw boen yn dilyn cariad,
Ar y sôn gwnawn innau chwerthin
Nes y gwelais wyneb Rhywun.

Ni wna cyngor, ni wna cysur,
Ni wna canmil mwy o ddolur,
Ac ni wna ceryddon undyn
Beri im beidio â charu Rhywun.

Gwyn ac oer yw marmor mynydd,
Gwyn ac oer yw ewyn nentydd,
Gwyn ac oer yw eira Berwyn,
Gwynnach oerach dwyfron Rhywun.

Er cael llygaid fel y perlau,
Er cael cwrel yn wefusau,
Er cael gruddiau fel y rhosyn,
Carreg ydyw calon Rhywun.

Tra bo clogwyn yn Eryri,
Tra bo coed ar ben y Beili,
Tra bo dwfr yn afon Alun,
Cadwaf galon bur i Rywun.

Pa le bynnag bo'm tynghedfen,
P'un ai Berriw neu Rydychen,
Am fy nghariad os bydd gofyn,
F' unig ateb i fydd—Rhywun!

Caiff yr haul fachludo'r borau,
Ac â moelydd yn gymylau,
Gwisgir fi mewn amdo purwyn,
Cyn y peidiaf garu Rhywun.

JOHN BLACKWELL (ALUN)

206 *Cân Gwraig y Pysgotwr*

GORFFWYS don, dylifa'n llonydd,
Paid â digio wrth y creigydd;
Y mae anian yn noswylio,
Pam y byddi di yn effro?
Dwndwr daear sydd yn darfod,
Cysga dithau ar dy dywod.

Gorffwys fôr, mae ar dy laston
Un yn dwyn serchiadau 'nghalon;
Nid ei ran yw bywyd segur,
Ar dy lifiant mae ei lafur:
Bydd dda wrtho, for diddarfod,
Cysga'n dawel ar dy dywod.

Paid â grwgnach, bydd yn ddiddig,
Dyro ffrwyn ym mhen dy gesig;
A pha esgus iti ffromi?
Nid oes gwynt ym mrig y llwyni:
Tyrd â bad fy ngŵr i'r diddos
Cyn cysgodion dwfn y ceunos.

Iawn i wraig yw teimlo pryder
Pan fo'i gŵr ar gefn y dyfnder,
Ond os cyffry dig dy donnau,
Pwy a ddirnad ei theimladau?
O, bydd dirion wrth fy mhriod,
Cysga'n dawel ar dy dywod.

Byddar ydwyt i fy ymbil,
Fôr didostur, dwfn dy grombil

Trof at Un a all dy farchog
Pan fo'th donnau yn gynddeiriog;
Cymer Ef fy ngŵr i'w gysgod,
A gwna di'n dawel ar dy dywod.

207 *Cwyn Cariad*

F'ANNWYL ferch, delw'm serch, clyw annerch clwy' enaid,
Troist yn ddu'r cariad cu, a chanu'n ochenaid.
A oedd un llaw drwy'r dref draw i 'nharaw'n annhirion?
A oedd ymhleth, at y peth, ddwrn yr eneth union?
Yn wir dy wg dagrau ddwg i'r golwg o'r galon,
Oni chaf hedd, af i'm bedd i orwedd yn wirion.

P'le mae'r gred, gofus ged, adduned oedd annwyl?
Ai si a siom yr amod drom unasom ryw noswyl?
P'le mae'r drem, fel gwawr gem, a luniem dan lwynydd?
Torrai'n syn swyn y llyn, y delyn, a'r dolydd:
Yn iach i'th wedd, mi wela' 'medd, wan agwedd, yn agor;
Dywed di, fy mun, i mi, a wyli ar f'elor?

Pan weli sail y bedd, a'r dail ar adail mor hoywdeg,
Ac uwch y tir ysgrif hir o'r gwir ar y garreg,
Mai d'achos di, greulon gri, fu gwelwi'r fau galon,
Ai dyma'r pryd daw gynta' i gyd iaith hyfryd o'th ddwyfron?

Gorchwyl gwan rhoi llef drwy'n llan, troi'r fan yn afonydd;
Rhy hwyr serch,—felly, ferch, i'm llannerch bydd llonydd.

EBENEZER THOMAS (EBEN FARDD)

1802–1863

208 *Dinistr Jerusalem*

(*Extract*)

SŴN anniddig sy yn y neuaddau.
I drist fynwes pa les wna palasau?
Traidd galar trwodd i giliau—gwychion
Holl dai y mawrion, er lled eu muriau.

Y pennaf lueddwyr, O! pan floeddiant,
Acw'r gelltydd a'r creigiau a holltant;
Eraill gan loesion yn waelion wylant,
Eu hanadl a'u gallu a'u hoedl gollant;
Gan boen a chur, gwn, byw ni chânt;—angau,
Er gwae ugeiniau, dyr eu gogoniant.

Ys anwar filwyr sy yn rhyfela,
Enillant, taniant Gastell Antonia;
Y gampus Deml a gwympa—cyn pen hir,
Ac O! malurir gem o liw eira.

Wele drwy wyll belydr allan—fflamol,
  A si annaturiol ail sŵn taran.
Mirain deml Moreia'n dân,—try'n ulw;
  Trwst hon, clyw acw'r trawstiau'n clecian.

  Yr adeiladaeth ddygir i dlodi
  Be bai cywreiniach bob cwr ohoni.
  Tewynion treiddiawl tân a ânt trwyddi;
  Chwyda o'i mynwes ei choed a'i meini.
Uthr uchel oedd, eithr chwâl hi;—try'n llwch,
  A drych o dristwch yw edrych drosti.

  Fflamau angerddol yn unol enynnant;
  Diamau y lwyswych Deml a ysant;
  Y dorau eurog ynghyd â'r ariant,
  Y blodau addurn, a'r cwbl a doddant.
Wag annedd ddiogoniant,—gyda bloedd
  Hyll bwyir miloedd lle bu rhoi moliant.

    Llithrig yw'r palmant llathrwyn,
    Môr gwaed ar y marmor gwyn.

209 *Cân Olwen i Afaon*

AFAON bach, mor fwyn y bu
  Dy wên a'th garu gynt;
Ond diffodd wnaeth fel cannwyll frwyn
  Y gwanwyn yn y gwynt.

Ti a anghofiaist fam a thad
  I'm cael yn gariad gynt;
Ond chwythwyd pob adduned dda
  Fel manus gyda'r gwynt.

Meddyliais innau'n ddigon gwir
  Dy fod yn gywir gynt;
Ond beth yn ddrych o'th serch a gawn?
  Edafedd gwawn mewn gwynt.

Mi gredaf bellach, er fy lles,
  Hen gyngor ges i gynt,
Na rown ar fab a'i haeriad moel
  Ddim mwy o goel na'r gwynt.

WILLIAM REES (GWILYM HIRAETHOG)

1802–1883

210 *Heddwch*

(*Extract*)

Y Gof

CHWYTHU'I dân dan chwibanu
Ei fyw dôn wna y gof du;
Un llaw fegina a'r llall
Faluria'r glo fel arall.

  Wedi trefnu, taclu'r tân
Ar bwynt allor ei bentan,
Yn hyf mewn hen gleddyf glas,
Luniai lawer galanas,
Gafaela y gof eilwaith;
Chwery ag ef cyn dechrau'r gwaith.

Rhed ei fawd ar hyd ei fin,
Dewrfodd i brofi'r durfin.
Ffugia'r gŵr yn filwr fod,
Neu yn hen gadben hynod.
Areithia, bygythia'n gas
I'w elynion alanas.
Yna try, tery e'n tân,
A chwyth yn gryfach weithian,
A gwreichion fflamgochion gant
Drwy dorchau mwg draw dyrchant.

E dyn allan o dân dig
Ei ffwrn, dan ffrio'n ffyrnig
Yr hen gledd mawr iawn ei glod
Yn y maes mewn ymosod,
A dwg ef yr adeg hon
Yn wynias ar ei einion,
Ac mewn hwyl â'r morthwyl mawr,
Esgud, â nerth grymusgawr,
Fe'i cura nes â yn swch
Gywrain ei gwasnaethgarwch
I aru'r ddaear iraidd,
A thy' o hon wenith a haidd.

JOHN JONES (TALHAIARN)

1810–1869

211 *Tal ar ben Bodran*

(*Extracts*)

(i)

A DACW'R Eglwys lle bu'r Prydydd Hir
  Yn darllen ac yn gweini'r ordinhadau:
Yn ardderchogi yr athrawiaeth wir
  Â diliau barddawl i gysuro'n tadau;
O! garwr awen a gorgarwr bir—
  Fe daflwn fantell am ei holl ffaeleddau—
Meddyliwn am y bardd mal angel cun,
A rhwydd faddeuwn holl wendidau'r dyn.

A dacw afon Elwy ar ei hynt
  Yn llifo'n araf drwy y gwyrddion ddolydd,
Lle bûm i ganwaith yn ymdrochi gynt,
  Pan oeddwn fachgen glân, a llon, a dedwydd,
Yn rhedeg yn noethlymun yn y gwynt
  Ar draws y gro a'r ddôl, yn chwim garlamydd
Mal ebol gwyllt, yn llawn o nwyf a hoen,
A'r haul ac awel haf yn sychu'm croen.

Pwy na ddymuna fyw fel hyn o hyd
  Yn ieuanc ac yn rhydd oddi wrth ofalon,
Yn hollol ddieithr i flinderau'r byd,
  Yn fachgen bochgoch, siriol, glân ei galon,
Yn lle syfrdanu, glynu yn y glud,
  Trybaeddu mewn trafferthion a helbulon?

Ymreibio cyfoeth, caru gwag ogoniant,
Ar ôl y cwbl yn methu torri'r mawrchwant.

Ond ni ddaw ddoe yn ôl i blesio bardd,
  Nac ustus heddwch, morwyn lân, na brenin;
Llwyd wywo wnawn mal blodau clws yr ardd
  Pan ddelo gaeaf oes; ei wyntoedd gerwin
Ysgubant lencyn cryf a lodes hardd—
  I lawr â ni i lysoedd angau diflin;
Am hynny hollol ofer pob dymuniad,
Ac ofer cyfoeth, ofer dawn, a chariad.

Ni waeth heb sôn am farw—yfwn win,
  Bwytawn, 'ymlawenhawn yn nerth ein hiechyd';
Pwy gebyst fynna fod fel deilen grin?
  Pwy yn ei synnwyr a wrthoda wynfyd?
Gwell caru Gwenno a chusanu ei min,
  Gwell bwth dedwyddyd na chartrefle adfyd,
Llawenydd ffyliaid nag anhunedd doethion;
Gwell gwên ar ên na galar yn y galon.

(ii)

'Gwagedd o wagedd, gwagedd yw y cwbwl';
  Oferedd, 'gwagedd a gorthrymder ysbryd'
Geir gyda helynt, cynnen, trais a thrwbwl,
  Trybini, helbul, alaeth, annedwyddyd;
Pob peth sy'n llawn o boen a blinder meddwl,
  Ac ni ddigonir chwantau'r doeth na'r ynfyd;
Oferedd ac ynfydrwydd yw doethineb,
Nid yw ond enw arall am ffolineb.

Cenhedloedd ddeuant, ac a ânt o'r byd,
  Ar ôl ymboeni dan ei orthrymderau;
Y treisiwr a'r treisiedig ânt ynghyd
  Yn wael eu gwedd i hagru llysoedd angau;
Gorthrymwr creulon, adyn balch ei bryd,
  A'r gorthrymedig, unant yn eu beddau;
Nid oes gogoniant, cysur, gwin, na gwledd
I frenin na chardotyn yn y bedd.

Ac 'nid oes goffa am y pethau gynt',
  'Ac ni bydd coffa am y pethau sydd';
Mae amser ar ei chwim-hedegog hynt
  Yn mynd â nhw i ogof ango cudd;
Mae clod yn ansefydlog fel y gwynt,
  A chyfoeth red i ffwrdd fel ffrydlif rydd;
Anrhydedd, uchelfrydedd, gobaith, gwynfyd,
Nid ŷnt ond gwagedd a gorthrymder ysbryd.

A'r hwn wna'i fyd yn ddifyr gyda gwin,
  A rhwysg, a gwledd, a gloddest, a llawenydd,
A merched glân, hudolus, felys-fin,
  Ac offer cerdd, a chân, a llên awenydd;
Ei hoen yn sydyn dry yn ofid blin,
  A phleser ymaith hed ar chwim adenydd:
A'r afiaith dry yn wermod yn y diwedd;
Hyn hefyd sydd yn wagedd ac oferedd.

A'r hwn sy'n cwyno, wylo, ac ymprydio,
  A hir weddio ar ei liniau beunydd,
Yn cosbi'r cnawd gan dreio nefoleiddio
  Holl chwantau'r galon drwy ddisgyblaeth crefydd,

Ni wna ond ymbalfalu dan ei ddwylo,
  Gan ddychymygu fod ei fron yn ddedwydd;
Nid oes i hwnnw, mwy na'r doeth a'r ynfyd,
Ond blinder, gwagedd, a gorthrymder ysbryd.

Mae rhai yn brysur iawn yn casglu golud
  Drwy lafur blin a chwys y corff a'r mennydd;
Pentyrru llwyth o gyfoeth yw eu gwynfyd,
  Gan ychwanegu stôr o'r môr a'r mynydd;
Gofalu a phryderu drwy eu bywyd,
  Yn ofni colled ac yn caru cynnydd;
Ond teimlant pan yn hen, a hurt, a charbwl,
Mai gwagedd ac oferedd yw y cwbwl.

Efallai bydd eu plant yn troi'n wastraffus,
  Ac yn gwasgaru'r hyn a gynullasant;
Yn dilyn ffolinebau cywilyddus,
  A godinebu yn lle trechu trachwant;
A hoffi cwmni fagabondiaid gwarthus,
  Tra pery nwyf, a nerth, ac aur, ac ariant;
Ac wedyn daw tylodi, haint ac adfyd,
A phoen a blinder a gorthrymder ysbryd . . .

Pa le mae Ninefe a Babilon,
  Dinasoedd cain, goludog ac ardderchog,
Prydferthwch a gogoniant daear gron,
  Palasau heirdd a themlau mil-golofnog,
Twysogion, arwyr, milwyr, lluoedd llon
  O wŷr a gwragedd a gwyryfon bywiog,
Yn dilyn pleser ac yn hoffi mwyniant,
A gwau drwy'i gilydd yn eu gwag ogoniant?

Gwael leoedd anghyfannedd ŷnt yrŵan,
  Y pelican a'r draenog a'u meddiannant;
Y gigfran, cywion estrys, a'r ddylluan,
  A dreigiau yn eu ceyrydd moelion drigant,
Llwynogod, bleiddiaid, a fylturiaid aflan,
  Ac anifeiliaid gwylltion gyfarfyddant
Yng nghanol drain ac ysgall a mieri,
A llinyn anhrefn roddwyd ar eu meini.

A Llundain, Paris, Rhufain a Vienna
  A fyddant rywbryd yn ddiffeithwch hollol;
Dychwelant o'u gogoniant i ddiddymdra,
  Murddunod fydd yn hulio sgwâr a heol;
Heb gyfoeth, cynnydd, bloddest na gloddesta,
  Ond yn eu lle y bydd distawrwydd oesol:
Myrddiynau o'r trigolion ânt i'w beddau
Heb air o sôn amdanynt na'u ffaeleddau . . .

A gwagedd yw barddoni a phrydyddu:
  Pa les i ni yw clod, na pharch, na geirda?
Ffarwel, fy Awen annwyl, byth ond hynny
  ·Ni chanwn ganto ar y mynydd yma;
Cenfigen ac eiddigedd geir am ganu,
  Ac anghlod ac anghysur ddigwydd amla',
A gofid calon ac anhunedd meddwl—
'Gwagedd o wagedd, gwagedd yw y cwbwl.'

ROBERT ELLIS (CYNDDELW)

1812–1875

212

Berwyn

(*Extract*)

FY more fu ym Merwyn,
Ofer a gwag fore gwyn;
Afradus fore ydoedd,
Bore gwyn fel barrug oedd . . .
Minnau'n awr a 'mhen yn wyn,
O fy hiraeth am Ferwyn,
A genais hyn o gŵyn serch
Edwinol i'w adannerch.

Gwedi f'oes a gloes y glyn
O! am orwedd ym Merwyn!
Od oes byth gael dewis bedd,
I Ferwyn af i orwedd.
Tua'r lle bu dechre'r daith
Af yn ôl i fy nylaith.

Gan Ferwyn caf gynfawredd,
Ei graig fawr yn garreg fedd,
A'i stormydd, tragywydd gân,
I ffysgio fy ngorffwysgan.
Ac o Ferwyn cyfeiriaf
I lawen ŵyl teulu Naf,
I fyw'n y nef, gartref gwyn,
Hir ŵyl bur ar ôl Berwyn.

WILLIAM JONES (EHEDYDD IÂL)

1815–1899

213 *Er nad yw 'Nghnawd ond Gwellt*

Y NEFOEDD uwch fy mhen
  A dduodd fel y nos,
Heb haul na lleuad wen
  Nac unrhyw seren dlos,
A llym Gyfiawnder oddi fry
Yn saethu mellt o'r cwmwl du.

Cydwybod euog oedd
  Yn rhuo dan fy mron,—
Mi gofia'i chwerw floedd
  Tra ar y ddaear hon,—
Ac yn fy ing ymdrechais ffoi,
Heb wybod am un lle i droi.

Mi drois at ddrws y Ddeddf
  Gan ddisgwyl cael rhyddhad;
Gofynnais iddi'n lleddf
  Roi imi esmwythâd,—
'Ffo am dy einioes,' ebe hi,
'At Fab y Dyn i Galfari.'

Gan ffoi, ymdrechais ffoi
  Yn sŵn taranau ffroch,
Tra'r mellt yn chwyrn gyffroi
  O'm hôl fel byddin goch;
Cyrhaeddais ben Calfaria fryn,
Ac yno gwelais Iesu gwyn.

Er nad yw 'nghnawd ond gwellt
   A'm hesgyrn ddim ond clai,
Mi ganaf yn y mellt,
   Maddeuodd Duw fy mai.
Mae Craig yr Oesoedd dan fy nhraed
A'r mellt yn diffodd yn y gwaed.

OWEN WYNNE JONES (GLASYNYS)

1828–1870

214 *Bugeilgerdd Gŵyl Ifan*

AWN allan, fwyn forynion,
Fe ddaeth Gŵyl Ifan ddoeth,
Boreddydd y Bedyddiwr gwyn
Sy'n euro'r bryniau noeth.
Awn allan efo'n gilydd
I droed y Mynydd Mawr
I rwymo'r llwdwn gwyn ei wlân
Â blodau teg eu gwawr.
Cyn yfo'r haul y manwlith
O gwpan-flodau'r waun,
A chyn i'r tes a'i wridog wres
Ymwibio'n ôl a blaen,
Awn allan efo'n gilydd
I droed y Mynydd Mawr
I blethu grug yn gorlan glws
Cyn iddi dorri'r wawr.

Awn allan, fwyn forynion,
Mae'r cloddiau'n wyrddion las,
A'r adar glân yn ceincio cân
Rhwng brigau'r brysglwyn bras.
Awn allan efo'n gilydd.
O awel, saf yn syn,
I weled llun y crinllys cun
Yn llonydd ddwfr y llyn.
Awn allan yn gariadlon
I droed y Mynydd Mawr,
I ddisgwyl cân rhyw fugail glân
Cyn agor dorau'r wawr.
Awn, deuwn, efo'n gilydd,
A dawnsiwn ar y bryn,
Nes delo'r dydd i roddi'n rhydd
Y gwlanog lwdwn gwyn.

WILLIAM THOMAS (ISLWYN)

1832–1878

215

Atgof

PÊR brudd-der cofio yw dedwyddyd dyn.
Mae'r enaid trwy atgofion yn mwynhau
Mwy nag a allai'r byd ei hunan roi.
Mae'n llanw â'i weithrediad mawr ei hun
Bob diffyg, ac yn gwneud y cyfan mwy
Yn harddwych, mawr, a pherffaith fel ei hunan.

O uchder atgof
Gafaela yn nigwyddion geirwon bod,
A chyfyd arnynt greadigaeth fawr
O oruchelion bethau ; mae y nerth,
Y ddwyfol gynneddf yn yr enaid sydd
Yn hiraeth am yr annherfynol pur
A'r perffaith a'r tragwyddol, oddi ar
Y tryblith o atgofion yn deddfhau
Yn ddiarwybod iddo'i hunan braidd,
A'r cyfan, tra meddylio am a fu,
Yn codi fel y mynnai iddo fod.
A thybia'r enaid iddo weled gynt
Wynfaoedd felly, gan mor gymwys ydynt,
Mor addas iddo. Hawddgar oedd y dydd
Goronai ddwyrain amser, tecach yw
Wrth wawrio dros fynyddoedd mewn yr enaid
A'r seren fore, atgof, ar ei flaen.
Blodeuyn hawddgar ydoedd fel y'i caed
Ar fanc ystormus bywyd—tyrd i mewn
I dderch ros-erddi atgof, dwyfol yw.

A nef funudau bywyd ydynt hwy
Pan fo yr enaid allan o'r presennol
Yn chwilio y tragwyddol leoedd am
Y pêr anwylion fu ; pan fyddo haul
Yr heddiw blin a thrystfawr wedi machlud,
A dwyfol sobrwydd annherfynol fod,
Fel nos ardderchog, ar yr enaid rhydd
Yn disgyn, a holl oesoedd Duw fel sêr
Tragwyddol.

Beth yw heddiw? Mae yr enaid
Yn hawlu tragwyddoldeb fel ei heddiw,

Ei briod ddydd, ei ddwyfol ddydd dioriau.
Y ddoe? Yfory? Darfu am y cwbl.
Mae'r enaid wedi codi ynddo'i hun
I'r uchder lle mae'r bythol haul i'r lan,
Lle mae yn annherfynol ddydd, o'r hwn
Nid yw pob carreg filltir ar hyd ffordd
Diderfyn fywyd dyn, mesurau bod,
Ond rhannau o wrthuni amser, rhith
Ddaduniad o'r anysgaradwy, cysgod
Colfennau eiddil ar y bythol lif.
Nid yw mynyddoedd angau ar ei ffordd
Ond ymohiriad awr neu ennyd; byr
Ymloywad cyn ymlifo i dragwyddoldeb,
Lle collir sŵn yr awrlais gyda myrdd
Gwrthseiniau geirwon amser, lle nad oes
Un cysgod mwy i awru'r deial oer.

216

Emyn

GWÊL uwchlaw cymylau amser,
  O fy enaid, gwêl y tir
Lle mae'r awel fyth yn dyner,
  Lle mae'r wybren fyth yn glir.
      Hapus dyrfa
  Sydd yn nofio yn ei hedd.

Ynddi tardd ffynhonnau bywyd,
  Trwyddi llif afonydd hedd
I ddyfrhau ei broydd hyfryd,
  Ac i anfarwoli ei gwedd;
      Iachawdwriaeth
  Ar ei glan anedlir mwy.

Saethau'r bedd ni allant esgyn
I'w hagosaf dalaith hi;
Ac ni faidd y marwol elyn
Sangu ar ei rhandir fry;
Cartref bywyd,
Cartref anfarwoldeb yw.

Troir awelon glyn marwolaeth
Oll yn hedd tu yma i'r fan;
Try holl ocheneidiau hiraeth
Yn anthemau ar y lan;
Syrth y deigryn
Olaf i'r Iorddonen ddu.

Nid oes yno neb yn wylo,
Yno nid oes neb yn brudd,
Troir yn fêl y wermod yno,
Yno rhoir y caeth yn rhydd;
Hapus dyrfa
Sydd â'u trigfa yno mwy.

Mae fy nghalon brudd yn llamu
O orfoledd dan fy mron,
Yn y gobaith am feddiannu'r
Etifeddiaeth ddwyfol hon.
Hapus dyrfa
Sydd â'u hwyneb tua'r wlad.

JOHN CEIRIOG HUGHES

1832–1887

217 *Aros a Myned*

AROS mae'r mynyddau mawr,
  Rhuo trostynt mae y gwynt;
Clywir eto gyda'r wawr
  Gân bugeiliaid megis cynt.
Eto tyf y llygad dydd
  O gylch traed y graig a'r bryn,
Ond bugeiliaid newydd sydd
  Ar yr hen fynyddoedd hyn.

Ar arferion Cymru gynt
  Newid ddaeth o rod i rod;
Mae cenhedlaeth wedi mynd
  A chenhedlaeth wedi dod.
Wedi oes dymhestlog hir
  Alun Mabon mwy nid yw,
Ond mae'r heniaith yn y tir
  A'r alawon hen yn fyw.

218 *Nant y Mynydd*

NANT y Mynydd groyw loyw,
  Yn ymdroelli tua'r pant,
Rhwng y brwyn yn sisial ganu;
  O na bawn i fel y nant!

Grug y Mynydd yn eu blodau,
  Edrych arnynt hiraeth ddug
Am gael aros ar y bryniau
  Yn yr awel efo'r grug.

Adar mân y Mynydd uchel
  Godant yn yr awel iach,
O'r naill drum i'r llall yn 'hedeg;
  O na bawn fel deryn bach!

Mab y Mynydd ydwyf innau
  Oddi cartref yn gwneud cân,
Ond mae 'nghalon yn y mynydd
  Efo'r grug a'r adar mân.

219

Y Gwcw

WRTH ddychwel tuag adref
  Mi glywais gwcw lon
Oedd newydd groesi'r moroedd
  I'r ynys fechan hon.

A chwcw gynta'r tymor
  A ganai yn y coed
'R un fath â'r gwcw gyntaf
  A ganodd gynta' 'rioed.

Mi drois yn ôl i chwilio
  Y glasgoed yn y llwyn,
I edrych rhwng y brigau
  P'le 'r oedd y deryn mwyn.

Mi gerddais nes dychwelais
O dan fy medw bren,
Ac yno 'r oedd y gwcw
Yn canu uwch fy mhen.

O diolch iti, gwcw,
Ein bod ni yma'n cwrdd;
Mi sychais i fy llygaid
A'r gwcw aeth i ffwrdd.

220

Yr Arad Goch

Os hoffech wybod sut
Mae dyn fel fi yn byw,
Mi ddysgais gan fy nhad
Grefft gyntaf dynol ryw.
Mi ddysgais wneud y gors
Yn weirglodd ffrwythlon ir,
I godi daear las
Ar wyneb anial dir.

'R wy'n gorwedd efo'r hwyr,
Ac yn codi efo'r wawr,
I ddilyn yr og ar ochor y Glog
A chanlyn yr arad goch
Ar ben y mynydd mawr.

Cyn boddio ar eich byd,
Pa grefftwyr bynnag foch,
Chwi ddylech ddod am dro
Rhwng cyrn yr arad goch.

A pheidiwch meddwl bod
  Pob pleser a mwynhad
Yn aros byth heb ddod
  I fryniau ucha'r wlad.

Yn ôl eich clociau heirdd
  Bob bore codwch chwi;
Y wawr neu wyneb haul
  Yw'r cloc a'n cyfyd ni.
Y dyddiaduron sydd
  Yn nodi'r haf i chwi,
Ond dail y coed yw'r llyfr
  Sy'n dod â'r haf i ni.

Ni wn i fawr am fyw
  Mewn rhwysg a gwychder byd;
Ond, diolch, gwn beth yw
  Gogoniant bwthyn clyd,
Ac eistedd hanner awr
  Tan goeden ger fy nôr
Pan â yr haul i lawr
  Mewn cwmwl tân i'r môr.

Cerddorion Ewrop ddônt
  I'ch mysg i roddi cân;
'R wyf innau'n ymfoddhau
  Ar lais y fronfraith lân,
Wrth wrando'r gwcw las
  A'r 'hedydd bychan fry
A gweled Robin Goch
  Yn gwrando'r deryn du.

JOHN CEIRIOG HUGHES

Ddinaswyr gwaelod gwlad
  A gwŷr y celfau cain,
Pe gwelech Fai yn dod
  Â blodau ar y drain,
Y rhosyn ar y gwrych,
  A'r lili ar y llyn,
Fe hoffech chwithau fyw
  Mewn bwthyn ar y bryn.

Pan rydd yr Ionawr oer
  Ei gaenen ar yr ardd,
Y coed a drônt yn wyn
  Tan flodau barrug hardd;
Daw bargod dan y to
  Fel rhes o berlau pur,
A'r eira ddengys liw
  Yr eiddew ar y mur.

Daw Ebrill yn ei dro,
  A chydag ef fe ddaw
Disymwth wenau haul
  A sydyn gawod law;
Fel cyfnewidiog ferch
  Neu ddyn o deimlad gwan,
Galara'r awyr las
  A gwena yn y fan.

'R wy'n gorwedd efo'r hwyr,
  Ac yn codi efo'r wawr,
I ddilyn yr og ar ochor y Glog
  A chanlyn yr arad goch
  Ar ben y mynydd mawr.

WILLIAM THOMAS (GWILYM MARLES)

1834–1879

221

Mynwent Cwmwr Du

Os carit gael gorweddfa glyd
  Ymhell o ddwndwr byd a'i drin,
Ar lan murmurog afon ferth
  A choed yn berth ar ei dwy fin;
Pa le cait lannerch fai mor gu
Â mynwent fechan Cwmwr Du?

Hwy wedant,—cwsg y byw yn well
  Heb fod ymhell o si rhyw don,
Pan ddeffry miwsig pêr y llif
  Ddi-rif freuddwydion tan y fron:
Nis gwn, ond pwy na charai fedd
Lle chwery'r ffrwd ei salm o hedd?

Fe grwydra haf awelon pêr
  Trwy lathraidd dderw'r allt sy draw,
Pob dalen yn cyd-odli'n fwyn
  Ar gainc pob llwyn â'r ffrwd islaw;
Ac weithiau yn y gaeaf trwm
Ysguba'r corwynt trwy y cwm.

Mae masnach ar ei diwyd daith,
  A dyfais dyn ar waith o hyd,
Newidia llawer man ei wedd,
  Anurddir heddwch bore byd;
Ond yma, pe dôi'r hen ar hynt,
Caent bob peth agos megis cynt.

'R oedd yma fwci 'stalwm byd,
  Pan oedd y rhyd heb bont yn groes,
Dyn yn grogedig wrth ei draed,—
  Fe rewai'r gwaed weld y ddwy goes;
Pan godwyd pont ar Gloidach ddu,
Fe aeth y bwci gyda'r lli.

Yn iach, fwcïod! Dilys yw
  Na flinwch chwi mo'r byw yn hwy;
Dydd eich gwasanaeth ddaeth i ben,
  O dan y llen gorffwyswch mwy;
Dyn ni chaiff aros yn ei nyth,—
A roir i chwi deyrnasu byth?

O fewn i'r unig wyrddlas bau,
  Yn pêr fwynhau eu holaf hun,
Mae 'chydig o gyfeillion hoff,
  Heb faen i goffa am yr un;
Ond am eu gwâr rinweddol foes
Fe bery'r cof o oes i oes.

Fe orffwys yna'r athro mad,
  Na lechai brad o dan ei fron;
A lle y gweli newydd fedd,
  Mewn tawel hedd, yn awr mae'r hon
A fu gymhares yn ei gôl,
A'i henw'n hyfryd ar ei hôl.

Heddwch i'w llwch! a doed y pryd
  Pan gaffwyf gyda mynwes iach
Ymweled weithiau â'r hen fro,
  A rhoddi tro trwy'r fynwent fach,
A chydaddoli gyda'r llu
Yng nghapel bychan Cwmwr Du.

OWEN GRIFFITH OWEN (ALAFON)

1847–1916

222

Yr Hen Fron 'r Erw

BYCHAN oedd yr Hen Fron 'r Erw,
Eiddil, crwm;
Cludodd trwy ei fywyd chwerw
Faich oedd drwm.
Dyna'i enw ar ei dydddyn,
'Cramen sâl':
Ni fu'r perchen ddiwedd blwyddyn
Heb ei dâl.

Codai'n fore, gweithiai'n galed
Hyd yr hwyr;
Ni chadd llawer fwyd cyn saled,
Nef a'i gŵyr.
Am y rhent a'r mân ofynion
Cofiai fyth;
Ofnai weld cyn hir 'ryw ddynion'
Wrth ei nyth.

Ef, o bawb a welai huan
Mawr y nef,
Oedd y dinod waelaf druan
Ganddo ef.
Anair i'w anifail roddai
Yn y ffair:
Pob canmoliaeth a ddiffoddai
Gyda'i air.

Ar ei gorff 'r oedd ôl y teithio
        Hyd y tir;
Ar ei ddwylo ôl y gweithio,
        Oedd, yn glir.
Iddo beth fuasai fyned
        Môn i Went,
Os y gallai ef, oedd hyned,
        Hel y rhent?

Mynd i'r capel, er y blinder,
        Fynnai ef;
Ac ni chlywid sŵn gerwinder
        Yn ei lef.
Hen bererin hoff Bron 'r Erw!
        Mae'n beth syn,
Prin mae'n cofio am y berw
        Erbyn hyn.

223

Nos o Haf

O, FALMAIDD hafaidd hwyr,
Distawodd byd yn llwyr
        I wrando'th suon di.
Y grwydrol chwa lesgâ i gwsg
Dan swyn aroglau rhos a mwsg,
        A huno bron mae sŵn y lli.

Swil adar cudd y gwair a'r ŷd,
Eu seiniau hwy sydd swyn a hud
        O dan dy esmwyth adain di.

Na thorred sain, O dyner nos,
Ar ysgafn hun Awrora dlos;
    Rhy fyr, rhy fyr ei chyntun hi!

O, dawol nos o haf,
Dy falm lonyddo'r claf,
    Dy suon leddfo'i loes.
Na wyped cwsg y gweithiwr blin—
Y cwsg a ŵyr dy rywiog rin—
    Ar fore dydd mor fer dy oes!

HOWELL ELVET LEWIS (ELFED)

1860–1953

224 *Gwyn ap Nudd*

GWYN AP NUDD, Gwyn ap Nudd,
Lliw y lloer sydd ar dy rudd;
Cerddi'n ddistaw fel y nos
Drwy y pant a thros y rhos;
Heibio i'r grug a'r blodau brith
Ei, heb siglo'r dafnau gwlith:
Gwyddost lle mae'r llyffant melyn
Yn lletya rhwng y rhedyn;
Gwyddost lle daw'r gwenyn dawnus
I grynhoi eu golud melys:
Gweli'r hedydd ar ei nyth,
Ond ni sethri'r bargod byth;
Gwyn ap Nudd, Gwyn ap Nudd,
A lliw y lleuad ar dy rudd.

Breuddwyd wyt yn crwydro'r fro,
A'r ffurfafen iti'n do;
Cysgod cwmwl sy ar dy ben,
Amdanat mae y niwl yn llen.
Teithiwr wyt, pwy ŵyr dy daith?
Beth ond 'smaldod yw dy waith?
Pwy a welodd, Gwyn ap Nudd,
Ddeigryn unwaith ar dy rudd?
Chwerthin—chwerthin—yw dy oes di,
O, dywysog pob direidi!

225 *Pan Ddaw'r Nos*

PAN ddaw'r nos â'i bysedd tawel
  I ddadwneud cylymau'r dydd,
Bydd yr hwyliau yn yr awel,
  A meddyliau'n mynd yn rhydd.

Ni gawn ado'r glannau llwydion
  A phryderon dynion byw;
A bydd gofal ein breuddwydion
  Ar yr angel wrth y llyw.

Yn ddi-dwrf, mewn myrdd o fydoedd,
  Nofia'r nefoedd heibio i ni;
A darlunnir i'n hysbrydoedd
  Nefoedd arall yn y lli.

O! mor esmwyth, O! mor dawel
  Fydd mordwyo gyda'r nos,
Mynd o flaen rhyw ddwyfol awel,
  Adref at y wawrddydd dlos.

226

Y Ddau Frawd

DAW cwsg bob nos i gau
  Amrantau llaes y byd;
A sŵn yr afon dros y gro
  Yn murmur heibio o hyd.

Ar ôl i'r llygaid gau,
  Rhyw Bryder weithiau gwyd;
A gwelir, rhwng rhosynnau hedd,
  Ei wedd dymhestlog lwyd.

I Gwsg, brawd arall sy,
  A chry' fel angel yw:
Rhyw hwyrddydd, Hwnnw ddaw i gau
  Amrantau dynion byw.

Ac yn eu clyw bydd ton
  Yr afon mwy yn fud;
Ni welant neb, ni theimlant ddim,
  Dan lwyni melys hud.

I annedd Hwn ni ddaw
  Ond pethau distaw byth,
Nes cerddo Angel drwy y fro
  Gan ddechrau siglo'r gwlith.

JOHN MORRIS-JONES

1864–1929

227

Cwyn y Gwynt

CWSG ni ddaw i'm hamrant heno,
  Dagrau ddaw ynghynt.
Wrth fy ffenestr yn gwynfannus
  Yr ochneidia'r gwynt.

Codi'i lais yn awr, ac wylo,
  Beichio wylo mae;
Ar y gwydr yr hyrddia'i ddagrau
  Yn ei wylltaf wae.

Pam y deui, wynt, i wylo
  At fy ffenestr i?
Dywed im, a gollaist tithau
  Un a'th garai di?

228

Rhieingerdd

DAU lygad disglair fel dwy em
  Sydd i'm hanwylyd i,
Ond na bu em belydrai 'rioed
  Mor fwyn â'i llygad hi.

Am wawr ei gwddf dywedyd wnawn
  Mai'r cann claerwynnaf yw,
Ond bod rhyw lewych gwell na gwyn,
  Anwylach yn ei liw.

Mae holl dyneraf liwiau'r rhos
  Yn hofran ar ei grudd;
Mae'i gwefus fel pe cawsai'i lliw
  O waed y grawnwin rhudd.

A chlir felyslais ar ei min
  A glywir megis cân
Y gloyw ddŵr yn tincial dros
  Y cerrig gwynion mân.

A chain y seinia'r hen Gymraeg
  Yn ei hyfrydlais hi;
Mae iaith bereiddia'r ddaear hon
  Ar enau 'nghariad i.

A synio'r wyf mai sŵn yr iaith,
  Wrth lithro dros ei min,
Roes i'w gwefusau'r lluniaidd dro,
  A lliw a blas y gwin.

229 *Cymru Fu: Cymru Fydd*

(*Extract*)

EITHR os du yw, na thristawn;
Mewn da bryd, cyfyd cyfiawn
I'th arwain o gaeth oror
I rydd wasanaeth yr Iôr;
Dwyn o aflan wasanaeth
Gau Famon feibion dy faeth:
E dyr gwawr, wlad ragorwen,
Nac wyla, O Walia wen.

Di fegi bendefigion,—oreugwyr,
Uchelwyr, â chalon
I'th garu, fy nglân fanon,
A charu'th iaith, heniaith hon.

Ac fe ddaw it heirdd feirddion—i ganu
Gogoniant y cyfion;
Ac â newydd ganeuon,
A thanbaid enaid y dôn'.

Gwŷr crefydd a geir, cryfion—yn nerth Duw,
Wrth y dyn, yn eon
Gryf a lefair air yr Iôn—
Ofni Duw'n fwy na dynion.

Ystryw ac anonestrwydd—celwyddog
Gladdant mewn gwaradwydd;
Rhagrith diafl a'i bob aflwydd,
Gweniaith, ffug waith, ffy o'u gŵydd.

Ni bydd rhith lledrith anlladrwydd—drwot,
Distrywir pob arwydd;
Gwlad ry eurglod i'r Arglwydd,
A thi'n wlad o faith iawn lwydd.

Ni thrig annoeth ddrygioni—ynod mwy,
Na dim ôl gwrthuni;
Nac anwybod na thlodi,
Yn wir, nid adwaeni di.

Ynod bydd pob daioni,—hoff bau deg,
A phob digoll dlysni;
Pob gwybod a medr fedri;
Aml fydd dy ddrud olud di.

JOHN MORRIS-JONES

230

Salm i Famon

(*Extract*)

PA ryw fudd na phryn rhuddaur,
A pha ryw nerth na phryn aur ?
Yr isa'i dras â, drwy hwn,
I swperu 'mhlas barwn;
Yn neuadd yr hen addef
Y derw du a droedia ef,
A daw beilch ddugiaid y bau
Ar hynt i'w faenor yntau.
Beth yw ach bur wrth buraur,
A gwaed ieirll wrth godau aur ?
Un yw dynol waedoliaeth,
Ac yn un Mamon a'i gwnaeth.

Aur dilin a bryn linach,
Pryn i'r isel uchel ach;
Pais arfau, breiniau a bryn,
E ddwg arlwydd o gerlyn;
Pryn i hwn dras brenhinol,
A phraw o'i hen gyff a'i rol.

Beth a dâl dawn a thalent
Wrth logau a rholau rhent ?
Pwy yw'r dyn piau'r doniau ?
Rhyw was i un â phwrs aur.
Aur mâl a bryn ei dalent,
Gwerir hi er gŵr y rhent;
Cyfodir tecaf adail
A chaer gan bensaer heb ail;

Pob goreugwyr crefftwyr Cred
Yr honnir eu cywreinied,
Pob dodrefnwyr, gwydrwyr gwych,
Gemwyr ac eurwyr gorwych,
Pob perchen talent, bob tu,
Aeth i'w byrth i'w haberthu.
Y lluniedydd celfydd cain,
Bwyntl hoyw, a baentia'i liain,
Aeth hwnnw a'i waith enwog
I euro llys gŵr y llog;
A phob trysor rhagorol
O ddawn uwch oesoedd yn ôl,
Canfas drud pob cynfeistr hardd,
Yno ddaw yn ddi-wahardd.

Ond pam weithion y soniwn
Am dlysau neu emau hwn?
Onid yw wyneb daear
A'i thai i'w ran, a'i thir âr?
Holl ystôr ei thrysorau,
Eiddo ef ŷnt, a'i chloddfâu;
Ei faeth ef yw ei thyfiant,
A chynnyrch hon ar ei chant;
Pob enillion ohoni —
Fe'u medd hwynt, ac fe'i medd hi.
A'r rhyfedd ŵr a fedd hon,
E fedd hwnnw fyw ddynion.

231

Omar Khayyâm

(*A Selection*)

O'R gwindy gyda'r dydd y torrodd llef—
  'Gymdeithion, wele'r wawr ar drothwy'r nef;
Cyfodwch, llanwed pawb ei fesur gwin,
  Cyn llenwi mesur ei amseroedd ef.'

  Yma'n y diffaith fyd lle y trigwn ni,
  Crwydro a manwl chwilio y bûm i;
Ond cypres nis canfûm mor seth â'th gorff,
  Na lloer mor olau â'th wynepryd di.

  Ychydig wridog win a llyfr o gân,
  A thorth wrth raid, a thithau, eneth lân,
Yn eistedd yn yr anial gyda mi—
  Gwell yw na holl frenhiniaeth y Swltân.

  Fy min ar fin y ffiol a rois i,
  I ofyn rhin yr einioes iddi hi;
Ac yna, fin wrth fin, sibrydodd hon,
  'Yf win, cans yma ni ddychweli di.'

  Yf win; cei huno'n hir yn erw'r plwy',
  Heb ffrind na phriod i'th ddiddanu'n hwy;
Nac adrodd y gyfrinach hon wrth neb:
  'Y rhos a wywodd ni flodeua mwy.'

  Maith, maith, pan na bôm ni, y pery'r byd,
  Heb air o sôn amdanom ynddo i gyd;
Nid oeddem gynt, ac yntau nid oedd waeth;
  Ni byddwn, ond yr un fydd ef o hyd.

Dirgelion Tragwyddoldeb nis gwn i,
A darllain gair o'u gwers nis gelli di;
Soniant amdanom ni tu hwnt i'r llen,
Ond, pan ddisgynno'r llen, ple byddwn ni?

Tynged â'i gordd a'th yrr fel pêl ar ffo
I ddeau ac i aswy yn dy dro:
Y Gŵr a'th fwriodd i'r blin heldrin hwn,
Efô a ŵyr, Efô a ŵyr, Efô.

Yn wir, rhyw ddernyn gwyddbwyll ydyw dyn,
Tynged yn chware â hwnnw'i chware'i hun;
Ein symud ar glawr Bywyd, ôl a blaen,
A'n dodi 'mlwch yr Angau, un ac un.

A! fy nghymdeithion, yn y wledd a fo,
Cedwch eich hen gydymaith yn eich co';
A'r gloyw win pan yfoch hebof fi,
Trowch wydr â'i ben i lawr pan ddêl fy nhro.

JOHN GRIFFITH MOELWYN HUGHES

1866–1944

232 *Y Ddinas Gadarn*

Pwy a'm dwg i'r Ddinas gadarn,
Lle mae Duw'n arlwyo gwledd,
Lle mae'r awel yn sancteiddrwydd,
Lle mae'r llwybrau oll yn hedd?
Hyfryd fore,
Y caf rodio'i phalmant aur.

Pwy a'm dwg i'r Ddinas gadarn,
  Lle mae pawb yn llon eu cân,
Neb yn flin ar fin afonydd
  Y breswylfa lonydd lân?
    Gwaith a gorffwys
  Bellach wedi mynd yn un.

Pwy a'm dwg i'r Ddinas gadarn,
  Lle caf nerth i fythol fyw,
Yng nghartrefle'r pererinion—
  Hen dreftadaeth teulu Duw?
    O! na welwn
  Dyrau gwych y Ddinas bell.

Iesu a'm dwg i'r Ddinas gadarn:
  Derfydd crwydro'r anial maith,
Canu wnaf y gainc anorffen
  Am fy nwyn i ben fy nhaith;
    Iechydwriaeth
  Ydyw ei magwyrydd hi.

ELISEUS WILLIAMS (EIFION WYN)

1867–1926

233 *Medi*

CROESAW Medi, fis fy serch,
  Mis y porffor ar y ffriddoedd;
Pan y ceni'th glychau mêl
  Casgl y gwenyn o'r dyffrynnoedd.

Os yw blodau cyntaf haf
  Wedi caead yn y dolydd,
Onid blodau eraill sydd
  Eto 'nghadw ar y mynydd ?

Croesaw Medi, fis fy serch,
  Pan fo'r mwyar ar y llwyni,
Pan fo'r cnau'n melynu'r cyll,
  Pan fo'n hwyr gan ddyddiau nosi.
Tlws yw'th loergan ar y môr
  Yn ymsymud ar y tonnau ;
Tlws yw'th loergan ar y maes
  Ym mhriodas yr ysgubau.

Croesaw Medi, fis fy serch,
  Clir fel grisial yw'th foreau—
Clir fel grisial er fod Duw'n
  Arogldarthu ar y bryniau.
Nid oes gwmwl ar y grug,
  Nid oes gysgod ar y rhedyn ;
Pan y ceni'th glychau mêl,
  Cyrchaf finnau gyda'r gwenyn.

234

Mai

GWN ei ddyfod, fis y mêl,
  Gyda'i firi yn yr helyg,
  Gyda'i flodau fel y barrug—
Gwyn fy myd bob tro y dêl.

Eis yn fore tua'r waun
  Er mwyn gweld y gwlith ar wasgar,
  Ond yr oedd y gwersyll cynnar
Wedi codi o fy mlaen.

Eistedd wnes tan brennau'r Glog,
  Ar ddyfodiad y deheuwynt;
  Edn glas ddisgynnodd arnynt
Gan barablu enw'r gog.

Ni rois gam ar lawr y wig
  Heb fod clychau'r haf o tano,
  Fel diferion o ryw lasfro
Wedi disgyn rhwng y brig.

Gwn ei ddyfod, fis y mêl,
  Gyda'i firi, gyda'i flodau,
  Gyda dydd fy ngeni innau—
Gwyn fy myd bob tro y dêl.

235 *Y Sipsiwn*

GWELAIS ei fen liw dydd
  Ar ffordd yr ucheldir iach,
A'i ferlod yn pori'r ffrith
  Yng ngofal ei epil bach;
Ac yntau yn chwilio'r nant
  Fel garan, o dro i dro,
Gan annos ei filgi brych rhwng y brwyn,
  A'i chwiban yn deffro'r fro.

Gwelais ei fen liw nos
  Ar gytir gerllaw y dref;
Ei dân ar y gwlithog lawr;
  A'i aelwyd dan noethni'r nef:
Ac yntau fel pennaeth mwyn
  Ymysg ei barablus blant,
Ei fysedd yn dawnsio hyd dannau'i grwth,
  A'i chwerthin yn llonni'r pant.

Ond heno pwy ŵyr ei hynt?
  Nid oes namyn deufaen du
A dyrnaid o laswawr lwch
  Ac arogl mwg lle bu:
Nid oes ganddo ddewis fro,
  A melys i hwn yw byw—
Crwydro am oes lle y mynno ei hun,
  A marw lle mynno Duw.

JOHN JAMES WILLIAMS

1869–1954

236 *Clychau Cantre'r Gwaelod*

O DAN y môr a'i donnau
  Mae llawer dinas dlos
Fu'n gwrando ar y clychau
  Yn canu gyda'r nos;
Trwy ofer esgeulustod
  Y gwyliwr ar y tŵr
Aeth clychau Cantre'r Gwaelod
  O'r golwg dan y dŵr.

JOHN JAMES WILLIAMS

Pan fyddo'r môr yn berwi,
  A'r corwynt ar y don,
A'r wylan wen yn methu
  Cael disgyn ar ei bron;
Pan dyr y don ar dywod
  A tharan yn ei stŵr,
Mae clychau Cantre'r Gwaelod
  Yn ddistaw dan y dŵr.

Ond pan fo'r môr heb awel
  A'r don heb ewyn gwyn,
A'r dydd yn marw'n dawel
  Ar ysgwydd bell y bryn,
Mae nodau pêr yn dyfod,
  A gwn yn eitha' siŵr
Fod clychau Cantre'r Gwaelod
  I'w clywed dan y dŵr.

O cenwch, glych fy mebyd,
  Ar waelod llaith y lli;
Daw oriau bore bywyd
  Yn sŵn y gân i mi.
Hyd fedd mi gofia'r tywod
  Ar lawer nos ddi-stŵr,
A chlychau Cantre'r Gwaelod
  Yn canu dan y dŵr.

JOHN GLYN DAVIES

1870–1953

237 *Dygwyl Dewi*

HOLL enweirwyr mawr a mân,
  cenwch gân yn llafar,
fore Dygwyl Dewi Sant,
  dros holl blant y ddaear.
Nid oes odid un o fil
  heddiw o hil Adda
nad yw'n wên i gyd ar wawr
  dygwyl mawr pysgota.

Byddai Dewi'n wan ei fyd
  adeg ympryd Grawys,
ac ymgosbai rhag ei drwyn
  oll er mwyn Paradwys.
Byddai'n deffro yn y nos
  agos â llewygu,
wedi gweled drwy ei hun
  fochyn wedi'i fachu.

Ond gwrandawyd ar ei lef
  gan y nef yn dirion;
gyrrwyd ugain brithyll brych
  ato'n sych o'r afon.
Padell ffrio ar y tân
  yn rhoi cân y cinio,
a'r brithylliaid yn un rhes
  ar y tes yn tisio.

JOHN GLYN DAVIES

Yna meddai Dewi Sant,
  'Bwytawn gant ohonyn,
ac nid pechod yn y byd
  ympryd mor amheuthun.
Awn i'r nant â phryf a bach,
  ac yn iach i newyn;
odid fawr na chawn ni blwc
  ac wrth lwc bysgodyn.'

Ar ôl glaw nid oedai fyth
  godi'n syth o'i gadair;
gwelid ef yn mynd i'w daith
  ganwaith gyda genwair.
A'r angylion oll o'i blaid
  nid oedd raid ymguddio;
nid oedd brithyll yn y dŵr
  nad oedd siŵr ohono.

Iawn coffáu'r hen Ddewi Sant
  draw wrth nant y mynydd,
gyda'r dorlan, gyda'r brwyn,
  dan y llwyn mewn llonydd;
ac wrth fynd drwy'r grug a'r llus
  hapus fydd y canu,
yn nhawelwch mawr y rhos
  gyda'r nos yn nesu.

ROBERT SILYN ROBERTS

1871–1930

238 *Ar Lannau'r Tawelfor*

Ar lannau'r Tawelfor eang gwyrdd,
  Lle'r heria bywyd ormes y bedd,
Lle tyf y palmwydd yn fil a myrdd
  Heb Hydref blwng i heneiddio'u gwedd,

Eisteddaf a theimlaf ar fy ngrudd
  Freuddwydiol gusan y chwa ddi-lef;
A gwelaf y nos yn gorchfygu'r dydd,
  A gwaed y machlud ar odre'r nef.

Copâu'r Sierras ymgyfyd draw
  Dan goron oesol o eira claer,
Lle llifa afonydd di-rif, di-daw
  Tros lydan welyau o dywod aur.

'Rwy'n llesg ac unig a phell o'm bro,
  Ar draeth anghysbell fy ngwallgof hynt;
Ond egyr anian drysorau'r co—
  Melysfwyn brofiadau'r dyddiau gynt.

THOMAS GWYNN JONES

1871–1949

239

Anatiomaros

I

Ym Mro Wernyfed, daeth pryd aeddfedu,
Ar ddôl, ar ffrith y trodd liwiau'r ffrwythau;
Ei winau rwysg oedd yng ngrawn yr ysgaw,
Aeddfed chwarddai ar wyddfid a cherddin;
Troes ei ruddfelyn tros wyrdd afalau
Ac aeron haf perllennydd Gwernyfed.

Ynghyd y galwed holl Blant y Cedyrn,
A gwrid y wawr ar gymylgaer y dwyrain;
Y da a'r menni, o dir y mynydd,
Yn araf hwyliant i'r Hendref eilwaith,
A gado'r Hafod, gwedi hir ryfyg
Aneirif roddion yr haf, a'i ryddid;
Sŵn cŵn yn cyfarth, a bref y gwartheg
Yn toddi eisoes i'r hyntoedd isod,
A thonnau hoywon o chwerthin ieuanc
Yn neidio i'r entyrch, o nwyd yr antur;
A thân anniffodd y duwiau'n oddaith
A gariai dwylaw rhai gwyry, dihalog,
Y tân a arhoes ar hyd yr oesau
I gynnau fyth heb ddiffyg neu fethu.
Cyrraedd yr Hendref; yna, wrth ddefod
Y cenedlaethau, bu cynnadl weithion,
O dan y Dderwen hen a changhennog
A welsai eisoes liaws o oesau
O dir anwybod yn dirwyn heibio
I dir anwybod, drwy wae neu obaith.

Yno, er adrodd cyfraith yr Hydref,
A pheri'n ufudd goffáu'r hynafiaid,
Y daeth henuriaid a doethion eraill
A hwythau, raddau y doeth Dderwyddon
Yn ôl eu braint, yn ei lwybyr yntau
Athro hen eu gwybodaeth a'u rhiniau,
Efô, rhag angen, fu orau'i gyngor,
A nawdd ei dylwyth yn nyddiau dolur,
Efô o'i gariad a fu gywiraf
O'u tu ym mherygl, Anatiomaros.

Canwaith a mwy, gwelsai ef hendrefa,
A hen aeafau ym Mro Wernyfed;
Llywethau ei ben megis llwyth y banadl
Unwaith a fu yng nghyfoeth ei fywyd,
Ac ef, er hyn, nis cofiai yr hynaf
Onid â'i wallt megis manod elltydd;
Efô, a wyddiad a fu, a fyddai,
A dawn nid oedd na gwybod nad eiddo;
O dramwy eraill i Dir y Meirwon,
O Fro Wernyfed, dros ferw aur Neifion,—
Yng nghanol ei long, ni alwai Angau
Anatiomaros ar hynt y meirwon!

A dawnsiodd y meibion a'r glân rianedd
Yn llwyn y derw yn llawen dyrrau;
Gwynned eu cnawd â'r gaen ôd cyn nodi
Ei gwynder iraidd gan oed yr oriau;
Ceinaf o lun, a'u gwallt cyn felyned—
Dalm Mai liwdeg,—â'r banadl ym mlodau;
A glas liw eigion yn eu glwys lygaid,
Neu lesni nef, liw nos ym Mehefin,

A sêr y nef wedi ysu'r nifwl
Sy'n troi a gweu am lesni tragywydd
Maes dilafar y didymestl ofod.

Newydd a hen y gyfannedd honno,
Mwyn dychwelyd a myned i'w chwilio—
Dymuniad gŵr ydyw mynd ac aros,
A hynny, hoen yw, bydd hen yn newydd,
A newydd yn hen, ni ddihoena hynny;
Lle buwyd unwaith, gall bywyd yno
Ado rhin ei ysblander ei hunan.

Glasfwg yr allor, yn araf dyrchafai
Yn fain aerwyau i fyny i'r awyr
O'r tân a burai; tewyn o berwydd
A gariai dwylaw rhai gwyry, dihalog,
O annedd i annedd eto i ennyn
Yno eilwaith ar bob hen aelwyd
Anniflan dân y duwiau eu hunain;
A rhag ei loywed, a'i arogleuon,
Y gyrrai hwnt y drygau a'r heintiau.
Yntau, am oriau, Anatiomaros,
A borthai dân yr aberth a dynnai
Lu ei dylwyth o afael dialedd.

Ac adain nos yn bargodi'n isel,
A darnau dydd ar y dŵr yn diweddu,
Efô'r hen Dderwydd ei hun yn unig,
Gwyliai'r nefoedd am goel i Wernyfed,
Y goel a ddôi o'r gwagleoedd eang,
O wynfa'r haul a'r rhai anfarwolion.
Yno, naw dengwaith, noson y dynged,
Yn nhreigl ei oes yn hir y gwyliasai,

Ac eto unwaith, dros frig y tonnau,
Y gwyliai'r nef am goel i Wernyfed,
O awr i awr, a'i lygaid yn aros
Heb wyro un waith o wybren eithaf
Y maith orllewin, lle methai'r lliant;
Yno, tanodd i'r diflant hwnnw
Yr aethai yr haul dros wartha'r heli;
Rhyw ias o wyn a arhosai yno,
A'r nos yn awr yn ei ysu'n araf;
Gwingodd, ymdonnodd, fel llygad unig,
Gloywodd, ac yna, treiglodd o'i ganol
Ryw gwlwm gwyn, megis briglam gwaneg;
A thrwy y nos, gan ei llathr wyniasu,
Union drywanodd y gwynder hwnnw
Hyd onis gwelid, yn osgo alarch,
Fry ar ei nawf uwch gwenfro Wernyfed,
Yn gannaid alarch, y gennad olaf.
Ag wrth yr allor pan ddaeth y bore,
Hun oedd oer oedd hun yr hen Dderwydd.

II

Hwyr oedd, a'r haul oedd yn rhuddo'r heli
Wrth agor lliwiog byrth y gorllewin,
A dur nen dawel dwyrain yn duo,
Dwysáu y tir yr oedd y distawrwydd,
A pharai osteg ar su'r fforestydd;
A llif yr afon yn llwfrhau hefyd
O flaen y llanw, a ddôi fel yn llinyn
O wreichion gemog am grychni gwymon,
Neu asen grom ar ei thraws yn gwrymio;
A heidiau'r gwylain yn gweu drwy'i gilydd

Uwchben yr afon, a'u chwiban rhyfedd
Megis rhyw alwad, galwad dirgelwch,
Galwad o'r môr am Gluder y Meirwon.

A'r haul megis pelen rudd yn suddo,
Un dres oedd euraid drosodd a yrrodd,
Fel heol dân dros fil o welw donnau,
Onid ergydiodd ei blaen hyd i'r goedwig,
Fel rhaeadr ufel ar hyd yr afon;
A thraw i ganol ei lathr ogoniant,
O ddirgelwch y coedydd i'r golwg,
Y daeth rhyw fad, a dieithraf ydoedd;
Ei gafn, oedd aruthr, o gyfan dderwen
Ar ddelw ederyn urddol a dorrwyd—
Y gannaid alarch, y gennad olaf;
A'i nawf yr un hoen â'r edn frenhinol,
Ymlaen yr âi ym melynaur ewyn
Y rhaeadr ufel ar hyd yr afon.

Hyd lan y môr o'r coed lwyni mawrion,
Daeth meibion cedyrn a glân rianedd;
Cerddent yno yn drist a distaw
Heb air dros wefus, heb rodres ofer—
Oni wybuant, ag ef mewn bywyd,
Na fynnai wylo rhag ofn neu alar?
Efô, rhag angen, fu orau'i gyngor,
Nad ofnai ingoedd na dyfyn Angau;
Y mawr ei enaid, y mwya'i rinwedd,
Draw y nofiai o dir ei hynafiaid,
A thân yn ei gylch, a thonnau'n golchi,
I wynfa'r haul at yr anfarwolion.

Araf fudiad y bad a beidiai,
Yn safn y llanw y safai'n llonydd;
Yna'n y troad, a'r tonnau'n treio,
Cynt yr âi gan ysgeintio'r ewyn;
Ebrwydd o'i ganol, tarddai i'r golwg
Ryw egin tân; a'r eigion a'i tynnai,
Yn oddaith goch, nes gloywi o'r trochion
Fel ewyn tân ar flaenau y tonnau.
A llef a goded gan Blant y Cedyrn—
'Ar hynt y meirw, Anatiomaros!'

Suddodd yr haul; glasdduodd yr heli;
Yna'n waed ar y tonnau newidiodd
Yr hynt o aur. A'r bad yn ymado,
Ar lwybr yr haul heb wyro yr hwyliai,
A'i ferw eirias fel pedfai farworyn
O fron yr haul ar y dwfr yn rholio.

Gwywai'r lliw ym mhorth y gorllewin,
Dorau gwiw ei ysblander a gaewyd;
Duodd y môr, ac nid oedd mwy arwydd
O'r haul ei hun ar yr heli anial,
Onid bod draw ar eithaf yr awyr
Un eiliw tyner. Ar ganol y tonnau,
Un llygedyn o'r dwfn wyll a godai
O dro i dro ar drum y gwanegau.
A duai'r nos. Ar y dŵr yn isel,
E lamai y fflam, a phylai ymaith.
A chlywid olaf cri yn dyrchafu
Fry i'r nefoedd uwch gwenfro Wernyfed—
'Anatiomaros, aeth at y meirwon!'

240 *Y Breuddwyd*

'F'enaid, cyfod i fyny,
Agor y ddaearddor ddu,
Cyfod i orffen cyfedd,
Cyd bych o fewn caead bedd!'
(*Llywelyn Goch ap Meurig Hen*)

WELE alw am Lywelyn—
Hen oedd a gwael—gan Dduw gwyn.
Meddai: 'O Dad, maddau di
Am a goegais o'm gwegi;
Ni chenais, fforffedais ffydd,
Ond geuwawd tlawd o gywydd.'

A phan aeth ef i nefoedd,
Yno o'i flaen bu lon floedd
Ymhlith beirdd aml lwythau byd
O barch, a chyfarch hefyd,
Fel pan gaffer a gerir
Adre'n ôl o grwydro'n hir.

'Bydd hoff,' medd Dafydd Broffwyd,
'Ddatganu cerdd Leucu Lwyd!
Mwy i'r côr, fab Meurig Hen,
Dring di hyd rengau d'awen
I weled a'th anwyla,
Leucu deg, liw cawod ia.'

Gwelwi, crynu, syllu'n syn
Ei olwg o Lywelyn;
Meddai ef: 'Bid maddau im—
Nid oedd ond breuddwyd diddim!'

Medd Dafydd: 'Modd yw difod;
Breuddwydion beirdd yw dawn bod;
Y ddelw gynt a addolwyd,
Cariad a rydd—creawdr wyd.'

A wylo o Lywelyn,
A'i ddeigr oedd y geiriau hyn—
'Ai yma'r oedd fy mreuddwyd?
A aeth yn wir rith y nwyd?—
Ni'th ddeil mur na chlo dur du,
Na chlicied—henffych Leucu!'

Mor dawel oedd Llywelyn,
Megis delw, mor welw, mor wyn!
A'r wên oedd ar ei wyneb
Yn ei oes nis gwelsai neb.

241

Atro Arthur

I

A'R gŵr mawr weithion mewn estron iaith
Wedi hir ferwi'r holl dorf â'i araith,
Canai hithau am Hen Wlad ei Thadau,
A maith y mynnai i'r heniaith barhau.

A gwladwr tal gerllaw a wrandawai,
Union oedd, a glaswenu a wnâi.

Yna, âi draw. Meddwn innau: 'Druan,
Onid cu gennyt wrando eu cân?'

Syn oedd ei olwg. Glaswenodd eilwaith;
Meddai (a'r wên megis modd ar ei iaith):

'Diau gennyf mai da a ganant
A chywrain yw y chwarae a wnânt.'

Meddwn: 'Oni cheri wlad dy dadau ?'
Crynodd ei ael. Meddai: 'Cara'n ddi-au.'

Ennyd ddistaw. Newidiodd ei ystum,
A'i olwg a droes ar yr heulog drum,
Yna â'r wên ddi-ofn ar ei wyneb,
Oddi yno aeth, fel pe na byddwn neb.

A gwelwn innau'r goleuni yno
I'w donnau o fêl yn ei dynnu fo,
Ac ar draws y ddôl crwydrais i'w ddilyn
Tua'r gwawl aur oedd ym mhellter y glyn.

A chanai'r dorf am Hen Wlad ei Thadau,
A maith y mynnai i'r heniaith barhau.

II

Deuthum hyd ymyl y coed ac oedi
I wrando'n swrth ar ryw undon si.

Man gwedi'i gau rhwng man-goed a gwiail,
A llyn o ddŵr rhwng llwyni o ddail.

Gwladwr tal, oddi tanaf y safai,
Union oedd, a glaswenu a wnâi.

Gloywi'n yr haul y gwelwn ryw hwyliau;
Bu daw; yna sŵn fel bad yn nesáu.

Ac i mewn i'r bad yr aeth y gwladwr,
Hwyliodd i'w daith, a thawelodd y dŵr.

A chlywn gynghanedd brydferth a chwerthin
A nwyfus gainc gan wefusau gwin.

'Druan gwŷr! nid oes gradd onaddunt
A ddeil ar beth ond addoli'r bunt!'

242

Madog

(*Extract*)

UN dydd, ar y meithion donnau, a hi yn brynhawn, disgynnodd
  Distaw, ddisyfyd osteg, cwsg fel am bopeth yn cau;
Awel a huan dan lewyg, a'r heli a'r hwyliau'n llonydd,
  Mudan a diymadferth oedd maith unigrwydd y môr;
Golwg pob dyn ar ei gilydd, holai ba helynt oedd agos—
  Eigion, pan ddatlewygo, dyn ni ŵyr ddyfned ei wae!
Yna, o'r awyr y rhuodd rhyw drwmp hir, draw'n y pellteroedd,
  Taenodd ias dros y tonnau, a gwyllt fu brysurdeb gwŷr;
Eiliad na threfnwyd yr hwyliau, a byr cyn berwi o'r dyfroedd,
  Yna, tarawodd y trowynt nef ag eigion yn un;
Llanwyd y nef â dolefau tafod cyntefig y tryblith,
  Ochain ag wylo a chwerthin croch yn nhraflwnc y rhu;
Hwythau, y llongau, oedd weithian fel us o flaen ei gynddaredd,
  Trochent yn niflant y rhychau a chrib y mynydd-luwch rhwth,
Mawr yr ymladdai'r morwyr yn nhwrf y cynhyrfus elfennau,
  Dreng gyfarfod â'r angau, cad heb na gobaith nac ofn;

Drylliwyd y môr yn dröellau, treiglwyd trwy wagle'r ffurfafen,
Rhwyg fel pe llyncai rhyw eigion gwag holl angerdd y gwynt.
Yna'n ôl araf wahanu o'r ewyn a'r awyr eilwaith,
Gwennan ei hun yn unig oedd, mwy, ar ddyfroedd y môr;
Breuon fel brwyn fu hwylbrennau y llong rhag llam y rhyferthwy,
Llyw a aeth, a chanllawiau, a'i hais, datgymalwyd hwy.
Distaw, rhwng asiad ei hestyll, iddi'r ymdreiddiai y dyfroedd,
Ennyd a'r angau'n dringo o fodfedd i fodfedd fu;
Gair ni lefarwyd, ond gwyrodd Madog, a mud y penliniodd,
Ufudd y plygodd hefyd ei lu yn ei ymyl ef;
Yna, cyfododd y Mynach ei law a'i lef tua'r nefoedd,
Arwydd y Grog a dorrodd, a'i lais a dawelai ofn;
Rhonciodd y llong, a rhyw wancus egni'n ei sugno a'i llyncu,
Trystiodd y tonnau trosti, bwlch ni ddangosai lle bu.

243 *Ymadawiad Arthur*

(*Extract*)

DRAW dros y don mae bro dirion, nad ery
Cwyn yn ei thir, ac yno ni thery
Na haint na henaint fyth mo'r rhai hynny

A ddêl i'w phur, rydd awel, a phery
  Pob calon yn hon yn heiny a llon,
Ynys Afallon ei hun sy felly.

Yn y fro ddedwydd mae hen freuddwydion
A fu'n esmwytho ofn oesau meithion;
Byw yno byth mae pob hen obeithion,
Yno mae cynnydd uchel amcanion;
  Ni ddaw fyth, i ddeifio hon, golli ffydd,
Na thro cywilydd, na thorri calon.

Yno mae tân pob awen a gano,
Grym, hyder, awch pob gŵr a ymdrecho;
Ynni a ddwg i'r neb fynn ddiwygio,
Sylfaen yw byth i'r sawl fynn obeithio;
  Ni heneiddiwn tra'n noddo—mae gwiw foes
Ac anadl einioes y genedl yno.

244

Ystrad Fflur

MAE dail y coed yn Ystrad Fflur
  Yn murmur yn yr awel,
A deuddeng Abad yn y gro
  Yn huno yno'n dawel.

Ac yno dan yr ywen brudd
  Mae Dafydd bêr ei gywydd,
A llawer pennaeth llym ei gledd
  Yn ango'r bedd tragywydd.

Er bod yr haf, pan ddêl ei oed,
  Yn deffro'r coed i ddeilio,
Ni ddeffry dyn, a gwaith ei law
  Sy'n distaw ymddadfeilio.

Ond er mai angof angau prudd
  Ar adfail ffydd a welaf,
Pan rodiwyf ddaear Ystrad Fflur
  O'm dolur ymdawelaf.

THOMAS JACOB THOMAS (SARNICOL)

1873–1945

245

Ar Ben y Lôn

AR Ben y Lôn mae'r Garreg Wen
  Yr un mor wen o hyd,
A phedair ffordd i fynd o'r fan
  I bedwar ban y byd.

Y rhostir hen a fwria hud
  Ei liwiau drud o draw,
A mwg y mawn i'r wybr a gwyd
  O fwthyn llwyd gerllaw.

Ar Ben y Lôn ar hwyr o haf
  Mi gofiaf gwmni gynt,
Pob llanc yn llawn o ddifyr ddawn
  Ac ysgawn fel y gwynt.

THOMAS JACOB THOMAS (SARNICOL)

Ar nawn o Fedi ambell dro
  Amaethwyr bro a bryn
Oedd yno'n barnu'r gwartheg blith
  A'r haidd a'r gwenith gwyn.

Ac yma, wedi aur fwynhad
  Tro lledrad ger y llyn,
Bu llawer dau am ennyd fach
  Yn canu'n iach cyn hyn.

O gylch hen Garreg Wen y Lôn
  Bu llawer sôn a si;
Ond pob cyfrinach sydd dan sêl
  Ddiogel ganddi hi.

Y llanciau a'r llancesau glân
  Oedd gynt yn gân i gyd
A aeth hyd bedair ffordd o'r fan
  I bedwar ban y byd.

Pa le mae'r gwŷr fu'n dadlau 'nghyd
  Rinweddau'r ŷd a'r ŵyn?
Mae ffordd yn arwain dros y rhiw
  I erw Duw ar dwyn.

Fe brofais fyd, ei wên a'i wg,
  O olwg mwg y mawn,
Gwelais y ddrycin yn rhyddhau
  Ei llengau pygddu llawn:

Ar Ben y Lôn mae'r Garreg Wen
  Yr un mor wen o hyd,
A dof yn ôl i'r dawel fan
  O bedwar ban y byd.

JOHN DYFNALLT OWEN

1873–1956

246 *Pe Cawn*

PE cawn
  Yn waddol forc a nawn,
A dydd hirfelyn,
A chainc ar delyn,
A hinon haf ar dwyn,
A byd di-gur di-gŵyn:
Pa les
Dihoeni yn y tes,
A blino'n llwyr
Am na ddôi Hwyr?
Heb wyll, heb wawr;
  Heb nos, heb sêr;
Heb gystudd mawr,
  Heb acen bêr;
Ac ni fai nef yn nef yn wir,
Pe nef ond dydd o olau hir.

WILLIAM NANTLAIS WILLIAMS

1874–1959

247 *Twmi*

AR y morfa gwyrdd y mae Twmi'n preswylio,
  A'i ddrws yn agored i'r cefnfor glas,
Heb ddim i'w ddifyrru yn awr wrth noswylio
  Ond y teid yn dod miwn, a'r teid yn mynd ma's.

Byr iawn yw ei daith, a thyn ydyw'r fegin,
  A byr yw ei gam oedd gynnau mor fras;
O'r gegin i'r drws ac o'r drws i'r gegin,
  Fel y teid yn dod miwn, a'r teid yn mynd ma's.

Ond mae'n cofio'r holl daith er y cryndod a'r crwmi,
  Ac weithiau mae'n mynd dros y daith gyda blas;
A rhywbeth fel yna yw bywyd, medd Twmi,
  Rhyw deid yn dod miwn, a theid yn mynd ma's.

WILLIAM CRWYS WILLIAMS

1875–1968

248 *San Malo*

Yn llwyd a hen ar benrhyn tal,
  Yn eithaf gwerddon Llydaw fras,
A'i muriau'n herio'r môr di-ddal,
  Y'i gwelais gyda'r bore glas,
        San Malo.

Yn hyfryd hen, a'r iorwg ir
  Am dŵr ei theml o lofft hyd lawr,
A'r gwylain, hwythau'n rhesi hir
  Anghyson oedd ar fagwyr fawr
        San Malo.

Ei dyfal seiri ers hirfaith dro
  Yng ngrodir Llydaw'n ddwfn eu hun,
Heb ddim a geidw'u henw ar go'
  Ond cadarn waith eu dwylo'u hun—
        San Malo.

A'r llong a'm dug drachefn i'm bro
  Ar flaen y gwynt fel deilen grin,
Gwelais—ai am yr olaf dro?—
  Yn llwyd a hen rhwng gerddi gwin,
      San Malo.

249 *Dysgub y Dail*

GWYNT yr hydref ruai neithiwr,
  Crynai'r dref i'w sail,
Ac mae'r henwr wrthi'n fore'n
  'Sgubo'r dail.

Yn ei blyg uwchben ei sgubell
  Cerdd yn grwm a blin,
Megis deilen grin yn ymlid
  Deilen grin.

Pentwr arall; yna gorffwys
  Ennyd ar yn ail;
Hydref eto, a bydd yntau
  Gyda'r dail.

250 *Tut-Ankh-Amen*

YN nyffryn y brenhinoedd gwaedd y sydd
  Am ogoneddus deyrn yr euroes bell,
  Heb lais na chyffro yn y ddistaw gell,
Na gŵr o borthor ar yr hundy cudd;
Er cynnau'r lamp, ni ddaw i'r golau mwyn,
  Er gweiddi seithwaith uwch, ni chlyw efe,

'Pharaoh'—ust! na, nid yw'r teyrn yn nhre,
Na'r un gwarchodlu a omedd ichwi ddwyn
Ei olud; ewch a rhofiwch, llwyth ar lwyth,
Heb arbed dim, na'r aur na'r ifori,
Na'r meini prid, na'r pres, na'r eboni,
Ac ymestynnwch ar y meinciau mwyth:
Ni'ch goddiweddir ddim; mae'r teyrn ar daith,
Ni ddychwel heno,—nac yfory chwaith.

H. EMYR DAVIES

1878–1950

251 *Deilen Ola'r Ha'*

DRAW yng nghil y derlwyn
Yn yr iasol chwa
Crynai ffurf wywedig
Deilen ola'r ha'.

Os bu awel angau
Yn melynu'i lliw,
Dal yn dynn ei gafael
Wnâi y ddeilen friw.

Methodd nerth y gaeaf
A'i gawodydd ia
Daro i ddifancoll
Ddeilen ola'r ha'.

Ond daeth llanw Ebrill
  A'i dywynion poeth;
Llifodd bywyd eilwaith
  Drwy y gangen noeth.

Nerth y bywyd newydd
  Yn yr ysgafn chwa
Dorrodd fedd i weddill
  Deilen ola'r ha'.

T. E. NICHOLAS

1879–1971

252 *I Aderyn y To*

WELE friwsionyn arall am dy ganu,
  A darn o afał i felysu'r bwyd.
Daw sŵn dy bigo cyson i'm diddanu
  A da yw gweld ar dro dy fantell lwyd.
Daethost, fe ddichon, o dueddau Penfro,
  O'r grug a'r eithin tros y Frenni Fawr,
A buost, dro, ar adain lwyd yn cwafro
  Uwch Ceredigion deg ar doriad gwawr.
Cymer y bara: pe cawn ddafn o winoedd
  Gwasgfa'r grawnsypiau pêr o'r gwledydd pell,
Mynnem ein dau, ynghanol helynt trinoedd,
  Gymun, heb groes nac allor yn y gell.
Mae'r bara'n ddigon santaidd am y tro,
Offrwm o galon nad oes arni glo.

ISAAC DANIEL HOOSON

1880–1948

253 *Tanau*

TANIWYD y grug a'r eithin
  Yng ngwyliadwriaeth nos;
A'r fflam a gerddai'r moelydd
  Mewn gwisg o aur a rhos.

Llosgwyd anheddau dinod,
  Maestrefi'r morgrug mân;
Yswyd eu da a'u tiroedd
  Gan fflamau'r gwibiog dân.

Clywais o frig yr onnen
  Ganig yn lleddfu'r gwynt;
Cofiais am Nero Grythor
  Pan losgai Rhufain gynt.

Llygaid digyffro'r nefoedd
  Syllai ar hynt y tân;
Echnos—gwych ddinas Rhufain,
  Heno—tre'r morgrug mân.

254 *Y Rhosyn*

FEL hen dafarnwr rhadlon
  Bu'r haul drwy'r hir brynhawn
Yn rhannu'i winoedd melyn,
  A'i westy llon yn llawn.

'Roedd llygaid gloywon yno
  A llawer gwridog fin;
A choch gwpanau'r rhosyn
  Oedd lawn o'r melys win.

Cyn hir fe gaeodd yntau
  (Yr hen dafarnwr llon)
Ei windy, ac fe giliodd
  I'w wely dan y don.
A thrwy y nos bu'r rhosyn
  Yn sibrwd dan y sêr
Wrth bob rhyw awel grwydrad
  Am rin y gwinoedd pêr.

255

Y Blodau Melyn

A MINNAU'N blentyn pumlwydd
  Ar erwau'r tyddyn hen,
Fe dyfai'r blodau melyn
  Nes cyrraedd at fy ngên.

Ymhen rhyw deirblwydd wedyn
  A'm rhodiad megis dyn,
Fe dyfai'r blodau melyn
  Nes cyrraedd at fy nghlun.

Mor bitw'r blodau heddiw,
  A'r byd, O! mor aflêr;
Prin y mae'r blodau heddiw
  Yn cyrraedd at fy ffêr.

Na hidier: pan ddêl troeon
  Y byd i gyd i ben,
Pryd hynny bydd y blodau
  Yn chwifio uwch fy mhen.

256 *Y Pabi Coch*

'Roedd gwlith y bore ar dy foch
Yn ddafnau arian, flodyn coch,
A haul Mehefin drwy'r prynhawn
Yn bwrw'i aur i'th gwpan llawn.

Tithau ymhlith dy frodyr fyrdd
Yn dawnsio'n hoyw ar gwrlid gwyrdd
Cynefin fro dy dylwyth glân,
A'th sidan wisg yn fflam o dân.

Ond rhywun â didostur law
A'th gipiodd o'th gynefin draw
I estron fro, a chyn y wawr
Syrthiaist, a'th waed yn lliwio'r llawr.

DAVID EMRYS JAMES (DEWI EMRYS)

1881–1952

257 *Pwllderi*

(*Yn nhafodiaith Dyfed*)

Fry ar y mwni mae nghatre bach
Gyda'r goferydd a'r awel iach.
'Rwy'n gallid watwar adarn y weunydd,—
Y giach, y nwddwr, y sgrâd a'r hedydd;
Ond sana i'n gallid neud telineg
Na nwddi pennill yn iaith y coleg;
A 'sdim rhocesi pert o hyd
Yn hala goglish trwyddw'i gyd.
A hinny sy'n y'n hala i feddwl
Na 'sdim o'r awen 'da fi o gwbwl;
Achos ma'r sgwlin yn dala i deiri
Taw rhai fel 'na yw'r prididdion heddi.

'Rown i'n ishte dŵe uwchben Pwllderi,
Hen gatre'r eryr a'r arth a'r bwci.
'Sda'r dinion taliedd fan co'n y dre
Ddim un llefeleth mor wyllt yw'r lle.
'All ffrwlyn y cownter a'r brethin ffansi
Ddim cadw'i drâd uwchben Pwllderi.
'Ry'ch chi'n sefill fry uwchben y dwnshwn,
A drichid lawr i hen grochon dwfwn,
A hwnnw'n berwi rhwng creige llwydon
Fel stwceidi o lâth neu olchon sebon.
Ma' meddwl amdano'r finid hon
Yn hala rhyw isgrid trwy fy mron.

DAVID EMRYS JAMES (DEWI EMRYS)

Pert iawn yw 'i wishgodd yr amser hyn,—
Yr eithin yn felyn a'r drisi'n wyn,
A'r blode trâd brain yn batshe mowron
Ar lechwedd gwyrdd, fel cwmwle gleishon;
A lle ma'r gwrug ar y graig yn bwnge,
Fe dingech fod rhywun yn tanu'r llethre.
Yr haf fu ino, fel angel ewn,
A baich o ribane ar ei gewn.
Dim ond fe fuse'n ddigon hâl
I wasto'i gifoth ar le mor wâl,
A sbortan wrth hala'r hen gropin eithin
I allwish sofrins lawr dros y dibyn.
Fe bange hen gibidd, a falle boddi
Tae e'n gweld hinny uwchben Pwllderi.

Mae ino ryw bishyn bach o drâth—
Beth all e' fod ? Rhyw drigen llâth.
Mae ino dŵad, ond nid rhyw bŵer,
A hwnnw'n gowir fel hanner llŵer;
Ac fe welwch ino'r crechi glas
Yn saco'i big i'r pwlle bas,
A chered bant ar 'i fagle hir
Mor rhonc bob whithrin â mishtir tir;
Ond weles i ddim dyn eriŵed
Yn gadel ino ôl 'i drŵed;
Ond ma' nhw'n gweid 'i fod e', Dai Beca,
Yn mentro lawr 'na weithe i wreca.
Ma'n rhaid fod gidag e' drâd gafar,
Neu lwybir ciwt trwy fola'r ddeiar.
Tawn *i*'n gweld rhywun yn Pwllderi,
Fe redwn gatre pentigili.

Cewch ino ryw filodd o dderinod—
Gwilanod, cirillod a chornicillod;
Ac mor ombeidus o fowr yw'r creige
A'r hen drwyn hagar lle ma' nhw'n heide,
Fe allech wrio taw clêrs sy'n hedfan
Yn ddifal o bwti rhyw hen garan;
A gallech dingi o'r gribin uwchben
Taw giar fach yr haf yw'r wilan wen.

A'r mowcedd! Tina gimisgeth o sŵn!—
Sgrechen hen wrachod ac wben cŵn,
Llefen a whiban a mil o regfeydd,
A'r rheini'n hego trw'r ogofeydd,
A chithe'n meddwl am nosweth ofnadwi,
A'r morwr, druan, o'r graig yn gweiddi,—
Yn gweiddi, gweiddi, a neb yn aped,
A dim ond hen adarn y graig yn clŵed,
A'r hen girillod, fel haid o githreilied,
Yn weito i'r gole fynd mâs o'i liged.
Tina'r meddilie sy'n dwad ichi
Pan foch chi'n ishte uwchben Pwllderi.

Dim ond un tŷ sy'n agos ato,
A hwnnw yng nghesel Garn Fowr yn cwato.
Dolgâr yw ei enw, hen orest o le,
Ond man am reso a dished o de,
Neu ffioled o gawl, a thina well bolied,
Yn gennin a thato a sêrs ar 'i wmed.
Cewch weld y crochon ar dribe ino,
A'r eithin yn ffaglu'n ffamws dano.
Cewch lond y lletwad, a'i llond hi lweth,
A hwnnw'n ffeinach nag un gimisgeth;

A chewch lwy bren yn y ffiol hefyd
A chwlffyn o gaws o hen gosin hifryd.

Cewch ishte wedyn ar hen sgiw dderi
A chlŵed y bigel yn gweid 'i stori.
Wedith e' fowr am y glaish a'r bŵen
A gas e' pwy ddwarnod wrth safio'r ŵen;
A wedith e' ddim taw wrth tshain a rhaff
Y tinnwd inte i fancyn saff;
Ond fe wedith, falle, a'i laish yn crini,
Beth halodd e' lawr dros y graig a'r drisi:
Nid gwerth yr ŵen ar ben y farced,
Ond 'i glwed e'n llefen am gal 'i arbed;
Ac fe wedith bŵer am Figel Mwyn
A gollodd 'i fowyd i safio'r ŵyn;
A thina'r meddilie sy'n dwad ichi
Pan foch chi'n ishte uwchben Pwllderi.

WILLIAM JOHN GRUFFYDD

1881–1954

258 *Cerdd yr Hen Chwarelwr*

BACHGEN dengmlwydd gerddodd ryw ben bore,
  Lawer dydd yn ôl, i gwr y gwaith;
Gobaith fflachiai yn ei lygaid gleision
  Olau dengmlwydd i'r dyfodol maith.

Cryf oedd calon hen y glas glogwyni,
  Cryfach oedd ei ebill ef a'i ddur;
Chwyddodd gyfoeth gŵr yr aur a'r faenol
  O'i enillion prin a'i amal gur.

Canodd yn y côr a gadd y wobor,
  Gwyddai deithiau gwŷr y llwybrau blin;
Carodd ferch y bryniau, ac fe'i cafodd,
  Magodd gewri'r bryniau ar ei lin.

Neithiwr daeth tri gŵr o'r gwaith yn gynnar;
  Soniwyd am y graig yn torri'n ddwy;
Dygwyd rhywun tua'r tŷ ar elor,
  Segur fydd y cŷn a'r morthwyl mwy.

259 *Y Tlawd Hwn*

AM fod rhyw anesmwythyd yn y gwynt,
  A sŵn hen wylo yng nghuriadau'r glaw,
Ac eco'r lleddf adfydus odlau gynt
  Yn tiwnio drwy ei enaid yn ddi-daw,
A thrymru cefnfor pell ar noson lonydd
  Yn traethu rhin y cenedlaethau coll,
      A thrydar yr afonydd
  Yn deffro ing y dioddefiannau oll,—
Aeth hwn fel mudan i ryw rith dawelwch,
  A chiliodd ei gymrodyr un ac un,
A'i adel yntau yn ei fawr ddirgelwch
  I wrando'r lleisiau dieithr wrtho'i hun.

Gwelodd hwn harddwch lle bu'i frodyr ef
  Yn galw melltith Duw ar aflan fyd;
Gwrthododd hwn eu llwybrau hwy i nef
  Am atsain ansylweddol bibau hud
A murmur gwenyn Arawn o winllannau

Yn drwm dan wlith y mêl ar lawr y glyn,
  A neithdar cudd drigfannau
Magwyrydd aur Caer Siddi ar y bryn.
A chyn cael bedd, cadd eistedd wrth y gwleddoedd
  A llesmair wrando anweledig gôr
Adar Rhiannon yn y perl gynteddoedd
  Sy'n agor ar yr hen anghofus fôr.

260 *Ywen Llanddeiniolen*

Ar draws y gorwel lle'r â'r haul i lawr
  Dros rynnau eithaf y caregog dir,
Mae eglwys Llanddeiniolen, a du wawr
  A chysgod trwch ei hisel gangell hir
Yn dristwch gwan dros arwyl ola'r dydd;

O amgylch hon ymestyn dulas lu
  Anhyblyg wyliedyddion bro y bedd
A'u ceinciog gnotiog freichiau'n codi fry
  I guddio llawen iechydwriaeth gwedd
Haul y rhai byw o dir y meirwon prudd.

Ymhlith y rhain, gwŷr llys yr Angau, cwyd
  Penadur yw-wydd llannau Cymru oll,
Yn fras ei wedd ar aml i saig o fwyd
  Ac ar ei farwol ddarmerth ni bu goll,
Maer tref y meirw, ysgweier balch y plwy,

Ysgweier balch y llan, yn wych ei fyd
  Ar gig a gwaed ei ddeiliaid eiddil o,
Heb ofni achwyn ei dyddynwyr mud
  Na'u gweld yn gado'i stad i newid bro—
Mae hyn yn hen gynefin iddynt hwy.

O gylch yr ywen hon ddechreunos daw
  Holl ddeuoedd llon y plwyf i ddwedyd rhin,
I ddysgu yma wrth gyntedd brenin braw
  Y camre cyntaf ar yr yrfa flin;
Hirymarhous yw'r ywen; daw eu tro.

Fe ddaw eu tro'n ddiogel—ond pa waeth?
  Ni leddfir tinc y chwerthin melys rhydd;
Ni ddelir adain maboed un yn gaeth
  Wrth gofio am drueni'r meirwon prudd,
A'u dwylo'n groesion, yn eu gwely gro.

261 *Gwladys Rhys*

SEIAT, Cwrdd Gweddi, Dorcas, a Chwrdd Plant;
A 'nhad drwy'r dydd a'r nos mor flin â'r gwynt,
A'r gwynt drwy'r dydd a'r nos ym mrigau'r pîn
O amgylch tŷ'r gweinidog. Ac 'roedd 'mam,
Wrth geisio dysgu iaith y nef, heb iaith
Ond sôn am oedfa, Seiat, Cwrdd a Dorcas.

Pa beth oedd im i'w wneuthur, Gwladys Rhys,
Merch hynaf y Parchedig Thomas Rhys,
Gweinidog Horeb ar y Rhos? Pa beth
Ond mynych flin ddyheu, a diflas droi
Fy llygaid draw ac yma dros y waun,
A chodi'r bore i ddymuno nos,
A throsi drwy'r nos hir, dan ddisgwyl bore?
A'r gaeaf, O fy Nuw, wrth dynnu'r llen
Dros y ffenestri bedwar yn y pnawn,
A chlywed gwynt yn cwyno ym mrigau'r pîn,
A gwrando ar ymddiddan 'nhad a 'mam!

Rhyw ddiwrnod fe ddaeth Rhywun tua'r tŷ,
A theimlais Rywbeth rhyfedd yn fy nghalon:
Nid oedd y gwynt yn cwyno yn y pîn,
A mwyach nid oedd raid i'm llygaid droi
Yma ac acw dros y waun. Daeth chwa
Rhyw awel hyfryd o'r gororau pell.

Mi dynnais innau'r llenni dros y ffenestr,
Heb ateb gair i flinder oer fy nhad,
A gwrando 'mam yn adrodd hanes hir
Cymdeithas Ddirwest Merched Gwynedd: yna
Heb air wrth neb eis allan drwy yr eira,
Pan oedd y gwynt yn cwyno drwy y pîn,
A hithau'n noson Seiat a Chwrdd Dorcas.

Am hynny, deithiwr, yma 'rwyf yn gorwedd
Wrth dalcen Capel Horeb,—Gwladys Rhys,
Yn ddeg ar hugain oed, a 'nhad a 'mam
Yn pasio heibio i'r Seiat ac i'r Cwrdd,
Cyfarfod Gweddi, Dorcas, a phwyllgorau
Cymdeithas Ddirwest Merched Gwynedd; yma
Yn nyffryn angof, am nad oedd y chwa
A glywswn unwaith o'r gororau pell
Ond sŵn y gwynt yn cwyno yn y pîn.

262 *Cefn Mabli*

YMA bu pob rhyw lendid mab a merch
  Ar anterth awr eu bywyd yn rhoi tro;
Bu yma ddawns a chân yn cymell serch
  Nosweithiau'r haf i fynwes gwyrda'r fro,

A llygaid mwyn ar lawer trannoeth blin
  Drwy'r ffenestr hon yn gwylio'r curlaw llwyd
A hwyr sigliadau düwch llwm y pîn,
  A thruan dranc cyfaredd yr hen nwyd.
Awgrym nid oes o'r maith rialti gynt
  Nac atgof prin o'r hen anobaith hardd,—
Dim ond rhyw lais yn lleddfu ar fin y gwynt
  A rhosyn gwyllt yn hendre rhos yr ardd,
Ychydig o'r hen wylo yn y glaw,
Ychydig lwch yn Llanfihangel draw.

WILLIAM EVANS (WIL IFAN)

1883–1968

263 *Atgof*

MIS Awst, a'r grug o'n cylch, a'r môr
  Odanom heb na gwg na chas,
Ac un cwch draw ar adain wen
  Fel glöyn byw'n y glas.
Chwedleua'n llon wnaem ninnau;
A chudyll coch o'r Ciliau
  Yn yr asur wrtho'i hun,
A'i ddisyfl adain yn gwneud y byd
  I gyd
'Yn llonydd fel mewn llun!'

Er cilio o Awst, a llawer Awst,
  O hyd mwyneiddiaf atgof yw
Porffor y grug uwch glesni'r môr,
  A'r cwch fel glöyn byw.

Ond ambell ddunos effro,
Ofnadwy nos fel heno,
  'Dyw'r tlysni i gyd ond rhith a ffug;
Mae disyfl adain uwch fy mhen
  Yn cuddio'r nen
A minnau a phawb sydd annwyl im
  Yn ddim
Ond cryndod yn y grug.

264 *Ym Mhorthcawl*

DRWY'R dydd daw llef y durtur drist
  O'i chawell melyn ger y tŷ.
Beth yw ei llais? Rhyw ddwyster pêr
  A loes caethiwed, gofid cu,
A chenedlaethau o hiraeth gwyllt
  Am rywbeth gollwyd, ddyddiau fu.

Daeth nos, a mud yw'r cawell hesg,
  Distaw yw miri'r byd yn awr;
Ond dros y morfrwyn crwydra cri
  Y dyfnder lleddf yn disgwyl gwawr,—
Y durtur lwyd a gaeodd Duw
  Tu ôl i'r twyni tywod mawr!

ROBERT WILLIAMS PARRY

1884–1956

265 *Diddanwch*

NID oes i mi ddiddanwch yn y môr
  Fel yn y mynydd. Yn y mynydd chwaith
Fel yn y fron eithinog wrth fy nôr.
  Cans ni thramwyais foelni'r mynydd maith
Na byddai'n gil-agored ar fy ôl
  Lidiart y mynydd; na'r di-breswyl draeth
Na'm gyrrid gan ei ofid hir i gôl
  Y goetre glyd lle trig fy mrodyr maeth.
Benrhynion môr ac awyr! Nid i mi,
  A gâr gymdogol goed y mwyalch pêr,
Y rhodded nwyd gwylanod llwyd y lli,
  A'r pinwydd llonydd dan y perffaith sêr,
Ond calon wrendy beunydd, clust a glyw
Eu hen hyfrydwch yn y ddynol ryw.

266 *Gwanwyn*

AR ôl y tywydd garw,
  Yr eira llaith a'r lluwch,
'R ôl cyffro rhaffu'r tarw
  A throi rhyferthwy'r fuwch,
Daeth gwanwyn a'i ysgafnwaith
  A'i dywydd meddal mwyn,
A cheir difyrrach llafnwaith—
  Dirwgnach ydyw'r ŵyn.

Pan welwyf dan fy nwylo
  Gnu cyrliog yn y llaid,
Paham y dylwn wylo
  Uwchben yr hyn sydd raid?
'R ôl byw fel angenogion
  Am eithaf wythnos gul,
Bydd melys gan Gristnogion
  Fy seigiau ar y Sul.

267

Yr Haf

(*Extract*)

A LLYMA lun y fun fau:
Yr oedd fel rhudd afalau
Aeron pêr ei hwyneb hi;
Ba brydferth o werth wrthi?
Cerdded cwr ydfaes, cwrddyd cariadferch,
Ac is lloer ifanc syllu ar hoywferch;
  Dod i gyfarfod f'eurferch, fy mun gun
A destlus ei llun hyd ystlys llannerch.

Dymor hud a miri haf,
Tyrd eto i'r oed ataf,
A'th wyddfid, a'th hwyr gwridog,
A'th awel chwyth haul a chog.
A thyrd â'r eneth a'r adar yno,
A sawr paradwys hwyr pêr i hudo
  Hyd ganllaw'r bompren heno bob mwynder,
A bwrlwm aber i lamu heibio.

I deml yr oed mal yr hydd
Mae'n dod ym min diwedydd,
A phlyged hoff lygaid dydd
Wedi'i gweled, o g'wilydd.
Mae'n dod i'r oed mewn hud a direidi,
Y deilios, chwarddwch yn dlysach erddi;
Chwi awelon llon y lli, dowch mwyach
I chwythu'n llonnach o eithin llwyni.

Mae'n dod, a'm henaid edwyn
Yn barod ddyfod y ddyn,
Rhag mor gu ym mrigau hwyr
Yw'r seiniau feddwa'r synnwyr
Â'u mawl. A chaniad y mwyalch hoenus
O goed a fytho'n rhyw gawod foethus,
A'r suon hwyr soniarus a glywer,
A'r gwin heno'n bêr gan wenyn barus.

268

Hedd Wyn

I

Y BARDD trwm dan bridd tramor,— y dwylaw
Na ddidolir rhagor:
Y llygaid dwys dan ddwys ddôr,
Y llygaid na all agor.

Wedi ei fyw y mae dy fywyd,—dy rawd
Wedi ei rhedeg hefyd;
Daeth awr i fynd i'th weryd,
A daeth i ben deithio byd.

Tyner yw'r lleuad heno—tros fawnog
  Trawsfynydd yn dringo;
Tithau'n drist a than dy ro
Ger y ffos ddu'n gorffwyso.

Trawsfynydd! Tros ei feini—trafaeliaist
  Ar foelydd Eryri;
Troedio wnest ei rhedyn hi,
Hunaist ymhell ohoni.

2

Ha frodyr! Dan hyfrydwch—llawer lloer
  Y llanc nac anghofiwch;
Canys mwy trist na thristwch
Fu rhoddi'r llesg fardd i'r llwch.

Garw a gwael fu gyrru o'i gell—un addfwyn,
  Ac o noddfa'i lyfrgell;
Garw fu rhoi'i bridd i'r briddell,
Mwyaf garw oedd marw ymhell.

Gadael gwaith a gadael gwŷdd,—gadael ffridd,
  Gadael ffrwd y mynydd;
Gadael dôl a gadael dydd,
A gadael gwyrddion goedydd.

Gadair unig ei drig draw!—Ei dwyfraich,
  Fel pe'n difrif wrandaw,
Heddiw estyn yn ddistaw
Mewn hedd hir am un ni ddaw.

269

Clychau'r Gog

DYFOD pan ddêl y gwcw,
  Myned pan êl y maent,
Y gwyllt atgofus bersawr,
  Yr hen lesmeiriol baent;
Cyrraedd, ac yna ffarwelio,
  Ffarwelio,—Och na pharhaent!

Dan goed y goriwaered
  Yn nwfn ystlysau'r glog,
Ar ddôl a chlawdd a llechwedd
  Ond llechwedd lom yr og
Y tyf y blodau gleision
  A dyf yn sŵn y gog.

Mwynach na hwyrol garol
  O glochdy Llandygái
Yn rhwyfo yn yr awel
  Yw mudion glychau Mai
Yn llenwi'r cof â'u canu;
  Och na bai'n ddi-drai!

Cans pan ddêl rhin y gwyddfid
  I'r hafnos ar ei hynt
A mynych glych yr eos
  I'r glaswellt megis cynt,
Ni bydd y gog na'i chlychau
  Yn gyffro yn y gwynt.

270

Y Gwyddau

RHAGFYR drwy frigau'r coed
Wnâi'r trwst truana' erioed,
Fel tonnau'n torri.

Isod 'roedd cornel cae,
Ac yno, heb dybio gwae,
Y gwyddau'n pori.

Amlhâi y dail fel plu
Gwaedliw, cymysgliw, du,
Hyd las y ddôl.

Ac yn sŵn a golwg angau
Dehonglais chwedl y cangau
I'r adar ffôl.

'Gan hynny nac arhowch,
Ond ar esgyll llydain ffowch
Cyn dyfod awr
Pan êl y wreigdda â'i nwyddau,
Ymenyn, caws, a gwyddau
I'r Farchnad Fawr!'

Eithr ffei o'r fath gelwyddau!
Gwawdlyd orymdaith gwyddau
Ffurfiwyd mewn trefn.

Ac yna hyrddiau amal
Eu hunfryd grechwen gwamal
Drachefn a thrachefn.

271 *'Gorchestion Beirdd Cymru' 1773*

POB gorchest gain ac anodd
Ddarllenais, popeth ganodd
Y beirdd bob un;
Heibio i awen galed
Reolaidd Tudur Aled
Hyd Wiliam Llŷn.

Dan ambell awdl a chywydd,
Fel achlysurol drywydd
Yma a thraw,
Ymhlith yr anfarwolion
Gwelwn hynafol olion
Rhyw farwol law.

Ac enw a chyfeiriad
Mewn anllythrennog eiriad
Gennyf fi
Oedd fiwsig cerdd fwy iasol
Na champau'r gwŷr urddasol
Mawr eu bri.

Fel pan ar hwyr o Fedi
Y gwelir dan rifedi
Disglair sêr,
Trwy ryw bell ffenestr wledig
Oleuni diflanedig
Cannwyll wêr.

272 *Cymru 1937*

CYMER i fyny dy wely a rhodia, O Wynt,
Neu'n hytrach eheda drwy'r nef yn wylofus waglaw;
Crea anniddigrwydd drwy gyrrau'r byd ar dy hynt—
Ni'th eteil gwarchodlu teyrn na gosgorddlu rhaglaw.
Dyneiddia drachefn y cnawd a wnaethpwyd yn ddur,
Bedyddia'r di-hiraeth â'th ddagrau, a'r doeth ail-gristia;
Rho awr o wallgofrwydd i'r llugoer tu ôl i'w fur,
Gwna ddaeargrynfeydd dan gadarn goncrit Philistia:
Neu ag erddiganau dy annhangnefeddus grwth
Dysg i'r di-fai edifeirwch, a dysg iddo obaith;
Cyrraedd yr hunan-ddigonol drwy glustog ei lwth,
A dyro i'r difater materol ias o anobaith:
O'r Llanfair sydd ar y Bryn neu Lanfair Mathafarn
Chwyth ef i'r synagog neu chwyth ef i'r dafarn.

273 *Hen Gychwr Afon Angau*

YN ôl y papur newydd yr oedd saith
A phedwar ugain o foduron dwys
Wedi ymgynnull echdoe at y gwaith
O redeg rhywun marw tua'i gŵys.
Fwythdew fytheiaid! Fflachiog yw eu paent
Yng nghynebryngau'r broydd, ond mor sobr

Eu moes a'u hymarweddiad â phetaent
  Mewn duwiol gystadleuaeth am ryw wobr.
A phan fo'r ffordd i'r fferi'n flin i'r cnawd,
  Ac yn hen bryd i'r ysbryd gadw'r oed,
Onid ebrwyddach yr hebryngir brawd
  Yn y symudwyr moethus nag ar droed?
Ond ar y dwfr sydd am y llen â'r llwch
Ni frysia'r Cychwr, canys hen yw'r cwch.

JOHN LLOYD-JONES

1885–1956

274

Y Gaeaf

(*Extract*)

MYND a dod yw rhod a rhan—yr einioes
    Am ryw ennyd fechan;
  Aros dro wna'r oes druan,
  A lle'r llu fydd llawr y llan.

Llawr y llan fydd lle'r llonnaf,—ac awr fach
    Geir y fuchedd hwyaf;
  Yman dro, a mwynder haf
  A dyr gwewyr y gaeaf.

Gaeaf du a gofid in—gwedi hud
    Godidog Mehefin;
  Nid yw parhad neb ond prin
  Orig lwys ar y glesin.

Ar y glesin rhugl oesi,—yna dyn
  Â dano o'i asbri;
 Er ei ddawn byr iawn yw bri
 Yr haf eurwawr a'i firi.

Miri ofer mawr afiaith—a dderfydd
  O ddarfod yr ymdaith;
 Bedd i bawb ddaw heb obaith,
 Mynwent oer ym mhen eu taith.

Pen y daith pan edy haf—y llwyni,
  A llennyrch Gorffennaf;
 Breuddwyd fu'r wawr bereiddiaf,
 A gwenau boreau braf.

Boreau braf yr haf a'u rhin—a droes
  Yn drist alar gẹrwin,
 Ar ôl rhyfyr lawr hefin
 Siom a thrais yw methu'r hin.

Methu'r hin, ymaith â'r rhos,—dibenna
  Bywyd beunydd beunos;
 Hwyr a bore heb aros
 Diwedd nawn y dydd yw nos.

'Nos da,' yna distewi,—a gorwedd
  Is gweryd a meini;
 Daear gawn,—a doe'r geni!—
 Fyrred a breued ein bri!

Ein bri addwyn a briddir,—ac urddas
  Teg irddail a fwrir;
 Hud a'i ddiwrnod a ddernir,
 Torri'n taith a'n troi o'n tir.

Tir draw ger troed yr ywen—i'n gwarchod
Is gorchudd tywarchen;
'E ludd niwloedd ein heulwen,
Caddug a'i wg gudd ei gwên.

Gwên a gormes, gwin a gwermod—yw'r oes
Orau un ei chyfnod;
Chwiliwch hi, haul a chawod,
Munudau Duw'n mynd a dod.

ELLIS EVANS (HEDD WYN)

1887–1917

275

Rhyfel

GWAE fi fy myw mewn oes mor ddreng,
A Duw ar drai ar orwel pell;
O'i ôl mae dyn, yn deyrn a gwreng,
Yn codi ei awdurdod hell.

Pan deimlodd fyned ymaith Dduw
Cyfododd gledd i ladd ei frawd;
Mae sŵn yr ymladd ar ein clyw,
A'i gysgod ar fythynnod tlawd.

Mae'r hen delynau genid gynt
Ynghrog ar gangau'r helyg draw,
A gwaedd y bechgyn lond y gwynt,
A'u gwaed yn gymysg efo'r glaw.

ELLIS EVANS (HEDD WYN)

276 *Y Blotyn Du*

NID oes gennym hawl ar y sêr,
  Na'r lleuad hiraethus chwaith,
Na'r cwmwl o aur a ymylch
  Yng nghanol y glesni maith.

Nid oes gennym hawl ar ddim byd
  Ond ar yr hen ddaear wyw;
A honno sy'n anhrefn i gyd
  Yng nghanol gogoniant Duw.

THOMAS HERBERT PARRY-WILLIAMS

1887–1975

277 *Tŷ'r Ysgol*

MAE'R cyrn yn mygu er pob awel groes,
  A rhywun yno weithiau'n 'sgubo'r llawr
Ac agor y ffenestri, er nad oes
  Neb yno'n byw ar ôl y chwalfa fawr;
Dim ond am fis o wyliau, mwy neu lai,
  Yn Awst, er mwyn cael seibiant bach o'r dre
A throi o gwmpas dipyn, nes bod rhai
  Yn synnu'n gweld yn symud hyd y lle;
A phawb yn holi beth sy'n peri o hyd
  I ni, sydd wedi colli tad a mam,
Gadw'r hen le, a ninnau hyd y byd,—
  Ond felly y mae-hi, ac ni wn paham,
Onid rhag ofn i'r ddau sydd yn y gro
Synhwyro rywsut fod y drws ynghlo.

278 *Dychwelyd*

Ni all terfysgoedd daear byth gyffroi
  Distawrwydd nef; ni sigla lleisiau'r llawr
Rymuster y tangnefedd sydd yn toi
  Diddim diarcholl yr ehangder mawr;
Ac ni all holl drybestod dyn a byd
  Darfu'r tawelwch nac amharu dim
Ar dreigl a thro'r pellterau sydd o hyd
  Yn gwneuthur gosteg â'u chwyrnellu chwim.
Ac am nad ydyw'n byw ar hyd y daith
  O gri ein geni hyd ein holaf gŵyn
Yn ddim ond crych dros dro neu gysgod craith
  Ar lyfnder esmwyth y mudandod mwyn,
Ni wnawn, wrth ffoi am byth o'n ffwdan ffôl,
Ond llithro i'r llonyddwch mawr yn ôl.

279 *Bro*

Fe ddaw crawc y gigfran o glogwyn y Pendist Mawr
Ar lepen yr Wyddfa pan gwffiwyf ag Angau Gawr.

Fe ddaw cri o Nant y Betws a Drws-y-coed
Ac o Bont Cae'r-gors pan gyhoeddir canlyniad yr oed.

Fe ddaw craith ar wyneb Llyn Cwellyn, ac ar Lyn
Y Gadair hefyd daw crych na bu yno cyn hyn.

Fe ddaw crac i dalcen Tŷ'r Ysgol ar fin y lôn
Pan grybwyllir y newydd yng nghlust y teliffôn.

Fe ddaw cric i gyhyrau Eryri, ac i li
Afon Gwyrfai daw cramp fy marwolaeth i.

Nid creu balchderau mo hyn gan un-o'i-go',—
Mae darnau ohonof ar wasgar hyd y fro.

280 *Gwynt y Dwyrain*

MAE'N rhaid cael gwynt. Nid yw amser yn bod
Pan na bo gwyntoedd o rywle'n dod.

Hwynt-hwy sydd yn troi â'u hergwd crwn
Olwynion y byd a'r bywyd hwn.

Di-liw a thryloyw ydynt oll
Ond gwynt y dwyrain, yr anadl coll.

Pan gilio'r rhai gloywon i gyd o'r nef,
Daw yntau â'i ddüwch coch gydag ef,

Gan lorio marwolion ar ei hynt,
I ddangos i ddynion beth yw gwynt.

281 *Dic Aberdaron*

YN oriel yr anfarwolion mae ambell glic,
Megis yr un lle ceir y Bardd Cocos a Dic—

Gwŷr o athrylith; ond gyda bodau o'r fath
Nid yw mesur eu llathen hwy yr un hyd â llath.

Y doethur Dic yw'r pennaeth a'r paragon :
Ef yw pen-ffwlcyn yr holl frawdoliaeth hon.

Ni chawsai chwarter o ysgol dan unrhyw sgŵl,
Ond meistrolodd ddirgelion y grefft o fod yn ffŵl—

Ffŵl gydag ieithoedd ; ac ymollyngodd i'r gwaith
O leibio i'w gyfansoddiad iaith ar ôl iaith.

Yn dalp o ddysg, fe herciai o le i le,
A'i hongliad o lyfrgell ynghlwm wrth ei gorpws e.

Gyda'i gathod fe dreiglai yn wysg ei drwyn ar dramp,
Ond 'r oedd golau un o'r Awenau i'w lwybrau'n
 lamp.

Yn Lerpwl, un tro, rhoes ei wisg a'i wynepryd sioc
I bublicanod a phechaduriaid y doc.

Ni wyddent hwy, mwy na phenaduriaid y dref,
Am ddibendrawdod ei ddawn a'i gollineb ef.

Parchwn ei goffadwriaeth, oll ac un.
Mawrygwn yr ieithmon a'r cathmon hwn o Lŷn.

Os ffolodd ar fodio geiriadur a mwytho cath,
Chware-teg i Dic—nid yw pawb yn gwirioni'r un
 fath.

282 *Hon*

BETH yw'r ots gennyf i am Gymru ? Damwain a hap
Yw fy mod yn ei libart yn byw. Nid yw hon ar fap

Yn ddim byd ond cilcyn o ddaear mewn cilfach gefn,
Ac yn dipyn o boendod i'r rhai sy'n credu mewn trefn.

A phwy sy'n trigo'n y fangre, dwedwch i mi.
Pwy ond gwehilion o boblach ? Peidiwch, da chwi,

Â chlegar am uned a chenedl a gwlad o hyd:
Mae digon o'r rhain, heb Gymru, i'w cael yn y byd.

'R wyf wedi alaru ers talm ar glywed grŵn
Y Cymry, bondigrybwyll, yn cadw sŵn.

Mi af am dro, i osgoi eu lleferydd a'u llên,
Yn ôl i'm cynefin gynt, a'm dychymyg yn drên.

A dyma fi yno. Diolch am fod ar goll
Ymhell o gyffro geiriau'r eithafwyr oll.

Dyma'r Wyddfa a'i chriw; dyma lymder a moelni'r tir;
Dyma'r llyn a'r afon a'r clogwyn; ac, ar fy ngwir,

Dacw'r tŷ lle'm ganed. Ond wele, rhwng llawr a ne'
Mae lleisiau a drychiolaethau ar hyd y lle.

'R wy'n dechrau simsanu braidd; ac meddaf i chwi,
Mae rhyw ysictod fel petai'n dod drosof i;

Ac mi glywaf grafangau Cymru'n dirdynnu fy mron.
Duw a'm gwaredo, ni allaf ddianc rhag hon.

WILLIAM MORRIS

1889–1979

283 *Môn*

GOROR deg ar war y don, — hafan gynt
A fu'n gaer i'w glewion.
Nawdd roddes i Dderwyddon,
Mae eu llwch yn heddwch hon.

Hon a fu'n dywyll unig, — ond o'i phoen
Y dôi ffydd a miwsig.
Hedd a dardd lle cerddai dig
Hen oesoedd drwy'r ynysig.

Ynysig â'i thir isel — yn ir oll
Dan yr haul a'r awel.
O'i mewn y mae im win a mêl
Y bywyd diwyd tawel.

Tawel ei gorwel a'i gwaith, — a thawel
Yw ei theios glanwaith.
Llawn hoen ei llannau uniaith,
Gwerin hoff a gâr ein iaith.

Iaith hon a'i chyfoeth inni — a rannodd
Goronwy o'i dlodi.
Adwaen hud ei hawen hi,
Hud awen na fyn dewi.

Tewi ni bydd tôn y bau—i'r Iesu,
    Na thraserch ei seintiau.
  Pwy fel meibion Môn am hau
  Ei wirionedd ar fryniau?

Bryniau mân, bron a maenor,—llwybrau llon
    Lle bu'r llys a'r allor.
  Anwylach man ni ylch môr
  Iwerydd na'r gain oror.

EDGAR PHILLIPS (TREFÎN)

1889–1962

284 *Llys Aberffraw*

A MI un haf ym Môn wen
Yn ymholi am heulwen,
Cyrchais Aberffraw dawel
A thangnef y cantref cêl.
Yno, gwelais ysgolor
A hanes tud yn ei 'stôr.
Daeth imi i'w holi ef
A wyddai frud hen addef,
Neu gaer, a fu ger y fan
Oedd heddiw'n weirglodd ddiddan.
Safodd pan glywes ofyn,
A'i eiriau ef yw'r rhai hyn:
'Ha! ba ryw wynt,' ebr yntau,
'A yrr ein beirdd i'r hen bau?
Ond teg yw'r gwynt i'th hynt, ŵr,
Ti a ddaethost at ddoethwr!

EDGAR PHILLIPS (TREFÎN)

Llyma dir lle mae dewrion—
A llyma fedd mawredd Môn!
Llys Aberffraw! daw rhyw don
O hiraeth imi'r awron;
Hiraeth a wybu oriau
O win a mêl yn 'y mhau,
Cyn bod awr bâr a tharo
Gleifiau brad i glwyfo bro.
Brenhinol lys Branwen lon,
Llys taerweilch—lluest dewrion
Ydoedd hwn, a diddanwch
Wrth ei dân i'r truan trwch.
Gwelwyd, heb rith bygylu
Fendigeidfran lân a'i lu,
A theulu'r dewr Fatholwch—
Arfau a llu rif y llwch,
O gylch hwn, a'r gweilch annwyl
Yn ddiddig oll ar ddydd gŵyl,
A gawr y llu'n rhwygo'r llys
Dydd uniad y "Ddwy Ynys"
Dirf, eurfalch hendref erfawr
Dewraf hil ein Rhodri Fawr,
Tynnodd gynt i nawdd ei gôl
Unbeiniaid annibynnol!
Yn nydd rhyfel a helynt,
Hwn oedd allwedd Gwynedd gynt,
Nawdd cedyrn yn nydd cadau,
A'i sgubor fu'n bwydo'r bau.
Llys a'i ddôr yn egored—
Siriol lys a'i ddrws ar led,
Oedd yma, a'i "Hawddamor"
Yn euraidd waith ar y ddôr!'

EDGAR PHILLIPS (TREFÎN)

Llys Aberffraw ! didaw dôn
Gant eurfeirdd gynt o Arfon
I fri hwn, ac i'w fawrhau
Y dihidlwyd eu hodlau.
Yma, 'roedd gweision bonedd
O'u stôr yn arlwyo'r wledd—
Deunaw cog wrth dân cegin,
A deunaw gwalch yn dwyn gwin.
Er oesau hir erys sôn
Am seigiau byrddau'r beirddion !
Bord lawn i bêr delynor,
Ac osai teg o'i ystôr
Oedd yma yn ddiamod
I ŵr glew am air o glod.
Yntau fardd, yn gyntaf ŵr,
Eiliai'r mawl i rym milwr,
Neu dda frud o lwydd i'w fro
Od âi'r dewr draw i daro,
A byw ergyd pob eurgainc
Yn denu ffrwd o win Ffrainc,
Neu ddracht o drwyth Amwythig
I beri chwant bara a chig.
Dewr eogiaid o'r eigion
A fu'n gaeth ym Malltraeth Môn,
A glwysion bysg a gleisiaid
Oedd ar fwrdd yn ddirif haid.
Ha! ni fu'r un cnaf ar ôl
Heb ran o'r seigiau breiniol !
Ni welir lle'n ail i'r llys
I drueiniaid yr ynys,
Na chawr ymysg y mawrion
I drin medd Mechdëyrn Môn.

Llawer cadarn mewn harnais—
(Camp ei swydd oedd cwympo Sais!)
Ar y mur wyliai'r moroedd
Rhag un cyrch o'r eigion coedd.
Och heno i'r falch ynys!
Ni chaf o'r llwch fur ei llys.
Rhaib y cledd a'r bwa clau
Fu'n hir o fewn ei herwau,
A gwybu gur dur a dart
A dyrnodiau'r hen Edwart.
Rhoed llys yr ynys heno
I lwydion ysbrydion bro.
Gwae fi fyw i gofio'i fod
Yn drigle i'r dewr hyglod.
O'r main oer, emyn hiraeth
Eiria gŵyn am Gymru gaeth;
Lle bu gwledd a chyfeddach,
Dawnsia haid o wynos iach,
A dyn o Sais droedia'n syn
Dywyll aelwyd Llywelyn.

GRIFFITH JOHN WILLIAMS

1892–1963

285 *Yr Henwyr*

AR bentan gloyw'r dafarn
  Eistedda'r henwyr llwyd,
Gan rythu i'r marwydos
  Â'u llygaid pŵl di-nwyd.

Drwy'r ffenestr fach fe dremia
  Ffenestri cul y llan,
A'r clochdy llwyd, a'r onnen
  Sy'n gwyro dros y fan.

Yno yn drachtio'r cwrw
  Heb obaith mwy na chur,
Mor fud â'r cerrig gleision
  Sy'n rhesi hwnt i'r mur.

Ac ambell nawn, fe glywant
  Ganu rhyw angladd du,
A mwmian pell y person
  Am sicir obaith fry.

Trônt at eu diod eilwaith
  Heb geisio deall mwy,
Mor dawel â'u hynafiaid
  Sy'n naear fud y plwy' ;

Yn eistedd oni chlywir
  Sain hir a lleddf y gloch,
Gan rythu i'r marwydos
  A drachtio'r cwrw coch.

SAUNDERS LEWIS

1893–1985

286 *Difiau Dyrchafael*

BETH sydd ymlaen fore o Fai ar y bronnydd ?
Edrychwch arnynt, ar aur y banadl a'r euron
A'r wenwisg loyw ar ysgwyddau'r ddraenen
Ac emrallt astud y gwellt a'r lloi llonydd ;

Gwelwch ganhwyllbren y gastanwydden yn olau,
Y perthi'n penlinio a'r lleian fedwen fud,
Deunod y gog dros ust llathraid y ffrwd
A'r rhith tarth yn gwyro o thuser y dolau:

Dowch allan, ddynion, o'r tai cyngor cyn
Gwasgar y cwning, dowch gyda'r wenci i weled
Codi o'r ddaear afrlladen ddifrycheulyd
A'r Tad yn cusanu'r Mab yn y gwlith gwyn.

287 *Y Pîn*

LLONYDD yw llyn y nos yn y cwm,
Yn ei gafn di-wynt ;
Cwsg Orïon a'r Ddraig ar ei wyneb plwm,
Araf y cyfyd y lloer a nofio'n gyntunus i'w hynt.

Wele'n awr awr ei dyrchafael.
Chwipyn pelydri dithau o'i blaen a phicell dy lam
O fôn i frig dan ei thrafael

Yn ymsaethu i galon y gwyll fel Cannwyll y Pasg
dan ei fflam :
Ust, saif y nos o'th gylch yn y gangell glaear
Ac afrlladen nef yn croesi â'i bendith y ddaear.

288 *Marwnad Syr John Edward Lloyd*

DARLLENAIS fel yr aeth Eneas gynt
Drwy'r ogof gyda'r Sibil, ac i wlad
Dis a'r cysgodion, megis gŵr ar hynt
Liw nos mewn fforest dan y lloer an-sad,
Ac yno'n y gwyll claear
Tu draw i'r afon ac i Faes Wylofain
Gwelodd hen arwyr Tro, hynafiaid Rhufain,
Deiffobos dan ei glwyfau, drudion daear,

Meibion Antenor ac Adrastos lwyd ;
A'i hebrwng ef a wnaent, a glynu'n daer
Nes dyfod lle'r oedd croesffordd, lle'r oedd clwyd,
A golchi wyneb, traddodi'r gangen aur,
Ac agor dôl a llwyni'n
Hyfryd dan sêr ac awyr borffor glir,
Lle y gorffwysai mewn gweirgloddiau ir
Dardan ac Ilos a'r meirwon diallwynin.

Minnau, un hwyr, yn llaw hen ddewin Bangor
Euthum i lawr i'r afon, mentro'r cwch,
Gadael beisdon yr heddiw lle nid oes angor
A chroesi'r dŵr, sy ym mhwll y nos fel llwch,

I wyll yr ogofâu
Lle rhwng y coed y rhythai rhithiau geirwon
Gan sisial gwangri farw helwyr meirwon
Nas clywn; nid ŷnt ond llun ar furiau ffau.

Yna daeth golau a ffurf fel gwawr a wenai,
Helm a llurig yn pefrio ac eryr pres
A chwympo coed, merlod dan lif ym Menai,
Palmantu bryniau a rhaffu caerau'n rhes:
Tu . . . regere populos,
Mi welwn lun Agricola yn sefyll
Ar draeth ym Môn, murmurai frudiau Fferyll,
A'r heli ar odre'r toga'n lluwch fin nos.

Ac ar ei ôl mi welwn ŵr yn troi
Oddi ar y ffordd i'r fforest, i glirio llain
A hau ei wenith a hulio bwrdd a'i doi;
Ac yn ei ystum 'r oedd cyfrinach. Gwnâi'n
Araf arwydd y groes,
Ac adrodd geiriau atgofus dros y bara,
A chodi cwpan tua'r wawr yn ara',
Penlinio a churo'i fron, cymuno â loes.

Petrusais: 'Gwn, tra pery Ewrop pery'r
Cof am y rhain; ni byddant feirw oll,
Seiri ymerodraethau'r Groes a'r Eryr;
Eu breuddwyd hwy, a glymodd dan un doll,
Un giwdod ar un maen,
Fôn a Chyrenaïca, fu sail gobeithio
Dante a Grotius, bu'n gysgod dros anrheithio
Ffredrig yr Ail a Phylip brudd o Sbaen.

'Ond yma ym mro'r cysgodion y mae hil
Gondemniwyd i boen Sisiffos yn y byd,
I wthio o oes i oes drwy flynyddoedd fil
Genedl garreg i ben bryn Rhyddid, a'r pryd—
O linach chwerw Cunedda,—
Y gwelir copa'r bryn, drwy frad neu drais
Teflir y graig i'r pant a methu'r cais,
A chwardd Adar y Pwll ar eu hing diwedda';

'Pa le mae'r rhain?' Ac wele neuadd adwythig,
Gwely'n y canol, esgob, archddiagon,
Claswyr corunog, prioriaid Caer, Amwythig,
Yn iro llygaid tywyll uthr bendragon,
Ac yntau'n tremio o'i henaint
Ar ffiord yn Llychlyn, llongau Gothri ar herw,
Ogof Ardudwy, geol Hu Fras, Bron 'r Erw,
Helbulon saga oes a'i loes dan ennaint.

A gwelais grog ar lawnt a dwylo drudion
Yn estyn tuag ati rhwng barrau heyrn,
Oni ddaeth llong o Aber a rhwyfwyr mudion,
Tyrs ar y lli a lludw ar wallt teyrn
A chrog rhwng dwylo ar sgrin . . . .
A dacw ben ar bicell, a rhawn meirch
Yn llusgo yn llwch Amwythig tu ôl i'w seirch
Gorff anafus yr ola' eiddila' o'i lin.

Ac ennyd, megis paladr fflam goleudy
Dros genlli'r nos, fflachiodd agennau'r gaer
A saif ar graig yn Harlech, etifedd deudy
Cymru'n arwain coron, dawns i'r aer;
Yna ger Glyn y Groes

Rhoes ail Teiresias ym mhylgain Berwyn
Ddedfryd oracl tynged, a bu terfyn:
Toddodd ei gysgod yn y niwl a'i toes.

Fel hwnnw a ddringodd sbennydd gwlad anobaith,
Trois innau at fy mlaenor, 'A all dy fryd
Esgyn i glogwyn tymp a chanfod gobaith?
Eu hiaith a gadwant, a oes coel ar frud?
A gedwir olaf crair
Cunedda o drafael cur ei feibion oll?'
Ond ef, lusernwr y canrifoedd coll,
Nid oedd ef yno mwy, na'i lamp na'i air.

ALBERT EVANS JONES (CYNAN)

1895–1970

289 *I'r Duw Nid Adwaenir*

(*Extract*)

MAE'R heulwen yn dirion ar wyneb yr eigion,
Paradwys y galon yw Milo'n y môr.
Mae'r awel fu'n cywain pêr falmau o'r Dwyrain
  Yn canu arwyrain yr oror.

Mae peraidd winllannoedd o gwr ein dyffrynnoedd
Yn estyn dros ddyfroedd aberoedd y bau
Sy'n llithro i'r glasfor gan ddawnsio fel neithior,
  A'r gwenyn yn sipio'r grawnsypiau.

Daw'r croçus a blodau'r ysgarlad liliäu
O rwndir ein parciau fel fflamau yn fflwch,
Ail Lotus a'i swynion sy'n ymlid pryderon
Gan ddenu i ddynion ddiddanwch.

Pand doeth y gweithredais pan gyntaf y clywais
Yr ynys arianllais ? Mi genais 'O ! gad
Im fyw mewn plas diddos ym meysydd dy geirios,
Ac aros a throi'n Epicuriad'.

Pa les wna'ch colegau a'u holl ddamcaniaethau,
A'ch cyrddau i ddadlau crefyddau ? A fed
Yr enaid ei wala ohonynt ? Ni choelia
Dy ffrind na Phamffilia ddim ffoled.

Ond trà byddo'i gwefus mor goch ac mor felys
Â'r mefus, a hanner esgeulus ei gwallt,
A minnau'n ei blethu a'm gwaed yn cyflymu
Pan elom i garu mewn gorallt,

Mae'r ffilosoffyddion ? Mae'r Stoicaidd athrawon
A dreiddiai gyfrinion ei chalon fach hi ?
I mi pethau diflas yw'ch temlau a'ch dinas,
A'i bost am berthynas Athini.

Mae grisiau o farmor yn disgyn i'r glasfor,
O hafod fy Nhrysor i'r cefnfor. Mae cwch
Ynghlwm wrth y grisiau dan gysgod y cangau
I'n llithio at Waliau Tawelwch.

290 *Hwiangerddi*

ARGLWYDD, gad im bellach gysgu,
  Trosi'r wyf ers oriau du:
Y mae f'enaid yn terfysgu
  A ffrwydradau ar bob tu.

O! na ddeuai chwa i'm suo
  O Garn Fadryn ddistaw, bell,
Fel na chlywn y gynnau'n rhuo
  Ond gwrando am gân y dyddiau gwell.

Hwiangerddi tyner, araf,
  Hanner-lleddf ganeuon hen,
Megis sibrwd un a garaf
  Rhwng ochenaid serch a gwên;

Cerddi'r haf ar fud sandalau'n
  Llithro dros weirgloddiau Llŷn;
Cerddi am flodau'r pren afalau'n
  Distaw ddisgyn un ac un;

Cerdd hen afon Talcymerau
  Yn murmur rhwng yr eithin pêr,
Fel pe'n murmur nos-baderau
  Wrth ganhwyllau'r tawel sêr.

Cerddi'r môr yn dwfn anadlu
  Ger Abersoch wrth droi'n ei gwsg;
Cerddi a'm dwg ymhell o'r gadlu,
  Cerddi'r lotus, cerddi'r mwsg.

O! na ddeuai chwa i'm suo,
  O Garn Fadryn ddistaw, bell,
Fel na chlywn y gynnau'n rhuo
  Ond gwrando am gân y dyddiau gwell.

291 *Aberdaron*

PAN fwyf yn hen a pharchus,
  Ag arian yn fy nghod,
A phob beirniadaeth drosodd
  A phawb yn canu 'nghlod,
Mi brynaf fwthyn unig
  Heb ddim o flaen ei ddôr
Ond creigiau Aberdaron
  A thonnau gwyllt y môr.

Pan fwyf yn hen a pharchus,
  A'm gwaed yn llifo'n oer,
A'm calon heb gyflymu
  Wrth wylied codi'r lloer,
Bydd gobaith im bryd hynny
  Mewn bwthyn sydd â'i ddôr
At greigiau Aberdaron,
  A thonnau gwyllt y môr.

Pan fwyf yn hen a pharchus
  Tu hwnt i fawl a sen,
A'm cân yn ôl y patrwm
  A'i hangerdd oll ar ben,
Bydd gobaith im bryd hynny
  Mewn bwthyn sydd â'i ddôr

At greigiau Aberdaron
  A thonnau gwyllt y môr.

Oblegid mi gaf yno
  Yng nghri'r ystormus wynt
Adlais o'r hen wrthryfel
  A wybu f'enaid gynt.
A chanaf â'r hen angerdd
  Wrth syllu tua'r ddôr
Ar greigiau Aberdaron
  A thonnau gwyllt y môr.

292 *Monastîr*

DDOE mewn Cyfarfod Misol ar lith ariannol sych,
Gwelais ryw afon loyw a llawer meindwr gwych
Yn crynu ar ddrych ei dyfroedd uwch llawer temel
    wen,
A'r awyr denau eglur fel sidan glas uwchben,
Ond lle bai cwmwl bychan dim mwy na chledr llaw
O gwmpas plên y gelyn yn agor yma a thraw.
Tywyllai'r glaw y capel, a'i ddadwrdd ar y to
Fel tôn gŵr y cyfrifon a'i lith hirwyntog o.
  Gwybu fy nghalon hiraeth dir
  Am Fonastîr, am Fonastîr.

Ymdeithiwn unwaith eto yn filwr gyda'r llu
Ac eco'n trampio cyson yn deffro'r dyffryn du.
Clybûm yr hen ganeuon, a'r un hen eiriau ffraeth,
Gorfoledd gwŷr Yr Antur Fawr âi'n rhydd o'u
    carchar caeth.

Daeth llef yr ystadegydd fel cri colledig wynt:
'Daw'r gronfa hon eleni â phedwar ugain punt.'
O! f'enaid, onid harddach ped aethit tithau'n rhydd
O ganol Yr Anturiaeth Fawr cyn pylu gwawr dy ffydd
Fel enaid llawer cymrawd gwir
I Fynwes Duw o Fonastîr ?

Cyfododd yntau'r Llywydd: 'Mae'n bleser gen i'n awr
Ofyn i'r diaconesau ein hannerch o'r Sêt Fawr.'
Yr oedd eu gwisg yn barchus, a'u gwallt yn barchus-dynn,
A pharchus eu cerddediad. Ond gwelwn lechwedd bryn
A Chlöe gyda'i defaid: dylifai'i gwallt yn rhydd
Dan gadach sidan melyn, a lliwiai'r haul ei grudd.
Rhedai yn droednoeth ataf a chroeso ar ei min;
Nid oedd ond clychau'r defaid i dorri ar ein rhin.
A gofiwch weithiau, glychau clir,
Am hanes dau ym Monastîr ?

WILLIAM JONES

1896–1961

293 *Yr Ymgyrch*

Mi glywaf ganu biwglau
A chlywaf guro drwm;
Pa ryw orymdaith heno
Sy'n dod i lawr y cwm ?

Y Gwynt sy'n galw'i luoedd
  O'r ffrydiau ac o'r ffridd,
O greigiau'r goriwaered,
  O'r prennau ac o'r pridd.

Mae'r rhengau croch yn pasio'n
  Ddiorffwys heibio 'nôr
Gan gyrchu drwy'r tywyllwch
  Yn syth am lan y môr.

Pan dyr y wawr yfory
  Bydd llawer paladr hir
Yn uswydd ar y draethell
  Lle lleibia'r tonnau'r tir.

294 *Y Llanc Ifanc o Lŷn*

PWY ydyw dy gariad, lanc ifanc o Lŷn,
Sy'n rhodio'r diwedydd fel hyn wrtho'i hun ?
Merch ifanc yw 'nghariad o ardal y Sarn,
A chlyd yw ei bwthyn yng nghysgod y Garn.

Pa bryd yw dy gariad, lanc ifanc o Lŷn,
Sy'n rhodio'r diwedydd fel hyn wrtho'i hun ?
Pryd tywyll yw 'nghariad, pryd tywyll yw hi,
A'i chnawd sydd yn wynnach nag ewyn blaen lli.

Sut wisg sydd i'th gariad, lanc ifanc o Lŷn,
Sy'n rhodio'r diwedydd fel hyn wrtho'i hun ?
Gwisg gannaid sidanwe, laes at ei thraed,
A rhos rhwng ei dwyfron mor wridog â'r gwaed.

A ddigiodd dy gariad, lanc ifanc o Lŷn,
Sy'n rhodio'r diwedydd fel hyn wrtho'i hun ?
Ni ddigiodd fy nghariad, ni ddigiodd erioed
Er pan gywirasom ni gyntaf yr oed.

Pam ynteu daw'r dagrau, lanc ifanc o Lŷn,
I'th lygaid wrth rodio'r diwedydd dy hun ?
Yr Angau a wywodd y rhos ar ei gwedd,
A gwyn ydyw gynau bythynwyr y bedd.

295 *Y Moelwyn Mawr a'r Moelwyn Bach*

GWNAETH Duw'r ddau Foelwyn, meddant i mi,
O garreg nad oes ei chadarnach hi.

Ond wrth syllu arnynt ambell awr
Ar fore o wanwyn, amheuaf yn fawr

Mai o bapur sidan y torrodd o
Y ddau ohonynt ymhell cyn co',

A'u pastio'n sownd ar yr wybren glir
Rhag i'r awel eu chwythu ar draws y tir.

DAVID GWENALLT JONES

1899–1968

296 *Pechod*

PAN dynnwn oddi arnom bob rhyw wisg,
Mantell parchusrwydd a gwybodaeth ddoeth,
Lliain diwylliant a sidanau dysg ;
Mor llwm yw'r enaid, yr aflendid noeth :

Mae'r llaid cyntefig yn ein deunydd tlawd,
Llysnafedd bwystfil yn ein mêr a'n gwaed,
Mae saeth y bwa rhwng ein bys a'n bawd
A'r ddawns anwareiddiedig yn ein traed.
Wrth grwydro hyd y fforest wreiddiol, rydd,
Canfyddwn rhwng y brigau ddarn o'r Nef,
Lle cân y saint anthemau gras a ffydd,
Magnificat Ei iechydwriaeth Ef;
Fel bleiddiaid codwn ni ein ffroenau fry
Gan udo am y Gwaed a'n prynodd ni.

297

Cymru

GORWEDD llwch holl saint yr oesoedd
  A'r merthyron yn dy gôl,
Ti a roddaist iddynt anadl
  A chymeraist hi yn ôl.

Bu'r angylion yma'n tramwy,
  Ar dy ffyrdd mae ôl eu troed,
A bu'r Ysbryd Glân yn nythu,
  Fel colomen, yn dy goed.

Clywai beirdd mewn gwynt ac awel
  Gri Ei aberth, llef Ei loes,
Ac yng nghanol dy fforestydd
  Gwelent Bren y Groes.

Ei atgyfodiad oedd dy wanwyn,
  A'th haf Ei iechydwriaeth las,
Ac yng ngaeaf dy fynyddoedd
  Codai dabernaclau gras.

Hidlai wlith a glaw Rhagluniaeth
  Ar dy gaeau ŷd a'th geirch,
A'i Ogoniant oedd ar offer
  Ac ar ffrwyn dy feirch.

Bu dy gychod a'th hwyl-longau'n
  Cerdded ar hyd llwybrau'r lli,
Ac yn llwythog tan eu byrddau
  Farsiandïaeth Calfari.

Duw a'th wnaeth yn forwyn iddo,
  Galwodd di yn dyst,
Ac argraffodd Ei gyfamod
  Ar dy byrth a'th byst.

Mae dy saint yn dorf ardderchog,
  Ti a'i ceri, hi a'th gâr,
Ac fe'u cesgli dan d'adenydd
  Fel y cywion dan yr iâr.

298 *Yr Anghrist a'r Crist*

NI droesom Dduw'n dragywydd gelwydd gwyn,
A'i nef yn nyth i'r chwilod ac i'r chwain,
A phydrodd Pren y Groes ar ben y Bryn
Ac ar ei breichiau ysgerbydau brain;
Nid oedd y cread ond fel peiriant dall
Yn pwffian yn y nos heb lein na phwynt,
A phwysau ei olwynion trwsgl, di-ball
Yn darnio dynion a'u delfrydau hwynt.
Eto, dangosodd Iesu inni'r Plas

A gododd Duw o feini'r nef a'i gwŷdd,
Ac ynddo fwrdd yr Aberth, dodrefn gras,
Gwelyau gobaith a seleri ffydd;
A mynnwn weini mwy'n Ei neuadd wen
Yn un o'r llestri pridd neu'r cawgiau pren.

299 *Y Pensaer*

DYSGODD yr Iesu ei grefft fel pob llanc
Tlawd a chyfoethog yn ei wlad;
Arferai drin coed a cherrig a chlai,
A dysgu cynlluniau a mesurau tai
Yng ngweithdy ei dad.

'R oedd y tai yn brin yn nhref Nasareth,
A'r gwaith yn bur galed a thrwm,
A phrysur oedd sŵn y trawslif a'r plaen,
A'r cŷn a'r morthwyl yn disgyn ar y maen
Ac yn naddu'r plwm.

Wrth fwrw'r hoelion i mewn i'r pren
Fe gafodd y prentis loes,
Fe welodd wrth forteisio dau ddarn
Waredwr ifanc yn bodloni barn
Duw ar y Groes.

Wedi gorffen tŷ âi Ioseff a'i fab
Oddi amgylch iddo am dro,
A chlywent yn ei wacter sŵn chwarae ac ysbonc
Y plant, a'u mamau â'u clec a'u clonc
Ar wastadedd y to.

Melys i'r crefftwr ei swper a'i gwsg,
A'r diddanwch wedi gorffen ei dasg;
A hiraethai'r Iesu am yr hoen a'r hwyl
Wrth ddilyn arferion a defodau pob gŵyl,
Y Pebyll, y Pentecost a'r Pasg.

Nid oes maen ar faen na phren ar bren
O'r holl dai a gododd i gyd,
Ond fe erys adeiladwaith Ei Eglwys gain,
A gododd gyda deuddeg o seiri coed a main,
Tan ddiwedd y byd.

300 *Cymru*

GWLAD grefyddol gysurus oedd hi,
A dyn yn feistr ar ddaear a nef,
Pan ddaeth dwy sarff anferth eu maint,
A'u boliau yn gosod y tonnau ar dân,
Ac yn bwrw eu gwenwyn ar ei thraethau yn lli.

Edmygai'r bechgyn eu cyntefigrwydd garw,
A'u parlysu fel adar gan eu llygaid slic;
Ac ymddolennai eu cyrff yn araf bach
Am droed a choes a chanol a gwddf,
A'u gwasgfeuon yn dychrynu'r bustach marw.

Yn gynt na'r gwynt ac yn welw ei liw
Y rhedodd Laocôn yn ei phylacterau llaes,
Ac wrth geisio datrys eu clymau tyn
Clymasant ei draed a'i forddwydydd ef:
Nid oes a'i gwaredo ond ei ddwylo a'i Dduw.

PROSSER RHYS

1901–1945

301 *Y Dewin*

(*Mewn cyngerdd organydd tai pictiwrs yng Ngogledd Cymru, Gorffennaf 1939*)

'R OEDD y neuadd dan sec hyd y gornel bellaf
Er bod haul ar y Gogarth a chwch ar y lli,
Pan godwyd y Dewin disgleirwallt i'n golwg
Yn dwt wrth ei organ amryddawn ei chri.

Dotiasom ar rempiau a strempiau ei ddwylo—
A'r organ rhagddynt yn anadlu a byw;
Llef utgorn . . . chwiban . . . grŵn gwenyn . . . trwst trenau . . .
Fel y mynnai'r Dewin, a lamai i'n clyw.

Cawsom siwgr a wermod operâu'r Eidal,
Urddas Tannhäuser, bolero Ravel,
Dybryd seiniau Harlem o'r lloriau dawnsio,
Rymba o Rïo, a walsiau bach del.

Fel y dôi'r gyfeddach beroriaeth i'w therfyn,
A'r Dewin yn siŵr o dymer yr awr—
Yn sydyn, yn nwydus, mae'n taro medlai
O folawdau'r Sais i'w ryfelwyr mawr.

Clywsom dabwrdd Drake . . . dadwrdd Trafalgar,
A bendithio teyrnwialen Brenhines y Don;
Cyffroes y dyrfa, ac ag unllais aruthr
Mae'n uno â'r organ yn eirias ei bron.

(Draw ar y Cyfandir gwelid noethi dannedd;
  Cerddai tywyll ddarogan, a holi o hyd
A oedd Rhyddid ar alw ei Grwsadwyr eto?
  Ac ing a dinistr yn dychwel i'r byd?)

Ac yno, yn y neuadd, a'r organ a'r dyrfa
  Yn canu am yr uchaf—gwelais fab, gwelais dad
Yn ymdaith o Gymru yn lifrai'r arfogion,
  A'r lampau'n diffodd o wlad i wlad.

IORWERTH CYFEILIOG PEATE

1901–1982

302 *Ronsyfál*

FYNYDDOEDD llwyd, a gofiwch chwi
  helyntion pell y dyddiau gynt?
'Nid ydynt bell i ni, na'u bri
  yn ddim ond sawr ar frig y gwynt.
Ni ddaw o'n niwl un milwr tal,
o'r hen oes fud, i Ronsyfál.'

Gwelsoch fyddinoedd Siarlymaen,
  ai diddim hwythau oll achlân,
holl fawredd Ffrainc, syberwyd Sbaen,
  Rolant a'i wŷr, a'r Swleimân?
'Maent fudion mwy, a'u nerth yn wyw.
Yn Ronsyfál yr hyn sy fyw

'yw'n mawredd ni,—y gwellt a'r grug,
  ac isel dincial clychau'r gyr,
a'r gostyngedig wŷr a blyg
  pan glywont gnul, brynhawnddydd byr.
Niwloedd a nos, y sêr a'r wawr,
yn Ronsyfál y rhain sy fawr.'

Lledodd y caddug tros y cwm
  (o! glodfawr wŷr, mor fyr yw clod),
clyw-wn y da'n anadlu'n drwm
  (o! fywyd, bychan yw dy rod);
ac aros nes i'r gwyll fy nal,
a'r nos a fu, yn Ronsyfál.

303 *Carol y Crefftwr*

MEWN beudy llwm eisteddai Mair
ac Iesu ar ei wely gwair;
am hynny, famau'r byd, yn llon
cenwch i fab a sugnodd fron.

Grochenydd, eilia gerdd ddi-fai
am un roes fywyd ym mhob clai;
caned dy dröell glod i Dduw
am un a droes bob marw yn fyw.

Caned y saer glodforus gainc
wrth drin ei fyrddau ar ei fainc;
molianned cŷn ac ebill Dduw
am un a droes bob marw yn fyw.

A chwithau'r gofaint, eiliwch gân,
caned yr eingion ddur a'r tân;
caned morthwylion glod i Dduw
am un a droes bob marw yn fyw.

Tithau, y gwehydd, wrth dy wŷdd,
cân fel y tefli'r wennol rydd;
caned carthenni glod i Dduw
am un a droes bob marw yn fyw.

Llunied y turniwr gerdd yn glau
wrth drin y masarn â'i aing gau;
begwn a throedlath, molwch Dduw
am un a droes bob marw yn fyw.

Minnau a ganaf gyda chwi
i'r Iddew gynt a'm carodd i;
caned y crefftwyr oll i Dduw
am Iesu a droes bob marw yn fyw.

304 *Men Ychen*

'Dau ych yw Silc a Sowin,
un coch a'r llall yn felyn . . .'

RHWNG cloddiau pêr diwedydd bro Ewenni
'drwy oglais yr ymdreiglut' tua'r clôs
yn heddwch huawdl byd yr ych a'r menni
a sain tribannau'n fyrdon crwth y nos.
Araf y llusgai Sowin drwstan garnau,
isel y llaesai Silc lafoeriog safn,

dyfal fu'r cywain hir tros eirwon sarnau
  cyn diosg iau am groeso llith a chafn.
Ni welaist ti mo'r uffern sy'n lluesta
  heddiw ar grindir maith dy ddolydd gynt:
digon i'th werin awel o Fethesda
  heb weld y diawl ar wegil chwyrn y gwynt.
'R wyt yma'n fud, heb lyw, heb lwyth, heb lach
un gyrrwr hoyw i beri'r hen wich wach.

305 *Awyrblandy Sain Tathan*

DUW yn ei ryfedd ras a luniodd ardd
  rhwng môr a mynydd lle mae'r llwybrau'n tywys
y werin flin i'r dolydd ir lle tardd
  dyfroedd Bethesda a heddwch Eglwys Brywys.
Ynddi fe ddodes amal bentref llawen
  yn em disgleirwyn yn y glesni mwyn—
Llan-faes, Y Fflemin Melyn, Aberddawen—
  a chêl oludoedd gweirglodd, lôn a thwyn.
Bellach fe'i chwalwyd oll: a nwyd dymchwelyd
  anhapus ddyn a gais yr hyn ni allo
yn troi'r hamddenol ffyrdd yn sarnau celyd
  na chyrchant hedd Llan-dwf na hud Llangrallo.
A'r syber fro o'r Barri i Borth-y-cawl
yn gignoeth dan beiriannau rhwth y Diawl.

JAMES KITCHENER DAVIES

1902–1952

306 *Sŵn y Gwynt Sy'n Chwythu*

(*Extract*)

Y Duw hwyrfrydig i lid a faddeuo fy rhyfyg
yn pulpuda, yn canu emynau a gweddïo arno Ef,
a wisgodd amdano awel y dydd,
i ddyfod i oglais fy ais i'm dihuno o'm hepian.
Gofynnais am i'r gwynt a fu'n ymorol â'r sgerbydau
anadlu yn f'esgyrn sychion innau anadl y bywyd.
Eiriolais ar i'r dymestl nithio â'i chorwynt
garthion f'anialwch, a mwydo â'i glawogydd
grastir fy nhir-diffaith oni flodeuai fel gardd.
Apeliais â thaerineb heb ystyried—
heb ystyried (O arswyd) y gallai E 'nghymryd i ar fy ngair,
y gallai E 'nghymryd i ar fy ngair ac ateb fy ngweddi,
Ac ateb fy ngweddi.
Wrandawr gweddïau, bydd drugarog,
a throi clust fyddar rhag clywed f'ymbilio ffals,
rhag gorfod creu sant o'm priddyn anwadal.
Y Diymod heb gysgod cyfnewidiad un amser
na letha fi ag unplygrwydd ymroad,
ond gad imi fela ar grefyddolder y diletant,
o flodyn i flodyn yn D'ardd fel y bo'r tywydd.
Y Meddyg Gwell,
sy'n naddu â'th sgalpel rhwng yr asgwrn a'r mêr,
atal Dy law rhag y driniaeth a'm naddai
yn rhydd oddi wrth fy nghymheiriaid a'm cymdogaeth,

yn gwbl ar wahân i'm tylwyth a'm teulu.
Bererin yr anialwch,
na osod fy nghamre ar lwybr disberod y merthyr
ac unigrwydd pererindod yr enaid.
O Dad Trugareddau, bydd drugarog,
gad imi gwmni 'nghyfoedion, ac ymddiried fy nghydnabod,
a'r cadernid sydd imi yn fy mhriod a'r plant.
Y Cynefin â dolur, na'm doluria
drwy noethi'r enaid meddal, a'i adael wedi'i flingo
o'r gragen amddiffynnol a fu'n setlo am hanner-can-mlynedd
yn haenau o ddiogi tros fenter yr ysbryd
na châi tywodyn anghysuro ar fywyn fy ego.
'Rwy'n rhy hen a rhy fusgrell a rhy ddedwydd fy myd,
rhy esmwyth, rhy hunan-ddigonol,
i'm hysgwyd i'r anwybod yn nannedd dy gorwynt.
Gad imi lechu yng nghysgod fy mherthi, a'r pletiau'n fy nghlawdd.
Frenin brenhinoedd, a'r llengoedd angylion wrth Dy wŷs yn ehedeg,
a gwirfoddolion yn balchio'n Dy lifrai—Dy goron ddrain a'th bum archoll—
paid â'm presio a'm consgriptio i'r lluoedd sy gennyt
ar y Môr Gwydr ac yn y Tir Pell.
Yr Iawn sydd yn prynu rhyddhad,
gad fi ym mharlwr y *cocktails* i'w hysgwyd a'u rhannu
gyda mân arferion fy ngwarineb
a'r moesau sy mewn ffasiwn gan fy mhobol.
Na fagl fi'n fy ngweddïau fel Amlyn yn ei lw,

na ladd fi wrth yr allor y cablwn wrth ei chyrn,—
ond gad imi, atolwg, er pob archoll a fai erchyll,
gael colli bod yn sant.
    'Quo vadis, quo vadis,' i ble 'rwyt ti'n mynd ?
Paid â'm herlid i Rufain, i groes, a 'mhen tua'r llawr.
    O Geidwad y colledig,
achub fi, achub fi, achub fi
rhag Dy fedydd sy'n golchi mor lân yr Hen Ddyn :
cadw fi, cadw fi, cadw fi
rhag merthyrdod anorfod Dy etholedig Di.
Achub a chadw fi
rhag y gwynt sy'n chwythu lle y mynno.
Boed felly, Amen,
    ac Amen.

THOMAS ROWLAND HUGHES

1903–1949

307 *Y Grib Goch*

GWAEDDA—
ni chynhyrfi braidd y llethrau hyn,
rhaeadr y defaid maen,
y panig di-frys, di-fref,
y rhuthr pendramwnwgl, stond :
a fugeiliodd mynyddoedd ia,
a wlanodd rhew ac eira a niwl,
a gneifiodd corwynt a storm
yng nglas y byd—
ni ddychryni'r rhain.

Gwaedda — tafl dy raff
(oni chipia'r gwynt dy edau o lais)
fil o droedfeddi crog
am gyrn y tarw-wyll sy â'i aruthr dwlc
rhyngot a'r dydd.

Gwaedda —
Ni thâl geiriau yma :
onid ddoe y ganwyd hwy,
y baban-glebrwyd hwy
mewn ogof fan draw ?

JENKIN MORGAN EDWARDS

1903–1978

308 *Y Llanw*

Doe ysgubai'r noethwynt
Dros farian llwyd y byd, —
Gaeaf a'i drai dan droed.
'D oedd dim ond chwerwgri adar y storm
Dros draethell gwlad,
Drwy'r gwymon-goed.

Ond heddiw ymdonna
Penllanw pêr hoywder yr haf
Yn fôr gwyrdd drwy ei frigau ir,
A'r awel yn selog ei sain.
Byrlyma'r glesni a thyr uwch fy mhen
Yn drochion drain.

309 *Y Gweddill*

HWYNT-HWY ydyw'r gweddill dewr a'i câr yn ei thlodi,
Ac a saif iddi'n blaid yn ei dyddiau blin;
Allan yn y cymoedd a'r mynyddoedd amyneddgar
Hwy a wynebant yr estronwynt a phob hin.

A hwy ydyw'r gweddill da a wêl trwy ei charpiau
Aflonydd yn y gwynt du hwnnw a'i raib
Degwch blodeuog ei dydd cyn difwynder cur craith;
Y rhai yn y dyddiau diwethaf a blediodd eu henaid drosti
Â thân yn eu her, a'i hen hiraeth hi yn eu hiaith.

Hwy hefyd yw'r gweddill dwys a'i clyw yn griddfan
Gyda'i chwiorydd dirmygedig allan yn y cefn;'
Llef pendefigaidd un a'i hysbryd heb ei lwyr lethu
A glywant, ond gloywa'i gobeithion gwan ei llygaid
Wrth ei hymgeleddu i'w hael hoen drachefn.

A chyn bydd i'r rhain mwyach yn eu hyder cyndyn
Ddileu oddi ar lech y fron eu cyfamod â hi,
A chyn gweld syrthio o seren olaf ei choron
A diffodd yn y llaid wrth yr eithaf ffos,
Bydd rhagfuriau eu serch yn gandryll hyd lawr
Gwlad Fyrddin a Morgan,
Y Rhondda a'r Rhos.

310 *Dau Ganiad i Amser*

I

MOR hen â throad sicr ei rod
Yw'n hir ymrafael ni, neu awr
Rhoi sail ei ymerodraeth fawr
(A'i gwarchae ar ein bod a'n byw)
I'w lle o'r diddim yma i lawr.

Ymyrru â'r wyry graig nes troi
Holl swildod cain ei gwerddwisg gynt
Yn hagr-noeth lun yn nwylo'r lli ;
Naddu'i chadernid onid yw
Esgyrn yn llyfnion-lân i'r byw.
Mynned y gwynt a'r glaw wrth roi
Nod eu hymosod arni hi
Holl glod y brad, ef sydd ar hynt
Ei ddi-drugaredd drais
Yn gyrru'i weision oll a'i lais
Hyd wagle'r ffin yn ffoi.

O fentro'r drysni dros war mur
I'r parth oedd binacl mwynder bro,
Mae maen ar faen yn sarn ers tro
A'r garreg gynnes dan ei chur,
Unwaith yn loyw a fu.
Boed eiddoch falchder gwag y goel
Mai chwi yw'r treiswyr, rwd a drain, —
Tu ôl i we ei fysedd main
Crechwenu ynghrwm ei watwar moel,
Cyson mae'r demon du.

Eistedd yn gaeth ar ben ei hynt
A'r dwylo a wybu'n drefnus gynt
Yn ddiffrwyth yn ei gôl;
Dau lygad oer uwch rhychiog wên
I eigion trem ei elyn hen
Yn herio'n hir yn ôl.
Y gweilch hyderus, pryder, poen,
A ddeil mai hwy yw lladron hoen,—
Ond meistr holl lwch y llawr
A fyn o'i annigonol flys
Ein cael pan ddelo'i saeth o lys
Ei wyliadwriaeth fawr.

Pan drown i dŷ ein holaf hedd
Fe gripia'r glaswellt dros ein gwedd
Mor haerllug ag erioed;
Ond ef fydd yno fyth uwchben
Yn taenu'r llwch, yn tynnu'r llen
A dawnsio dan y coed.

II

Rhwydwch ei rith yng ngweoedd mân eich dydd,
A ffugiwch eich bod chwithau â'ch traed yn rhydd.
Ffinio'i anferthwch hen ar wyneb cloc,
A gorfod plygu i don ei ddial toc.
Alltudiwch ef dros rimyn llwyd y co'
A'i roi ym medd yn nhir yr angof dro;
Gwariwch ei oriau ar y lloriau llathr,
Ar fydr y ddawns daw yntau ar eich sathr.

Wedi di-gyfrif nef pob ennyd fer
Cyfyd rhyw drannoeth ei ofnadwy her;

Tra'n gwawdio'i ddoe a'i fyrdd eiliadau gwael,
Mae tradwy'n paratoi i'ch cwrdd a'ch cael.
Gyrrwch holl-bresenoldeb hwn o'ch byd,
A'ch twyllo chwi eich hunain yr un pryd;
O'i hael ddigonedd cymrwch raff i'ch rhan,
Daw dydd y glynwch wrth un edau wan.

Mesured rhai eu dydd a hyd eu hawr
Wrth addysg ddoeth y sêr a phasiant mawr
Yr heuliau fry; eraill eu calendr oer,
Cywir wrth ddifeth reddf y llanw a'i loer;
Darllened rhywrai beunydd yn eu gwaith
Bennod tymhorau prydlon ar eu taith;
Gwylied bryd hau a medi, farwol truan,
Eithr mae medelwr a'i cwymp yntau'n fuan.

Ond gwae fyfi os caf mor rhwydd fy nal
Gan ymdaith lliwgar rwysg ei garnifal!
Pob prin ryfeddod nas deil cell yr awr
Sy'n pennu fy ni-fesur oriau mawr;
Neu deimlo gyda newydd wyrthiau'r cread
Ias eu hymyrraeth drwy fy marwol wead;
Llaw cymar, gwên, ein cwrdd a'n 'madael ni
A ddengys bryd a phryd f'amseroedd i.

Rhan o'u diddanwch sydyn oni chaf
Mae'r nos yn nos, haf nid yw mwyach haf.

GWILYM RICHARD JONES

b. 1903

311 *Cwm Tawelwch*

I BLE yr ei di, fab y ffoedigaeth,
A'th gar salŵn yn hymian ar y rhiw
A lludded yn dy lygaid ?

'R wy'n chwilio am y Cwm
Tu draw i'r cymoedd,
Am Gwm Tawelwch :
Rhyw bowlen fach o ddyffryn
Rhwng ymylon du y pîn,
Lle nad oes leisiau
Ond y lleisiau sy'n diddanu,
Na dim nad yw yn gweddu i'r lle.
Cawn yno sgwrs â'm henaid
A hoe i drefnu 'mhecyn at y dywyll daith,
A meddu'r pethau
A wnaed â dyfal bwyll
A'u graen yn para.
Mae yno osteg ar lan llyn
A gwrych i dorri croen y gwynt ;
Mae yno aerwy ffeind
I'm dal yn rhwym wrth byst hen byrth.

'R wy'n ceisio'r chwerthin
A wybu 'nghalon unwaith,
A'r tosturiaethau
A oedd dan ddistiau tŷ fy nhad.
'D oes dim parhad i ddynion :

Fe bery'r dail i ddawnsio
Wedi'r elom ni.
Mi welais wŷr
A'r golau'n pylu yn eu llygaid
Cyn dyfod nos;
A llawer tranc a wybuasant hwy.
Aeth rhai i Fflandrys y tadau,
Ac ni ddaeth dim ond rhith y popi'n ôl.
Aeth eraill i Alamein eu dydd,
Ac yno pliciwyd eu cnawd oddi ar eu hesgyrn
Gan y gwifrau drain;
A heddiw tyf dail tafol
Lle y rhoed eu llwch.

Ninnau sy'n ofni marw ac yn ofni byw:
Buom yn ofni ffon y sgwlyn,
Gwep y plismon plant,
Cnoc y beili ar y ddôr
A gwg y giaffer.
Arswydem unwaith rhag y sawdl dur,
Rhag Munich a Belsen bell,
Rhag annwfn y siamberi nwy
A'r beddau mawr i'r pentwr cyrff:
Gwelsom mewn breuddwydion nos
Y cysgod lamp a wnaed o groen
A'r sebon a wnaed o floneg dynion . . .

Mae pobun wedi colli'r traw;
Nid oes gynghanedd ynom.
Pryder, megis cysgod o lech i lwyn,
Yw ein cydymaith.
Ni allwn ddal newyddion drwg
A ddwg y dydd sy'n dyfod;

Ofnwn y pennawd yn y papur newydd,
Y sibrwd yn y gegin botio,
Ysgrech y bracio sydyn,
A'r nawnddydd Gwener pan fo nodyn gyda'r pac . . .
'R ŷm ninnau'n prepian, prepian
I guddio'n braw.
Y Dawnsiwr Du sy'n llusgo'i draed
Hyd loriau ein llawenydd.
Meirwon ŷm oll yn eirch ein tai,
Wedi'n mymeiddio
Yn amdo ein crwyn . . .

'R oedd mwy o flas ar fyw,
A deufwy gwyrddach oedd y dail
Pan oedd y ddaear yn ieuengach.

Cyn gado'r sioe fyrhoedlog hen,
Sy'n troi a throi
Fel trên y crwt ar siwrnai gron,
Cyn mynd i dafarn wag marwolaeth,
Mi hoffwn fyw.

A dyna pam y chwiliaf am y Cwm
Tu draw i'r cymoedd,
Am Gwm Tawelwch.

312 *Salm i'r Creaduriaid*

DYRCHAFWN glod y bodau un-fantell
Sy'n fodlon ar eu cotiau blew a phlu,
A'r nofwyr na fynnant amgenach gwregys na'u
crwyn.

Canwn
I'r morgrug na chyfrifant oriau eu diwydrwydd
Ar eu twmpath-fynyddoedd
Am fod fforest o glychau'r grug
Yn pereiddio'u llafur;
I'r genau-bo-gwirion sy'n ddoethach na dynion,
Ac i'r siani flewog sy'n igam-ogamu ar win cabatsen.

Cenfigennwn wrth
Y bili-dowcer sy'n ymdrochi yn lliwiau drud
Y machlud ar y môr;
Yr eog heulog ei hoen
A ŵyr sut i fagu cywion heb gardod;
Y ddylluan loer-feddw
Sy'n falch am fod nos tu draw i'r dydd,
A'r wiwer sy'n sleifio i Annwfn
I bendwmpian drwy'r hirlwm.

Eiliwn fawl
I adar y chwedlau,
Colomen Noe a drudwy Branwen
A fu'n postmona dros ddyfroedd,
Ac adar Rhiannon
A roddai nosweithiau llawen i'r meirw
A pheri i esgyrn ddawnsio.

Ac nac anghofiwn
Y clagwydd herciog
A roes ambell gwilsyn i'r Esgob Morgan,
Gan roddi nawdd ei esgyll i'r iaith Gymraeg,
A'r ieir-wragedd a gyweiriodd
Welyau Cymreig â'u gwres.

EUROS BOWEN

b. 1904

313 *Clywais Anadl*

CLYWAIS anadl
Yn lleferydd ar dafod y dydd,
Yn bersain o bigwrn y pîn yn y bore
Ac yn gnul gyda'r hwyr o dan dŵr yr ywen.
Codai'n wyn yn ymchwydd eirlysiau'r pant
A gostwng ar wely'r rhedyn gwyw ar y ffridd.
Deffroes ei genadwri gyda thro'r wawr
Yn llawenydd ar laeth y fron,
A'i gri ar ganol nos
Yn rhybudd yn y fagl.
Gydag esgyniad y Gwanwyn yn y dail
Fe ddringai ei furmuron at y brig,
A suddo wedyn ar ddisgyniad yr Hydref yn y
    boncyff
Yn fudandod trwm dan y pridd.
Fe'i clywais ar y pedwar gwynt
Yn magu gewyn yn y bryniau,
Ac yn ymgeleddu rhydwelïau'r dyffryn,
Ac yna'n marw yn nhueddau'r môr,
Y cyffro gwyrdd wedi treulio'n felyn
A'i brofedigaethau'n goch ac yn ddu.

314 *Danadl ym Mai*

A YW danadl yn dwyno Mai
Pryd y bydd baglau rhedyn yn bennau elyrch ?
Mae chwa ar hawnt rhwng y muriau beddau
A'r cloffi ar ddaffodil diweddar y llan,
Fel gwynt botasau'r gog
Yn troi i ganlyn y gwynt:
Hir-yddfog yw meddiant y mieri
Yn nofio
Ar grychdoniad rhododendron,
A gwyrdd gwaed y ddraenen wen
Sy'n dristwch o liw arafwch loes,
Tristwch yr hwyrddydd hir.
A yw'r daran yn difa cyntefin amser
Pan lusg ei magiad ar fynydd
A thrymhau'r dydd ar wely'r llyn?
Na, nid felly.
Tyr fflach ar syndod y tir,
Fel brathu blinder llaw,
Y nodwydd yng nghasgliadau'r cwmwl,
Pigiadau'n esgeiriau gwair—adferwch poen.

315 *Yr Eos*

A LADDWYD yr eos yn y gelli? . . .
Clywsom y galon yn esgyn ar sillafau hon
Hyd risiau'r ysblanderau tawel,—
Y nwyd yn lleisio peraroglau cnawd
Ac yn denu clust i anwesu'r gerdd:

Hoywder aderyn yn lliwio gwely'r nos
Â rhosynnau, fioledau a'r lili,
A'r gân yng nghuddiadau twymdynn y dail
Yn blodeuo'r wialen dan wefusau'r sêr.
Clywsom yr anghyfannedd yn nodd canghennau
Yn gwasgu'r ymennydd, yn sychu awyr y fron,
A'r bôn yn nhagfa'r llawr
Yn gras gan frathiadau drain,
Fel na lawiai ffrwyth ar y brig
Ac na ddisgynnai'r blas ar flagur
Yn llwyr lafarog lawn,
Yn loyw gyseiniol o'r gylfin crwn . . .
A yw'r cnawd yn caledu fel y gneuen goeg ?
Ai dim ond staen yw gwin y gwydrau ?
A wagwyd ein byd o'i fedd'dodau mwy ?

CARADOG PRICHARD

1904–1980

316 *Tantalus*

PA chwedl fu'n gwau ei chlem,
Dantalus, amdanat ti,
A'th dragywydd newynog drem
A'th fythol sychedig gri ?
Ai celwydd hen ordderch llys
Neu anair rhyw eunuch llwfr
Sy tu ôl i'r anfarwol flys
Ac o dan y di-ddiod ddwfr ?

Gŵr gwâr a thrugarog wyf,
A hawdd im fai coelio hyn
A bwrw fy ngalawnt rwyf
I'th godi o'th garchar-lyn;
Ond o wyll d'anghysbell awr
Hyd yr awr ehud hon
Gwaddol dy feiau mawr
Fu'n grach dros y ddaear gron.

Yn ofer y bwriwyd llid
Duwiau di-foes ar dy ben
Os cipio cyfrinion prid
A wnest o'r tu ôl i'w llen,
A'u rhoddi'n deganau drud
I wyry hiliogaeth d'oes
I'w deffro'r bore o'i chrud
A'i hudo'r hwyr dan ei chroes.

Ofer hefyd eu cyfiawn farn
Os lluniaist i'th epil frad
A bwtsiera, ddarn ar ddarn,
D'etifedd, O lawrudd dad,
I'w arlwyo ar fyrddau'r byw
Yn nefol, freiniol wledd,
A blasu â neithdar duw
Lygredig seigiau'r bedd.

Dysgasom oferedd hyn oll
Er pan brofwyd o ffrwyth hen bren
Ac er pan fu'r wylo uwch coll
Hen Wynfa nad ydoedd wen.

CARADOG PRICHARD

Gwyliasom y duwiau'n ail-doi
Pob murddun â'u nef las-lefn
A chipio byr gwsg cyn crynhoi
Eu chwŷth i'w ddymchwel drachefn.

Er duwiau a'u dyfalbarhad,
Disgynnodd un ar ôl un
O gyfrinachau brad
I gwpan dy ddwylo, ddyn.
Eu mwyar a'u neithdar hwy
A roes awch i'th reiol daith
Na bu ei ddiwallu mwy,
Na'i ddisychedu chwaith.

Gwyn fyd, gwyn fyd y rhai byw
A genfydd yn nydd eu nerth
Y cigfrain yn yr yw
A'r angel yn y berth;
Ni bydd un newyn a'u gwân
Ar drothwy'r anial draw
Pan dawo'r fronfraith-gân
A phan beidio'r glaw.

O lyn dy ddarostwng gwêl,
Ar hen fynydd dy gynnydd, garn
Lle sefaist i dderbyn sêl
Y deyrnas sy heddiw'n sarn;
Man dy ddyrchafael i ŵydd
Eisteddfa'r nefol-ddoeth
Yn awr anterth llwydd
Yr olaf gyfrinach noeth.

Try'r gog i'w hawyrddoeth hynt
Ar drywydd haf di-draul,
Nis twyllir gan drofa'r gwynt
Na'i dallu gan dywyn haul;
Ac erys, pan ddarffo'i dydd,
Ei hetifeddiaeth fwyn
I ddysgu ei siwrnai gudd
Mewn deunod o lwyn i lwyn.

Ond tydi, gyda gwaddol dy warth
Ni roist yn d'ewyllys ddim
Ond y disylwedd darth
Sy'n cuddio'r dyrchafael chwim,
Ac yn cuddio'r dramwyfa rith
A chanllawiau'r grisiau gwawn
A'th ddug at y ffynnon wlith
Ac i gyrraedd y nefol rawn.

Os disgyn fu drachefn
Liw nos ar y grisiau cudd,
A'r sgrepan ar dy gefn
Yn drwm gan ladradau'r dydd,
A thwymyn gwybodau pob duw
Ar iad ac ymennydd yn wres,
Ac yn nhrysorfa dy glyw
Gynghanedd eu geiriau, pa les ?

Pa les fu'r ysbail na wnaeth
Ond d'arfogi â dwyfol glai
A'i rym fel tonnau'r traeth
A'i wendid fel eu trai ?

D'ordeinio'n unawr deyrn
Dros deulu gwaed a chnawd
I gasglu coronau heyrn
Ei freniniaethau tlawd.

Eu casglu, ac wedi eu cael,
Cymell â'th uchel wanc
Dy holl ymerodraeth wael
I'w holaf drin ac i dranc.
Anaf cyflafan y nef
A roed ar bob un o'th ryw
A arbedwyd gan druan lef
Ac a wnaed yn garcharor duw.

Ac megis y mae yn fy-nghân,
Dantalus, dy enw di
Sydd ar ei dafod dân
Yn chwerw, gableddus gri;
A'i wefusau cras a lyf
Fel y diorffwys nawf
Ar wyneb y dŵr nad yf
A than y ffrwyth na phrawf.

317 *Cân yr Afon*

MAE'R daith i lawr y Nant yn hir
  A'r nos yn dawel, dawel,
A melys, pan ddaw pelydr clir
  Y wawr ar frig yr awel,
Fydd stelcian ennyd wrth Bont y Tŵr
Yn llyn bach diog wrth Bont y Tŵr.

Tra byddo'r glasgoed ar y lan
  Yn peintio 'mron â'u glendid
Caf lwyr anghofio'r creigiau ban
  Sy'n gwgu ar fy ngwendid,
A siglo, siglo rhwng effro a chwsg
Yn llyn bach diog rhwng effro a chwsg.

A thoc caf wrando tramp y traed
  Ar dâl y bont yn curo,
Pob troed ar gyrch i frwydr ddi-waed
  Rhwng llechi'r gwaith a'i ddur o,
I ennill bara dan wg y graig
A bwrw y diwrnod dan wg y graig.

Ac ambell fore fe fydd lliw
  Y gwyrddail llaith yn duo,
A deudroed sionc ynghwsg o'r criw
  A'r awel yn eu suo ;
A gwg y graig fydd yn fwy bryd hyn,
A'i harswyd arnaf yn fwy bryd hyn.

Ond os bydd dau gynefin droed
  Yfory'n fud o'r dyrfa
A'r creigiau ban a dail y coed
  Yn gwgu ar fy ngyrfa,
Caf stelc er hynny wrth Bont y Tŵr,
Yn llyn bach diog wrth Bont y Tŵr.

WALDO WILLIAMS

1904–1971

318 *Cofio*

UN funud fach cyn 'r elo'r haul i'w orwel,
  Un funud fwyn cyn delo'r hwyr i'w hynt,
I gofio am y pethau angofiedig
  Ar goll yn awr yn llwch yr amser gynt.

Fel ewyn ton a dyr ar draethell unig,
  Fel cân y gwynt lle nad oes glust a glyw,
Mi wn eu bod yn galw'n ofer arnom,
  Hen bethau angofiedig dynol ryw.

Camp a chelfyddyd y cenhedloedd cynnar,
  Anheddau bychain a neuaddau mawr,
Y chwedlau cain a chwalwyd ers canrifoedd,
  Y duwiau na ŵyr neb amdanynt 'nawr.

A geiriau bach hen ieithoedd diflanedig,
  Hoyw yng ngenau dynion oeddynt hwy,
A thlws i'r glust ym mharabl plant bychain,
  Ond tafod neb ni eilw arnynt mwy.

O genedlaethau dirifedi daear,
  A'u breuddwyd dwyfol a'u dwyfoldeb brau,
A erys ond tawelwch i'r calonnau
  Fu gynt yn llawenychu a thristáu ?

Mynych ym mrig yr hwyr, a mi yn unig,
  Daw hiraeth am eich 'nabod chwi bob un.
A oes a'ch deil o hyd mewn cof a chalon,
  Hen bethau angofiedig teulu dyn ?

319 *Mewn Dau Gae*

O BA le'r ymroliai'r môr goleuni
Oedd â'i waelod ar Weun Parc y Blawd a Parc y
Blawd?
Ar ôl imi holi'n hir yn y tir tywyll,
O b'le deuai, yr un a fu erioed?
Neu pwy, pwy oedd y saethwr, yr eglurwr sydyn?
Bywiol heliwr y maes oedd rholiwr y môr.
Oddi fry uwch y chwibanwyr gloywbib, uwch callwib y cornicyllod,
Dygai i mi y llonyddwch mawr.

Rhoddai i mi'r cyffro lle nad oedd
Ond cyffro meddwl yr haul yn mydru'r tes,
Yr eithin aeddfed ar y cloddiau'n clecian,
Y brwyn lu yn breuddwydio'r wybren las.
Pwy sydd yn galw pan fo'r dychymyg yn dihuno?
Cyfod, cerdd, dawnsia, wele'r bydysawd.
Pwy sydd yn ymguddio ynghanol y geiriau?
Yr oedd hyn ar Weun Parc y Blawd a Parc y Blawd.

A phan fyddai'r cymylau mawr ffoadur a phererin
Yn goch gan heulwen hwyrol tymestl Tachwedd
Lawr yn yr ynn a'r masarn a rannai'r meysydd
Yr oedd cân y gwynt a dyfnder fel dyfnder distawrwydd.
Pwy sydd, ynghanol y rhwysg a'r rhemp?
Pwy sydd yn sefyll ac yn cynnwys?
Tyst pob tyst, cof pob cof, hoedl pob hoedl,
Tawel ostegwr helbul hunan.

Nes dyfod o'r hollfyd weithiau i'r tawelwch
Ac ar y ddau barc fe gerddai ei bobl,
A thrwyddynt, rhyngddynt, amdanynt ymdaenai
Awen yn codi o'r cudd, yn cydio'r cwbl,
Fel gyda ni'r ychydig pan fyddai'r cyrch picwerchi
Neu'r tynnu to deir draw ar y waun drom.
Mor agos at ei gilydd y deuem—
Yr oedd yr heliwr distaw yn bwrw ei rwyd amdanom.

O, trwy oesoedd y gwaed ar y gwellt a thrwy'r goleuni y galar
Pa chwiban nas clywai ond mynwes ? O, pwy oedd ?
Twyllwr pob traha, rhedwr pob trywydd,
Hai ! y dihangwr o'r byddinoedd
Yn chwiban adnabod, adnabod nes bod adnabod.
Mawr oedd cydnaid calonnau wedi eu rhew rhyn.
Yr oedd rhyw ffynhonnau'n torri tua'r nefoedd
Ac yn syrthio'n ôl a'u dagrau fel dail pren.

Am hyn y myfyria'r dydd dan yr haul a'r cwmwl
A'r nos trwy'r celloedd i'w mawrfrig ymennydd.
Mor llonydd ydynt a hithau a'i hanadl
Dros Weun Parc y Blawd a Parc y Blawd heb ludd,
A'u gafael ar y gwrthrych, y perci llawn pobl.
Diau y daw'r dirháu, a pha awr yw hi
Y daw'r herwr, daw'r heliwr, daw'r hawliwr i'r bwlch,
Daw'r Brenin Alltud a'r brwyn yn hollti.

320 *Yr Heniaith*

DISGLAIR yw eu coronau yn llewych llysoedd
A thanynt hwythau. Ond nid harddach na hon
Sydd yn crwydro gan ymwrando â lleisiau
Ar ddisberod o'i gwrogaeth hen;
Ac sydd yn holi pa yfory a fydd,
Holi yng nghyrn y gorllewinwynt heno —
Udo gyddfau'r tyllau a'r ogofâu
Dros y rhai sy'n annheilwng o hon.

Ni sylwem arni. Hi oedd y goleuni, heb liw.
Ni sylwem arni, yr awyr a ddaliai'r arogl
I'n ffroenau. Dwfr ein genau, goleuni blas.
Ni chlywem ei breichiau am ei bro ddi-berygl
Ond mae tir ni ddring ehedydd yn ôl i'w nen,
Rhyw ddoe dihiraeth a'u gwahanodd.
Hyn yw gaeaf cenedl, y galon oer
Heb wybod colli ei phum llawenydd.

Na! dychwel gwanwyn i un a noddai
Ddeffrowyr cenhedloedd cyn eu haf.
Hael y tywalltai ei gwin iddynt.
Codent o'i byrddau dros bob hardd yn hyf.
Nyni, a wêl ei hurddas trwy niwl ei hadfyd,
Codwn yma yr hen feini annistryw.
Pwy yw'r rhain trwy'r cwmwl a'r haul yn hedfan,
Yn dyfod fel colomennod i'w ffenestri?

321 *Plentyn y Ddaear*

MEDDIANNANT derfyngylch y ddaear,
Treisiant ymylon y nef,
A dygent y gaethglud rithiedig
I'w huffern â baner a llef.
Cadwent yn rhwym wrth yr haearn
Hen arial y gïau a'r gwaed.
Doethineb y ddaear nis arddel
A gwyw fydd y gwellt dan eu traed.

Saif yntau, y bychan aneirif,
Am ennyd yn oesoedd ei ach
Heb weled deneued y nerthoedd
Pes gwypai ar bwys yr un bach.
Er drysu aml dro yn eu dryswch
Ni ildiodd ei galon erioed:
Adnebydd y ddaear ei phlentyn,
Blodeua lle dyry ei droed.

Daw dydd y bydd mawr y rhai bychain,
Daw dydd ni bydd mwy y rhai mawr,
Daw'r bore ni wêl ond brawdoliaeth
Yn casglu teuluoedd y llawr.
O ogofâu'r nos y cerddasom
I'r gwynt am a gerddai ein gwaed;
Tosturi, O sêr, uwch ein pennau,
Amynedd, O bridd, dan ein traed.

322 *Gŵyl Ddewi*

Ar raff dros war a than geseiliau'r sant
  Tynnai'r aradr bren, a rhwygai'r tir.
Troednoeth y cerddai'r clapiau wedyn, a chant
  Y gŵys o dan ei wadn yn wynfyd hir.
Ych hywaith Duw, ei nerth; a'i santaidd nwyd—
  Hwsmon tymhorau cenedl ar ei lain.
Llafuriai garegog âr dan y graig lwyd,
  Diwylliai'r llethrau a diwreiddio'r drain.
Heuodd yr had a ddaeth ar ôl ei farw
  Yn fara'r Crist i filoedd bordydd braint.
Addurn ysgrythur Crist oedd ei dalar arw
  Ac afrwydd sicrwydd cychwyniadau'r saint.
Na heuem heddiw ar ôl ein herydr rhugl
Rawn ei ddeheulaw ef a'i huawdl sigl.

Rhannodd y dymp a'r drôm bentir y sant
  Ac uffern fodlon fry yn canu ei chrwth,
A'i dawnswyr dof odani yn wado bant
  Wrth resi dannedd dur y dinistr glwth.
Tragwyddol bebyll Mamon—yma y maent
  Yn derbyn fy mhobl o'u penbleth i mewn i'w plan,
A'u drysu fel llysywod y plethwaith paent
  A rhwydd orffwylltra llawer yn yr un man.
Nerth Dewi, pe deuai yn dymestl dros y grug
  Ni safai pebyll Mamon ar y maes;
Chwyrlïai eu holl ragluniaeth ffun a ffug,
  A chyfiawnderau'r gwaed yn rhubanau llaes,
A hir ddigywilydd-dra a bryntni'r bunt
Yn dawnsio dawns dail crin ar yr uchel wynt.

JOHN EILIAN

b. 1905

323 *Abdwl ym Mro'r Cocáin*

MI glywais yn fy nghyni
  Fod angof mewn cocáin
A llwybr o bob gresyni
  At win a merched main,
A-ha, a-ha.

Anedlais y gronynnau
  Yn llwydni Khadimain,
A deffro ymhlith rhosynnau
  Mewn gwlad o gerddgar sain,
A-ha, a-ha.

Hoywdeg herlodesau
  Orweddai ar liwgar lain,
A'm gwahodd i'w mynwesau
  Yn siriol 'roedd y rhain,
A-ha, a-ha.

Ond, a mi'n troi i dalu
  'Nheyrnged i'r bronnau cain,
Fe ddaeth rhyw wynt a chwalu
  Chwerthinog Fro'r Cocáin,
A-ha, a-ha.

A dyma fi'n fy nhlodi,
  Yn waeth fy sut na'r brain,
Fy nghoesau'n 'cau ymodi,
  A'm pen fel gwely drain,
A-ha, a-ha.

JOHN EILIAN

324 *Meirionnydd*

(*Extracts*)

IE, dyma'r tŷ, a dyma o'm deutu
Hedd a golud fy mhlentyndod clyd.
Nid yw'r llain yn ei lled na'r grisiau cyn serthed
Ac mae'r cwm wedi cau; er hyn myfi'i piau
A chaf droedio'n benrhydd y llwybyr cudd.
Acw, ar fron y rhosod gwylltion,
O'r cangau crog deuai glaw petalog
Wrth im fynd tua'r gornant a choedwig y pant.
A phan redwn fel hydd i ryddid y mynydd
Byddai bysedd-y-cŵn yno yn fyrddiwn,
Llonaid y fron o fintys gwylltion
A chawodydd diwair o friallu Mair;
Ar hyd y ffin, chwerwlys yr eithin,
A cher y ffos, glasglych yr eos—
Pêr fyddai'r awel gan lysiau'r mêl.
Tros ymyl y bryn âi'r llwythog wenyn
Gan fwmian eu sôn gyda chân yr afon,
Ac yn nyddiau daionus mwyar a llus,
Dyddiau glân rhoddi ŷd mewn ydlan,
Byddai'r Garneddwen a Moel Hafod Owen
Dan aur a phorffor yr hen, hen stôr.

Wrth y bont fach 'roedd y glas yn lasach
Ac yn taenu trwch o gynnes ddirgelwch
Ar ymylon digymar fy ngwig, fy nghâr.
Cerais ei lliw a'i miwsig teneuwiw:
Dinas wâr gwenyn ac adar
Oedd coedydd Glyn Eden, a phob siriol bren

Yn gywir ei glod, yn ddwfn ei ufudd-dod;
Dinas wâr a'i changhennau'n ymbilgar;
Dinas o wraidd, a'i gwerin santaidd
Â maith amynedd yn gweini hedd.
Ffawydden wen, ti wyddost dy ddiben,
Tydi a holl lu y deiliog deulu:
Sefi'n frenhines oerni a gwres,
Yn llathraid blas ac yn deg dy deyrnas
Dros dir a dŵr . . .

I Lanecil y Llyn mi af i ymofyn
Am bêr-ganiedyddion fy henfro hon
Sydd â'u cân ar ein co', a'r proffwydi sydd heno
Yn las eu gorweddle yn y drist dre.
Yn nhroetir glân yr ymherawdr Aran
Fe hun pob un ei annirgel gyntun;
Mae'r enwau'n ddi-ri ar barablus feini—
Cennad uniawn a phendefig dawn.
Tybiwn wrth edrych, y gwyddom pwy ych,
Ond nis gwyddech eich hunain hyd yr ennyd cain
Pan welsoch heb len, a gweld yn anorffen.
Eu llwch yma a roed yn hygar dan ywgoed
Lle mae tonnau mân Llyn Tegid yn tincian
Fel adlais eurglych y wlad ddi-nych.
Minnau, ar dro, fel wrth ddrws yn curo,
A welaf yng ngŵydd y mawr ddistawrwydd
Y meirw yn eu llys rhwng mynyddoedd pruddfelys
Yn aros eglurwyrth y wawr trwy'r pyrth.

ROBERT MEIRION ROBERTS

1906–1966

325 *Dwy Ŵyl*

GWELAIS Nadolig yma, gwelais Basg
  Heb laesu o sŵn y gynnau
  Ar wasgaredig rynnau;
Diarbed a fu'r dasg
O Ddydd Nadolig hyd at Ŵyl y Pasg.

Ychydig cyn yr ŵyl yn Alamein
  Cuddiais i amrannau deillion
  Diymadferth fy nghyfeillion,
A'u gadael ar y ffin
Ychydig cyn yr ŵyl yn Alamein.

Moelydd Tobrwc—ceisio anghofio 'nghŵyn;
  Pwy a ddeil y briw feddyliau
  Rhag llithro yn ôl yn ysig byliau,
Mae'r cof yn mynnu eu dwyn
At y twmpathau tawel ar y twyn.

Teithio drachefn, o ddiflan glwyd i glwyd,
  Teithio yfory, teithio drennydd,
  Mae'r ymdaith hon yn hen ddihenydd;
Ar fin y ffordd fe gwyd
Milwriaeth Rhufain yn adfeilion llwyd.

Tynnu tua Mareth, nesu at Ŵyl y Grog;
  Drwy rigolau'r coed olewydd,
  Wele yn wir diriogaeth newydd
I'r Angau drin yr og;
Bu'n trafod o'r Nadolig hyd y Grog.

Angau, oni ostegi dro dy law ?
  Rhyngom ni a'r Aifft yn ddiau
  Mae cynifer Calfarïau
Ag a'th lytha'n llwyr — heblaw
Bod dydd yr Atgyfodiad Mawr gerllaw.

PENNAR DAVIES

b. 1911

326 *I Dri Brenin Cwlen*

Y DOETHION gwirion a ddaeth o'r Dwyrain,
Ai doeth oedd gadael
Y marweidd-dra trystiog mud
A cheisio Dymuniant yr holl genhedloedd
A Brenin breintiog y byd ?

Yr un oedd eich doethineb gwallgof, gwyllt
Â braf ffolineb Abram gynt
A aeth allan heb wybod i ba le
Yr oedd yn myned.
Doeth a dewrwych oeddech, fel efe.

Yr un oedd eich ffolineb uchel, erch,
Â mawr ddoethineb Mab Duw
A'i gwacaodd ef ei hun
Ac a wnaethpwyd yn gnawd, drosom ni.
Ffôl a ffyddlon oeddech, fel Mab y Dyn.

Chwi a gawsoch y Mab a geisiasoch:
Rex regum et Dominus dominantium,
Y dechrau a'r diwedd, y bachgennyn byw.
A rhoesoch chwi iddo aur a thus a myrr—
I Fab y Dyn ac i Fab Duw.

Diniwed oedd
A gwan a distadl,
Yn wylo
Ar liniau'i fam,
A rhwng ei dwylo.

Diwedd eich taith oedd dechrau eich teithio.
Crwydro wedyn, a chwilio, a gorffwys,
Ganrif ar ôl canrif wyw.
A dal i grwydro eto, a'r byd yn rhyw led-gofio
Campweithiau Mab y Dyn a Mab Duw.

Yng Nghwlen, meddant, mae eich creiriau,
Yn gymysg bellach â chreiriau Cred.
Mentrwch allan, y Doethion, mentrwch, ewch.
Mae'r sêr yn amneidio a'r babanod yn wylo yng
Nghwlen:
Ceisiwch, a chwi a gewch.

JOHN GWYN GRIFFITHS

b. 1911

327 ### *Ffynnon Fair, Penrhys*

(*Cwm Rhondda*)

MAE'R cwm yn brudd a'i ffydd ar ffo,
 Ond erys hen lawenydd :
Adlais addolwyr llawer bro,
 'Cawson' ynfydion fedydd'.

Mae'r cwm yn ddu, nis câr y lloer,
 Ond yma'n gyfrin pery
Paderau'n ddwys uwch pydredd oer,
 Hud tirion uwch hwteri.

Mae'r cwm yn frwnt, nis câr y wawr,
 Ond glân yw'r sisial dedwydd
Lle canai'r saint ar lawen awr
 Emynau rhwng y manwydd.

Mae'r cwm yn galw yn salw ei sain,
 Ond erys islais addfwyn
Lle dyrchid gynt folawdau cain
 Yn firi gwiw i'r Forwyn.

HARRI GWYN

b. 1913

328 *Y Ceiliog*

CÂN y ceiliog.
Estyn ei gorn gwddf
A rhwygo diasbad
Drwy'r bore bach.

Canu ac yna disgyn
A thorsythu
Gerbron yr ieir ffwndrus, newydd-ddeffro.

Ninnau,
Ym meddalwch y gwely,
Ar dynerwch y gobennydd,
Troellwn eilwaith i lawr
I bydew cwsg.

Toc,
Fe gân y ceiliog eto,
A'n deffro'n biwis—
Nyni, y gwadwyr.

ALUN LLYWELYN-WILLIAMS

b. 1913

329 *Gwyn Fyd y Griafolen*

LLWYBR fel rhwyg trwy'r rhedyn
sy'n cychwyn am ben y bryn:
deuwn at greigle wedyn.

Gwyn fyd y griafolen
a dyf wrth fôn y graig wen:
hi yw goleuni'r gefnen.

Uwch galar y ddaear ddig
hi fyn fyw yno'n unig
ei bywyd deoledig.

Ac yn eu pryd daw'r aeron
disgleirgoch ar gangau hon;
'r un lliw â gwaed y galon.

330 *Pe Bai'r Glaw yn Peidio*

PE bai'r glaw yn peidio, gyfaill, am eiliad, funud awr,
a phe bai'r chwerthin lloerig yn distewi, darfod draw—
fe fyddwn weithiau'n torri trwst y radio'n chwap
a chipio ennyd ystyrlawn o'r elwch a'r rhyferthwy:
pe caem fod yn ddall i'r haint sy'n cynnau gwrid
fflwch y ffwrneisiau yn nrych cymylau'r nos;
pe gallem ymryddhau, pe gallem, ie, o'r ofn, o'r dychryn,
o hunllef ein byd ni—
ond mae pawb bron yn elyn, ninnau'n wan,
a digon yw y gallwn gofio heddiw
ddwyster ymado'r haf,
a gwybod mwyniant hiraeth Branwen.

Yn nydd y du weddïwyr noeth di-ddail
y daw ein prawf, yn nydd y goleuadau cynnar:

gwyddost faint ein gorchwyl,
ac nad oes i ni ddihangfa hawdd
yr amddiffynfeydd hiraethus a fu gynt—
ni allwn drengi heddiw ar yr Wyddfa wen:
ymbaratown, a cheisio datrys y ddrychiolaeth,
dwyswylio beunydd beunos am yr awr
y gwelwn lu gorffwylledd yn ymrithio draw
o'r awyr ddu ddirybudd: tawel, cyfrwys, cryf!

A ninnau'n anniferus! Gyfaill, ni allwn aros
a gweld y blaidd yn crwydro stryd Caerdydd:
gwyfyn a rhwd—mae gofyn brysio,
ni wêl y meirw ryddid eu dihenydd trist.

331 *Ar Ymweliad*

DAETH heddwch i'w lwyr gyfannu erbyn hyn, mae'n siŵr,
a throi'r tŷ clwyfus yn gartre llawenydd drachefn;
pe gallwn ddychwelyd ryw gyfnos gaeaf
a cherdded eto drwy'r eira mud y lôn ddi-stŵr
i'r man lle bûm, byddai'n dro mewn amser a threfn
newydd, ac nid adwaenwn fyd mor ddieithr â'r haf.

Ac efallai mai breuddwyd ydoedd, pan gurais wrth ddrws
trahaus ers talwm: daeth y Barwn ei hun i'w agor
a rhythu'n gwrtais ar fy ngwisg milwr:
'*A, mon capitaine, mille pardons,* dewch i mewn ar ffrwst

rhag y lluwch: diriaid yw'r dyddiau, a hyd nes yr elo'r
aflwydd heibio, di-lun fai croeso'r moesgaraf gŵr.'

A gwir a ddywedai: 'r wy'n cofio y pwysai'r tŷ
uwch cwm serth a dirgel gan binwydd tywyll, ar lethr glaer,
yn blasty heb hud hynafiaeth, o gerrig
llwydion nadd, cadarn fel ystum bendant un a fu
ar feini'n breuddwydio, nes gwirio'i freuddwyd yn gaer
a theml i'w galon gyfrin rhag y duwiau dig.

Cerddais dros drothwy gwesteiwr anfoddog felly.
'Clywais y bu', ebr ef, 'yn y bryniau frwydr faith
mewn storom eira dridiau bwy gilydd:
gorffwys a fyn buddugwyr drycin a dyn, a llety
i'r lluddedig: ond, syr, gwae ni o'r graith
a gawsom ninnau, a'r fflangell wybrennol i'n ffydd.

'Rhyfel nid erbyd heddiw mo'r diamddiffyn dlawd;
o'r awyr bell daw'r difrod dirybudd yn hyrddiau
o ddur a thân mwy deifiol na ffrewyll
Duw dialedd. A fynnech-chi weled cellwair ffawd
â phob hawddgarwch?' Trodd yn ddi-serch at y grisiau
a'm galw i'w ganlyni fyny yn yr hanner gwyll.

Trwy'r ffenestri eang di-wydr, brathai'r dwyreinwynt
a chwydu plu'r eira ar garped a drych a chist:
ar gwrlid drudfawr y gwely, taenwyd

amdo anhygar y gogledd gwyn a pharlys y rhewynt.
Mor isel y deuai griddfan y gŵr i'm clyw: '*C'est triste !*'
Trist! O stafell i stafell chwyrlïai'r malltod llwyd.

Ond meddwn innau, 'Awn i'ch stafelloedd byw'. Mewn ing
edrychodd arnaf, a throi heb air, a'm tywys ymaith
yn ôl i'r grisiau noeth a'r neuadd. Mydrai
yn awr f'esgidiau ar y llawr coed drymder dreng,
ond ysgafn y camai ef mewn urddas digydymaith,
unig, fel claf anhyblyg a fyn farweiddio'r clai.

Pan agorodd y drws di-sylw, llamodd y lleufer
llon i'n cofleidio, a'r gwres i'n hanwesu : o'i sedd
esmwyth ger y tân haelionus, cododd
gwraig yn syn, a gloywai arnom lygaid llawn pryder,
a 'Madam', ebr f'hebryngydd, 'boed lawen dy wedd ;
milwr sydd yma, dieithryn a gais, nid o'i fodd,
loches gennym i'w flinder.' Plygodd hithau'i phen
ond ni ddywedodd ddim. 'R wy'n cofio bod delw'r Crist
ar y mur yn crogi trwy'r tawelwch :
yng ngolau'r fflam lamsachus, tywynnai, gwelwai'r pren
fel pe bai'r gwaed yn hercian o'r galon ysbeidiol, drist.
Ac yna gwelais y piano pert, a'r llyfrau'n drwch

blith drafflith ar ei do. Yn biwis, chwiliais eu chwaeth ;
a gwenu; 'Rhamantydd ydych, Madam, mi wela' i 'n awr ;

Liszt—a Chopin: rhwng Ffrainc a Phwyl bu llawer
cynghrair, mi wn; ni pherthyn i fiwsig ffiniau caeth
dadrith ein daear ni.' A gwelais y dagrau mawr
yn ei llygaid hi'n cronni, fel llenwi llyn â sêr.

O'r ffŵl anhyfedr na welswn mo'u cyfrinach! Ef
a lefarodd gyntaf. 'Fy nghyfaill, maddeuwch i ni
ein moes ansyber; galarwyr ydym
am na ddaw'r cerddor mwy, byth mwy yn ôl tua
    thref;
ni fynnem rannu'n poen â neb.' Safem yn fud ein tri,
nes i'r gŵr droi at y piano fel pe'n herio'i rym.

Am ennyd, eisteddodd yno, ar wylaidd weddi
cyn cyrchu'r gerdd: yna llifodd y miwsig graslon
o'i law, yn breliwd a dawns a chân mor chwerw
    brudd,
mor llawen ddiofal a mwyn a llawn tosturi
nes suo'r sain yn gymundeb lle rhodiai angylion
gan freinio'n briw a gosod ein horiau caeth yn rhydd.

GERAINT BOWEN

b. 1915

332 *Yr Amaethwr*

'Cân yr Angylion'

DYSG o rol y tragwyddolion—yr hedd
    A roed i'r meidrolion;
  Yn nedwydd grefft tudwedd gron
  Na fawl ond y nefolion.

I lon nefolion gorfoledd—calon
  Am ydau gwynion, llawnion, llynedd;
Am wair cras cadlas, cu huodledd—gras,
  Am das, am gowlas, am ymgeledd;

Am li'r goleuni glanwedd,—am gronni
  Ei wres, a'i dorri ar rostiredd;
Am gwpláu'r hafau rhyfedd—a rhodau
  Y byw dymhorau, boed y mawredd.

Am nant golchfa sarn y garnedd—gadarn,
  A dyr a llachar neidio'r llechwedd;
Ei bwrlwm hirdrwm yn hedd—caeatgwm,
  A'i llawen fwswm lliw enfysedd;

Am ffrwythau a had gwastadedd—y wlad,
  Cnu oen a dafad, cain edafedd;
Am amlhau â'r iau a'r wedd—yr hadau,
  Dyger â rhaffau deg orhoffedd.

Fab, rho fawl yn awr i'w mawredd;—mor fawr
  O hyd, hwyr a gwawr, eu trugaredd;
Cofia groes Ei loes lwyswedd;—dyro'r groes,
  Yr eli einioes, ar wal annedd.

Lle gwlych y bustych bu eistedd—Mair wych;
  Edrych a welych mewn gorfoledd.
Wrth gefngor yno'r oedd unwedd—yr Iôr,
  Trysor ar ogor, swp o fregedd.

Boed siant i'w basiant, a bysedd—ar dant
  I'r mabsant ar gant dy lân gyntedd;
Mawrhau am feichiau Ei fuchedd—yntau
  Groesan Ei boenau, angau di-hedd.

Mewn llwch mae harddwch Ei hedd—di-dristwch,
  A chyll ei hagrwch a'i holl lygredd;
Sawr dwys Baradwys ar wedd—ac ar gŵys,
  Pren Ei grwys ar bwys llaw a bysedd.

Gwêl Ei frau ynau glanwedd,—pan fo'n cau
  Ar og a heglau eira'r gogledd;
Plyg gynfas fenthyg Ei fedd—ar gesyg;
  Rho hyd y cemyg rwd y camwedd.

Ef yw câr hawddgar a hedd—digymar
  A nawdd y ddaear yn ddiddiwedd;
Arni fe weli Ei wedd;—mae'n rhoddi
  I'r gwiw fieri Ei gyfaredd.

Gwynfyd o febyd i fedd—yw bywyd;
  Clyd heb wyll adfyd ydyw'r llwydfedd.
Cei ddyfod i Nef, i'w dangnefedd—Ef,
  I fyw ato Ef, Ei etifedd.

Câr Ef y neb o'i febyd—fu'n gymar
      I'r ddaear werdd, ddiwyd,
  Y gŵr a arddo'r gweryd,
  A heuo faes. Gwyn ei fyd.

EIRIAN DAVIES

b. 1918

333 *Y Ffoadur*

OFNUS dy gerdded di, a hanner brysiog,
Y stacan boliog, cwpsog, cam dy drwyn,
Yr aur yn gramen ar dy fysedd tlysiog,
A'r gwallt galarus dros dy lygaid mwyn;
Heno'n stiffaglan yma ar y rhandir
A'i dyle serth o'r Bryn i Ben-y-cae,
Pell ydyw moeth a braster y cyfandir
A wyddit yn Fienna cyn y gwae.
A dyma tithau eto ar ddisberod
Fel hen gyndeidiau dy drallodus ach;
Atynt i'r domen, dan ysgubell Herod,
Y'th fwriwyd fel amddifad ddeilen fach.
Ond chwilia'r dom a'i drewdod budr a'i chlefyd,
Yno yn rhywle mae'r Meseia hefyd.

BOBI JONES

b. 1929

334 *Portread o Yrrwr Trên*

MWG yn cystadlu â mwg p'un fydd ynfytaf;
Golau'n cnoi clytiau yn y cwmwl ac yna'n bytheirio;
Rhochain cableddus mewn gardd o saim.
Gwelwch y gyrrwr baglog yn canu yn y belen ddur
'A'r mellt yn diffodd yn y gwaed',

Gan gyffwrdd â'r platiau a'r gêr, fel mwyalchen
Yn rhwbio ei harogl llysieuig ym mhobman,
A'i faw cnawdol ar yr olwynion, ôl ei rym
Gyda miri'r ffwrnais yn dwym ar yr offer.
Wil yw'r enw,
Mab Ed Williams y Cwm a brawd Elen.
Trefna waith y twrf yn ei ffordd wylgar ei hun
A phlanna ei bersonoliaeth las yn yr olew,
Efô sy'n bob syw i bump o blant;
Plymia glepian ei waed i wythïen y piston
A llyngyra'i amodau drwy'r metel.
Trwy nosweithiau eu cwmnïaeth
A'u gwacter-ddiwydrwydd
Tröwyd y peiriant yn frongartref mirain,
Yn seintwar, canys yma y meddyliai am Dduw orau,
Duw ar yr echel, a Duw yn y creinsian,
Ac ymfalchïai ynddynt fel ei gyndadau mewn ceffyl
Nes teimlo'r glo newydd-olchi'n betal yn ei ffroenau,
A'r cogiau haearn yn cogio anwesu'i ddwylo caled,
A'i ddywenydd o dan ei gesail.
(Ddoe fe aeth fy nghariad i brynu ffrog wneuthuredig
A'i gwisgo a'i throi'n ddarn o'i chyfaredd ei hun.)
Heddiw'r Nadolig, gwres ei gartref fydd ar ei foch,
Chwys ei blant yn lle chwerthin y piston,
Eithr wrth draed braisg yr un Duw yr ymgruda
Fel pentref tlws yng nghil mynydd.

335 *Cân Ionawr*

Yn y gwynt tyr y byd yn gancuon
Pan ddaw deryn bronfraith i fwlch
Lle nad oes dail.
Telora ei wddf telynor
Heb ddim yn gyffredin rhyngddo
A'r pridd islaw;
Heb arlliw o ddyn arno
Cwyd ei big yn goncwest
Gerddorol glir,
Ac nid oes dim o'i gwmpas
O ffresni a glesni gwanwyn
Fel nad amhura'r wyrth
Drwy ei chysylltu â'r byd,
Mae yn sioc mewn hanes fwy siŵr na mellt,
Fwy cwafriog na bwrlwm baban.
Areithia yn y bwlch a boddi'r tawelwch dudew,
Yr anghwmnïaeth hir, yr oerni di-deimlad olaf
Sy'n rhydio'r nant o nodau. Yn ddewr mae'n amddiffyn
Fel pe dibynnai holl greadigaeth sain
Ar droelli'r diemynt a'r gemau yn ei sgyfaint ifanc.
Yn arwr bach, y meini mân a deifl
At y gwyll, at y gwyll, at y gwyll.
Er na welwyd na phlu na phen
Gartref heno, bydd pawb a'i clywodd
Yn efelychu'r fflach, yn amlhau'r argyfwng.

336 *Gwanwyn Nant Dywelan*

EUTHUM i mewn iddo cyn ei ddeall,
Ei wybod cyn gwybod amdano. Fel mwg
O'm cwmpas 'roedd y golau'n cynnull
Drwy'r dail a'r adar a'r borfa'n bendramwnwg
Fel oen diwair
Yn y rhyddid cyntaf y tarddasom ohono
Ac O, neidiais innau ar drywydd
Y sioncrwydd oedd yn y gwair
Y bywyd ac ansawdd bywyd oedd yn y nant newydd.

Mae'r flwyddyn wedi cael troedigaeth.
Oes; y mae egni ym mhob man. Mae'n hollti'r byd.
Ef yw'r Dirgelwch diderfyn sy'n cysuro bod.
I lawr ar lan yr afon mae'r llyffantod
A llyg-y-dŵr yn ymsymud
Tu hwnt i dda a drwg,—o'r ffordd yr af!—
Gan daenu'u traed tyner ar gelain y gaeaf.

Aeth y gaeaf at ei dadau.
Bu'n llym; bu'n fyw. Ac wele'r rhain:
Y byw a goncrodd y byw, ac angau angau
Ar y weirglodd fythol hon
Sy'n Groes i'r flwyddyn.
Daeth y gwanwyn drwy geg y bore
A'i dafod yn atseinio'n daer ar betalau'r dwyrain
Fel sgidiau milwr yn dyfod adre.

Trist a hapus yw symud.
Gwelais frigau gwyn yn ymwthio'n slei
Fel llygaid plant o'u cuddfannau.

Gwelais wir wefr y gwynt wrth anwylo briallen
Mor dyner â gweddi, a'r un mor gymen.
Gwelais raeadr lawn fronnog ffyslyd
Yn llamu drwodd i ystyr bod
Heb wrthrych, o'r tu mewn yn oddrychol,
Yr un gyflawn, y cyfarfod, y cyfanrwydd.

Bydd ystyr yn yr awel bellach, a bod wrth ei phrofi,
Ac i lawr wrth yr afon y mae tair cenhinen-Pedr
Felen, felen, wedi cloi'r heulwen yn eu calon
A hen olwg ddireidus arnynt fel merched ysgol
Mewn cornel wedi cael cyfrinach.

ENGLYNION

18th–20th cents.

337 *Beddargraff Plentyn*

TRALLODAU, beiau bywyd—ni welais,
Nac wylwch o'm plegyd;
Wyf iach o bob afiechyd,
Ac yn fy medd, gwyn fy myd.

Edward Richard

338 *Cyfnos*

Y NOS dywell yn distewi,—caddug
Yn cuddio Eryri,
Yr haul yng ngwely'r heli,
A'r lloer yn ariannu'r lli.

Walter Davies (*Gwallter Mechain*)

339 *Yr Iawn*

PAHAM y gwneir cam â'r cymod—neu'r Iawn
A'i rinwedd dros bechod ?
Dywedwch faint y Duwdod,
Yr un faint yw'r Iawn i fod.

Robert Williams (Robert ab Gwilym Ddu)

340 *Crist Gerbron Peilat*

DROS fai nas haeddai mae'n syn—ei weled
Yn nwylo Rhufeinddyn:
Ei brofi gan wael bryfyn,
A barnu Duw gerbron dyn.

Robert ab Gwilym Ddu

341 *Gobeithio*

ER cwyno lawer canwaith—a gweled
Twyll y galon ddiffaith,
Ni fyn Duw o fewn y daith
Droi neb i dir anobaith.

Robert ab Gwilym Ddu

342 *Bywyd*

MAL llong yr ymollyngais—i fôr byd,
Dros ei ferw byw hwyliais;
Ni ellir gweld, er llwyr gais,
Fy ôl y ffordd drafaeliais.

Evan Evans (Ieuan Glan Geirionydd)

343 *Cymru*

MAWRYGA gwir Gymreigydd—iaith ei fam,
Mae wrth ei fodd beunydd;
Pa wlad wedi'r siarad sydd
Mor lân â Chymru lonydd?

William Williams (*Caledfryn*)

344 *Newid Byd*

DIGONWYD fi ar deganau—y byd;
Aed ei barch ac yntau
I ryw ddyn a gâr y ddau,
Mynwent a nef i minnau.

David Price (*Dewi Dinorwig*)

345 *Beddargraff Tad a Mab*

YR eiddilaidd ir ddeilen—a syrthiai
Yn swrth i'r ddaearen;
Yna y gwynt, hyrddwynt hen,
Ergydiai ar y goeden.

John Phillips (*Tegidon*)

346 *Crist y Meddyg*

POB cur a dolur drwy'r daith—a wellheir
Yn llaw'r meddyg perffaith;
Gwaed y groes a gwyd y graith
Na welir moni eilwaith.

John Williams (*Ioan Madog*)

347

Clod y Cledd

CELFYDDYD o hyd mewn hedd—aed yn uwch
O dan nawdd tangnefedd;
Segurdod yw clod y cledd,
A'i rwd yw ei anrhydedd.

William Ambrose (Emrys)

348

Castell Dinas Brân

ENGLYN a thelyn a thant—a'r gwleddoedd
Arglwyddawl ddarfuant;
Lle bu bonedd Gwynedd gant,
Adar nos a deyrnasant.

Thomas Jones (Taliesin o Eifion)

349

Fy Nghariad

GRUDD fad is llygad glas llon,—a dwy ael
Is dellt crych felynion;
Ha! fe alwyd nefolion
I hollti aur yn wallt i hon.

David Roberts (Dewi Havhesp)

350

Ei Feddargraff Ef ei Hun

CARODD eiriau cerddorol,—carodd feirdd,
Carodd fyw'n naturiol;
Carodd gerdd yn angerddol:
Dyma ei lwch, a dim lol.

John Ceiriog Hughes (Ceiriog)

351 *Beddargraff Morwr*

DYMA weryd y morwr,—o gyrraedd
Gerwin fôr a'i ddwndwr;
Ei dderbyn gadd i harbwr
Heb don ar wyneb y dŵr.

Thomas Jones (*Tudno*)

352 *Y Gwely*

NID hawdd yw myned iddo—ar nos oer,
Er cael cryn swm arno;
Wir, mae hi'n dasg drom; ond O!
Hanes y dod ohono!

Owen Griffith Owen (*Alafon*)

353 *Y Rhosyn a'r Grug*

I'R teg ros rhoir tŷ grisial—i fagu
Pendefigaeth feddal;
I'r grug dewr y graig a dâl—
Noeth weriniaeth yr anial.

John Owen Williams (*Pedrog*)

354 *Gobaith Dibrofiad*

BORE oes—O! mor brysur—y gwibia
Gobaith ar ei antur:
Canai lai pe gwelai gur
Y blodau dan y bladur.

Howell Elvet Lewis (*Elfed*)

355 *Hydref 1923*

BU i'r haf gwlyb a rhyfedd—oer wyro
I weryd o'r diwedd;
Ond wele'n llawn hudoledd
Hydref aur yn crwydro'i fedd.

William Thomas Edwards (*Gwilym Deudraeth*)

356 *Beddargraff Geneth Ieuanc*

O! WYRYF deg, arafa di,—a gwêl
Y golofn sy'n nodi
Nad henaint a'm clodd tani;
Un ddeunaw oed oeddwn i.

Gwilym Deudraeth

357 *Mawredd Mwy*

MAE mewn byd i hyd ei hwy;—mae i drwm
Ei drymach yn tramwy;
Caffaeliad amhrisiadwy
Yw dyn mawr yn gweld un mwy.

Gwilym Deudraeth

358 *Yr Hebog*

HED hebog fel dart heibio,—a'i wgus
Lygaid yn tanbeidio;
Drwy y drain y dyry dro:
Nid oes gân lle disgynno.

Eliseus Williams (*Eifion Wyn*)

359 *Blodau'r Grug*

TLWS eu tw', liaws tawel,—gemau teg
Gwmwd haul ac awel,
Crog glychau'r creigle uchel,
Fflur y main, ffiolau'r mêl.

Eifion Wyn

360 *Gwrid*

GOCH y gwin, wyd degwch gwedd,—ton y gwaed,
Ystaen gwg a chamwedd,
Morwynol fflam rhianedd,
Swyn y byw, rhosyn y bedd.

Eifion Wyn

361 *Henaint*

'HENAINT ni ddaw ei hunan';—daw ag och
Gydag ef a chwynfan,
Ac anhunedd maith weithian,
A huno maith yn y man.

John Morris-Jones

362 *Gorffwys yn Nuw*

YMDAWELAF, mae dwylo—Duw ei hun
Danaf ymhob cyffro;
Yn nwfn swyn ei fynwes O
Caf lonydd, caf le i huno.

Ben Bowen

363 *Lliwiau'r Hydref*

LIWGAR deg lygredigaeth, — gwyar haf,
Gwrid darfodedigaeth,
Tywyn ôl y tân a aeth,
Amryliw wisg marwolaeth.

Henry Lloyd (Ap Hefin)

364 *Y Gorwel*

WELE rith fel ymyl rhod — o'n cwmpas,
Campwaith dewin hynod;
Hen linell bell nad yw'n bod,
Hen derfyn nad yw'n darfod.

David Emrys James

365 *Beddargraff Gwraig*

I'R addfwyn rhowch orweddfa — mewn oer Fawrth,
Mewn rhyferthwy gaea';
Rhowch wedd wen dan orchudd ia,
Rhowch dynerwch dan eira.

Robert Williams Parry

366 *Neuadd Mynytho*

ADEILADWYD gan dlodi; — nid cerrig
Ond cariad yw'r meini;
Cyd-ernes yw'r coed arni;
Cyd-ddyheu a'i cododd hi.

Robert Williams Parry

367 *Einioes*

SŴN myngus, hoen ymwingo, — ac araf
Ond gwrol ymbwyllo;
Rhyw drwst a rhwysg mawr dros dro,
Yna'r mud oer ymado.

William Roger Hughes

368 *Wrth Fwrdd Bwyd*

O DAD, yn deulu dedwydd — y deuwn
Â diolch o newydd;
Cans o'th law y daw bob dydd
Ein lluniaeth a'n llawenydd.

William David Williams

369 *Gwraig Rinweddol*

ER dyfod briw y diwedd, — ni roddwyd
Dan briddell ei bonedd;
Na, rhy annwyl ei rhinwedd
I'w gelu byth dan glo bedd.

Mathonwy Hughes

370 *Y Bargod*

RHY'N ddi-daw tra bo'n glawio — sciniau mwyn,
Fel sŵn mil yn godro;
Pan geir rhew yn dew ar do,
Daw hynod dethau dano.

Ellis Jones

NOTES

Biographical details of authors who died before 1940 are to be found in *The Dictionary of Welsh Biography* (London, 1959)

1. 'Y Gododdin' (Ptolemy's *Otadini*) was originally the name of the north British tribe which inhabited an inland strip of land extending from modern Edinburgh down to the neighbourhood of what is now Hexham. Between them and the North Sea at the time of the composition of these stanzas lay Bernicia. The title *Y Gododdin* is also given to the collection of stanzas, of which four are given here, which commemorate the exploits of a picked band of warriors sent by the chieftain Mynyddawg Mwynfawr from his fort at Edinburgh to attempt the capture of Catraeth (modern Catterick), a strategic position at the forking of the Roman road. The attempt was a tragic but glorious failure. The stanzas are attributed to the sixth-century poet Aneirin. There is a full discussion in Ifor Williams, *Lectures on Early Welsh Poetry* (Dublin, 1944) and *Canu Aneirin* (Cardiff, 1938).

2. Welsh tradition, first recorded by Nennius, associates with the name of Aneirin that of Taliesin, who celebrated the valour and generosity of Urien, king of Rheged (approximately the modern Kirkcudbrightshire), and his son Owain. A feature of the Taliesin poems is the dramatic vividness exemplified in this one, where the enemy (Fflamddwyn 'the flamebearer') standing in front of his army calls for hostages, is answered with a refusal by Owain and further challenged by Urien. The battle that ensued is dismissed with the statement that the ravens were stained with the blood of the fallen. (The text here printed incorporates a few emendations suggested by Sir Ifor Williams.)

3. Striking testimony to the persistence of the Welsh poetic tradition is the fact that the metre of this sixth-century poem, an elegy on Owain son of Urien (*awdl gywydd*, lines of seven syllables with the end of one rhyming with the middle of the other and the main rhyme carried through to the end), is also found in common use in the sixteenth and seventeenth centuries. (The ascription of these poems to the sixth-century Taliesin is somewhat tentative, in the opinion of the present writer. The dating of the evolution of the Welsh language from the parent British, as given by Professor Kenneth Jackson in his *Language and History in Early Britain* (Edinburgh, 1953), makes one doubt whether it would have been possible for the new language, by the end of the sixth century, to have evolved and established such a highly developed metrical system as is displayed in these poems. The location and historical allusions, on the other hand, strongly suggest a sixth-century origin. The poems attributed to Aneirin are also doubtful, and for the same reason. It is not impossible that they were all composed at a later date and ascribed to the famous poets of an earlier period. This can be envisaged without imputing to the authors the culpable motives of modern forgers. Linguistic and literary features would accord with a date of composition in the eighth or ninth century. The whole problem needs to be carefully scrutinized.)

4. A fugitive stanza included among the Gododdin poems. The Dyfnwal Brych whose death is recorded was Domnall Brecc, Scottish king of Dalriada, killed in battle against the north British king Owain ap Beli in 642.

5. The beginning of this poem is missing. It is an elegy, in what appears to have been the bardic style of the period, on the death of Cynddylan, a prince of Powys. The metre is a monorhyme stanza, each stanza beginning with the same words. It is similar to the metre of the *Gododdin* (No. 1) and the song in praise of Tenby (No. 7), which can fairly confidently be dated around 875. This metrical pattern is not found in the works of the poets of the princes, having been superseded by more complicated measures, but it survived in the less formal and more popular vaticinatory verse (e.g. No. 19). The Cynddylan commemorated here later became

the subject of legend, and elegiac verses on his tragic fate were written in the ninth century. (See Nos. 10 and 11.)

6. Another interpolation in the *Gododdin* manuscript (and as unlike the Catraeth stanzas as it could possibly be)—a mother's song to her baby boy, the Dinogad of line 1, describing his father going out to hunt, and naming the birds and beasts he would bring back with him.

7. The subject of this poem is a fort which stood on the promontory where later a Norman castle was built, and which doubtless gave Tenby its name, Dinbych ('small fort'). It was the court of the lord of the district, whose name is given as Bleiddudd, a member of the royal house of Dyfed. (For a discussion and translation see Ifor Williams, *Transactions of the Honourable Society of Cymmrodorion*, 1940, pp. 66–83.)

8. In the ninth century the kingdom of Powys was the home of a type of poetry very different from that of sixth-century north Britain, and in which the historical north British heroes, such as Urien and Llywarch Hen, have become characters in a poetic legend. Llywarch the Aged, whose twenty-four sons have fallen guarding the border against the English foe, bewails his lot and the fate that has made him lonely and forsaken. This elegiac poetry is composed in various forms of the *englyn* metre, here the *englyn penfyr*—lines of 10, 6, 7 syllables.

9. Here Llywarch carries away from the field of battle the head of his cousin Urien. There is a suggestion that Llywarch himself cut off the head, possibly in order to prevent its mutilation by the enemy. The metre is *englyn milwr*, three lines of seven syllables each.

10. Another theme in the elegiac tradition is the fall of Cynddylan, prince of Powys, whose devastated hall is described in these stanzas by his sister Heledd.

11. Part of the same Cynddylan legend as No. 10. The eagle is described as eager to peck at the body of the dead hero in his ruined court at Pengwern (Shrewsbury).

12. 'The white township at the edge of the forest' has been the centre of continuous warfare, with blood on its sward and its menfolk ever summoned from the plough to do battle—a characteristic topic of elegiac poetry. If 'Y Dref Wen' is meant to be a proper name, it may refer to Whittington, but it may equally well be descriptive.

13. These *englynion* are found in the same manuscript as those associated with the name of Llywarch Hen, but obviously belong to a different legend. The place-name Abercuawg does not occur today, but there is a Dol*guog* near Machynlleth, and it has been suggested that the river Dulas which enters the Dyfi nearby may once have been called Cuawg. The association of the cuckoo's song with grief and melancholy is a well-known medieval theme.

14. These verses are the earliest reference in Welsh to the legend of the drowning of Gwyddno's lands in what is now Cardigan Bay. (See F. J. North, *Sunken Cities* (Cardiff, 1957), pp. 147 ff.) The scrap of folk-lore preserved in these stanzas is to the effect that a girl called Mererid, who was the guardian of a well (or possibly of a sluice gate), let the water in. This extract, as well as Nos. 15, 16, 17, and 19 are from the Black Book of Carmarthen, a mid-thirteenth-century manuscript which has been described as 'a palaeographical freak'. (N. Denholm Young, *Handwriting in England and Wales* (Cardiff, 1954), p. 42.) It is an anthology of medieval religious and secular poetry, the latter including some interesting nature descriptions, as No. 15 of spring and No. 16 of winter.

18. The source is the fourteenth-century manuscript, the Red Book of Hergest. The matter is a mixture of nature descriptions, and nature and human gnomes. (See Kenneth Jackson, *Early Welsh Gnomic Poetry* (Cardiff, 1935) and *Early Celtic Nature Poetry* (Cambridge, 1935).)

19. This type of vaticinatory poetry, intended to stiffen the morale of Welshmen in the face of Norman and English attacks, is based on the tale of Myrddin, who became insane at the battle of Arfderydd, where he fought on the side of Gwenddolau, vanquished by Rhydderch Hael. Myrddin fled to the forest of Celyddon, and there befriended the beasts and uttered prophecies relating to the fate of Wales many centuries after his own time. Historically Rhydderch was the Christian king of Strathclyde and the patron of St. Kentigern, and the battle of Arfderydd was fought in 574. In these verses Myrddin addresses the sweet apple-tree and the little pig which was his companion. (See Nora K. Chadwick, ed., *Studies in the Early British Church* (Cambridge, 1958), *passim*; A. O. H. Jarman, *The Legend of Myrddin* (Cardiff, 1960).)

20. Meilyr was the first of the poets of the princes whose works have been preserved, and the father of a line of poets. The *marwysgafn* ('death-bed (song))' was a literary convention embodying devotional poetry.

21. Owain Gwynedd, the foremost figure in the Welsh national revival of the twelfth century, laid the foundations of the strength and supremacy of Gwynedd which culminated in the feudal overlordship of his grandson, Llywelyn the Great, in the following century. Owain died in 1170. This poem has been regarded as commemorating a battle fought between the men of Anglesey and a raiding party from Henry II's fleet anchored off Moelfre during that monarch's abortive expedition against Owain in 1157. Statements in the poem, however, do not fit in with the known historical facts, and it is possible that the poet is referring to several exploits of Owain's, the Anglesey skirmish included.

22–24. The author was a natural son of Owain Gwynedd, and was killed in battle near Pentraeth, Anglesey, by his half-brothers, Dafydd and Rhodri, during the disorders that followed the death of their father in 1170. Hywel was defended in battle by his foster-brothers, the seven sons of Cedifor, of whom a survivor, Peryf, sang *englynion* lamenting the tragedy (No. 25). The title *gorhoffedd* ('boasting') is applied by the medieval court poets to a poem consisting of a mixture of personal boasting, love, and descriptions of natural scenes.

Hywel ab Owain's poems are distinguished by an attachment to his native Gwynedd, love of woman, and a felicitous lyricism.

26. The 'hirlas' of the title is the drinking horn, and Owain is Owain ap Gruffudd, prince of Cyfeiliog, a district in central Wales. The setting of this dramatic poem is a feast at the poet-prince's court, and the prince calls on his cup-bearer to fill the drinking horns of members of his retinue one by one, in recognition of their valour in an expedition undertaken the previous night in order to rescue one of their number who had been taken prisoner. A reference to Catraeth and stylistic echoes prove that the *Gododdin* stanzas were well known in the twelfth century. Mrs. R. Bromwich dates the poem in 1155.

27. It has been suggested that this poem to St. David by a Brecknock poet may have been intended to support the claim of St. David's to metropolitan status and independence of Canterbury so strenuously put forward by Giraldus Cambrensis towards the end of the twelfth century.

28. Cynddelw, surnamed 'the great', and always regarded as pre-eminent among the medieval court poets, was attached to the court of Madog ap Maredudd, prince of Powys, and after that prince's death in 1160 he became the panegyrist of the rulers of Gwynedd and Deheubarth. This love song to Madog's daughter Efa is so reminiscent of Troubadour songs to noble ladies that one is led to believe that such songs were known in Wales at the time.

33. This elegy on Nest daughter of Hywel is an early example of the numerous elegies on noble women (sometimes represented as the poet's loved one) which form a literary convention persisting well on into the sixteenth century. Cf. in the medieval period No. 38.

34. The author of this charming poem to the Nativity was a friar, and possibly a native of Llanfihangel Glyn Myfyr in Denbighshire.

36. Nothing is known of the author of this the finest of all medieval elegies. The death of Llywelyn ap Gruffudd, last independent prince of Wales, occurred on 11 December 1282 in the course of a campaign in the neighbourhood of Builth. He was killed not on the field of battle but in a chance encounter. The sense of grim finality and impending doom expressed in these lines suggests to us in retrospect the feeling of utter desolation which his tragic end inspired in the prince's adherents.

37. This lively description of a poet's reception at the court of a medieval nobleman is in praise of Dafydd ap Cadwaladr of Bachelldref near Church Stoke.

38. The author was an Anglesey poet, and the subject of the elegy was an Anglesey lady. In spite of the apparent sincerity of feeling pervading the poem, it may well be a form of conventional tribute to a lady of high rank.

40–47. Dafydd ap Gwilym, member of a west Wales noble family which for generations had supported English rule in Wales and been well rewarded for it, is one of the greatest Welsh poets of all time. The eight poems included here exemplify some of his more obvious poetic virtues. The loose metrical structure of No. 40, where *cynghanedd* is only occasionally used, represents an early stage in the growth of the *cywydd*, which is seen in its full complexity in Nos. 45 and 46. No. 41 is slightly more developed, with more regular use of *cynghanedd*, and No. 42 follows the practice of the court poets of the previous generation in their intricate *awdlau*, where one rhyme is maintained throughout the poem. The light banter of No. 44, the playful satire of No. 41, and the amatory adventures of No. 43, show Dafydd in a mood which he adopted in many of his poems, and which no doubt contributed to the entertainment of his noble peers. No. 44, an argument about love of woman between the poet and a magpie, begins with thirty-two remarkable lines describing a fine April morning, not strictly relevant to the theme of the poem, but introduced and brilliantly executed because the author enjoyed portraying natural scenes. In No. 45 Dafydd displays not only great metrical dexterity but also skill in manipulating and sustaining one simile. Morfudd is compared to the sun, and all the possibilities of such a comparison are fully exploited. In No. 46, to the wind, he does the opposite, again within an extremely complicated metrical framework: the subject is conveyed through an abundance of similes and metaphors and with a striking fertility of invention. The poet's reaction to the ruined house in No. 47 is one of personal bereavement deeply felt and seriously communicated.

48. The author, though a native of east Denbighshire, was a friend of Dafydd ap Gwilym, and the few poems of his that have been preserved show the same jesting attitude to love.

49. This poem, which purports to be an elegy on the poet's sweetheart, is probably a conventional tribute to a married woman, the wife of a certain Dafydd Ddu (according to a manuscript note). In No. 50 the poet sends the yellowhammer as a love messenger to 'Dafydd's wife'. The poem was famous in medieval times and is referred to in Iolo Goch's elegy on the poet (No. 52). See also No. 240, where a modern poet has made Llywelyn and his poem the theme of a *cywydd*.

51. A description of hospitality and gracious living at the court of Owain Glyndŵr (better known to English readers as Glendower) could only have been written before the rising in 1400.

53. There is a very distinct contrast between the lavish praise which the bards bestowed on the nobility (e.g. No. 51) and this tribute to the ploughman—a well-known medieval theme.

55. The author was a native of Aberffraw in Anglesey and a friend of Dafydd ap Gwilym, with whom he engaged in a bardic contest with regard to the new type of jesting love songs introduced by Dafydd. The Cistercian Abbey of

Ystrad Fflur (Strata Florida) in Cardiganshire, established in 1164, was a revered spot and many of the princes of west Wales were buried there. It is suggestive of Dafydd's status that he too should have found a grave at Ystrad Fflur.

56. The 'Sain Siâm', where the poet had been on a pilgrimage when he was shipwrecked, is Santiago de Compostella, a noted sanctuary and popular resort of pilgrims in the medieval period. (See G. Hartwell Jones, *Celtic Britain and the Pilgrim Movement*, Y Cymmrodor, xxiii. 244 ff.)

57. A frivolous description of a battle in which a band of outlaws, of which the poet states that he was one, was routed. The author was a native of Montgomeryshire and a member of a family of bards, poems by his father and his son being extant.

58. The Middle Ages produced a body of didactic poetry urging contempt of the world, riches, fine raiment, luxurious living, and everything else that the poets of the nobility esteemed and eulogized. It is written in the *cywydd* metre, but in a simpler diction and less involved style than the traditional poems. A large number of poems of this type is attributed to Siôn Cent, of whom nothing is known other than that he had some connexion with Brecknock and the border country.

59–65. These poems have all been attributed from time to time to Dafydd ap Gwilym, but their less elaborate style, while it makes them more comprehensible to modern readers, marks them as products of a later period.

66–67. Jesting at the expense of a fellow bard was a common practice in this period. The mock elegy on Guto'r Glyn, where it is stated that he was drowned, and that he went to heaven because he would not float, and where the state of the dead body is described with scant respect, was answered by Guto, who maintained that the author of the elegy was drunk when he wrote it.

The works of the fifteenth-century poets which follow show a marked simplification of both diction and metre compared with the products of the previous century. Archaic words and compound expressions are far less common, and it becomes usual to give the couplet, which is the natural metrical unit in the *cywydd*, precedence over the involved, extended sentence, which previously often spread itself over several lines, thus tending to obscure the metrical division of the poem into couplets. Poetry thus becomes far less artificial, and its style resembles that of literary prose.

68. Guto'r Glyn was a native of Glyn Ceiriog and one of the ablest poets of his age. This poem to Dafydd ap Tomas is a good example of the type of *awdl* which was perfected in this period. It is divided into two parts, the first consisting of *englynion* all linked together by the repetition at the beginning of one of a word from the end of the other. In the second part one metre is used throughout and one rhyme sustained to the end. At the very end a word from the beginning of the poem is repeated. Artificial as these rules may seem, the poets were able to turn them to excellent use, and to produce in the period 1450–1550 poems of classical grandeur and nobility. The Dafydd ap Tomas extolled in this poem was a nobleman of Blaen Tren, Llanybyther, Carmarthenshire.

69. The subject of this poem was Thomas Mynde, abbot of Foregate Abbey, Shrewsbury (the 'Fforied' of the last line) from 1460 to 1497.

70. The person addressed is William Herbert, first earl of Pembroke, a prominent Yorkist during the Wars of the Roses. The poet refers to the capture of Harlech castle by Herbert in 1468, and begs the victor to spare Môn and Gwynedd, ending with an eloquent patriotic plea that he should unite all Wales under him and expel the English.

71. The subtle poignancy of this poem in which the poet describes himself, old and blind, being cared for by Dafydd ab Ieuan, abbot of Valle Crucis, is something not frequently found in the austerely constructed *cywyddau* of the poets of the gentry. For another poem to the abbot (who in 1500 became bishop of St. Asaph), see below, No. 87.

74. Dafydd ab Edmwnd, a gentleman of the parish of Hanmer in Flintshire, was regarded as the prime authority on prosody, and the bardic rules as revised by him in an eisteddfod at Carmarthen about 1450 became the standard code and have remained so to this day.

75. Siôn Eos, a distinguished harpist, killed a man in a chance medley, was found guilty of murder by a Chirk jury according to English law, and hanged. The poet maintains that he should have had the benefit of being tried according to Welsh law, which did not exact capital punishment.

77–82. The poems of Dafydd Nanmor to his patrons (e.g. Nos. 77–79) are supreme examples both of very competent craftsmanship and of appreciation of the gracious living to be found and enjoyed in the great houses of the nobility. The poet has a lively sense of the privileges and obligations of men of noble lineage, whom he regards as the vital elements in a stable, cultured society. This is particularly evident in No. 78, in praise of Rhys ap Rhydderch of Tywyn (in south Cardiganshire). The poet became attached to this house in the days of Rhys's grandfather, Rhys ap Maredudd, and in this poem, the product no doubt of his later years, he sums up a lifetime's meditation on the essence of nobility in a series of carefully chosen similes. Dafydd's love poems (Nos. 81 and 82) are of a type common in the fifteenth century, but so cleverly written as to convey an impression of true feeling.

84–87. Gutun Owain, poet, chronicler, genealogist, and writer on prosody, was a gentleman of Dudleston, near Oswestry. As a poet he excelled in a class of poems very popular at this time, of which No. 84 is an example. The poet asks a patron for a gift (often on behalf of a third person) and the poem takes the form of a eulogy to the person addressed, and a description, in striking metaphors and similes, of the object asked for. These descriptions often show great ingenuity and inventiveness. The gift solicited might be hounds (as here), a bull, a heifer, a horse, swans, a sword, a buckler, a bow and arrows, articles of clothing, &c. (Nos. 90 and 97 below belong to the same category.) No. 86 is an elegy on Dafydd ab Edmwnd (see above, Nos. 74–75), who was the poet's bardic teacher. The metre of No. 87 is the *awdl-gywydd*, in which the first line rhymes with the middle of the next, and one end rhyme is employed throughout.

89. Dafydd ap Siancyn was a man of noble stock, who traced his ancestry to Llywelyn the Great. He was an active supporter of the Lancastrian cause in the vale of Conway during the Wars of the Roses. His exploits, many of them deeds of foul violence, gained him a reputation for reckless daring, and were the cause of his leading the life of an outlaw for a period, as the opening lines of this poem relate.

90–94. Tudur Aled, of Llansannan in Denbighshire, nephew and bardic disciple of Dafydd ab Edmwnd, was the most skilful versifier of all the poets of the nobility and a great master of dignified diction. His eulogies to his fellow noblemen illustrate the change of outlook that occurred towards the beginning of the sixteenth century. It is not a man's good Welsh stock and his generosity, the virtues extolled by Dafydd Nanmor, that count with Tudur Aled, nor is he satisfied merely with wishing his patron long life and all the blessings of heaven hereafter. In No. 91 Tudur praises Wiliam ap Siôn Edwart for punishing thieves and maintaining the peace. He admires his plate armour, which is like 'an azure rock', his prowess in the hunting field, his skill at jousting and fencing, at playing on the pipes, the lute, and the harp, his interest in the chronicles. Wiliam is already an esquire of the body to King Henry VIII, and the poet hopes that this 'courtier' will one day be made Knight of the Garter. The picture is that of the Renaissance gentleman. The Welsh gentry who were welcomed at court were adopting the prevalent standards, and of this the bards fully approved. Tudur Aled was, however, fully alive to the state of affairs in Wales, and especially the endless dissensions so rife among the gentry. In

No. 93 he exhorts Hwmffre ap Hywel and eight of his kinsmen to stop quarrelling and come to terms. Such quarrels only weaken the family; they enfeeble the Welsh to the advantage of the English. This *cywydd* contains some striking criticisms, expressed in epigrammatic couplets, of the morality of the age, such as 'Ni chredir, yn wir, i neb/Ond i un â dau wyneb'.

96. The concise couplets referred to above are also prominent in this poem by the Glamorgan poet, Iorwerth Fynglwyd, to Rhys ap Siôn of Aberpergwm in the Vale of Neath. Rhys had for some reason forfeited his patrimony and become an outlaw. The poet comforts him and at the same time exposes the corruption prevalent at the time—the exaction of excessive taxes, bribery, perjury, and oppression by petty officials.

97. The author, Gruffudd Hiraethog, was a renowned genealogist and bardic teacher in the traditional manner. He was also moved by the new spirit of the age and was a close friend of William Salesbury, the greatest of the Welsh humanists.

98–99. These two poems are by a pupil of Gruffudd Hiraethog, Wiliam Llŷn, a native of Llŷn in Caernarvonshire, as his name implies, who resided at Oswestry and died there. Owain ap Gwilym, a clergyman of Tal-y-Llyn, Merioneth, was a friend of the poet, and his companion on bardic circuits. (The title 'Syr' was given to men in holy orders who had not graduated at a University.) The form adopted in these two elegies, viz. a dialogue between the poet and the dead man, seems to be an innovation devised by Wiliam Llŷn.

100–11. A large body of poetry in the free metres comes to light in the manuscripts of the sixteenth and seventeenth centuries, much of it anonymous. It would be wrong to assume that this was the beginning of this type of verse. Some of the metres are identical with those which had been recognized for centuries, but seldom used, by the *cynghanedd* poets. For example, the *cywydd deuair fyrion* of Nos. 101 and 103 is included among the twenty-four measures of Einion Offeiriad in the fourteenth century; indeed, it occurs in one of the poems attributed to the sixth-century Taliesin. The metre of No. 102 is the *traethodl* as used by Dafydd ap Gwilym in No. 40. Again, the four-line stanzas of Nos. 100, 104, and 105 with their internal rhymes are derived from the *awdl-gywydd*, a metre of great antiquity, also found in the Taliesin poems (No. 3). It is obvious that there had always existed, side by side with the products of the bardic schools, a tradition of much simpler poetry written by a different, and in a sense inferior, class of poets. *Cynghanedd* and all its concomitant embellishments were gradually evolved by the court poets of the age of the princes, and superimposed, in some instances at least, on the unsophisticated poetry composed by 'unofficial' bards. Thus the writing of poetry was made into a difficult art, worthy of the princes whose achievements it celebrated and sufficiently complex not to be easily acquired by the uninitiated. All the time, however, there must have been what may generally be described as a peasant or folk tradition, which emerged into view in the sixteenth century, and which certain writers of that period imitated in slightly more sophisticated compositions, e.g. No. 111.

This poetry sometimes embodies a light fancy, as in Nos. 101 and 106, sometimes a genuine concern with nature, as in Nos. 103–5. Love of natural scenery threatened by industrial exploitation when forests were cut down for charcoal-burning appears in No. 100. Love of woman is a common topic, and a girl's devotion to her lover can seldom have been expressed with more convincing simplicity than in No. 102.

112. Siôn Tudur was a gentleman of Wigfair, near St. Asaph, who as a young man was a member of the bodyguard to Queen Elizabeth. This pungent satire aimed at those disingenuous bards who, for the sake of reward, lavished on unworthy persons the praise that should be reserved for men of noble character, is an indication that the bardic tradition was losing its social function, and indeed that the social fabric itself was distintegrating. It was the beginning of the anglicization of the gentry which resulted before the end of the eighteenth century in their complete alienation from the national life of Wales.

115. Richard Hughes of Cefn Llanfair near Pwllheli was equerry to Queen Elizabeth and King James I. His love poems, often cast in the form of dialogue, are typical of the free-metre poetry of the sixteenth century. The author was also influenced by the English love lyric.

120. Edmwnd Prys, student of St. John's College, Cambridge, rector of Maentwrog and archdeacon of Merioneth, is best remembered for his metrical version of the psalms published in 1621. The long bardic contention between him and Wiliam Cynwal, extending to fifty-four *cywyddau* and left unfinished because of Cynwal's death, is a statement of the respective standpoints of the native tradition of bardism (Cynwal) and the new humanism (Prys). In this *cywydd* Prys criticizes the corruption of men in authority and their oppression of the poor.

122. A noted Puritan and mystic, Morgan Llwyd was minister of the dissenting church at Wrexham from 1647 till his death. His Welsh prose works, especially *Llyfr y Tri Aderyn*, are classics. He wrote a good deal of verse, of indifferent quality, both in Welsh and in English.

123. The author lived at Hendre Fechan in the parish of Llanddwywe, Merioneth, to which he bids adieu in the *englynion*. He was an ardent Royalist, who sang an elegy on the death of King Charles I and a song of welcome to King Charles II, and he is said to have become a fugitive from the parliamentary forces. These *englynion* have been cited as proof of this, but there is nothing in the *englynion* themselves to warrant such an interpretation.

124–5. The type of verse exemplified in these two poems by Huw Morus was exceedingly common between the middle of the seventeenth century and the end of the eighteenth, and owes its particular structure to the practice of setting words to tunes, many of them of English origin. There were two metrical developments in this type of poetry. Firstly, the musical phrase was always very strictly observed and the words made to conform to the framework of the tune. Hence the intricate pattern of the stanzas. Secondly, *cynghanedd* was abundantly introduced, though it belonged traditionally to the strict metres and was, by its very accentuation, alien to the free metres. Full use was also made of rhyme to denote the end of musical phrases and even to mark a break in the phrase. Such verse was always meant to be sung, not read or spoken, and it can fairly be said that such a perfect blend of words and music has rarely been achieved. Huw Morus's deft manipulation was, however, lacking in many of his successors, and though the ability to fit words to tune remained, there was a tendency to use a good deal of 'padding', which seriously impaired the standard of the verse.

126. The metre here is *tri thrawiad*, whose origin is obscure; it may be related to some of the strict metres. It first appears in the sixteenth century among the anonymous love poems found in the manuscripts of that period. Its form fluctuated, but it ultimately fell into the stanza structure seen in this poem. *Cynghanedd* is always found in the last few syllables of the second and fourth line of each stanza. Edward Morris was a native of Cerrigydrudion in Denbighshire, and a cattle trader by occupation. He died in Essex.

127. Nothing is known of the author of these punning verses.

129–45. The medieval bards realized the possibilities of the *englyn unodl union* as an epigrammatic, independent stanza, and it has been extensively used as such down to the present day. The last two lines of Nos. 131 and 133 have become proverbs. The *englyn* occurs very frequently as an epitaph (cf. No. 145) or as a commemorative legend inscribed on stone, as in the case of No. 141, which is carved on the wall of Hendre Waelod, a seventeenth-century house near Llanbedr, Merioneth. It is particularly suitable for the expression of an intense personal experience. A manuscript note in connexion with No. 132 states that in old age the poet Guto'r

Glyn, having become blind and deaf, had retired to Valle Crucis abbey (cf. No. 71 above). One day, shortly before his death, he slept till midday. When he woke up he asked the servant who attended him what time of day it was, and the servant replied that it was past midday and that the abbot had finished dinner. 'How is it', said Guto, 'I did not hear the bells? Nor did I hear the organ.' And the servant answered, 'The bells were rung and the organ was played. You could have heard them.' Thereupon Guto composed the *englyn*.

146–64. In the free metres the counterpart of the *englyn*, for terseness and epigrammatic qualities, was the *hen bennill* ('old stanza') or *pennill telyn* ('harp stanza'). These emerged anonymously, along with other types of free-metre poetry, in the manuscripts of the sixteenth and seventeenth centuries, and were later collected by antiquaries, notably Edward Jones ('Bardd y Brenin' 1752–1824), who published a selection of them in his *The Musical and Poetical Relicks of the Welsh Bards* (1784). They usually occur singly, but sometimes a few are linked together to form a sequence (as in Nos. 151 and 154). Compared with the complex structure of the *englynion*, the *penillion* appear artless and primitive (though *cynghanedd* is sometimes used, as in No. 157). Their art, however, lies, not in their metrical composition, but in a subtlety of phrase, a pertinent use of metaphor, a forceful directness, or a stark statement of fact. All these qualities contribute to an effect of deep passion or genuinely felt emotion, or, when the subject warrants it, of keen wit and satire. There is no human experience and hardly an object of human contemplation which the *penillion* do not touch upon. Love, hatred, longing, the sheer joy of living, the approach of old age, death, birds and beasts, song and dance, carousal, the fickleness of women, and all the multifarious foibles of mankind—they were all of intense interest to the authors of *penillion*. As their Welsh name suggests, these stanzas were probably used originally for singing with the harp in the traditional way, which required the singer to fit verses to any tune the harpist might play. They had therefore survived in folk memory for a long time before they were ever committed to writing.

No. 157, though typical of this class of poetry, seems to be a translation of the original epigram by Anacreon, or, which is more probable, of Abraham Cowley's adaptation of it. (See *The Poetical Works of Abraham Cowley* (1807), ii. 242.)

165. These stanzas occur at the end of the second part of the author's prose work, *Gweledigaetheu y Bardd Cwsc* ('The Visions of the Sleeping Bard' (1703)). This work, though written under the influence of Brown, Ward, L'Estrange, and others of the Cockney school of burlesque writers, is, by virtue of the author's thorough mastery of both classical and colloquial Welsh, and his extraordinary powers of satire, a great prose classic.

166–9. The poetry of Lewis Morris included here is the product of his antiquarian interests. No. 166 is an imitation of fifteenth-century *cywyddau* wrongly attributed to Dafydd ap Gwilym (see above, Nos. 59–65). Morris had his own collection of Dafydd's poems, in which several of these spurious poems occur. This became the basis of the printed edition of 1789, *Barddoniaeth Dafydd ab Gwilym*. The metres used in Nos. 167–9 are those of the *penillion*, which Lewis Morris regarded as perfect patterns of song writing. No. 169 was written on the occasion of the trial of certain persons who had plundered a ship which had run aground on Grigyll rocks on the Anglesey coast in 1741, and is an example of Morris's supreme craftsmanship as a song writer.

170. Edward Richard, who was schoolmaster at Ystradmeurig, Cardiganshire, from about 1735 till his death, was a fine classical scholar and a member of Lewis Morris's antiquarian circle. This pastoral was written in 1766. The author was influenced by Theocritus and by eighteenth-century English and French theories of pastoral poetry. For the metre (*tri thrawiad*) and the dialogue form of the poem he was indebted to the writers of didactic songs who flourished in great abundance in Wales in the seventeenth and eighteenth centuries.

173. This song to a ship, the property of Thomas Lloyd of Cwmgloyn in Pembrokeshire, is a form of praise to the gentry. Bardic allegiance to noble families persisted in a debased form well on into the eighteenth century.

174–9. William Williams of Pantycelyn, near Llandovery, in Carmarthenshire, was a prominent figure in the Methodist revival in Wales. He was a prolific writer of both prose and verse, his works including two long poems, extending to some thousands of lines, on religious subjects, the more notable being 'The Life and Death of Theomemphus', a penetrating description of the experience of religious conversion. His hymns appeared in numerous editions and collections between 1744 and 1787. In his early works he made a limited use of *cynghanedd*, which in the eighteenth century had become a recognized feature even of non-bardic poetry (as the poems of Lewis Morris, Edward Richard, Rolant Huw, &c., show), but he soon discarded it in favour of free-metre poetry in the true sense of the term, and this he developed as the ideal medium of expression for his own purpose. His aim being to supply the Methodist 'societies' with hymns for use in corporate worship, he employed a language which the uneducated members could easily comprehend. For this reason, and also because his own poetic genius preferred it, the language of his hymns, with its colloquial contractions and deliberate syntactical compression, is much more supple and flexible than the language of his contemporaries, because even the song writers and the authors of such simple productions as the *penillion* were still, to a large extent, subject to the rigid standards of accuracy demanded by the bardic tradition and transmitted to most types of poetry.

180–3. Goronwy Owen, a younger member of the Morrisian circle, feckless and irresolute though he was, devoted himself seriously to the study of the Welsh language and the rules of prosody, with the intention of producing a heroic poem in Welsh. This he never achieved, but the *cywydd* to 'The Day of Judgement' (No. 182), which he regarded as a preliminary sally, suggests what his standards were. It is distinguished by concentration and precision, and every line bears the imprint of the conscious, disciplined literary craftsman. A modern critic has described it as 'a consummate literary exercise'. Goronwy Owen was well versed in the works of the popular English poets of his day, such as Cowley, Pomfret, and Young, and traces of their influence can be seen in his poems. He was also interested in the critical theories of the age, and these he embodied, with splendid success, in his own poems, while retaining all the essential features of the *cywydd*, that most rigid and traditional of all Welsh metres. Owen's poetry and his letters to his friends, in which he expounded his critical ideas and which were preserved and eagerly read by a later generation, were the main factors in deciding the nature of the poetry produced through the medium of the Eisteddfod up to the middle of the nineteenth century.

184. A pupil of Edward Richard's at Ystradmeurig, and therefore an accomplished classicist, Evan Evans was also the greatest Welsh scholar of his day. His *Some Specimens of the Poetry of the Antient Welsh Bards* (1764), in which he traces the history of Welsh poetry from Taliesin onwards, and translates examples of the works of medieval poets, is a truly scholarly achievement. He had been encouraged to undertake this task by the English poet Thomas Gray and Bishop Percy. The letters that passed between Evans and Percy were published in *The Percy Letters*, vol. v, *The Correspondence of Thomas Percy and Evan Evans*, ed. Aneirin Lewis (Louisiana State University Press, 1957). (For a full discussion of the influence of English criticism on eighteenth-century Welsh poetry, see Saunders Lewis, *A School of Welsh Augustans* (1924).) The *englynion* by Evan Evans printed here were probably composed about 1780 when he was curate at Bassaleg in Monmouthshire, where the ruins of the court of Ifor ap Llywelyn, or Ifor Hael, were to be seen. Ifor was supposed to have been the friend and patron of Dafydd ap Gwilym. (Recent research has cast some doubt on this assumption and the poems to Ifor which appear in manuscripts over the name of Dafydd ap Gwilym may well be the work of a lesser poet,

Dafydd Morgannwg.) These *englynion*, with their nostalgic meditation upon the remains of a bygone age, are characteristic of the early stages of the romantic movement.

185. The inspiration and tone of these *englynion* are similar to those of No. 184. The author was a Unitarian minister and schoolmaster at Castellhywel in Cardiganshire.

186–9. Iolo Morganwg, a versatile genius, who possessed an exceptionally wide and detailed knowledge of Welsh literature of all periods, was also a very fine poet, but this has only recently been recognized because he himself often attributed his own works to other poets, real and imaginary, and his reputation as an antiquary completely obscured his merits as a poet. His intense preoccupation with the history of Wales, especially that of Glamorgan, and with Druidic lore led him to conjure up in his imagination a Welsh literary past which had never existed. Often expanding a true historical fact, he would create poets and other literary figures, a considerable body of verse, a whole chronicle, a metrical treatise, triads, proverbs, and anecdotes relating to various persons. (The activities of Macpherson, Chatterton, and Ireland were not dissimilar.) All this he wrote down, presumably for his own amusement, but some of it found its way into print and was a source of serious confusion to literary historians in the nineteenth century. In his youth he wrote some romantic verse, of which a selection is included here. No. 188 was published with other poems in the appendix to the collection of the works of Dafydd ap Gwilym which appeared in 1789, Iolo having given it to the editors as a poem by Dafydd from a manuscript source.

190. This lyric is associated with the well-known story of the Maid of Cefn Ydfa, a variant of the common theme of a girl being compelled by her parents to discard her true lover and marry a rich suitor. The author is given in one of Iolo Morganwg's manuscripts as Will Hopkin, who was the rejected lover in the Cefn Ydfa story. The origin of the story is far from clear. It is probable, however, that this poem was part of the oral tradition of Glamorgan, and that, judging by certain phrases, it was rewritten by Iolo.

191. The author of this charming poem to the thrush was an outstanding figure in the religious life of Wales in his day and a copious writer on theological subjects, and it is rather surprising to find him writing this type of poetry. He was, however, very well versed in the bardic tradition and wrote poems in the strict metres for the early eisteddfodau. This *cywydd*, which was published in 1793, may well have been inspired by the nature poems of Dafydd ap Gwilym, whose collected works had appeared in 1789.

192–3. Deep emotion expressed with classical grace and lucidity was an achievement of which only Robert ab Gwilym Ddu was capable in the last century. The examples of his work given here show his affinity with the eighteenth century.

194–5. The small number of hymns composed by Ann Griffiths of Dolwar Fach, in the parish of Llanfihangel yng Ngwynfa, Montgomeryshire, are characterized by a burning religious fervour and a daring use of metaphor.

197. This extract is from an *awdl* submitted for competition at the Wrexham eisteddfod of 1820. The subject, 'A Welshman's longing for his country', is evidence of the influence of Goronwy Owen on the outlook and standards of the early eisteddfodic poets, who were well aware of Owen's longing for Anglesey and his failure to return there.

198–203. The literary fashions of the nineteenth century begin to appear in the works of Ieuan Glan Geirionydd. His *awdl* 'The Feast of Belshazzar' is typical of those compositions describing events of tragic or catastrophic import for which Goronwy Owen had set the standard in his 'The Day of Judgement'. His *pryddest* 'The Resurrection', which won him the prize at the Rhuddlan eisteddfod of 1850, was the prototype of the long poems in the free metres which came to be recognized, after considerable argument, as being equal in standing to the *awdl*. His best work was, however, done in the form of lyrics and hymns.

208. This extract is taken from the *awdl* on 'The Fall of Jerusalem' which won the prize offered at an eisteddfod held at Welshpool in 1824, when the author was only 22 years of age. The poem is the best of the class of poems which deal with great calamities, and these lines are an example of competent descriptive writing.

215. Islwyn was a regular and successful competitor at eisteddfodau, but there is hardly anything of permanent value in the *awdlau* written on these occasions. He is remembered today for a long poem entitled 'The Storm', which he wrote in his youth when he was distressed with grief at the death of the girl he loved. This poem is the product of a mind in ferment, and contains descriptions of storms of all kinds, Christian dogma and romantic transcendentalism, the whole being often expressed in pedestrian verse or highly rhetorical passages. The influence of some of the lesser English poets of his time is evident throughout the poem.

217–20. The author of these songs was a prolific writer of light verse, and was extremely popular as a poet in his day. Though he had certain merits as a song writer and did useful work in supplying words for a large number of Welsh airs which were in demand on the concert stage, his work in general is marred by a facile superficiality and sentimentalism.

227–31. John Morris-Jones's *Caniadau*, published in 1907, contained translations from Heine, original lyrics in the Heine idiom, *awdlau* and *cywyddau*, and a brilliant translation of some of the stanzas of Omar Khayyám. Of the two *awdlau*, 'Salm i Famon' is an exercise in satire based on eighteenth-century models (though partly inspired by nineteenth-century liberalism), and 'Cymru Fu: Cymru Fydd', which also contains satirical passages, is an expression of the ardent and confident patriotism which characterized the last two decades of the nineteenth century. Morris-Jones's works introduced into Welsh poetry a new purity of diction and clarity of style acquired by a scholarly study of the grammar and the syntax of the language in the medieval and early modern periods, and the high standard of twentieth-century poetry is due very largely to his example and precept.

233–5. Though poems of a lyrical nature are to be found in the works of Alun and Ieuan Glan Geirionydd (see, for example, Nos. 201, 204, and 206) and in a more developed style in the works of Ceiriog (Nos. 217–20), it was not till the beginning of this century that the lyric came to be regarded, mainly through the teaching and practice of Morris-Jones and his school, as the quintessence of poetry. The blend of romantic feeling and classical respect for form which produced Morris-Jones's own lyrics was not always observed by his followers. Eifion Wyn, an early disciple, was at his best when he wrote descriptively, as in the three examples given here, severely limiting the subjective element. He had a strong sense of form, as his *englynion* show (Nos. 358–60). His love lyrics, however, of which he wrote a large number, and in which the emotional element predominates, have a disingenuous ring about them. The same criticism applies to the many succeeding poets who made the lyric their main vehicle of communication.

239–44. Gwynn Jones was the greatest exponent of *cynghanedd* since the days of Tudur Aled. His 'Ymadawiad Arthur' ('The Passing of Arthur'), written in 1902, is a brilliant achievement in concise narrative and elevated diction. Celtic myth and story gave him material for much of his best work. 'Madog' (see No. 242), in which he gives his own interpretation of the legend of Madog ab Owain Gwynedd (who, according to eighteenth-century antiquaries, had voyaged to America in the twelfth century), is a very fine piece of descriptive writing, and is also notable for the author's treatment of the *englyn* stanza. He knew that this Welsh metrical unit bore certain resemblances to the classical elegiac couplet. (This was first pointed out by Gerard Manley Hopkins and developed into a theory of origins by Sir John Rhŷs.) Gwynn Jones then dispensed with the rhyme and, without sacrificing any of the other essential features of the *englyn*, manipulated it in such a way that the similarity between it and the elegiac couplet was emphasized. The result was a metrical pattern which was stately and at the same time remarkably flexible. The poet's love of metrical innovations and his highly successful experimentation also appear in No. 239, where he employs a ten-syllable line in the manner of blank verse, introducing *cynghanedd* and thus giving to the lines the peculiar rhythm of strict-metre poetry.

248–50. Crwys Williams and William Evans (Nos. 263–4) are prolific writers of lyrics and very able exponents of their chosen medium.

253–6. The apparent simplicity of I. D. Hooson's poems conceals a subtle presentation of symbolical metaphor, which makes him one of the great mastes of the lyric form in the modern period.

258–62. Gruffydd's poetic style ranges from the unadorned frankness of No. 258 to the lusciousness of No. 259 and again to the satirical severity of No. 261. Poetry was not to him an indispensable medium and his critical nature found more adequate expression in prose.

265–73. An exceptionally sensitive nature and a fastidious taste in the choice and use of words combine to make Williams Parry a poet of great distinction. He has the power to transmit to others the vividness of his own vision of natural objects or his indignation over the stupidity of a materialistic society, and this he does with a clarity which is logically convincing and a subtlety which delights aesthetically. No. 267 is from the *awdl* which was awarded the prize at the 1910 eisteddfod, and which is one of the most widely read and appreciated of all eisteddfodic compositions. Williams Parry's *englynion* in memory of departed friends are exquisite epigrams, distinguished both for their flawless craftsmanship and for the genuineness of the feeling they express. No. 268, on the death of Hedd Wyn (the author of Nos. 275 and 276), who fell in the 1914–18 war, is a sequence of such *englynion*. See also Nos. 365 and 366.

274. These *englynion* are taken from the chaired poem of the national eisteddfod of 1922. The metrical device known as *cyrch-gymeriad* is used here, by which the end of each stanza is linked, by repetition of a word or words, to the beginning of the following stanza, thus making what is called a *cadwyn* ('chain'). The end of the entire sequence is again joined to the beginning by repetition of the opening words. This was a feature of the *awdlau* of the medieval period. (See, for example, Nos. 79 and 94.)

277–82. Sir Thomas Parry-Williams has to his credit the unique achievement of having won both the chair and the crown at the national eisteddfod on two occasions. These were in 1912 and 1915, and in his mature work he has advanced far beyond the eisteddfodic standards of his youth. He has discarded the 'poetic' diction advocated and practised by Morris-Jones and accepted by all who came under his influence, in favour of an intimate, unpretentious style entirely his own, and he has enriched the vocabulary of poetry by the successful use of colloquial words and phrases. The metrical structure of many of his poems is equally unpretentious, being in the form of rhyming couplets of four- or five-beat lines (e.g. Nos. 280 and 281). On the other hand, he displays great metrical skill, as well as deep poetic sensibility, within the rigid framework of the sonnet, a form in which he has conspicuously excelled. His poetry is inspired by an intense love for his native bleak Snowdonia and meditation on man's life on earth.

The rest of the poems in this book form a small selection from the substantial body of poetry produced by contemporary writers. There is a considerable variety of moods and media. The traditional *cynghanedd* metres are represented in one of their most intricate forms by an extract from an *awdl* by

Geraint Bowen (No. 332). Well-established forms, treated with conscious art and tinged with controlled feeling, are found in the works of Iorwerth C. Peate (Nos. 302–5). Personal attitudes are still expressed in that most persistent of all free-metre forms, the lyric, although it is no longer favoured by those poets whose seriousness of purpose leads them to discard any literary form which they regard as elegant artificiality. The use made of poetry by such writers as Gwilym R. Jones, J. M. Edwards, and Waldo Williams is the result of an awareness of their own Welsh background and of the forces with which the language and all that it represents have to contend. This awareness also finds expression in Saunders Lewis's noble tribute to the prince of Welsh historians, Sir John Edward Lloyd (No. 288), and it is one of the two prevailing themes in the poems of Gwenallt Jones, the other theme being a deep religious conviction.

INDEX OF AUTHORS

[*The references are to the numbers of the poems*]

INDEX OF AUTHORS

INDEX OF AUTHORS

INDEX OF FIRST LINES

[*This Index is arranged in the order of the Welsh alphabet. The references are to the numbers of the poems.*]

INDEX OF FIRST LINES

INDEX OF FIRST LINES

INDEX OF FIRST LINES

INDEX OF FIRST LINES

INDEX OF FIRST LINES